Nid Sianel Gyffredin Mohoni!

Y MEDDWL A'R DYCHYMYG CYMREIG
Golygydd Cyffredinol: Gerwyn Wiliams

Dan olygyddiaeth gyffredinol John Rowlands

1. M. Wynn Thomas (gol.), *DiFfinio Dwy Lenyddiaeth Cymru* (1995)
2. Gerwyn Wiliams, *Tir Neb* (1996) (Llyfr y Flwyddyn 1997; Enillydd Gwobr Goffa Ellis Griffith)
3. Paul Birt, *Cerddi Alltudiaeth* (1997)
4. E. G. Millward, *Yr Arwrgerdd Gymraeg* (1998)
5. Jane Aaron, *Pur fel y Dur* (1998) (Enillydd Gwobr Goffa Ellis Griffith)
6. Grahame Davies, *Sefyll yn y Bwlch* (1999)
7. John Rowlands (gol.), *Y Sêr yn eu Graddau* (2000)
8. Jerry Hunter, *Soffestri'r Saeson* (2000) (Rhestr Fer Llyfr y Flwyddyn 2001)
9. M. Wynn Thomas (gol.), *Gweld Sêr* (2001)
10. Angharad Price, *Rhwng Gwyn a Du* (2002)
11. Jason Walford Davies, *Gororau'r Iaith* (2003) (Rhestr Fer Llyfr y Flwyddyn 2004)
12. Roger Owen, *Ar Wasgar* (2003)
13. T. Robin Chapman, *Meibion Afradlon a Chymeriadau Eraill* (2004)
14. Simon Brooks, *O Dan Lygaid y Gestapo* (2004) (Rhestr Hir Llyfr y Flwyddyn 2005)
15. Gerwyn Wiliams, *Tir Newydd* (2005)
16. Ioan Williams, *Y Mudiad Drama yng Nghymru 1880–1940* (2006)
17. Owen Thomas (gol.), *Llenyddiaeth mewn Theori* (2006)
18. Sioned Puw Rowlands, *Hwyaid, Cwningod a Sgwarnogod* (2006)
19. Tudur Hallam, *Canon Ein Llên* (2007) (Enillydd Gwobr Goffa Ellis Griffith)
20. Enid Jones, *FfugLen* (2008) (Enillydd Gwobr Goffa Ellis Griffith)

Dan olygyddiaeth gyffredinol Gerwyn Wiliams

21. Eleri Hedd James, *Casglu Darnau'r Jig-so* (2009)
22. Jerry Hunter, *Llwybrau Cenhedloedd* (2012)
23. Kate Woodward, *Cleddyf ym Mrwydr yr Iaith?* (2013)
24. Rhiannon Marks, *'Pe Gallwn, Mi Luniwn Lythyr'* (2013)
25. Gethin Matthews (gol.), *Creithiau* (2016)

Y MEDDWL A'R DYCHYMYG CYMREIG

Nid Sianel Gyffredin Mohoni!
Hanes Sefydlu S4C

Elain Price

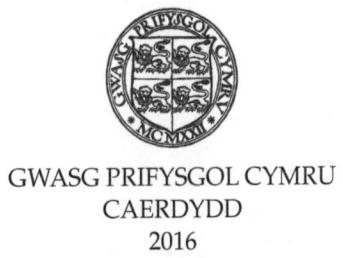

GWASG PRIFYSGOL CYMRU
CAERDYDD
2016

ⓗ Elain Price, 2016

Cedwir pob hawl. Ni cheir atgynhyrchu unrhyw ran o'r cyhoeddiad hwn na'i gadw mewn cyfundrefn adferadwy na'i drosglwyddo mewn unrhyw ddull na thrwy unrhyw gyfrwng electronig, mecanyddol, ffotogopïo, recordio, nac fel arall, heb ganiatâd ymlaen llaw gan Wasg Prifysgol Cymru, 10 Rhodfa Columbus, Maes Brigantîn, Caerdydd, CF10 4UP.

www.gwasgprifysgolcymru.org

Mae cofnod catalog i'r llyfr hwn ar gael gan y Llyfrgell Brydeinig.

ISBN   978-1-7831-6888-0
e-ISBN 978-1-7831-6889-7

Datganwyd gan Elain Price ei hawl foesol i'w chydnabod yn awdur y gwaith hwn yn unol ag adrannau 77 a 79 Deddf Hawlfraint, Dyluniadau a Phatentau 1988.

Cysodwyd gan Wasg Dinefwr, Llandybïe, Sir Gaerfyrddin
Argraffwyd gan Antony Rowe, Chippenham

Cynnwys

Diolchiadau	vii
Lluniau	ix
Byrfoddau	xi
Rhagymadrodd	xiii
1. Y Frwydr dros Sianel Deledu Gymraeg	1
2. Deunaw Mis o Baratoi – Dyddiau Cynnar Awdurdod Sianel Pedwar Cymru	36
3. Gwireddu'r Arbrawf – Darllediadau Cyntaf ac Argraffiadau'r Gynulleidfa	121
4. Mentrau Ariannol – Sicrhau Telerau Teg ac Ehangu i Feysydd Newydd	157
5. Adolygu'r Sianel – Arolygon Barn ac Archwiliad y Swyddfa Gartref	194
Cloriannu	233
Atodiad. Aelodau Awdurdod Sianel Pedwar Cymru (1981–1985)	244
Llyfryddiaeth	245
Mynegai	257

i Nick a Gruff

Diolchiadau

Carwn ddiolch i nifer helaeth o bobl am eu cymorth wrth i mi fynd ati i lunio'r astudiaeth hon. Yn gyntaf oll, hoffwn ddiolch i staff a swyddogion S4C a fu mor barod i ryddhau dogfennau ar gyfer yr astudiaeth. Diolchaf yn arbennig i Nia Ebenezer, Carys Evans, Iona Jones, John Walter Jones, Lynette Morris, Kathryn Morris, Jen Pappas, Alun Thomas a Phil Williams am fod mor barod eu cymwynas yn ystod y cyfnod y bûm yn ymweld â'r sianel a thrwy gydol cyfnod yr astudiaeth hon. Dymunaf ddiolch i nifer o staff BBC Cymru am eu hymateb parod i'm hymholiadau; yn arbennig hoffwn ddiolch i Siôn Brynach, Karl Davies, Edith Hughes, Keith Jones, Yvonne Nicholson a Menna Richards. Hoffwn ddiolch i James Codd yng Nghanolfan Archifau Ysgrifenedig y BBC am ei gymorth a'i arweiniad yn ystod fy ymweliadau â Caversham. Diolchaf i Phil Henfrey, Shone Hughes, Owain Meredith, Siôn Clwyd Roberts a Huw Rossiter yn ITV Wales am eu cymorth. Dymunaf hefyd gydnabod y cyngor a'r cymorth a gefais gan staff Llyfrgell Genedlaethol Cymru, Archif Genedlaethol Sgrîn a Sain Cymru, Archif yr ITA/IBA/Cable Authority ym Mhrifysgol Bournemouth a'r Archifau Seneddol yn San Steffan.

Bûm yn ffodus iawn i gael cyfarfod a chyfweld nifer o unigolion a fu'n weithgar ac yn gwbl allweddol i'r diwydiant teledu Cymraeg gydol yr 1970au a dechrau'r 1980au. Carwn ddiolch yn ddiffuant i Wil Aaron, Huw Davies, Chris Grace, Dr Glyn Tegai Hughes, Syr Jeremy Isaacs, y diweddar Geraint Stanley Jones, Eleri Wynne Jones, Huw Jones, Robin Lyons, Mair Owen, y Parch. Ddr Alwyn Roberts ac Euryn Ogwen Williams am eu hamser a'r gefnogaeth hael a gefais ganddynt oll. Cefais hefyd gymorth amhrisiadwy gan y diweddar Owen Edwards, a roddodd yn hael o'i amser a'i gefnogaeth er gwaethaf cyflwr ei iechyd. Dymunaf ddiolch yn fawr i arbenigwyr yn y maes a fu mor barod eu cymwynas – Ifan Gwynfil Evans, y diweddar John Hefin, Dr Martin Johnes, Dr Ruth McElroy, yr Athro Justin Smith, yr Athro Elan Closs Stephens a Kevin Williams, a dymunaf ddiolch yn arbennig i Dr Jamie Medhurst am ei arweiniad ac am fod mor barod i fenthyg deunydd.

Rwy'n ddyledus iawn i'r Ganolfan Addysg Uwch Cyfrwng Cymraeg (bellach y Coleg Cymraeg Cenedlaethol) am y nawdd i gwblhau'r ddoethuriaeth sy'n sail i'r gyfrol hon. Hoffwn ddiolch i'r holl staff yno am eu cefnogaeth a'r gynhaliaeth yn ystod cyfnod yr ymchwil. Diolchaf hefyd i Sefydliad Ymchwil y Celfyddydau a'r Dyniaethau, Prifysgol Abertawe, am y nawdd i gyhoeddi'r gyfrol hon, ac i Gerwyn Wiliams a staff Gwasg Prifysgol Cymru am eu cefnogaeth a'u cymorth.

Hoffwn ddiolch i'm cydweithwyr am eu cwmni a'u cymorth, ond yn benodol carwn ddiolch yn gwbl ddiffuant, i Dr Gwenno Ffrancon am ei hymddiriedaeth a'i harweiniad. Bu ei chyfeillgarwch a'i chefnogaeth yn allweddol wrth i mi lunio'r astudiaeth hon.

I gloi, carwn ddiolch i'm ffrindiau agos a'm teulu oll, yn enwedig Mam, Dad, Elfyn, Guto a Branwen. Ond yn arbennig hoffwn ddiolch i Nick fy ngŵr a'm mab Gruff am fy annog a'm hysbrydoli i barhau gyda'r gwaith hwn. Diolch i chi'ch dau o waelod calon am bob dim ac am wneud i mi wenu bob dydd.

Lluniau

1. Aelodau o dîm *Newyddion Saith* – Deryk Williams, y golygydd, gyda'r cyflwynwyr Beti George a Gwyn Llewelyn (Llun: trwy ganiatâd BBC Cymru)

2. Tîm cynhyrchu *Y Byd ar Bedwar* yn cwrdd â Ramon Castro Ruz, brawd hynaf Fidel Castro (Llun: trwy ganiatâd ITV Cymru a Llyfrgell Genedlaethol Cymru)

3. Golygfa o bennod 'Chewing Gum' *Joni Jones* (Llun: trwy ganiatâd S4C)

4. Cast *Coleg*, un o lwyddiannau wythnos gyntaf darlledu S4C (Llun: trwy ganiatâd ITV Cymru a Llyfrgell Genedlaethol Cymru)

5. Dau o gymeriadau mwyaf poblogaidd *Pobol y Cwm*, Harri Parri (Charles Williams) a Jacob Ellis (Dillwyn Owen) (Llun: trwy ganiatâd BBC Cymru)

6. *SuperTed*, llwyddiant mawr ymweliad cyntaf S4C â MIP TV yn Cannes (Llun: trwy ganiatâd S4C)

7. Dafydd Hywel (Alun) a Reginald Matthias (Dick) mewn golygfa o ffilm Karl Francis, *Yr Alcoholig Llon* (Llun: trwy ganiatâd S4C)

Byrfoddau

AGSSC	Archif Genedlaethol Sgrîn a Sain Cymru
ABS	Association of Broadcasting Staffs
ACTT	Association of Cinematograph, Television and Allied Technicians
ADA	Awdurdod Darlledu Annibynnol (Independent Broadcasting Authority)
AGB	Audits of Great Britain
ATA	Awdurdod Teledu Annibynnol (Independent Television Authority)
BARB	Broadcasters' Audience Research Board
BBC	British Broadcasting Corporation
BBC WAC	BBC Written Archives Centre, Caversham
BBFC	British Board of Film Classification
CBI	Confederation of British Industry
CDC	Cyngor Defnyddwyr Cymru
CPGTH	Casgliad Personol Dr Glyn Tegai Hughes
CPJM	Casgliad Personol Dr Jamie Medhurst
CS4C	Casgliad S4C
C4	Channel 4
C4UK	Channel 4 UK
DCMS	Department of Culture, Media and Sport
HTV	Harlech Television
IBA	Independent Broadcasting Authority
IMG	International Management Group
IPA	Institute of Practitioners in Advertising
ITA	Independent Television Authority
ITCA	Independent Television Companies Association
ITN	Independent Television News
ITP	Independent Television Publications
ITV	Independent Television
LlGC	Llyfrgell Genedlaethol Cymru
MIP TV	Marché International des Programmes de Television
OBA	Open Broadcasting Authority

PDFC	Pwyllgor Dethol ar Faterion Cymreig
PMM	Peat, Marwick and Mitchell
RPI	Retail Price Index
RTS	Royal Television Society
S4C	Sianel Pedwar Cymru
TAC	Teledwyr Annibynnol Cymru
TWI	Trans World International
TWW	Television Wales and West
UCN	Undeb Cenedlaethol y Newyddiadurwyr
WFCA	Welsh Fourth Channel Authority

Rhagymadrodd

Ers ei lansiad fwy na 30 blynedd yn ôl, mae Sianel Pedwar Cymru (S4C) wedi gweddnewid y byd darlledu yng Nghymru ac wedi diddanu, addysgu a hysbysu cenhedlaethau o wylwyr hen ac ifanc. Nid sianel gyffredin mo S4C, fe'i sefydlwyd am gyfuniad o resymau gwleidyddol, cymdeithasol, diwylliannol ac ieithyddol, ac o'r herwydd mae'n rhaid ystyried ei chyfraniad yn y termau cymhleth hynny ac nid ar sail ei hapêl i'r gynulleidfa yn unig. Nid oes unrhyw gyfnod yn hanes y sianel sy'n darlunio hyn yn well na'r cyfnod prawf a roddwyd iddi rhwng 1981 ac 1985. Mae'r sianel sy'n darlledu heddiw yn dra gwahanol i'r un a lansiwyd yn 1982, ond yr un yw'r frwydr heddiw ag y bu yn ystod y cyfnod tyngedfennol cynnar hwn, sef yr ymdrech barhaus i sicrhau dyfodol a thelerau teg i ddarlledu rhaglenni Cymraeg ar un sianel benodedig. Wrth i'r esgid barhau i wasgu ar goffrau ariannol y llywodraeth, a'r bygythiad y daw newidiadau sylweddol i'w rhan mae'n allweddol edrych yn ôl ar amgylchiadau sefydlu'r sianel a'r blynyddoedd cynnar o ddarlledu er mwyn cloriannu ei llwyddiannau a'i methiannau, a chofio sut a pham y tyfodd yr egin hwn yn wasnanaeth cynhwysfawr o raglenni amrywiol i'r gynulleidfa Gymraeg.

Bwriad y gyfrol hon, felly, yw dadansoddi a dehongli hanes sefydlu S4C fel sianel newydd yn nhirlun darlledu Cymru a'r modd y ffurfiwyd trydydd awdurdod darlledu i Brydain. Bydd yn edrych ar flynyddoedd cyfnod prawf y sianel mewn manylder, gan ystyried y sialensiau a wynebwyd gan yr awdurdod newydd, a chan swyddogion a staff y sianel wrth gynllunio a chyflwyno gwasanaeth teledu Cymraeg cynhwysfawr, ffurfio polisïau, a saernïo cydberthynasau effeithiol gyda darlledwyr a chynhyrchwyr eraill. Bydd y gyfrol hefyd yn gwyntyllu ymateb y gynulleidfa i'r gwasanaeth a'r rhaglenni trwy archwilio ffigurau gwylio a llythyrau gwylwyr ac yn ystyried sut yr aeth y Swyddfa Gartref ati i adolygu'r sianel ar ddiwedd ei chyfnod prawf yn 1985.

Natur y gyfrol

Hanes sefydliadol yw'r gyfrol hon, ac felly fe'i seiliwyd ar ymchwil empeiraidd gynhwysfawr ac astudiwyd cyfuniad o ddogfennau gwreiddiol a ffynonellau eilaidd, erthyglau o'r wasg a chyfweliadau ag unigolion allweddol. Saerniwyd y gyfrol o amgylch amryw o ddogfennau nas archwiliwyd o'r blaen ar ffurf cofnodion a phapurau Awdurdod Sianel Pedwar Cymru rhwng 1981 ac 1986, gohebiaeth cadeirydd yr awdurdod, Syr Goronwy Daniel, ynghyd â gohebiaeth y cyfarwyddwr, Owen Edwards. Astudiwyd hefyd gofnodion Pwyllgor Cymreig yr Awdurdod Darlledu Annibynnol (ADA), cofnodion Cyngor Darlledu Cymru'r BBC a chofnodion cyfarfodydd ar y cyd y sefydliadau hyn ag Awdurdod S4C, a hynny er mwyn sicrhau y ceir darlun mor gynhwysfawr ac amlochrog â phosibl o gyrhaeddiad y sianel yn ystod y cyfnod dan sylw.[1] Er mwyn cefnogi a chyfoethogi'r darlun, aethpwyd ati i gyfweld â nifer o unigolion a fu'n allweddol i fenter S4C yn ystod ei blynyddoedd cynnar. Cyfwelwyd ag aelodau o'r awdurdod, rhai o swyddogion cynnar y sianel ac unigolion a fu'n allweddol er mwyn gweithredu partneriaethau y sianel gyda'r BBC, HTV, y cynhyrchwyr annibynnol a Channel 4 (C4).[2] Ceisiwyd sicrhau cynrychiolaeth deg o'r sefydliadau a oedd yn allweddol yn y fenter, ac amrediad o safbwyntiau er mwyn llunio darlun cytbwys.

Nid astudiaeth o natur y rhaglenni a ddarlledwyd ar S4C mohoni, felly, ac mae'r drafodaeth o raglenni penodol yn ddibynnol ar gyfeiriadau atynt mewn cofnodion, adroddiadau neu ohebiaeth. Mae rhaglenni'r sianel yn haeddu astudiaeth yr un mor fanwl â hon i ystyried natur cynhyrchu y cyfnod a'r portread o Gymru a'r Cymry a gaed ar ddechrau'r 1980au. Ni cheir yma ychwaith ddadansoddiad o'r ddarpariaeth o raglenni Cymraeg a gaed yn y dyddiau cyn S4C nac ymdriniaeth hynod fanwl o'r frwydr i sicrhau sianel Gymraeg, dim ond digon o drafod i atgoffa'r darllenydd o gyd-destun ei sefydlu, a hynny gan fod nifer o awduron, yn wleidyddion, wrthdystwyr, darlledwyr a haneswyr wedi darparu darlun cynhwysfawr o'r ymgyrchu eisoes.[3] Rhoddir y sylw mwyaf yn hytrach i weithgareddau'r sianel wedi i'r gwrthdystio ddod i ben, gan wneud iawn, gobeithio, am y diffyg sylw a roed i weithgareddau'r awdurdod a swyddogion y sianel.

Bwriad y gyfrol hon, felly, yw ceisio sicrhau bod dealltwriaeth gyhoeddus o hanes cynnar S4C wedi ei wreiddio mewn astudiaeth o ddogfennau craidd ac y trafodir darlun manwl o lwyddiannau a ffaeleddau y sianel yn ei holl gymhlethdod. Y mae'n gwbl briodol bod astudiaeth gynhwysfawr o S4C yn cael ei llunio cyn i anecdotau a hanesion lled gywir gael eu trin fel ffeithiau, ac y mae'n amserol, o ystyried y trafodaethau tyngedfennol a geir ar hyn o bryd am gyllideb ac annibyniaeth y sianel, i astudiaeth gael ei llunio ar ei blynyddoedd ffurfiannol. Y mae gan yr astudiaeth hon hefyd ran bwysig i'w chwarae wrth sicrhau bod atgofion, argraffiadau a dehongliadau rhai o'r unigolion a oedd yn weithredol yn y sianel yn y cyfnod dan sylw ar gof a chadw gan roi cig ar asgwrn cofnodion y trafodaethau a'r adroddiadau papur newydd.

Trefn y trafod

Yn y bennod agoriadol gwyntyllir cyd-destun sefydlu'r sianel, gan daro golwg ar yr ymgyrchu, y trafodaethau seneddol ar ffurf adroddiadau pwyllgorau Crawford, Siberry, Annan a Trevelyan/Littler cyn symud ymlaen i roi sylw manwl i addasu Deddf Darlledu 1981 er mwyn ymgorffori ail dro pedol Whitelaw i greu Awdurdod Sianel Pedwar Cymru. Yn yr ail bennod eir ati i ddadansoddi'r hyn a gaed wedi'r brwydro gan ystyried ffurfiant yr awdurdod a'i gweithgareddau yn ystod y 18 mis o baratoi cyn dechrau darlledu yn Nhachwedd 1982. Ceir felly drafodaeth fanwl o'r penderfyniadau a fu'n allweddol i greu sianel, y trafodaethau tynghedlawn gyda'r darparwyr rhaglenni a C4, a'r angen i sicrhau arian teg gan yr ADA er mwyn gwireddu'r fenter.

Canolbwyntio ar y noson agoriadol a darllediadau'r wythnosau cyntaf y mae pennod tri, gan ystyried ymateb y wasg a'r gynulleidfa i'r arlwy. Trafodir hefyd sut y bu i'r brwdfrydedd bylu wedi'r wythnosau cyntaf o chwilfrydedd ac ymdrechion y swyddogion i gadw a denu rhagor o wylwyr. Mae pennod pedwar yn ystyried y frwydr gyson i sicrhau arian teilwng i ddarparu'r gwasanaeth gan yr ADA a'r gweithgareddau eraill y bu'r sianel yn ymwneud â nhw trwy'r cwmni Mentrau. I gloi'r drafodaeth ceir dadansoddiad o'r arolygon barn a luniwyd yn ystod y cyfnod prawf a'r archwiliad pwysicaf ohonynt i gyd, sef adolygiad y Swyddfa Gartref yn 1985 a fyddai'n penderfynu a oedd dyfodol i ddarlledu rhaglenni Cymraeg ar un sianel.

S4C heddiw

Pan oeddwn yn llunio'r astudiaeth hon, yn wreiddiol, ar ffurf doethuriaeth yn ôl yn 2010 ar anterth *annus horribilis* y sianel, roedd dyfodol y sianel yn simsan oherwydd y newidiadau sylfaenol a ddaeth i'w rhan gydag addasu lefel a ffynhonnell ei hariannu. Yn y blynyddoedd yn arwain at 2010 yr oedd y sianel wedi derbyn oddeutu £100 miliwn yn flynyddol gan Adran Diwylliant, Chwaraeon a Chyfryngau'r llywodraeth (DCMS), swm a oedd wedi ei gysylltu â mynegai prisau manwerthu (RPI) ac felly'n tyfu'n gyson. Ond wedi adolygiad gwariant llywodraeth glymblaid y Ceidwadwyr a'r Democratiaid Rhyddfrydol, a'r hyn a gydnabyddir bellach a oedd yn ddêl hwyr y nos rhwng y BBC a'r llywodraeth, heb ymgynghoriad gydag S4C o gwbl, penderfynwyd o 2013 ymlaen y byddai cyfraniad y DCMS yn cael ei dorri 93 y cant.[4] O arian y drwydded deledu y deuai gweddill yr arian i gyllido'r sianel a'r BBC fyddai'n rheoli'r cyfraniad hwnnw. Ond ni fyddai'r arian yn cyfateb i'r lefelau a welid hyd 2010, ac erbyn 2015 roedd S4C wedi colli cyfwerth â 36 y cant o'i chyllideb gyda'r arian o'r BBC yn 2015–16 yn £75.25 miliwn.[5] Gan mai'r BBC sy'n darparu rhan helaeth o gyllideb S4C bellach, mae'r bartneriaeth rhwng y ddau sefydliad yn llawer nes nag a fu, yn bennaf gan fod S4C yn atebol i'r BBC am wariant arian ffi'r drwydded ac i'r BBC yr anfonir ei adroddiad blynyddol yn gyntaf cyn yr aiff i'r Ysgrifennydd Gwladol. Mae Ymddiriedolwr Cenedlaethol y BBC dros Gymru, yr Athro Elan Closs Stephens, hefyd bellach yn eistedd ar Awdurdod S4C. Codwyd cwestiynau sylfaenol am annibyniaeth S4C wedi'r newidiadau hyn, gyda phryderon gwirioneddol y byddai'r gorfforaeth yn dylanwadu'n ormodol ar weithdrefnau a phenderfyniadau golygyddol S4C.

Nid yw gofyn i ddarlledwyr eraill ariannu S4C yn egwyddor wreiddiol. Ar ddechrau ei hoes yr oedd S4C yn cael ei hariannu gan rwydwaith ITV a dyna fu'r patrwm ariannu gydol yr 1980au. Er hynny, parhai y sianel yn annibynnol ac ni fu'n atebol i gwmnïau ITV gan fod yr arian hwnnw yn cael ei ddosbarthu trwy'r ADA. Nid oedd yr arian, ychwaith, yn dod gydag unrhyw ddisgwyliadau y dylid sicrhau aelod o rwydwaith ITV ar Awdurdod S4C, na gofynion i'r sianel drafod ei chynlluniau â chwmnïau'r rhwydwaith honno neu ofyn caniatâd cyn gweithredu polisïau arbennig.[6] Nid oedd dylanwad rhwydwaith ITV felly yn pwyso'n drwm ar weithgareddau'r sianel a gallai S4C fynd ati i lunio a gosod ei blaenoriaethau a chreu ei chymeriad nodweddiadol ei hun.[7] Nid yw partneriaethau ychwaith yn gysyniad newydd i'r sianel, dengys hanes cyfnod prawf y sianel fod partneriaethau yn allweddol i'r llwyddiant cynnar hwnnw. Ond nid un partner a oedd i'r sianel, ond nifer. Yn yr un modd nad oedd yr ADA na rhwydwaith ITV yn llwyddo i ddylanwadu ar y sianel, nid oedd modd i'r partneriaid eraill, y BBC a C4, ddylanwadu'n ormodol ar y sianel ychwaith gan nad oedd ganddynt ddigon o lais ar yr awdurdod i wneud hynny. Gall partneriaethau felly fod yn fendithiol i'r sianel; yr hyn sydd yn peri pryder dealladwy, er hynny, yw y gall un sefydliad, sef y BBC, oherwydd ei statws a'i faint, dra-arglwyddiaethu ar yr awdurdod a gweithgareddau'r sianel oherwydd ei rôl fel ariannwr. Er mwyn gochel rhag hynny a gwarchod annibyniaeth olygyddol, rheolaethol a gweithredol S4C, lluniwyd Cytundeb Gweithredu ffurfiol a gyhoeddwyd yn Ionawr 2013. Erbyn 2015 roedd y bartneriaeth honno yn cwmpasu elfennau o gyd-gynhyrchu rhaglenni, gydag *Y Gwyll* (Fiction Factory, 2013–) yr enghraifft amlycaf o gydweithio llwyddiannus i gynhyrchu rhaglenni yn y Gymraeg a'r Saesneg gefn-gefn ar gyfer y ddau ddarlledwr. At hynny, rhagwelir y bydd S4C yn cydleoli gwasanaethau technegol y sianel gyda BBC Cymru yn nghanolfan ddarlledu newydd y gorfforaeth yng nghanol dinas Caerdydd.[8]

Oherwydd y toriadau miniog i gyllideb y sianel ers 2010 gwnaed arbedion sylweddol i staffio a'r arian sy'n cael ei wario ar y rhaglenni. Erbyn 2015 roedd y sianel wedi colli cyfwerth â 37.75 aelod o staff llawn-amser ac wedi tocio ei gorbenion i 3.98 y cant o'i chyllideb.[9] At hynny roedd costau cyfartalog y rhaglenni newydd a gomisiynwyd wedi eu torri 39 y cant o £52,700 yr awr i £32,200 yr awr.[10] Mae nifer yr ailddangosiadau a ddarlledwyd hefyd wedi codi o 50 y cant yn 2013 i 57 y cant yn 2015 gan y gwnaed penderfyniad i arbed yr oriau a ddarlledid ar waetha'r toriadau hallt i'r gyllideb.[11] Gellid gweld effaith y toriadau yn uniongyrchol ar y sgrin, felly, wrth i lai o raglenni newydd gael eu comisiynu ac wrth i'r gwasanaeth dyfu'n gynyddol ailadroddus.

Fe ellid dadlau bod yr effaith hefyd i'w gweld yn ffigurau gwylio siomedig y sianel yn 2014–15 a ddangosodd fod llai o siaradwyr Cymraeg yng Nghymru yn gwylio'r rhaglenni ar y set deledu, gyda 173,000 yn gwylio'n wythnosol, lle'r oedd 187,000 yn gwylio yn 2013–14. Mae'r darlun ychydig yn fwy calonogol o ystyried gwylwyr y tu hwnt i Glawdd Offa lle caed cynnydd sylweddol yn y nifer sy'n gwylio'r sianel yn wythnosol, o 168,000 yn 2013–14 i 245,000 yn 2014–15.[12] Mae'r darlun hyd yn oed yn fwy calonogol o ystyried y gwylio sydd bellach yn digwydd ar-lein, a chyda rhaglenni S4C yn awr i'w gweld ar iPlayer, cafwyd 5.7 miliwn o sesiynau gwylio ar-lein yn 2014–15.[13] Dengys y ffigurau hyn fod cynulleidfa'r sianel yn newid. Mae siaradwyr Cymraeg yn gynyddol yn byw ar aelwydydd cymysg eu hiaith, a'r sesiynau gwylio ar set deuluol draddodiadol yn lleihau. Mae gwylio rhaglenni Cymraeg felly yn mynd yn weithred lawer mwy unigol wrth i nifer droi at Clic neu iPlayer i wylio ar-lein. Fe welir hefyd fod galw cynyddol am ddarparaiaeth Gymraeg y tu hwnt i ffiniau Cymru, wrth i Gymry alltud yn Lloegr a thu hwnt arfer ac adfer eu Cymraeg trwy wylio rhaglenni'r sianel.

I ychwanegu at yr her o geisio apelio at gynulleidfa symudol a newidiol iawn, mae sefyllfa S4C wrth i mi ysgrifennu'r rhagymadrodd hwn ar gychwyn 2016 yr un mor bryderus ac ansicr ag ydoedd yn ôl yn 2010 pan oeddwn yn cwblhau'r ddoethuriaeth. Gyda'r llywodraeth Geidwadol wrthi'n sicrhau arbedion pellach mewn gwariant cyhoeddus mae cyllideb y sianel unwaith eto o dan warchae. Mae'r BBC, unwaith yn rhagor, mewn trafodaethau cyfrinachol munud olaf, wedi cytuno i ariannu trwyddedau teledu am ddim i bobl 75 oed a hŷn, ac mae sylwebyddion yn rhagweld y bydd hyn yn costio oddeutu £750 miliwn i'r gorfforaeth erbyn 2020, neu un rhan o bump o'i chyllideb.[14] Credir y bydd rhaid gwneud arbedion sylweddol yng ngwariant y BBC er mwyn dygymod â'r cytundeb newydd a'r cwestiwn mawr, wrth gwrs, yw faint o arian y drwydded a fydd i S4C pan fydd y gorfforaeth yn gorfod gwneud arbedion mor sylweddol. Mae'r BBC yn mynnu y bydd y cytundeb hwn yn gost-niwtral, oherwydd iddynt sicrhau gwarant gan y llywodraeth y bydd ffi'r drwydded yn codi gyda chwyddiant ac y moderneiddir y drwydded i sicrhau bod rhaid talu i wylio ar-lein.[15] Ond anodd yw gweld sut y bydd y newidiadau hyn yn llwyddo i wneud iawn am y £750 miliwn a gollir. I goroni'r cyfan, nododd John Whittingdale, yr Ysgrifennydd Gwladol dros Ddiwylliant, Chwaraeon a'r Cyfryngau, y bydd disgwyl i S4C wneud arbedion sy'n cyfateb i'r rhai a wneir gan y BBC, gyda rhai amcanion yn awgrymu mai 20 y cant fydd y toriad hwnnw.[16] Mae'r darlun hwn yn un digon pryderus ac yn un a all barhau i newid dros y cyfnod nesaf wrth i drafodaethau ar Siarter y BBC fygwth i weddnewid y byd darlledu ymhellach, a fydd wrth gwrs yn effeithio ar amgylchiadau ariannu, cynhyrchu a gweithredu S4C. Rydym ar drothwy newid, ond pa mor radical y bydd y newidiadau, amser yn unig a ddengys. Yr hyn y gellir bod yn gwbl sicr ohono yw ein bod ar drothwy cyfnod yr un mor gyfnewidiol a phryderus â geni'r sianel ar ddechrau'r 1980au.

Nodiadau

1. Caed mynediad at gopi o'r cytundeb rhwng S4C a HTV, ond ni fu'n bosibl cael mynediad at ragor o ddogfennau'r cwmni.
2. Gweler y llyfryddiaeth am restr gyflawn o'r cyfweliadau.
3. Gweler, er enghraifft, Nicholas Crickhowell, *Westminster, Wales and Water* (Cardiff, 1999); Geraint Talfan Davies, *At Arms Length* (Bridgend, 2008); John Davies, *Broadcasting and the BBC in Wales* (Cardiff, 1994), John Davies, *Hanes Cymru* (Llundain, 2007), Gwynfor Evans, *Bywyd Cymro* (Caernarfon, 1982); Ifan Gwynfil Evans, '"Drunk on Hopes and Ideals": The Failure of Wales Television, 1959–1963', *Llafur*, 7, 2 (1997), 81–93; Rhys Evans, *Gwynfor – Rhag Pob Brad* (Talybont, 2005); Jamie Medhurst, *A History of Independent Television in Wales* (Cardiff, 2010); Rt. Hon. Lord Roberts of Conwy, *Right*

From the Start – The Memoirs of Sir Wyn Roberts (Cardiff, 2006); Robert Smith, 'Darlledu a'r Iaith Gymraeg', yn Geraint H. Jenkins a Mari A. Williams (goln), *'Eu Hiaith a Gadwant'? Y Gymraeg yn yr Ugeinfed Ganrif* (Caerdydd, 2000), tt. 299–329; William Whitelaw, *The Whitelaw Memoirs* (London, 1989).
4. £6.787 miliwn oedd cyfraniad y DCMS at gyllideb S4C yn 2015/16. S4C, *Adroddiad Blynyddol a Datganiad Ariannol ar gyfer y cyfnod 12 mis hyd 31 Mawrth 2015* (Caerdydd, 2015), t. 98.
5. BBC/S4C, *Cytundeb Gweithredu S4C* (Caerdydd, Ionawr 2013), t. 10.
6. Yr oedd y patrwm ar gyfer Channel 4 yn wahanol i S4C gan yr eisteddai tri phennaeth cwmnïau o rwydwaith ITV ar fwrdd y sianel honno.
7. Er nad oedd cynrychiolydd uniongyrchol o rwydwaith ITV ar Awdurdod S4C, yr oedd cynrychiolydd yno o'r ADA, ond dim ond un o blith nifer o aelodau oedd cynrychiolydd yr ADA ac felly ni allai ddylanwadu'n ormodol na gwthio safbwyntiau un sefydliad ar y sianel.
8. S4C, *Adroddiad Blynyddol a Datganiad Ariannol ar gyfer y cyfnod 12 mis hyd 31 Mawrth 2015*, t. 54.
9. S4C, *Adroddiad Blynyddol a Datganiad Ariannol ar gyfer y cyfnod 12 mis hyd 31 Mawrth 2015*, t. 54.
10. S4C, *Adroddiad Blynyddol a Datganiad Ariannol ar gyfer y cyfnod 12 mis hyd 31 Mawrth 2015*, t. 54. Mae cost yr awr y rhaglenni a ddarlledwyd hefyd wedi gostwng 35 y cant o £16,400 i £10,800.
11. Elain Price, 'Llywio'r llong drwy'r dymestl', *Barn*, 630/631 (Gorffennaf/Awst 2015), 17.
12. S4C, *Adroddiad Blynyddol a Datganiad Ariannol ar gyfer y cyfnod 12 mis hyd 31 Mawrth 2015*, t. 40.
13. S4C, *Adroddiad Blynyddol a Datganiad Ariannol ar gyfer y cyfnod 12 mis hyd 31 Mawrth 2015*, t. 42.
14. Jane Martionson a John Plunkett, 'BBC to take on £750m cost for over-75s in licence fee deal', *The Guardian*, 6 Gorffennaf 2015, http://www.theguardian.com/media/2015/jul/06/bbc-pay-cost-free-tv-licences-over-75s-fee-deal (cyrchwyd 12 Awst 2015).
15. Damien Gayle, 'Tony Hall rejects claims licence fee deal turns BBC into a branch of the DWP', *The Guardian*, 7 Gorffennaf 2015, http://www.theguardian.com/media/2015/jul/07/tony-hall-licence-fee-deal-bbc-dwp-george-osborne (cyrchwyd 12 Awst 2015).
16. Dienw, 'S4C expected to make "reasonable" savings similar to BBC', http://www.bbc.co.uk/news/uk-wales-politics-33414591, 6 Gorffennaf 2015 (cyrchwyd 12 Gorffennaf 2015).

1

Y Frwydr dros Sianel Deledu Gymraeg

Yr oedd amgylchiadau geni S4C yn gwbl unigryw, gan ei bod yn sianel â enillwyd gan lais y bobl yn hytrach na dymuniadau gwleidyddion neu fasnachwyr yn unig. Oherwydd hyn y mae sylw manwl wedi ei roi i'r ymgyrchu gan amrywiol awduron eisoes. Mae'r un peth hefyd yn wir am gyfraniad y BBC, TWW, Teledu Cymru a HTV i ddarlledu Cymraeg cyn dyfodiad S4C. Bwriad y bennod hon felly yw bwrw golwg yn ôl dros rai o brif ddigwyddiadau'r frwydr i sefydlu S4C er mwyn atgoffa'r darllenydd o'r cyd-destun, gan ganolbwyntio ar y trafodaethau seneddol a gaed ar ffurf pwyllgorau Crawford ac Annan a gweithgorau Siberry a Trevelyan/ Littler, agweddau'r darlledwyr tuag at y bedwaredd sianel a digwyddiadau'r blynyddoedd 1979–80 a fu'n allweddol i'r frwydr. Daw'r bennod i ben â dadansoddiad manwl o'r Ddeddf Darlledu 1981 a fyddai'n dod â Sianel Pedwar Cymru i fodolaeth.

Gwreiddiau'r bedwaredd sianel

Yr oedd ymwybyddiaeth gyffredinol ymysg y diwydiant darlledu a'r cyhoedd ar ddiwedd yr 1960au a dechrau'r 1970au fod trwydded ar gyfer pedwaredd sianel ddarlledu heb ei dosbarthu. Nododd Maggie Brown yn ei chyfrol ar hanes Channel 4 (C4): 'Television sets in the late 1960s came with four buttons... but the fourth was blank, even though there was capacity for another service. It was known as the empty channel and became a growing source of vexation.'[1] Gellid olrhain y posibilrwydd o ychwanegu pedwaredd sianel i rwydwaith ddarlledu Prydain yn ôl i adroddiad Pwyllgor Pilkington yn 1962.[2] Wrth i'r pwyllgor adrodd ar ddosbarthu tonfeddi yn y dyfodol, er ei feirniadaethau hallt o ddiffygion ITV, fe gynigwyd y byddai modd i'r rhwydwaith sicrhau sianel ychwanegol, ond dim ond ar ôl profi ei ddealltwriaeth o brif amcanion darlledu. Am nifer o flynyddoedd yn dilyn cyhoeddi'r adroddiad gwthiwyd trafodaethau am ddyfodol y bedwaredd sianel i waelod yr agenda wleiddyddol gan lywodraeth Lafur Harold Wilson ac yna gan lywodraeth Geidwadol Edward Heath. Erbyn atgyfodi'r syniad ar ddechrau'r 1970au roedd nifer o garfanau eraill â diddordeb yn y bedwaredd sianel. Yr oedd y carfanau hyn yn lobïo yn erbyn y syniad o greu ITV2 gan eu bod am i'r sianel ehangu natur y darlledu a geid yng ngwledydd Prydain, apelio at gynulleidfaoedd lleiafrifol a sicrhau bod safbwyntiau gwahanol i'w clywed.[3] Yr oedd anfodlonrwydd cynyddol ymysg aelodau o'r diwydiant a charfanau o'r gynulleidfa, fel y darlunia'r datganiad hwn gan Anthony Smith,[4] un o aelodau'r TV4 Campaign ac un o leisiau amlycaf y ddadl dros dorri'r deuopoli darlledu ym Mhrydain:

> You have to understand the role of the duopoly and why it became a tremendous vexation for thousands of people. The point was that society was no longer homogeneous. There were a great many different interest groups – the 1960s had shown that – but the screens were not catching up... we were all made to believe the broadcasting we were getting was very good. I suppose it was by international standards; but it was all in the hands of this rather well-paid, superior civil-service class... They couldn't hear, literally and metaphorically, what was going on around them, what demands were really being made – demands that their comfortable duopoly was able to frustrate.[5]

Aeth Anthony Smith ymlaen i lunio cynllun a fyddai'n darparu'r sylfeini ar gyfer y sianel newydd, syniad a fedyddiwyd yn National Television Foundation.[6] Mewn erthygl a gyhoeddwyd ganddo yn *The Guardian* ar 21 Ebrill 1972 cynigiwyd syniadau cwbl radical ar gyfer y sianel newydd. Un o elfennau pwysicaf y cynllun oedd na fyddai'r sefydliad darlledu newydd yn cynhyrchu ei raglenni ei hun, ond, yn hytrach, yn comisiynu rhaglenni gan gynhyrchwyr allanol. Byddai yn ehangu cwmpas darlledu ym Mhrydain, gan sicrhau bod lleisiau newydd, nad oedd yn rhan o gyfundrefnau mawrion y BBC ac ITV, i'w clywed. Datblygodd y syniad creiddiol o roi cyfle i leisiau newydd i fod yn gonglfaen y gwasanaeth a grëwyd yn y pen draw, ac fe gafodd ddylanwad mawr ar y bedwaredd sianel yng Nghymru, gan newid strwythurau darlledu yn gyfan gwbl.

Bu trafodaeth wahanol yng Nghymru am y defnydd y gellid ei wneud o'r sianel. Dechreuodd ymgyrch ddarlledu Cymdeithas yr Iaith ar ddiwedd yr 1960au gyda galwad am gynnydd yn nifer yr oriau o raglenni Cymraeg a ddarlledid, yn bennaf ar y BBC gan mai dim ond newydd ddechrau darlledu yr oedd HTV.[7] Ond nid tan ddechrau'r 1970au y ffurfiwyd polisi cadarn cyntaf y Gymdeithas ar ddarlledu gyda'r nod o hawlio mwy na dim ond rhagor o raglenni Cymraeg gan y rhwydweithiau. Yng nghyfarfod cyffredinol y gymdeithas yn 1969 cytunwyd ar y polisi canlynol: 'Ein bod yn hawlio gan y Llywodraeth sianel genedlaethol i Gymru ar gyfer rhaglenni Cymraeg ar y teledu, yn ychwanegol at y sianel ar gyfer y Cymry di-Gymraeg, a thonfedd ar gyfer rhaglenni Cymraeg ar y radio'[8]

Cafwyd naws lawer mwy strategol i waith y Gymdeithas gyda'r ymgyrch hon a chyhoeddwyd nifer o bamffledi, nifer ohonynt gan y llenor, cyn-ddarlithydd a chyfarwyddwr dramâu teledu, Emyr Humphreys, yn trafod darlledu yng Nghymru ac yn cynnig cynlluniau gweithredol ar sut y gellid addasu'r gyfundrefn er budd y Gymraeg.[9] Ynghyd â'r gwaith polisi a strategaeth, bu cyfnod estynedig o ymgyrchu a phrotestiadau uniongyrchol gan y gymdeithas:

> Trefnwyd gwrthdystiadau a ralïau y tu mewn a'r tu allan i ganolfannau'r BBC, HTV a'r Awdurdod Darlledu Annibynnol; dringwyd trosglwydd-yddion teledu, gan rwystro darllediadau rhaglenni, darlledwyd rhaglenni radio ar donfedd anghyfreithlon 'Y Ceiliog'; torrwyd ar draws gweithgareddau Tŷ'r Cyffredin a Thŷ'r Arglwyddi a thorrwyd i mewn i stiwdios teledu a gorsafoedd darlledu yng Nghymru a Lloegr gan ddifrodi offer.[10]

Dros gyfnod yr ymgyrch gwelwyd carcharu dros hanner cant o ymgyrchwyr am weithredoedd uniongyrchol o'r fath, gyda'r dedfrydau'n amrywio o noson yng ngharchar i flwyddyn o dan glo.[11] Elfen fwyaf llwyddiannus ac effeithiol yr ymgyrch oedd y gefnogaeth a gaed i'r alwad i bobl Cymru wrthod talu trwyddedau radio a theledu. Denodd yr ymgyrch weithredwyr newydd i gorlan y gymdeithas gydag athrawon, darlithwyr, gweinidogion a phobl broffesiynol eraill yn estyn eu cefnogaeth yn y modd hwn i'r ymgyrch ddarlledu.[12] Yr oedd y parchusrwydd a ystyrid ynghlwm wrth alwedigaethau nifer ohonynt yn allweddol wrth sicrhau hygrededd i'r ymgyrch. Bu hyn yn allweddol, yn ogystal, wrth gyfrannu at yr argraff a geid fod llywodraeth y dydd yn prysur golli cefnogaeth y 'farn gymedrol' yng nghyd-destun darlledu yng Nghymru.

Er bod yr ymgyrch wedi llwyddo i berswadio nifer fawr o Gymry mai trwy sicrhau sianel ar wahân ar gyfer rhaglenni Cymraeg y ceid yr amodau gorau i'r iaith, nid oedd pawb yn cytuno. Yr oedd grŵp o Gymry dylanwadol a oedd yn cynnwys Dr Jac L. Williams, Jennie Eirian Davies, Syr Alun Talfan Davies ac Alun R. Edwards o HTV yn anghytuno gyda'r gosodiad y byddai sianel ar wahân o fudd i'r iaith. Rhybuddiodd Jac L. Williams y byddai'r Gymraeg yn dioddef petai'r rhaglenni yn cael eu gwthio i '[g]wt dan staer y bedwaredd sianel'.[13] Credid y byddai'r Gymraeg ar ei cholled petai gwylwyr di-Gymraeg a Chymry Cymraeg nad oedd yn frwd dros yr iaith yn cael eu hynysu o raglenni Cymraeg yn gyfan gwbl. Credid hefyd y byddai geto'n cael ei greu gan niweidio'r iaith ymhellach.[14] Yr oedd y garfan hon yn argymell cynyddu'r nifer o oriau a ddarlledid ar y sianeli poblogaidd, BBC Wales a HTV Wales, er mwyn sicrhau bod pawb yn dod i gysylltiad â'r iaith. Ond, gyda'r tensiynau rhwng y carfanau iaith yn prysur gynyddu, gwaethygu a wnâi'r sefyllfa gyda chynllun o'r fath.[15] Yr oedd yr unigolion hyn mewn lleiafrif a gwelwyd yr ymgyrch am sianel ar wahân yn denu cefnogaeth carfanau annisgwyl, megis Aelodau Seneddol Llafur a oedd yn wrthwynebus i'r iaith Gymraeg fel George Thomas a Leo Abse. Pryderai rhai nad atal tranc yr iaith oedd cymhelliad yr unigolion hyn ond eu bod yn hytrach yn awyddus i weld y Gymraeg yn cael ei gwthio o'r neilltu ac yn diflannu'n gyfan gwbl o wasanaeth BBC Cymru a HTV. Meddai Aneirin Talfan Davies ar y pwnc: 'Pan fydda i'n gweld Mr George Thomas a Mr Leo Abse... yn rhuthro i gofleidio Dafydd Iwan, rwyf am awgrymu mai dim ond y mwyaf *naive* o blant dynion fyddai'n barod i gredu mai yr un yw eu cymhellion.'[16] Ar waetha'r ofnau hyn, bu'r gefnogaeth gan y garfan ddi-Gymraeg yn rhan annatod o'r penderfyniad terfynol i osod rhaglenni Cymraeg ar y bedwaredd sianel, gan eu bod yn uchel eu cloch yn cwyno am y rhaglenni rhwydwaith nad oedd ar gael iddynt eu gweld yng Nghymru.

Pwyllgorau seneddol

Yn ogystal â'r holl drafodaethau a geid ymysg darlledwyr, gwleidyddion a thrigolion Cymru yn ystod yr 1970au, sefydlwyd dau bwyllgor seneddol a dau weithgor er mwyn ymchwilio a thrafod dyfodol darlledu ym Mhrydain. Er bod ffocws cylch gorchwyl pob un yn wahanol, yr oedd gan bob pwyllgor rywbeth arbennig i'w ddweud am ddarlledu yng Nghymru a sut y gellid lleddfu'r tensiynau cymdeithasol. Sefydlwyd Pwyllgor Crawford yn 1973 o dan gadeiryddiaeth Syr Stewart Crawford, cyn ddirprwy is-Ysgrifennydd Gwladol i'r Swyddfa Dramor a'r Gymanwlad, i edrych yn bennaf ar ranbartholrwydd gan holi i ba raddau yr oedd y gwasanaethau darlledu yn ateb gofynion gwylwyr y cenhedloedd a'r rhanbarthau.[17] Derbyniodd y pwyllgor dystiolaeth gan nifer o sefydliadau Cymreig bach a mawr, gan ddangos y pryderon gwirioneddol a goleddid gan amryw o drigolion Cymru am gyflwr y gyfundrefn ddarlledu a'i phwysigrwydd yn eu bywydau. Derbyniwyd tystiolaeth hefyd a gyflwynodd bob ochr y ddadl, ac er i Bwyllgor Crawford ystyried cynyddu nifer y rhaglenni Cymraeg a ddarlledid ar y prif sianeli, casglwyd bod rhan helaethaf y dystiolaeth yn galw am osod rhaglenni Cymraeg ar sianel ar wahân.[18] Perswadiwyd y pwyllgor gan y dystiolaeth fod yr amgylchiadau yng Nghymru yn fwy argyfyngus na'r hyn a geid yng ngweddill Prydain, yn enwedig o safbwynt ffyniant y Gymraeg. I'r perwyl hwnnw, felly, y dylid rhyddhau'r bedwaredd sianel ar gyfer darlledu rhaglenni Cymraeg cyn gynted ag yr oedd hynny'n bosibl:

> We give the highest priority in this field to a solution of the Welsh-language problem by the use in Wales of the Fourth Channel. And recommend that this should be undertaken, without waiting for a decision on its introduction in the rest of the country, and should not be delayed by restrictions on capital expenditure.[19]

Argymhellodd hefyd y dylid trosglwyddo rhaglenni Cymraeg y BBC a HTV i'r sianel newydd, ac y dylid darparu cymhorthdal er mwyn galluogi cynnydd yn y nifer o oriau a gynhyrchid i 25, o'r 13 awr a ddarlledid yn 1974. Credai'r pwyllgor y byddai'r cymhorthdal yn fuddsoddiad teilwng:

> The cost would represent an investment in domestic, cultural and social harmony in the United Kingdom; the money spent would, in effect, be aimed at supporting within the home the other central and local government expenditure which is being incurred to satisfy Welsh aspirations.[20]

Roedd Pwyllgor Crawford wedi dechrau amgyffred natur y broblem ddarlledu yng Nghymru, a'r angen i'w aelodau lawn ddeall ei bod hi'n bwysig i unrhyw wasanaeth Cymraeg ddarlledu rhaglenni o safon gydradd â'r hyn a ddarlledid yn Saesneg os am ddenu a chadw gwylwyr.[21] Er cefnogaeth glir Crawford, yr oedd argymhellion y pwyllgor yn hwb ac yn rhwystr yn yr ymgyrch dros sianel ar wahân i Gymru, a hynny, yn eironig, oherwydd bod y cynigion yn ateb nifer o ofynion yr ymgyrchwyr. Cyhoeddodd Alwyn D. Rees yn ei golofn olygyddol yn *Barn* fod y Cymry wedi 'Ennill Brwydr y Teledu' a nododd Cymdeithas yr Iaith 'nad oedd llawer o awydd am weithredu uniongyrchol difrifol... pan fod pawb o dan yr argraff fod buddugoliaeth fawr wedi'i hennill'.[22]

Fel rhan o ymrwymiad y llywodraeth i argymhellion pwyllgor Crawford, sefydlwyd gweithgor yn Ionawr 1975 o dan gadeiryddiaeth Mr J. W. M. Siberry, cyn is-ysgrifennydd yn y Swyddfa Gymreig, er mwyn ystyried sut y gellid gwireddu sefydlu'r bedwaredd sianel yng Nghymru. Dengys adroddiad y gweithgor y daliai'r aelodau i ystyried mai trwy'r BBC a HTV yn unig y dylid cynhyrchu rhaglenni ar gyfer y bedwaredd sianel. Gwrthodwyd y syniad o blethu rhaglenni'r ddau rhwng ei gilydd, a nodwyd y dylid rhannu'r wythnos yn ei hanner. Argymhellwyd y dylai HTV ddarlledu ar ddyddiau Llun, Mercher a Gwener a'r BBC ar ddyddiau Mawrth, Iau a Sadwrn, ac y rhennid dydd Sul rhwng y ddau.[23] Yr oedd y patrwm hwn yn hwylus er mwyn sicrhau y gellid gosod hysbysebion rhwng rhaglenni HTV heb iddynt darfu ar ddarpariaeth y BBC. Ond yr oedd hyn yn wastraffus oherwydd y dyblygu adnoddau a fyddai'n angenrheidiol ar y ddwy ochr.[24] Er gwaethaf y rhaniad amlwg yr oedd awydd i sefydlu un dull cyflwyno clyweledol a phatrwm tebyg o raglenni ar hyd yr wythnos. Cafwyd anghytuno taer ar y mater hwn o du'r BBC a HTV, gan i'r BBC ddymuno darlledu ei rhaglenni mewn bloc er mwyn sicrhau eu bod yn adnabyddus fel rhaglenni'r gorfforaeth, tra oedd HTV am ddosbarthu ei rhaglenni ar draws yr amserlen, gan ddarlledu rhaglenni merched yn ystod y dydd, rhaglenni plant ar ddiwedd y prynhawn ac yn y blaen.[25] Un o brif argymhellion Siberry oedd y dylid darlledu 25 awr o raglenni Cymraeg bob wythnos, sef dwbl yr hyn a ddarlledwyd ar y pryd a'r hyn yr oedd yr ymgyrchwyr yn galw amdano. Er yr adroddiad cadarnhaol a gafwyd gan Siberry, fe'i cyhoeddwyd mewn cyfnod ariannol anodd i'r llywodraeth a oedd yn amharod i wario ar fentrau newydd. At hynny, yr oedd pwyllgor darlledu arall, Pwyllgor Annan, o dan gadeiryddiaeth yr Arglwydd Noel Annan, profost Coleg Prifysgol Llundain (1966–78), eisoes wrthi'n ymchwilio i ddyfodol darlledu ym Mhrydain ac, o ganlyniad, ni welwyd gweithredu argymhellion gweithgor Siberry.

Ni thrafodwyd mater y bedwaredd sianel yng Nghymru yn fanwl gan Annan, fel y dywed John Davies yn ei gyfrol: 'As the government had by then accepted the Crawford Report and had established the Siberry working party, the Committee's members assumed that, at least where Wales was concered, the fourth channel issue had already been settled.'[26] Yn adroddiad Annan argymhellwyd y dylid rhoi'r bedwaredd sianel i'r Open Broadcasting Association (OBA), sef sefydliad cenedlaethol a fyddai'n comisiynu rhaglenni gan gyrff megis y Brifysgol Agored, cwmnïau ITV a chwmnïau annibynnol gan wireddu gofynion Anthony Smith a TV4.[27] Sylweddolid na fyddai'r OBA yn debygol o fod yn barod i ddechrau darlledu tan ddechrau'r 1980au[28] ac felly yng Nghymru awgrymwyd y dylid gwireddu cynigion gweithgor Siberry gan roi'r bedwaredd sianel yng ngofal y BBC a HTV cyn ei throsglwyddo i'r OBA pan fyddai honno wedi ei sefydlu. Ystyrir mai atgyfnerthu'r hyn a argymhellwyd gan Crawford yn 1974 a wnaed gan Annan, ond gellir dadlau i'r adroddiad wanhau'r ddadl oherwydd yr iaith amhendant a ddefnyddiwyd yn yr adroddiad: 'The proposals of the Siberry Working Party for establishing a fourth television channel in Wales broadcasting in the Welsh language *should be implemented as soon as the Government can find the necessary finance.*'[29] Cynigwyd, felly, ddihangfa i'r llywodraeth a oedd yn parhau mewn trafferthion ariannol.[30] Yr oedd nifer hefyd yn gweld trosglwyddo'r sianel Gymraeg i ddwylo'r OBA pan fyddai honno'n weithredol yn broblematig, oherwydd ei fod yn symud ymhellach oddi wrth y cysyniad o greu 'sianel Gymraeg' ac awdurdod darlledu ar wahân ar gyfer Cymru. Fe'i beirniadwyd ym mhamffled 'Teledu Cymru i Bobl Cymru' Cymdeithas yr Iaith yn y termau hyn: 'ymddengys mai nod yr Adroddiad oedd dod o hyd i ddull o gadw darlledu Cymraeg a Chymreig o fewn rhigolau'r peirianwaith Prydeinig'.[31] Diau hefyd y dylanwadwyd ar Annan gan ddadl bwerus Dr Jac L. Williams, gan i'r adroddiad gyhoeddi:

> The Siberry Working Party envisaged that there would be no programmes in Welsh on the other television services; but we would regret it if all Welsh language programmes were banished to the fourth channel and we think it would be the worse for the Welsh language and the heritage of Wales.[32]

Roedd Annan, felly, yn datgymalu'r cydsyniad a geid rhwng Crawford a Siberry ynglŷn â dyfodol darlledu yng Nghymru. Drylliwyd y consenswns brau ymhellach gan y gweithgor nesaf, dan gadeiryddiaeth Dennis Trevelyan, a sefydlwyd i ddiweddaru gwaith Siberry, a oedd wedi dyddio oherwydd oedi i wireddu ei argymhellion.[33] Yr oedd y llywodraeth yn awyddus i ddangos ei bod yn gweithredu ar fater sianel deledu Gymraeg, er ei bod wedi casglu, yn arolwg gwariant cyhoeddus 1976, na ellid cyfiawnhau gwariant o'r fath oherwydd cyni ariannol y wladwriaeth.[34] Ymhlith aelodau'r gweithgor yr oedd nifer o staff Adran Ddarlledu'r Swyddfa Gartref, ynghyd â dau gynrychiolydd o'r BBC, Owen Edwards, rheolwr BBC Cymru a G. D. Cook, pennaeth peirianyddol trosglwyddyddion y gorfforaeth, a dau gynrychiolydd o'r rhwydwaith ddarlledu annibynnol, Anthony Pragnell, dirprwy gyfarwyddwr cyffredinol yr Awdurdod Darlledu Annibynnol (ADA) ac Aled Vaughan, cyfarwyddwr rhaglenni Cymru HTV.[35] Yr oedd cyfnod yr egwyddorion a'r syniadau uchelgeisiol ar ben bellach, ac yma caed cyfle i'r dynion a wyddai am fanylion gweithredu y darlledwyr i ddod â dos o realaeth i'r trafodaethau ynghylch sefydlu sianel Gymraeg. Bu'r gweithgor wrthi am 14 mis a phan gyhoeddwyd yr adroddiad, datganodd Dr Glyn Tegai Hughes nad oedd yn ddim mwy na fersiwn gwanhaëdig o Adroddiad Siberry.[36] Diau yr ysgogwyd Glyn Tegai Hughes i feirniadu fel hyn o ystyried mai 21 awr o ddarlledu Cymraeg, yn hytrach na'r 25 awr a argymhellwyd yn flaenorol, a drafodwyd ynddo.[37] Yr oedd y gweithgor yn awyddus i weld y twf mewn darlledu Cymraeg yn cael ei osod ar seiliau cadarn: 'byddai cynyddu'r adnoddau'n raddol o ran cyllid, adnoddau staff a lle stiwdio yn galluogi'r gwahanol gyrff darlledu i wneud eu cyfraniad tuag at y gwasanaeth Cymraeg mewn ffordd ddiffwdan a threfnus'.[38] Yr awgrym a geir yma yw y gellid llyffetheirio gwasanaeth Cymraeg â gofynion cynhyrchu trwm na fyddai modd i'r awdurdodau darlledu eu cynnal, ac, o ganlyniad, methiant fyddai ei hanes. Yr oedd y ffigwr o 25 awr wedi tyfu yn ffigwr symbolaidd o gynnydd arwyddocaol mewn rhaglenni Cymraeg, gydag Adroddiad Siberry wedi nodi nad oedd diben sefydlu gwasanaeth Cymraeg annibynnol oni ddechreuid o'r sail hwnnw. Ond er mwyn ei gyrraedd yr oedd angen dirfawr am ragor o ofod stiwdio, cyfleusterau technegol atodol a chyflogi ymron 400 o staff ychwanegol, datblygiadau nad oedd modd eu gwneud ar frys.[39] Mae'n amlwg hefyd fod cyd-destun ariannol y cyfnod wedi cael effaith sylweddol ar drafodaethau'r gweithgor, gan yr awgrymwyd gwariant cychwynnol a oedd yn llai na hanner y buddsoddiad a argymhellwyd gan Siberry.[40]

Dadleua John Davies y lleihawyd dylanwad y gweithgor wrth i'r llywodraeth gyhoeddi Papur Gwyn ar ddarlledu a fabwysiadodd ran helaeth o argymhellion Annan a hynny ar union ddiwrnod cyhoeddi adroddiad gweithgor Trevelyan/Littler.[41] Ond mewn gwirionedd mae astudiaeth fanwl o argymhellion Papur Gwyn Darlledu 1978 yn dangos y bu dylanwad y gweithgor ar gynlluniau'r llywodraeth yn arwyddocaol. Bu i'r llywodraeth fabwysiadu agwedd y gweithgor at ddatblygu nifer oriau rhaglenni Cymraeg yn raddol er mwyn sicrhau safon yn hytrach na swmp. Meddid:

> The Government agrees that, in all the circumstances and in view of the need to get the project started, it would be desirable to begin the service at a somewhat lower level than envisaged in the Siberry proposals, adding to it from time to time as appropriate.[42]

Yr oedd y cymal a ddiffiniai y patrwm rheoli ar gyfer darlledu Cymraeg hefyd yn mynd â'r llywodraeth ymhellach oddi wrth awgrymiadau Annan. Anghytunwyd â'r cynllun a gaed gan Annan i drosglwyddo cyfrifoldebau darlledu Cymraeg ar y bedwaredd sianel i wasanaeth Prydeinig yr OBA pan fyddai'r awdurdod hwnnw wedi ei sefydlu. Yn hytrach, yn y Papur Gwyn nodwyd:

> It would be wrong, moreover, to treat the Welsh language service in isolation from English language programmes originating in Wales,

whether these come from the BBC, from the independent system or from the OBA. For these reasons, the Government considers that it would not be appropriate to treat the Welsh language television service of the fourth channel as a service to be provided and supervised exclusively by the OBA: it should be treated as a national service for Wales to which all three broadcasting organisations will have an identifiable contribution to make and with the management of which all three broadcasting authorities will need to be associated.[43]

Yr oedd hi'n fwriad gan y llywodraeth i lunio yr hyn a elwid yn Welsh Language Television Council, gydag aelodau o BBC Cymru, yr ADA, ITV (sef HTV) a'r OBA yn eistedd arno, gydag aelod yr OBA yn gweithredu fel cadeirydd.[44] Yr oedd hwn yn gam sylweddol ymlaen i'r ymgyrch, gan ei fod yn cyflwyno corff a fyddai'n goruchwylio darlledu yng Nghymru. Ni fabwysiadwyd holl argymhellion Annan felly, ac fe gaed Papur Gwyn a lwyddai i gynnig gobaith a hefyd siomi'r ymgyrchwyr ar yr un pryd gyda'i gynnwys.

Wrth edrych yn ôl dros gyfraniadau'r pwyllgorau niferus hyn, y mae'n rhaid pwysleisio eu bod i gyd, ac eithrio adroddiad Trevelyan/Littler, wedi argymell cynlluniau a oedd yn bodloni'r ymgyrchwyr yng Nghymru ac wedi nodi pwysigrwydd blaenoriaethu'r gofynion yng Nghymru cyn gweddill Prydain. Ond wedi dweud hynny, nid oedd adroddiadau yr un ohonynt yn ddigon o ysgogiad i lywodraeth y dydd awdurdodi sianel Gymraeg ar fyrder. Yr oeddent, ar brydiau, wedi gwneud pethau'n anos i'r ymgyrchwyr gan iddynt greu'r argraff fod y llywodraeth yn gwrando ar ddymuniadau'r gymuned Gymraeg, gan ei gwneud hi'n anodd ysgogi pobl i barhau i wrthdystio a mynnu sianel Gymraeg. Ond, gellid dadlau eu bod oll wedi cyfrannu at lwyddiant yr ymgyrch trwy sicrhau crediniaeth i nifer o'r gofynion ac i'r trafferthion a wynebai'r iaith Gymraeg yn wyneb diffygion y gwasanaeth teledu.

Agweddau'r darlledwyr

Agwedd y BBC drwy gydol cyfnod yr ymgyrch i sefydlu sianel Gymraeg bron yn ddieithriad oedd cefnogi'r egwyddor o drosglwyddo rhaglenni Cymraeg i un sianel oherwydd, yng ngeiriau Alwyn Roberts: 'the BBC was largely influenced by its perception of the difficulty of satisfying any part of its audience by the existing practice of opting out of network schedules to provide a service for its Welsh viewers'.[45] Yr oedd y methiant i ddiwallu anghenion y gynulleidfa yn amlwg iawn i'r gorfforaeth yng Nghymru, a hynny oherwydd yr ohebiaeth gyson a dderbyniwyd gan y gynulleidfa

Gymraeg a di-Gymraeg. Ysgogai'r patrwm o ddisodli rhaglenni Saesneg am rai Cymraeg deimladau cryfion iawn ymhlith y gynulleidfa:

> It is not easy for those who did not receive this kind of correspondence to believe the rancour and the bitterness which it revealed. It suggested that the question of broadcasting had become a cancer in Welsh life leading not only to the protests and counter protests which marked the period but also to a festering bitterness in the minds of many individuals and for every one who wrote, there were probably a hundred who shared the view and the resentment.[46]

Yr oedd yn rhaid i'r BBC fod yn ofalus, felly, wrth geisio ymestyn y ddarpariaeth o raglenni Cymraeg. Mae'n ymddangos bod y BBC wedi dal yn ôl gyda datblygiadau ar gyfer cynulleidfaoedd cyfrwng Cymraeg rhag cynddeiriogi'r gynulleidfa ddi-Gymraeg ymhellach:

> In 1975, the corporation was producing nearly seven hours in Welsh a week; it acknowledged that it had the resources to produce nine hours, but it had refrained from doing so in order to avoid increasing the antagonism of the English-speaking Welsh.[47]

Nid lles y Gymraeg oedd unig ystyriaeth y BBC wrth roi ei chefnogaeth i'r ymgyrch dros bedwaredd sianel a fyddai'n gwasanaethu'r Cymry Cymraeg. Yr oedd trosglwyddo'r rhaglenni Cymraeg i sianel newydd hefyd yn fantais a alluogai ail-lansio BBC1 yng Nghymru fel sianel ar gyfer Cymry di-Gymraeg a hynny er mwyn denu'r miloedd o wylwyr a oedd â'u herialau'n derbyn darllediadau dros y ffin.[48]

Ond nid oedd y BBC yn cefnogi galwadau'r ymgyrchwyr air am air. Nid oedd y gorfforaeth o blaid sefydlu corfforaeth ddarlledu ar wahân ar gyfer Cymru, oherwydd y posibiliad o ddatganoli a sefydlu cynulliad yng Nghymru. Y rhesymeg y tu ôl i'r dadleuon hyn – a chaed yr un teimladau yn Yr Alban – oedd y pryder y byddai'r pleidiau a fyddai mewn grym yn ceisio dylanwadu ar y system ddarlledu. Gan fod gwleidyddiaeth Yr Alban a Chymru'n cael ei rheoli gan y Blaid Lafur, yr oedd posibilrwydd gwirioneddol, ym marn rhai, y byddai un blaid wleidyddol yn llwyddo i ddylanwadu ar y cyfryngau a'u rheoli ynghyd ag unrhyw system llywodraethol newydd yn y gwledydd hynny.[49]

Gellid disgrifio agwedd HTV tuag at greu pedwaredd sianel ar gyfer y Gymraeg, ar y llaw arall, fel un a oedd yn mynd yn erbyn prif ffrwd barn gyhoeddus y cyfnod. O ystyried systemau rheoli a hierarchaeth rhwydwaith ITV gellid honni i agweddau yr ADA ddylanwadu ar safbwyntiau a fynegwyd yn gyhoeddus gan HTV. Yr oedd agweddau cwmnïau eraill rhwydwaith ITV hefyd yn sicr o bwyso ac effeithio ar yr agwedd a arddelwyd gan HTV, heb anghofio'r safbwyntiau gwahanol a fyddai'n sicr o fod ymhlith aelodau Bwrdd Cymreig y cwmni. Bu'r ffaith fod y BBC wedi llwyddo i 'ennill' sianel ychwanegol wedi Adroddiad Pilkington yn dân ar groen cwmnïau rhwydwaith ITV a theimlid bod y BBC wedi derbyn ffafriaeth gan y llywodraeth. Pan ddaeth hi'n gyfnod trafod ychwanegu pedwaredd sianel at y rhwydwaith yn ystod yr 1970au, credai cwmnïau'r rhwydwaith mai dyma eu cyfle i fod ar yr un tir â'r BBC. Bu'r posibiliad o dderbyn sianel newydd y gellid gwerthu gofod hysbysebu arni, felly, yn abwyd rhy flasus i'w anwybyddu. Pan gyhoeddwyd y byddai'r llywodraeth yn awdurdodi pedwaredd sianel yr oedd cwmnïau'r rhwydwaith, gan gynnwys HTV, yn gweld hynny fel cyfle i wneud iawn am yr annhegwch a gaed o fewn system ddarlledu'r DU. Yr oedd cwmnïau ITV yn awyddus i ehangu natur y rhaglenni yr oeddent yn eu cynhyrchu a hynny er mwyn cynnig darpariaeth fwy cynhwysfawr gan ymestyn y rhaglenni a oedd ar gael i leiafrifoedd.[50] Er yr honiadau clodwiw hyn, y rhaglenni a oedd gan gwmnïau ITV mewn golwg oedd rhaglenni a fyddai'n ymdrin â diddordebau lleiafrifol mewn cerddoriaeth, arlunio, llyfrau, golff a materion diwydiannol, yn hytrach na rhaglenni ar gyfer carfanau o'r gynulleidfa nad oedd yn derbyn unrhyw ddarpariaeth, megis lleiafrifoedd ethnig a'r gymuned hoyw. Er gwaethaf y camsyniad ynghylch natur y gair 'lleiafrif', mae agwedd y cwmnïau masnachol i'w gweld yn amlwg yn y datganiad hwn: 'ITV today takes the field against the BBC with one arm tied behind its back.'[51]

Credai HTV fod rhesymau ychwanegol pam roedd defnydd o'r bedwaredd sianel yn bwysig i'r cwmni wrth ddarlledu yng Nghymru. Gwelwyd cyfle i ddenu gwylwyr yn ôl oddi wrth y cwmnïau eraill a oedd yn tresbasu ar diriogaeth y darlledwr, megis Granada, trwy symud y cynnwys Cymraeg oddi ar brif sianel ITV a pheidio tarfu ar y ddarpariaeth Saesneg a gaed ar gyfer y Cymry di-Gymraeg ar HTV Wales. Er mwyn gwthio'r ddadl hon byddai HTV yn honni mai'r cynlluniau hyn oedd y rhai gorau i Gymru ac i'r Gymraeg, gan fabwysiadu dadl y geto a pheryglon gosod rhaglenni Cymraeg ar un sianel. Pwysleisiwyd ganddynt fod yn rhaid edrych y tu hwnt i'r boddhad parod a ddeuai o ddiddymu'r Gymraeg oddi ar y sianeli a fodolai eisoes. Dadleuwyd y dylid ystyried y byddai'r bedwaredd sianel, ymhen hir a hwyr, yn cael ei lansio ledled Prydain gyda rhaglenni Saesneg a fyddai'n sicr o apelio at rai carfanau yng Nghymru, ac na fyddai'r rhaglenni hynny ar gael i'w gwylio oherwydd y rhaglenni Cymraeg a grynhowyd yno. Meddai'r Arglwydd Harlech, cadeirydd cwmni HTV:

It would also be the best solution for Wales (rhoi'r 4ydd [sic] Sianel i'r I.B.A.). The alternative solution rising out of the Crawford Committee would mean confining Welsh exclusively to a single channel of its own with damaging consequences for the language while at the same time depriving the English-speaking Welsh of a service which at some state [sic] would be available to the whole of the rest of the U.K. I cannot think that this result would promote social harmony in the Principality.[52]

Yr oedd nifer o Gymry blaenllaw ar fwrdd Cymreig HTV hefyd yn argyhoeddedig mai egwyddor dwy sianel oedd yr ateb gorau ar gyfer yr iaith Gymraeg. Ar y bwrdd ceid unigolion megis Y Fonesig Amy Parry-Williams, Syr Alun Talfan Davies ac Alun Llywelyn-Williams. Ond fel y tystia Geraint Talfan Davies: 'HTV found itself out of step with prevailing opinion.'[53] Yr oedd HTV hefyd yn mynd yn erbyn barn Pwyllgor Cymreig yr ADA a fu'n cefnogi'r syniad o un sianel Gymraeg gan anghytuno a thynnu'n groes ag agwedd prif bwyllgor yr awdurdod am y rhan helaeth o'r 1970au a oedd o'r un farn â chwmnïau rhwydwaith ITV.[54] Oherwydd ei bolisi gwelid protestio dwys yn erbyn HTV ac yn erbyn unigolion blaenllaw a oedd yn gysylltiedig â'r cwmni, yn enwedig mewn eisteddfodau cenedlaethol, megis Dyffryn Lliw yn 1980, pan ddinistriwyd stondin y darlledwr.[55]

Mewn gwirionedd, gellid disgrifio agwedd HTV yn y cyfnod fel un gyfnewidiol, neu, efallai'n nes at y gwir, fel un fanteisgar. Prif agwedd y cwmni oedd y dylai rhaglenni Cymraeg ymddangos ar ddwy sianel, ond, yn dilyn cyhoeddi adroddiadau pwyllgorau Crawford ac Annan a gweithgor Siberry, rhoes HTV yr agweddau hyn o'r neilltu er mwyn dilyn y llwybrau newydd a argymhellwyd, sef gosod rhaglenni Cymraeg ar sianel ar wahân. Ond oherwydd yr holl oedi a welid rhwng cyhoeddi argymhellion y pwyllgorau a'u gweithredu, rhoddwyd llygedyn o obaith i HTV a rhwydwaith ITV y gallai'r farn swyddogol newid, ac y gellid gwireddu ITV2 wedi'r cyfan. Yn yr achosion hynny gwelwyd HTV yn atgyfodi'r safbwynt mai rhannu rhaglenni Cymraeg rhwng dwy sianel fyddai'r ateb gorau i Gymru:

> Y mae awgrymiadau'r Llywodraeth mewn cytgord a [sic] barn HTV Cymru, barn a fu'n rhan o bolisi'r cwmni er dechrau'r trafodaethau ar y bedwaredd sianel, er ei bod hi'n wir i ddweud fod HTV yn barod fel y dylem fod, i gydweithio i weithredu cynlluniau y Llywodraeth flaenorol sef trosglwyddo holl raglenni Cymraeg HTV a'r BBC ar un sianel. Er dweud hyn ni chredodd y cwmni erioed mai dyma fyddai'r dull gorau o weithredu. Nid yw HTV wedi 'newid ei feddwl' ynglŷn â'r mater.[56]

Bod yn bragmataidd yr oedd HTV wrth ymateb i ddatblygiadau yn hynt y bedwaredd sianel. Bu i'r cwmni wthio ei syniadau ef pan oedd cil y drws yn agored, ond gan dderbyn wedyn fod yn rhaid gweithio o fewn y gyfundrefn y penderfynai llywodraeth y dydd arni er mwyn parhau i fod yn rhan o unrhyw fanteision a geid mewn darlledu trwy gyfrwng y Gymraeg. Dyma agwedd ac ymddygiad disgwyliedig a chwbl dderbyniol gan unrhyw gwmni masnachol wrth iddo addasu ei gynlluniau i amgylchiadau'r diwydiant. Petai swyddogion a Bwrdd Cymreig HTV wedi derbyn yn ddigwestiwn y dadleuon dros un sianel ar wahân ar gyfer y Gymraeg, a hynny pan oedd cyfle i geisio sicrhau'r bedwaredd sianel at ddefnydd ITV, byddai'r cwmni wedi anwybyddu ei gyfrifoldebau i'w gyfranddalwyr a'i gyd-gwmnïau o fewn rhwydwaith ITV. Yr oedd hi'n amlwg bod amheuaeth sylweddol hefyd ynghylch yr egwyddor o sefydlu sianel ar wahân am resymau y tu hwnt i fasnach ac elw.

1979–80

Yn ystod ymgyrchoedd etholiadol 1979 ceid cydsynio rhyfeddol ar fater darlledu Cymraeg. Cofnododd pob plaid wleidyddol yn eu maniffesto Cymreig eu bwriad i sicrhau rhaglenni Cymraeg ar y bedwaredd sianel, pe caent eu hethol. Er y cytuno ar yr egwyddor sylfaenol, yr oedd rhai gwahaniaethau amlwg rhwng yr hyn a gynigwyd. Yr oedd y Ceidwadwyr, er enghraifft, yn awyddus i beidio â sefydlu cyfundrefn ddarlledu newydd gan wrthod syniad yr OBA a argymhellwyd gan Bwyllgor Annan ac a drafodwyd ym Mhapur Gwyn Darlledu 1978. Yn hytrach, yr oeddent yn awyddus i gyflwyno'r bedwaredd sianel i ofal yr ADA. Yn dilyn buddugoliaeth Margaret Thatcher a'r Blaid Geidwadol yn yr etholiad cyffredinol ar 4 Mai 1979, amlinellwyd y cynlluniau ar gyfer y bedwaredd sianel gan William Whitelaw, yr Ysgrifennydd Cartref newydd, mewn datganiad yng nghynhadledd y Gymdeithas Deledu Frenhinol yng Nghaergrawnt ar 12 Medi 1979.[57] Ymysg y datganiadau am natur ariannu'r sianel, cyhoeddwyd un eithriad syfrdanol i'r hyn a hyrwyddwyd yn y maniffesto etholiadol. Cyhoeddwyd y bwriedid cynyddu'r nifer o raglenni Cymraeg a ddarlledid, ond yn hytrach na'u crynhoi ar un sianel yn unol â'r disgwyl, y bwriad bellach oedd eu rhannu rhwng sianeli'r BBC a'r ADA. Yn ei gofiant, fe nododd Whitelaw y rhesymeg y tu ôl i'r datganiad hwn:

> My colleagues in Wales did not consider that the proportion of Welsh speakers could justify delivering the whole new channel in the Welsh language. I therefore proposed safeguards in the Bill requiring the IBA to

ensure that at least twelve hours a week of programmes broadcast in Wales should be in Welsh. Taken in common with BBC broadcasts, that would mean up to twenty hours of air time in Welsh. Our aim was to foster the further development of the Welsh language, while not consuming so many hours of air time that many good commercially produced English programmes might never be scheduled in Wales.[58]

Ystyriwyd y datganiad hwn gan lawer fel cam mawr yn ôl yn yr ymgyrch ddarlledu, fel y nodwyd gan Alwyn Roberts:

> This was a possibility that had never been seriously canvassed since Crawford's rejection of an IBA proposal on these lines. It implied a worsening of the problems of opting-out and a heightening of the feeling of deprivation. Ironically, the non-Welsh speakers would be the main sufferers and the language would become an even more acute cause of resentment.[59]

Tra credai'r Ysgrifennydd Cartref mai rhannu rhaglenni Cymraeg oedd yr ateb gorau, gwyddai'r Cymry mai parhad o'r sefyllfa annerbyniol bresennol a geid trwy hynny, hyd yn oed gyda sianel ychwanegol er mwyn rhannu'r baich. Er bod datganiad Alwyn Roberts yn gywir mai'r Cymry di-Gymraeg fyddai ar eu colled oherwydd y cynnydd yn nifer yr oriau Cymraeg, yn ddi-os byddai'r canlyniadau'n wael hefyd i'r Cymry Cymraeg. Byddai'r dicter y soniodd amdano, ac a fynegwyd i'r darlledwyr yn gryf eisoes, yn sicrhau na fyddai hi'n bosibl cynyddu'r nifer o oriau Cymraeg o'r 20 awr a argymhellwyd gan y Ceidwadwyr. Yr oedd cynllun y llywodraeth yn gwarantu na fyddai modd i'r ddarpariaeth Gymraeg esblygu a thyfu'n wasanaeth cyflawn a ddiwallai angen am ddarpariaeth eang a chynhwysfawr. Yr oedd y penderfyniad hwn, felly, yn barhad o'r sefyllfa a fodolai eisoes, gan anwybyddu holl egwyddorion a negeseuon yr ymgyrch ddarlledu i sicrhau chwarae teg i'r Gymraeg ar y sgrin.

Datganiad Whitelaw oedd yr hwb angenrheidiol i'r ymgyrch ddarlledu, gan ei bod wedi dioddef o ddiffyg momentwm oherwydd oedi parhaol y llywodraeth yn ystod ail hanner yr 1970au. Fel y noda Syr Wyn Roberts: 'We had handed them [Cymdeithas yr Iaith a Phlaid Cymru] a just cause on a plate. We had broken a manifesto promise.'[60] Roedd y tro pedol wedi ailgynnau fflam anghyfiawnder ymhlith y gweithredwyr, a heb y cyhoeddiad hwnnw gallai tacteg oedi'r llywodraeth fod wedi claddu'r syniad o sianel Gymraeg mewn trafodaethau hirhoedlog am nifer o flynyddoedd. Llwyddodd datganiad Whitelaw i ennyn ymateb chwyrn gan Gymdeithas yr Iaith a Phlaid Cymru gydag aelodau o'r Gymdeithas yn trafod gweithredoedd torcyfraith mwy eithafol[61] a Phlaid Cymru yn aildanio'r alwad i wrthod talu trwyddedau.⁶² Er yr ymdrechion hyn, mewn gwirionedd, yr oedd brwydr y sianel yn gwbl ddigyfeiriad.⁶³ At hynny, troes nifer o ffigurau cyhoeddus a chyn-gefnogwyr yr ymgyrch eu cefnau ar y frwydr i sicrhau sianel ar wahân. Ynghyd â Jennie Eirian Davies a HTV, bellach ceid sefydliadau megis nifer o gynghorau sir ac unigolion yn cynnwys Tom Ellis, AS Llafur Wrecsam, ac Euryn Ogwen Williams, cyn-aelod o staff HTV a oedd bellach yn gynhyrchydd teledu annibynnol, yn mynegi eu cefnogaeth i'r syniad o ddosbarthu rhaglenni Cymraeg dros ddwy sianel.⁶⁴

Ni fu'r ymgyrchu yn ddigon i atal y llywodraeth rhag bwrw ymlaen â'u cynlluniau i ddarlledu rhaglenni Cymraeg ar ddwy sianel. Cyhoeddwyd y Mesur Darlledu ar 6 Chwefror 1980 ac ynddo ceid manylion sianel Brydeinig a fyddai'n darlledu rhaglenni Cymraeg cwmni ITV fel eithriadau lleol i'r gwasanaeth cenedlaethol yng Nghymru yn unig. Dehonglir mai ar ail sianel y BBC ac ail sianel yr ADA y bwriedid i'r rhaglenni Cymraeg ymddangos yn ôl gofynion y mesur. Mynnodd Dafydd Wigley nad oedd hyn yn dilyn dadl y diweddar Jac L. Williams gan ei fod mewn egwyddor yn rhoi'r Gymraeg mewn dwy geto.⁶⁵ Gwelid cyhoeddi'r mesur hwn fel tystiolaeth bellach o frad y llywodraeth a phatrwm o ddiystyru gofynion a safbwyntiau'r Cymry.

Yn y mesur gwelwyd, am y tro cyntaf, fwriad y llywodraeth i ddeddfu ar ddarlledu cyfrwng Cymraeg.⁶⁶ Fodd bynnag, ni cheir unrhyw amcan ynddo o nifer y rhaglenni neu oriau Cymraeg y disgwylid i'r sianel eu darlledu, gyda'r ymadrodd tila 'a suitable proportion of matter in Welsh' yn ymddangos sawl gwaith ynddi.⁶⁷ Ceir un argymhelliad cadarn yn y mesur, sef y câi arian ei neilltuo er mwyn talu costau ymgynghorydd, i'w benodi gan yr Ysgrifennydd Gwladol, a fyddai'n cynghori'r BBC a'r ADA ar faterion amserlennu eu rhaglenni Cymraeg. Disgwylid i'r costau hynny fod yn fach iawn, sy'n awgrymu nad oedd y mater o'r pwys mwyaf yng nghynlluniau'r llywodraeth.⁶⁸ Caed gwrthwynebiad chwyrn i'r cymal hwn o'r Mesur Darlledu o gyfeiriad Dafydd Elis-Thomas gan y credai mai 'one-man quango' a geid o dan y mesur:

> I totally oppose the concept that there should be a person who determines the schedule. It has always been determined by those who make the programmes and by the structures of the broadcasting system, whether the bureaucracy of a commercial company or of the BBC. It has always been the prerogative of those companies to determine scheduling.⁶⁹

Ar ben hynny, holodd a oedd hi'n ddoeth clustnodi'r dasg o benodi unigolyn addas ar gyfer rôl mor bwysig i Ysgrifennydd Cartref. Rhagwelai

Dafydd Elis-Thomas na fyddai'r Ysgrifennydd Cartref yn debygol o feddu ar wybodaeth helaeth am faterion Cymreig, ac y gallai'r penodiad hwn fod yn gwbl ddibwys ac aneffeithiol os nad ystyrid barn carfanau allweddol, megis Ysgrifennydd Gwladol Cymru a'r awdurdodau darlledu, wrth ddethol unigolyn.[70]

Yn ogystal, fe geir yn y mesur gymal sy'n nodi y byddai'n ddyletswydd ar y BBC a'r ADA i gwrdd er mwyn trafod eu strategaethau ar gyfer amserlennu rhaglenni Cymraeg.[71] Er nad oedd hynny wedi digwydd ar lefel ffurfiol fel yr awgrymwyd yn y mesur, yr oedd BBC Cymru a HTV wedi llwyddo ers sawl blwyddyn i sicrhau nad oedd cyd-daro gormodol rhwng y rhaglenni Cymraeg a ddarlledid ganddynt trwy drafod materion amserlennu.[72] Gellir gweld pam nad oedd y Mesur Darlledu yn boblogaidd gyda'r ymgyrchwyr yng Nghymru. Nid oedd ynddo unrhyw fath o ymrwymiad cadarn a oedd yn rhoi darlun clir o'r ffordd y byddai cynulleidfaoedd Cymraeg yn elwa o'r patrwm darlledu newydd nac ychwaith sut y gellid defnyddio'r patrwm er mwyn cynyddu'r nifer o raglenni Cymraeg a ddarlledwyd ar y rhwydweithiau.

Yr oedd y datblygiadau cwbl anfoddhaol hyn a natur ddigyfeiriad yr ymgyrch yn pwyso'n drwm ar gydwybod un dyn yn aned neb, sef Gwynfor Evans, llywydd Plaid Cymru a chyn-Aelod Seneddol Plaid Cymru yng Nghaerfyrddin. Awgryma Rhys Evans, yn ei gyfrol feistrolgar ar fywyd y gwleidydd, fod gweithred ddifrifol yn fwriad gan Gwynfor ers rhai misoedd cyn cyhoeddiad Whitelaw, a hynny er mwyn ailfywiogi'r mudiad cenedlaethol.[73] Profodd yr ymgyrch ddarlledu, felly, yn fachyn cyfleus i Gwynfor Evans ymgymryd â gweithred ddifrifol o'r fath. Er, fel y dengys llythyr a ysgrifennodd Gwynfor Evans at Dafydd Williams, un o swyddogion Plaid Cymru, yr oedd sicrhau sianel ar wahân yn ail yn ei ystyriaethau:

> Er y byddaf yn anelu at y llywodraeth, pwysicach lawer fydd yr effaith ar y Cymry. Gobeithiaf y gall symbylu'r cenedlaetholwyr i wneud mwy o waith penderfynol, ac y bydd yn rhoi tipyn o haearn yng ngwaed y Cymry eraill ac yn cyfeirio eu meddwl. Bydd yr argyfwng diwydiannol yn ogystal â diwylliannol yn y cefndir.[74]

Ympryd fyddai'r weithred honno, hyd farwolaeth, neu hyd nes y byddai'r llywodraeth yn addo y ceid sianel ar wahân ar gyfer y Gymraeg. Roedd natur y weithred wedi ei hysbrydoli gan lwyddiant gweithredoedd tebyg gan Ghandi; er hynny yr oedd rhai amheuon am ei moesoldeb.[75] Er ei fod wedi rhannu'r wybodaeth gyda dethol rai ym misoedd cyntaf 1980, ni chyhoeddodd Gwynfor Evans ei fwriad i ymprydio hyd ddechrau mis

Mai. Hysbysodd bwyllgor gwaith Plaid Cymru yn gyntaf ar 3 Mai, ac yna rhyddhawyd cyhoeddiad swyddogol ddeuddydd yn ddiweddarach y byddai'r ympryd yn cychwyn ar 5 Hydref 1980, ar ddechrau'r tymor gwleidyddol newydd.[76]

Cafodd y datganiad effaith uniongyrchol. Drannoeth y cyhoeddiad yr oedd Cymdeithas yr Iaith wedi trefnu ers tro y byddai bws yn teithio i Lundain er mwyn gweithredu ar faterion eraill: 'Ychydig iawn o enwau oedd i lawr ar gyfer y bws o Aberystwyth i Lundain, ond y noson gynt, wedi clywed y cyhoeddiad ar y teledu, fe lanwodd y papur o enwau at y bws o fewn awr.'[77] Bu protestio brwd yn ystod ymweliadau'r Prif Weinidog, Mrs Thatcher, â Chymru, ym Môn ar 18 Gorffennaf ac yn Abertawe ddeuddydd yn ddiweddarach.[78] Cymerodd y protestio dro anfad wrth i ddyfeisiau ffrwydrol gael eu gosod yng nghartref yr Ysgrifennydd Cartref, Nicholas Edwards.[79] Mae'r digwyddiad arswydus hwn yn hanes yr ymgyrch yn dangos pa mor agos oedd y sefyllfa yng Nghymru at ddirywio ymhellach drwy efelychu elfennau o'r gweithredu a welwyd yng Ngogledd Iwerddon ac yn adleisio gweithgareddau'r Free Wales Army yng Nghymru yn ystod cyfnod yr arwisgiad.

Ofer fyddai olrhain yn fanwl bob manylyn o'r cyfathrebu a fu rhwng y pleidiau, darlledwyr, gweision sifil, ymgyrchwyr a Gwynfor Evans yn ystod misoedd haf 1980, gan i'r manylion gael eu cofnodi'n gynhwysfawr yng nghyfrol Rhys Evans, hunangofiant Syr Wyn Roberts a darlith Alwyn Roberts i'r Cymmrodorion.[80] Er hynny, y mae'n angenrheidiol ailymweld â rhai o brif ddigwyddiadau'r haf tanbaid hwnnw wrth geisio deall sut a pham y penderfynwyd y dylid, wedi'r cyfan, osod rhaglenni Cymraeg ar un sianel.

Daeth ymateb cyhoeddus cyntaf y llywodraeth i ddatganiad Gwynfor Evans ar ffurf consesiwn y gellid adolygu'r patrwm newydd o fewn blwyddyn, gyda'r addewid y câi ei newid pe bai'r ADA a'r BBC yn argymell hynny.[81] Afraid dweud mai gwrthod y consesiwn a wnaeth Gwynfor Evans gan y gwyddai mai amhosibl fyddai gweddnewid patrwm darlledu wedi iddo gael ei sefydlu. Wythnosau yn ddiweddarach, ar ddechrau Gorffennaf, cynhaliwyd cyfarfod brys, yn y Swyddfa Gartref rhwng yr Aelodau Seneddol William Whitelaw, Nicholas Edwards, Leon Brittan a Wyn Roberts, Cadeirydd y BBC Syr Michael Swann a Chyfarwyddwyr Cyffredinol y gorfforaeth Ian Trethowan, Cadeirydd yr ADA, Y Fonesig Bridget Plowden, a Chyfarwyddwr Cyffredinol yr awdurdod, Syr Brian Young, Alwyn Roberts (yn ei rôl fel Cadeirydd Cyngor Darlledu'r BBC yng Nghymru), Huw Morris-Jones (cynrychiolydd Cymreig yr ADA) a Glyn Tegai Hughes, a benodwyd fel aelod Cymreig i

Fwrdd Rheoli C4, er mwyn trafod sut y gellid datrys y broblem ddarlledu yng Nghymru.[82] Yr oedd yn glir bod y llywodraeth yn pryderu am safiad Gwynfor Evans, gan i Whitelaw ddatgan ei fod yn llwyr ymwybodol y gallai Gwynfor Evans wrthod unrhyw gyfaddawd newydd ganddynt, ond er hynny, yr oedd yn argyhoeddedig fod rheidrwydd arno i ildio rhagor o dir.[83] Penderfynodd y Swyddfa Gartref gynnig ffurfio Pwyllgor Cydlynu, gyda chynrychiolaeth o'r BBC a'r ADA, i warchod buddiannau rhaglenni Cymraeg o fewn y ddwy gyfundrefn a sicrhau gwasanaeth cynhwysfawr.[84] Credai rhai gweision sifil mai asgwrn y gynnen oedd i'r syniad o Gyngor Darlledu Cymraeg gael ei israddio i un ymgynghorydd.[85] Teimlai'r gweision sifil a gweinidogion y llywodraeth fod y cyfaddawd newydd yn agos iawn at yr hyn a gynigwyd gan Dafydd Elis-Thomas mewn gwelliant i'r Mesur Darlledu a drafodwyd ac a wrthodwyd yn Nhŷ'r Cyffredin ar 24 Mehefin 1980.[86] Yr oedd swyddogion y llywodraeth felly yn gymharol hyderus y byddai eu cyfaddawd yn un a fyddai'n llwyddo i ynysu Gwynfor Evans os na ellid ei berswadio i atal ei ympryd. Ond nid oedd y cynigion yn ddigon i ateb gofyn y cynrychiolwyr o Gymru, nac yn argyhoeddi Gwynfor Evans na'r ymgyrchwyr i ddod â'r frwydr i ben:

> The Welsh representatives were unanimously of the view that, whatever the practical merits of the proposals, they did not in any way meet the conditions laid down by Mr. Evans and would not be seen in Wales to be a proposal which he could not reasonably refuse to accept.[87]

Ar ddechrau Awst 1980, datblygodd Eisteddfod Dyffryn Lliw yn un o eisteddfodau pwysicaf yr ymgyrch. Bu protestio brwd gan yr ymgyrchwyr wrth iddynt falurio stondinau HTV a'r ADA, ac atal car yr Ysgrifennydd Gwladol.[88] Ond nid y protestio oedd unig nodwedd y Brifwyl, wrth i Lys yr Eisteddfod benodi dirprwyaeth i ymweld â'r Ysgrifennydd Cartref.[89] Yr unigolion a ddewiswyd oedd Syr Goronwy Daniel, prifathro Coleg Prifysgol Cymru, Aberystwyth hyd 1979, Archesgob Cymru, G. O. Williams, a'r Arglwydd Cledwyn o Benrhos, tri gŵr a oedd, yn ôl Rhys Evans, yn 'feistri corn ar y grefft o ddiplomyddta'.[90] Ar ôl trin a thrafod eu safbwyntiau a'u tactegau mewn cyfres o lythyrau, ymwelodd y ddirprwyaeth â William Whitelaw ar 10 Medi 1980.[91] Nod y ddirprwyaeth oedd dwyn perswâd ar y llywodraeth i ddychwelyd at ei haddewid gwreiddiol gan fod y dadleuon o blaid darlledu rhaglenni Cymraeg ar y bedwaredd sianel yn rhai cryf, a chan mai dyma'r unig gynllun a fyddai'n debygol o fodloni Gwynfor Evans.[92] Er bod ympryd Gwynfor Evans yn rhan annatod o'r rheswm dros ymweliad y tri â San Steffan yr oeddent yn awyddus i beidio ag ymddangos fel ei lysgenhadon, ac i beidio â chael eu 'rhwymo draed a dwylo ganddo chwaith'.[93] Pwysleisio agwedd y dyn cyffredin a'r diffyg parch a ffydd a gaed yng Nghymru bellach tuag at y llywodraeth a dulliau cyfansoddiadol fyddai eu prif arf.[94] Yr oedd y tri yn llwyr ymwybodol eu bod yn wynebu tasg 'anarferol o anodd' a hynny gan nad oedd llawer o le i droi wrth geisio dod o hyd i ateb a fyddai'n dderbyniol i Gwynfor Evans ac a fyddai'n galluogi'r llywodraeth i newid ei meddwl heb ymddangos ei bod yn ildio i fygythiadau.[95] Amlinellodd G. O. Williams yn huawdl y dacteg y dylid ei mabwysiadu ganddynt: 'Nid plygu i fygythion yw'r hyn a ofynnwn gan y Llywodraeth ond cydnabod wedi pwyso holl ystyriaethau'r sefyllfa bresennol eu bod wedi gwneud camgymeriad. Ennill ac nid colli urddas y mae pwy bynnag sydd ddigon gwrol i wneud hynny.'[96]

Afraid dweud bellach y bu'r dacteg yn un lwyddiannus ynghyd â'r datrysiad terfynol a gyflwynwyd yn y cyfarfod gan Cledwyn Hughes, ond a gynigwyd yn wreiddiol gan Leopold Kohr, yr economegydd a'r darlithydd gwleidyddiaeth ym Mhrifysgol Aberystwyth, mewn llythyr i'r *Times* ac a drafodwyd rhyngddo ef a Gwynfor Evans.[97] Yr hyn a gynigwyd oedd troi cyfaddawd cyntaf yr Ysgrifennydd Gwladol ar ei ben, ac yn hytrach na rhoi'r cynllun dwy sianel ar brawf am flwyddyn, dreialu'r sianel Gymraeg am ddwy flynedd, gyda'r dewis y gellid dychwelyd at y patrwm gwreiddiol pe na byddai'n llwyddiannus.[98] Er i'r llywodraeth fabwysiadu'r cynnig, ac ymestyn y cyfnod prawf i dair blynedd, nid oedd yn amlwg i'r ddirprwyaeth i'w hymweliad fod yn llwyddiant.[99] Ond, ymhen yr wythnos, yr oedd William Whitelaw a Nicholas Edwards wedi llwyddo i berswadio'r Prif Weinidog a'r Trysorlys mai ildio oedd rhaid. Ar 17 Medi 1980, lai na mis cyn dyddiad cychwyn yr ympryd arfaethedig, cyhoeddwyd y byddai'r llywodraeth yn sefydlu sianel Gymraeg ar y bedwaredd sianel yng Nghymru. Cyflawnodd y ddirprwyaeth gamp ryfeddol wrth wyrdroi agwedd y llywodraeth, yn enwedig gan fod memo a luniwyd ddiwrnod cyn y cyfarfod gan Adran Ddarlledu'r Swyddfa Gartref yn cyfleu hyder y swyddogion y byddai William Whitelaw yn llwyddo i ddwyn perswâd ar unigolion rhesymol pa mor afresymol oedd safbwynt Gwynfor Evans. At hynny, i gyd-fynd â'r cyfarfod hwn, rhyddhawyd datganiad gan y Swyddfa Gartref yn cyhoeddi enw cadeirydd y Pwyllgor Teledu Cymraeg newydd sef Dafydd Jones-Williams.[100] Bu'n berfformiad heb ei ail gan y gwŷr y daethpwyd i'w hadnabod yn gyhoeddus fel y 'tri gŵr doeth' wrth iddynt lwyddo i ddwyn perswâd ar lywodraeth ystyfnig a oedd wedi ei gwthio i gornel. Ni ellir anwybyddu cyfraniad Gwynfor Evans i'r fuddugoliaeth hon, ac, yn ddi-os, ef sydd yn haeddu'r clod am wthio'r ymgyrch tua'i therfyn. Heb ei fygythiad i ymprydio, hawdd gweld y byddai'r ymgyrch wedi rhygnu ymlaen yn ddigyfeiriad. Mae'r ffaith mai Gwynfor Evans oedd yr un a oedd yn bygwth yn allweddol: fel y noda Rhys Evans, pe bai unrhyw un arall wedi bygwth ymprydio, mae'n annhebygol y byddai wedi ennyn yr un ymateb nac wedi esgor ar yr un canlyniad.

Er hynny, mae nifer o ffactorau eraill a grybwyllwyd gan gofnodwyr yr hanes yn haeddu mwy o sylw a chydnabyddiaeth. Fe drafodwyd yn ysgrif Alwyn Roberts, ac fe'i hategwyd yng nghyfrol Rhys Evans, fod pryderon am Ogledd Iwerddon yn rhan o'r trafodaethau answyddogol, personol a gaed am frwydr y sianel y tu hwnt i'r cyfarfodydd ffurfiol.[101] Ymddengys bod yr Ysgrifennydd Cartref yn poeni'n ddirfawr am sut y byddai unrhyw benderfyniad a wnaed ynglŷn ag ympryd Gwynfor Evans yn effeithio ar y sefyllfa yng Ngogledd Iwerddon. Mae hyn yn ystyriaeth deg o gofio bod William Whitelaw wedi gwasanaethu fel Ysgrifennydd Gwladol i'r dalaith rhwng 1972 ac 1974 yn ystod un o'r cyfnodau mwyaf cythryblus yn ei hanes. Gellir awgrymu felly bod profiadau Whitelaw yng Ngogledd Iwerddon wedi ei annog i ildio i fygythiad Gwynfor yn hytrach na sefyll yn gryf yn ei erbyn. Yn ei hunangofiant, nododd Whitelaw iddo brofi sut y gallai cymunedau ymateb i farwolaeth trwy ympryd gwleidyddol, gan y bu aelodau o'r IRA yng Ngharchar Crumlin Road yn ymprydio er mwyn mynnu hawliau gwleidyddol.[102] Diau y dylanwadodd y profiadau hyn yn fawr ar Whitelaw, ac y rhagwelodd drafferthion enbyd yng Nghymru pe ymprydiai Gwynfor Evans, er nad yw'n cyfeirio atynt wrth drafod mater y sianel yn ei gofiant.

Digwyddiad arall sydd wedi ei anghofio yn hanes sefydlu S4C yw cyfraniad nodyn a ysgrifennwyd gan Geraint Stanley Jones, ac a gyflwynwyd i'r Swyddfa Gartref ar 29 Gorffennaf 1980 gan Syr Michael Swann.[103] Yr oedd y nodyn hwn yn esbonio pam nad oedd hi'n dechnegol bosibl gwireddu cynlluniau'r llywodraeth o osod rhaglenni Cymraeg ar BBC2. Meddai Alwyn Roberts amdano: 'It was, to my mind, a demonstration that the two-channel solution was not compatible with any notion of an integrated service.'[104] Yr hyn a wnaeth Geraint Stanley Jones oedd dadlau nad oedd BBC2 yn lleoliad addas ar gyfer llunio gwasanaeth Cymraeg cyson, oherwydd yr angen am gysondeb amseru er mwyn sicrhau gwasanaeth o'r fath. Nid oedd amserlen BBC2 wedi ei dyfeisio i dderbyn cyfres gyson o eithriadau rhanbarthol gan ei bod wedi ei llunio i fod mor hyblyg â phosibl. Dim ond un amseriad dechrau rhaglen cyson a gaed ynddi bob nos, sef 9 o'r gloch yr hwyr, ac oherwydd hynny nid oedd awr benodol lle gellid gadael ac ailymuno â gwasanaeth BBC2 yn hwylus. Canlyniad ceisio darlledu rhaglenni Cymraeg yn gyson yr un pryd bob nos fyddai colli rhannau o rai o raglenni mwyaf poblogaidd y sianel honno megis tenis Wimbledon, snwcer, golff a'r criced.[105] Byddai'r un peth yn wir am y rhaglenni plant Cymraeg y gobeithid eu darlledu rhwng 16.30 a 17.30 gan darfu ar rediad chwaraeon a oedd yn greiddiol i amserlen BBC2.[106] Dyma ddarpariaeth a fyddai'n siŵr o godi gwrychyn gwylwyr Cymru pe torrid ar ei hanner er mwyn darlledu rhaglenni Cymraeg:

> It would simply not be possible to create the sort of service envisaged by the Government without totally re-scheduling the BBC-2 early-evening schedules. This in turn would create a degree of deprivation of BBC-2 programmes which we know from hard past experience would be bitterly resented by a substantial and influential section of the community. Any limited degree of flexibility which we have at present would be further eroded by the need to avoid clashing with the service in Welsh on ITV-2. It is simply not possible to carve out a new service of this length across two channels in the way which has been promised.[107]

Gydag un o'r partneriaid allweddol yn mynnu nad oedd hi'n ymarferol bosibl gweithredu'r cynlluniau newydd, gellid tybio y byddai swyddogion y llywodraeth wedi dechrau amau eu huniongrededd. Yn hytrach, caed ymateb chwyrn yn beirniadu'r BBC am eu hymarweddiad anghymwynasgar: 'The BBC are being generally unhelpful about this and they have objected to a number of points which have been put to them about the role of the Welsh Language Television Committee and its composition.'[108] Er bod agwedd y gweision sifil tuag at y BBC yn ddilornus, bu cynnwys y memorandwm yn achos pryder i Ysgrifennydd Gwladol Cymru, ac ystyriai ef fod y ddogfen yn un beryglus iawn pe gwelai olau dydd.[109] Perswadiwyd Nicholas Edwards nad oedd y trafferthion a drafodwyd yn rhai anorchfygol, a'u bod, mewn gwirionedd, yn rhan o ymgais gan y BBC i ddychwelyd at yr egwyddor o sianel ar wahân i'r Gymraeg. Ond, yr oedd yr Ysgrifennydd Gwladol yn awyddus i weld dogfen a wrthrofai honiadau'r datganiad gan y BBC yn gwbl bendant rhag ofn i'r mater godi wrth i'r Arglwyddi drafod y Mesur Darlledu yn yr Hydref.[110] Crëwyd amheuaeth gan y memorandwm, ond yr hyn a wnaeth y drafodaeth a gododd yn ei sgil oedd dangos pa mor ddi-hid yr oedd y llywodraeth tuag at y cysyniad o greu gwasanaeth Cymraeg cyson yn ystod yr oriau brig, gwasanaeth y gellid datblygu a thyfu'r gynulleidfa ar ei gyfer. Yr oedd y swyddogion yn rhyfeddol o unplyg yn eu gweledigaeth, gan ystyried unrhyw anawsterau a ddatgelwyd iddynt fel ymyrraeth ddibwys a oedd yn eu hatal rhag gwthio eu mesur trwy Dŷ'r Cyffredin.

Sïon eraill a fu'n cryfhau yn ystod Awst 1980 oedd y byddai'r wrthblaid ac Aelodau Seneddol eraill yn gwthio gwelliannau i'r Mesur Darlledu yn y drafodaeth yn Nhŷ'r Arglwyddi ar 8 Hydref. Credid y byddai sawl un o'r arglwyddi, gan gynnwys Cledwyn Hughes, Elwyn Jones, Goronwy Roberts ac Emlyn Hooson yn cynnig gwelliannau a fyddai'n argymell gosod yr holl ddarllediadau Cymraeg ar y bedwaredd sianel, ar sail y ffaith nad oedd dadl y llywodraeth Geidwadol am gost eithriadol cynllun un sianel yn ddilys.[111] O wybod hyn, a gan fod disgwyl i'r trafodaethau yn Nhŷ'r Arglwyddi ddechrau ddeuddydd ar ôl dechrau ympryd Gwynfor Evans, pryderai Wyn Roberts y câi achos y llywodraeth ei ddryllio'n sylweddol. Y ddadl ariannol oedd unig arf y llywodraeth bellach, ac mewn rhai carfanau nid oedd honno yn tycio. Yr oedd yr Arglwydd David Gibson-Watt, cyn-Ysgrifennydd Cymru llywodraeth Geidwadol Heath, wedi nodi na fyddai'n pleidleisio o blaid y llywodraeth yn y trafodaethau hynny. Yr oedd gweinidogion y Swyddfa Gartref a'r Swyddfa Gymreig yn colli cefnogaeth eu plaid eu hunain, gan ei gwneud hi'n anos cyfiawnhau eu safbwynt.

Gellid dadlau fod cyfuniad o ddigwyddiadau wedi arwain at droi llif y farn gyffredin yn erbyn y llywodraeth gan sbarduno ail dro pedol William Whitelaw. Ni ellir gwadu mai gweithred Gwynfor Evans oedd yr amlycaf a'r fwyaf dylanwadol o'u plith, ond llwyddodd cyfuniad o'r holl ffactorau hyn i wthio'r llywodraeth yn nes at y dibyn, gan orfodi'r Ceidwadwyr i ailwampio cynlluniau darlledu yng Nghymru am yr eildro ers iddynt ennill yr etholiad.

Hynt y Ddeddf Darlledu

Y cam cyntaf yn y broses o sefydlu'r sianel oedd ei chynnwys yn y Mesur Darlledu a oedd, pan gafwyd 'w-turn' William Whitelaw, ar ei thaith drwy brosesau Tŷ'r Cyffredin a Thŷ'r Arglwyddi.[112] Yr oedd y mesur eisoes wedi gadael Tŷ'r Cyffredin, ar ôl dau ddarlleniad a thrafodaeth gan bwyllgor seneddol. Er mwyn cyflwyno'r newidiadau a'r gwelliannau i sicrhau y câi Cymru sianel ar wahân, yr oedd rhaid atal taith y mesur trwy brosesau Tŷ'r Arglwyddi. Da o beth felly oedd na fu brys gan y llywodraeth i'w anfon drwy'r broses seneddol, oherwydd yr amheuon ynglŷn â lansio pedwaredd sianel mewn cyfnod o ansicrwydd ariannol.

Cyflwynwyd y newidiadau i'r mesur ar 2 Hydref 1980 oddeutu tair wythnos ar ôl yr ail dro pedol ac ar ôl trafodaethau rhwng yr Ysgrifennydd Cartref, y canghellor ac arweinydd Tŷ'r Cyffredin.[113] Ddyddiau yn ddiweddarach, ar 8 Hydref 1980, cyhoeddwyd yn nhrafodaethau'r pwyllgor darlledu fanylion y newidiadau, ac ymhen y mis, ar 10 Tachwedd 1980, cafwyd trafodaeth helaethach ar lawr Tŷ'r Cyffredin lle croesawyd y datblygiadau yn ddieithriad gan aelodau o bob plaid.[114] Er hyn, manteisiodd rhai aelodau Ceidwadol ar y cyfle i nodi eu pryderon ynglŷn â chostau'r sianel, faint o dalent a gaed yng Nghymru i ddarparu'r rhaglenni Cymraeg a pha mor ddeniadol fyddai rhaglenni'r sianel Brydeinig newydd i wylwyr Cymru.[115] Er y pryderon cytunwyd ar y newidiadau i'r mesur, ac fe'i pasiwyd yn ôl i Dŷ'r Arglwyddi lle y cafwyd Cydsyniad Brenhinol ar 13 Tachwedd 1980. Ar ôl blynyddoedd maith o drafod, oedi ac ymgyrchu, ychydig dros fis yn unig a gymerodd i lywio'r mesur trwy'r prosesau llywodraethol angenrheidiol ac i fodolaeth.

Y prif newid rhwng y Mesur Darlledu gwreiddiol a gyflwynwyd i Dŷ'r Cyffredin a'r Ddeddf Darlledu a weithredwyd oedd ei bod yn mynnu ffurfio awdurdod newydd i ofalu am ddarlledu Cymraeg. Yr oedd hyn yn rhywbeth newydd ac annisgwyl i'r rhai fu'n ymgyrchu dros sianel ar wahân. Er bod sefydlu awdurdod i ofalu am yr holl ddarllediadau radio a theledu Cymru wedi bod yn rhan o alwadau'r ymgyrchwyr, dyma'r tro cyntaf y cyfeiriwyd at awdurdod annibynnol mewn unrhyw ddogfen a oedd yn ymwneud â deddfwriaeth y bedwaredd sianel. Cyngor Teledu Cymraeg a awgrymwyd ym Mhapur Gwyn 1978, sef pwyllgor atodol i'r OBA i gynghori ar faterion Cymreig ac nid awdurdod ar wahân i Gymru.

Yr oedd y cynlluniau newydd hyn yn torri tir newydd. Bwriedid ffurfio'r awdurdod gyda chadeirydd a phedwar aelod i'w penodi gan yr Ysgrifennydd Cartref, ond, yn ymarferol, byddai'r penderfyniad hwnnw'n cael ei wneud mewn cydweithrediad ag Ysgrifennydd Cymru.[116] Nid oedd y Ddeddf yn manylu pwy fyddai'r aelodau, ond nododd William Whitelaw ei fwriad i sicrhau cynrychiolaeth o'r BBC a'r ADA ar yr awdurdod:

> I have it in mind, for example, to appoint the BBC governor for Wales and the IBA member for Wales to the new authority. I think that there may also be advantage in appointing somebody from the board of the IBA's fourth channel subsidiary. From the preliminary consultations I have had with the BBC and the IBA, I believe that the broadcasting authorities also see advantage in some cross-membership of this kind.[117]

Nid pawb oedd yn hapus gyda'r awgrym hwn ar gyfer aelodaeth yr awdurdod newydd. Nododd Dafydd Elis-Thomas fod rhai carfanau amlwg ar goll o'r patrwm arfaethedig:

I should like the Minister to indicate who will represent the great Welsh public and who will be the representative, if any, of independent producers. It seems to me that there is a danger that the Welsh fourth channel authority will end up perpetuating the duopoly in Welsh broadcasting rather than allowing greater public participation and independent participation in the control of the working of the authority.[118]

Ond ni chafwyd gwyntyllu pellach ar y mater yn ystod y drafodaeth honno ar lawr y Tŷ. Ni chafwyd ymateb ychwaith gan weinidog gwladol y Swyddfa Gartref, Leon Brittan, wrth iddo ateb y llu cwestiynau a gyflwynwyd ger ei fron yn ystod y drafodaeth ar y Mesur Darlledu.[119] Nid oedd y Swyddfa Gartref am drafod ymhellach natur yr awdurdod newydd gan ei fod yn fater llawer mwy dadleuol nag yr ymddangosai ac nad oedd cydsyniad ynghylch y mater. Nid oedd Y Fonesig Plowden, cadeirydd yr ADA, yn awyddus i aelodau'r awdurdod newydd ddod o'r BBC na'r ADA, gan y mynnai fod annibynniaeth yr awdurdod newydd yn hanfodol. Yn dilyn ei gwrthwynebiad hi i'r cynllun hwn diddymwyd o'r ddeddf y geiriad y dylai llywodraethwr Cymru'r BBC ac aelod Cymreig yr ADA fod yn aelodau *ex officio*.[120]

Prif gyfrifoldebau aelodau'r awdurdod newydd oedd darparu rhaglenni o safon uchel i'w darlledu ar rwydwaith y bedwaredd sianel a ddarperid gan yr ADA yng Nghymru.[121] Rhaglenni fyddai busnes yr awdurdod newydd ac ni fyddai ganddo unrhyw gyfrifoldebau ehangach dros y rhwydwaith o drosglwyddyddion a geid yng Nghymru. Byddai'r awdurdod yn ddibynnol, o ganlyniad, ar allu'r ADA i sicrhau bod cyrhaeddiad y sianel newydd yng Nghymru yn ddigonol pan fyddai'n dechrau darlledu. Ni fyddai gan yr awdurdod ychwaith unrhyw gyfrifoldebau yn ymwneud â'r hysbysebion a ddarlledid ar y sianel gan mai'r ADA a'r cwmni annibynnol yn y rhanbarth a fyddai'n gyfrifol am werthu'r gofod a chasglu'r hysbysebion, yn unol â'r patrwm a geid yng ngweddill Prydain ar gyfer y bedwaredd sianel.

Yn achos y bedwaredd sianel Brydeinig, bu Deddf Darlledu 1981 yn hynod ragnodol a chaeth wrth ystyried yr hyn a nodwyd ynddi ynglŷn â'r rhaglenni y dylid eu dangos ar y sianel newydd. Ceir ynddi dri chanllaw sy'n nodi union natur y rhaglenni y dylid eu darlledu:

> **11.** – (1) As regards the programmes (other than advertisements) broadcast on the Fourth Channel it shall be the duty of the Authority –
>
> > *(a)* to ensure that the programmes contain a suitable proportion of matter calculated to appeal to tastes and interests not generally catered for by ITV,

(b) without prejudice to so much of section 2(2)(a) as relates to the dissemination of education, to ensure that a suitable proportion of the programmes are of an educational nature,

(c) to encourage innovation and experiment in the form and content of programmes, and generally to give the Fourth Channel a distinctive character of its own.[122]

Amlinellwyd cymeriad a delwedd C4 yn glir yn y ddeddf, gan ei gosod ar lwybr i ddarparu rhaglenni nad oedd yn ymdebygu i'r hyn a welid yn barod ar y rhwydwaith darlledu annibynnol. Ni cheir yr un cyfyngiadau yn yr adrannau sy'n trafod natur y rhaglenni a gâi eu dangos ar y bedwaredd sianel yng Nghymru. Nodir yng nghymal 47(5) y dylai'r sianel ddilyn patrwm gwasanaeth darlledu cyhoeddus trwy ddangos rhaglenni a fyddai'n trosglwyddo gwybodaeth, addysg ac adloniant i'r gynulleidfa, ond nid eir ymhellach na nodi mai yn nhraddodiad darlledu cyhoeddus y dylai'r sianel newydd gael ei meithrin.[123] Gellid dadlau nad yw hyn yn destun syndod o ystyried natur y darparwyr ar gyfer y rhan helaethaf o'r rhaglenni a fyddai'n cael eu darlledu ar y sianel, gan y datblygodd y BBC a HTV o'r cychwyn gyda gofynion darlledu cyhoeddus yn rhan o'u darpariaeth. Diau y sylweddolodd y gwleidyddion mai tasg anos fyddai amlinellu brîff sianel newydd a oedd wedi ei chreu er mwyn darparu gwasanaeth a fyddai'n apelio at Gymry Cymraeg o bob oed ac o bob cefndir. Yr oedd y bedwaredd sianel Brydeinig, ar y llaw arall, wedi ei sefydlu er mwyn apelio at garfanau bychain, lleiafrifol ac unigryw o fewn cymdeithas gan fod y tair sianel arall, i bob pwrpas, yn apelio at drwch y gymdeithas.

Yr oedd y rhannau o'r ddeddf a oedd yn ymwneud â darparwyr y rhaglenni ar gyfer y bedwaredd sianel Gymraeg yn llawer mwy penodol na'r adran a oedd yn trafod cynhyrchwyr rhaglenni'r bedwaredd sianel Brydeinig. Ceir cymalau sydd yn nodi'r angen i'r BBC a chontractwr yr ADA yng Nghymru ddarparu rhaglenni ar gyfer y sianel newydd. Ond ni cheir unrhyw ddeddfu penodol ar nifer yr oriau y disgwylid iddynt eu cynhyrchu. Yr hyn a geir yw'r ymadrodd amwys a ganlyn sy'n nodi bod disgwyl i'r BBC a'r cwmni annibynnol ddarparu rhaglenni sy'n bodloni 'the reasonable requirements of the Welsh Authority'.[124] Wrth drafod cyfrifoldebau'r BBC, deddfwyd bod disgwyl i'r gorfforaeth ddarparu rhaglenni yn rhad ac am ddim i'r sianel, a sicrhau na fyddai nifer y rhaglenni Cymraeg a ddarperid ganddi yn gostwng yn is na'r nifer o raglenni a fyddai wedi eu darlledu ganddi ar ei sianeli ei hun petai'r awdurdod newydd heb ei greu.[125] Yn achos y cwmni teledu annibynnol ni cheir unrhyw ymadroddion sy'n clymu'r darparwr i isafswm o raglenni.

Nodwyd yn hytrach y disgwylid darpariaeth rhaglenni ar gyfer yr awdurdod newydd, nid yn rhad ac am ddim fel yn achos y gorfforaeth, ond ar delerau masnachol, er na cheir unrhyw ddiffiniad nac esboniad o ystyr telerau masnachol yn y cyd-destun hwn. Y mae'r ddeddf hefyd yn nodi'n glir nad yw'r cymalau penodol hyn yn atal yr awdurdod newydd rhag comisiynu a darlledu rhaglenni Cymraeg o ffynonellau eraill. Dyma sicrhau felly y byddai modd i'r sianel newydd hon gynnig cyfle heb ei ail i sector annibynnol dyfu a chynnig amrywiaeth i'r ddarpariaeth a gaed trwy ddeuopoli cysurus y BBC ac ITV.

Deddfwyd hefyd ar bwysigrwydd yr angen i'r awdurdod ddarparu a chynnal gwasanaeth o safon uchel. Diau mai pwrpas y cyfeiriad at safonau uchel oedd datgan bod angen codi safon y rhaglenni Cymraeg a gynhyrchwyd gan y darlledwyr. Atgyfnerthwyd hyn ymhellach gan y trafodaethau a fu ar lawr Tŷ'r Cyffredin lle clywid crybwyll pwysigrwydd hyfforddiant er mwyn gweld mwy o amrywiaeth mewn rhaglenni Cymraeg yn hytrach na rhaglenni 'pennau'n siarad' a oedd yn frith ar draws yr amserlenni:

> We have often complained about the standard of programmes, and about the continuous talking head programmes in which too many of us have taken part... We have often criticised the standard of the programmes and said that the reason for the low standard is lack of funding.[126]

Roedd pwysleisio safon yn dangos bod y llywodraeth yn ymwybodol bod angen i raglenni Cymraeg fod o ansawdd uchel er mwyn denu gwylwyr oddi wrth y rhaglenni Saesneg a oedd yn cael eu darlledu ar y tair sianel arall. Trwy roi pwyslais ar ansawdd rhaglenni, dangosodd y llywodraeth ddealltwriaeth o broblem hanfodol ac oesol yn achos y gynulleidfa Gymraeg, sef ei bod yn gynulleidfa ddwyieithog ac, o ganlyniad, nad oedd unrhyw orfodaeth arni i wylio rhaglenni Cymraeg yn unig. Ceir yma ddealltwriaeth o ba mor angenrheidiol oedd hi i'r sianel newydd ddarparu rhaglenni apelgar a safonol, er mwyn cadw ei gwylwyr yn y tymor hir a sicrhau ei llwyddiant a'i phoblogrwydd am flynyddoedd i ddod.

Yr oedd y Ddeddf hefyd yn mynnu y byddai 'A substantial proportion of the programmes included in the programme schedules provided by the Welsh Authority shall be in Welsh.'[127] Yr oedd y llywodraeth yn disgwyl i'r mwyafrif o'r cyfran hwnnw o raglenni Cymraeg gael eu darlledu yn ystod yr oriau brig, sef rhwng 6.30 a 10 y nos, ond gan nad oedd y ddeddf yn nodi bod rheidrwydd i ddarlledu yr holl oriau Cymraeg yn ystod yr oriau brig, fel y mynnwyd yn wreiddiol gan Gwynfor Evans, caed hyblygrwydd a fyddai'n galluogi'r sianel i ddarlledu rhaglenni ysgolion a phlant ar amseroedd addas.[128] Nid oes unrhyw gyfeiriad at nifer yr oriau y disgwylid i'r awdurdod ei ddarparu yn y Gymraeg ac mae'r geiriad gofalus ond amhendant a ddefnyddir yn dangos yn glir nad sianel lle byddai'r Gymraeg i'w chlywed yn bennaf oedd tynged y sianel hon, ond, yn hytrach, sianel lle caed mwy nag a welwyd o'r blaen o Gymraeg mewn un man.

Ar fater y berthynas rhwng y bedwaredd sianel Brydeinig a'r bedwaredd sianel yng Nghymru, caed cymal a nodai'r hyn y disgwylid ei ddarlledu ar y sianel o amgylch y rhaglenni Cymraeg y tu hwnt i'r oriau brig. Gan mai dim ond oddeutu un rhan o dair o holl gynnwys y sianel fyddai yn y Gymraeg, byddai'r rhaglenni eraill hyn yn rhan sylweddol o ddarpariaeth y sianel newydd i'w chynulleidfa. Yr hyn a nodir yn y Ddeddf yw:

> for any period not allocated to the broadcasting of a programme not in Welsh, the programme broadcast is normally the same as the programme (or one of the programmes) broadcast on the Fourth Channel in that period for reception otherwise than in Wales.[129]

Ceir argymhelliad clir yma y dylai'r bedwaredd sianel yng Nghymru drosglwyddo rhaglenni C4 yn fyw pan na fyddai'n darlledu rhaglen Gymraeg. Er bod y geiriau a nodir rhwng cromfachau yn awgrymu y gellid addasu'r rheol hon rhyw gymaint, mae'r trafodaethau ar lawr Tŷ'r Cyffredin yn atgyfnerthu'r syniad mai darlledu rhaglenni C4 yn fyw oedd y dewis a gefnogwyd gan y llywodraeth, a hynny oherwydd ei bod yn ymwybodol o'r costau technegol a thaliadau hawliau ychwanegol a fyddai ynghlwm wrth recordio rhaglenni a'u hailddarlledu ar amser gwahanol.[130] Er ei ffafriaeth amlwg i'r dewis hwn, cydnabu'r llywodraeth mai Awdurdod y Bedwaredd Sianel yng Nghymru a fyddai â chyfrifoldeb dros amserlenni'r sianel ac felly ni chafodd cynlluniau amserlennu amrywiol eu gwrthod gan y ddeddf.

Yr oedd y Ddeddf Darlledu yn rhoi amlinelliad i'r awdurdod newydd a ddiffiniai hyd a lled ei gyfrifoldebau a phatrwm y gwasanaeth newydd. Awgryma cyflawnder y cynlluniau newydd a ymddangosodd yn y ddeddf nad cynnwys syniadau a daflwyd at ei gilydd ar frys ar ôl ymweliad y tri gŵr doeth a wnaed.[131] Mae'r manylion am natur y darparwyr, y rhaglenni, yr amserlen, a'i pherthynas gyda C4, yn awgrymu, er nad oes tystiolaeth gadarn i brofi hynny, fod gweision sifil wedi bod wrthi'n gwyntyllu'r egwyddorion hyn dros gyfnod llawer helaethach na'r cwta dair wythnos a fu rhwng yr ail dro pedol a chyflwyno'r gwelliannau i'r mesur. Er yr holl feirniadaeth a fu ar y Ceidwadwyr a'u cynlluniau gwreiddiol, cafwyd yn yr awdurdod sefydliad llawer mwy dylanwadol a chadarn nag unrhyw bwyllgor neu gyngor darlledu Cymraeg a ragwelwyd gan y mesurau a'r pwyllgorau seneddol eraill. Rhoddwyd i'r awdurdod newydd y cyfle i lunio gwasanaeth annibynnol ac unigryw ar gyfer y Cymry Cymraeg, a, phe dymunai hynny, gyda'i hunaniaeth a'i lais neilltuol ei hun. Agorwyd pennod newydd gyffrous yn hanes darlledu yng Nghymru a chaed pwysau sylweddol ar ysgwyddau'r awdurdod a'r darlledwyr yng Nghymru i sicrhau llwyddiant.

Nodiadau

1. Maggie Brown, *A Licence to be Different: The Story of Channel 4* (London, 2007), t. 10.
2. Am fwy ar hyn gweler Simon Blanchard, 'Where do new channels come from?', yn S. Blanchard a D. Morley (goln), *What's this Channel Four? An alternative report* (London, 1982), t. 6, a Paul Bonner gyda Lesley Aston, *Independent Television in Britain – Volume 6 – New Developments in Independent Television 1981–92: Channel 4, TV-am, Cable and Satellite* (Basingstoke, 2003), t. 3.
3. Y grwpiau a oedd yn gwrthwynebu'r egwyddor o ffurfio ITV2 oedd TV4 Campaign a gwmpasai unigolion megis beirniaid cyfryngol, newyddiadurwyr, Aelodau Seneddol ac unigolion o'r diwydiant hysbysebu; yr Association of Broadcasting Staffs (ABS), yr undeb a gynrychiolai staff y BBC, a'r Association of Cinematograph, Television and Allied Technicians (ACTT) a gynrychiolai'r mwyafrif o dechnegwyr a weithiai i gwmnïau ITV; Blanchard, 'Where do new channels come from?', tt. 8–10.
4. Yr oedd Anthony Smith yn gyn-gynhyrchydd rhaglenni materion cyfoes gyda'r BBC yn ystod yr 1960au, yna'n gymrawd gyda choleg St Anthony, Rhydychen, cyn ei benodi yn gyfarwyddwr y British Film Institute ac yna'n llywydd Coleg Magdalen, Rhydychen; Brown, *A Licence to be Different*, t. 13.
5. Brown, *A Licence to be Different*, t. 16.
6. Am fanylion a dadansoddiad pellach o syniadau Anthony Smith ar gyfer y National Television Foundation, gweler Blanchard, 'Where do new channels come from?'; Bonner and Aston, *Independent Television in Britain – Volume 6*, tt. 3–35; Brown, *A Licence to be Different*, tt. 10–19.
7. John Davies, *Broadcasting and the BBC in Wales* (Cardiff, 1994), t. 288; Cymdeithas yr Iaith, *S4C Pwy Dalodd Amdani? Hanes Ymgyrch Ddarlledu Cymdeithas yr Iaith – Argraffiad Cyntaf* (Aberystwyth, 1985), t. 13.
8. Cymdeithas yr Iaith, *S4C Pwy Dalodd Amdani?*, t. 13.
9. Cymdeithas yr Iaith, *Darlledu yng Nghymru: cyfoethogi neu ddinistrio bywyd*

cenedlaethol? (Aberystwyth, 1971); Emyr Humphreys, *Diwylliant Cymru a'r Cyfryngau Torfol* (Aberystwyth, 1977); Cymdeithas yr Iaith, *Teledu Cymru i Bobl* Cymru (Aberystwyth, 1977); Emyr Humphreys, *Bwrdd Datblygu Teledu Cymraeg* (Aberystwyth, 1979).

10. Dylan Phillips, 'Hanes Cymdeithas yr Iaith Gymraeg 1962–1998', yn G. H. Jenkins a M. A. Williams (goln), *'Eu Hiaith a Gadwant'? Y Gymraeg yn yr Ugeinfed Ganrif* (Caerdydd, 2000), tt. 460–1.
11. Phillips, 'Hanes Cymdeithas yr Iaith Gymraeg 1962–1998', t. 461. Am ragor o fanylion ynglŷn â gweithredoedd uniongyrchol Cymdeithas yr Iaith, yr ysgogiad, a phwy a garcharwyd, gweler Cymdeithas yr Iaith, *S4C Pwy Dalodd Amdani?*.
12. Dylan Phillips, *Trwy ddulliau chwyldro…? Hanes Cymdeithas yr Iaith Gymraeg 1962–1992* (Llandysul, 1998), t. 38.
13. *S4C yn 20 Mlwydd Oed* (Cynh. Vaughan Hughes, Ffilmiau'r Bont a ddarlledwyd ar S4C, 31 Hydref 2002).
14. Davies, *Broadcasting and the BBC in Wales*, t. 298.
15. Davies, *Broadcasting and the BBC in Wales*, t. 298.
16. Davies, *Broadcasting and the BBC in Wales*, t. 293.
17. *Report of the Committee on Broadcasting Coverage. Cmnd. 5774* (London, 1974), tt. 1–2. Aelodau'r pwyllgor oedd Syr Stewart Crawford (cadeirydd), James Grew, Ivor Morten, Gabrielle Pike, Ethel M. Rennie, Eifion Roberts a'r Athro John C. West.
18. *Report of the Committee on Broadcasting Coverage. Cmnd.5774*, t. 39.
19. *Report of the Committee on Broadcasting Coverage. Cmnd.5774*, t. 70.
20. *Report of the Committee on Broadcasting Coverage. Cmnd.5774*, t. 41.
21. *Report of the Committee on Broadcasting Coverage. Cmnd.5774*, t. 41.
22. Alwyn D. Rees, 'Nodiadau Golygyddol', *Barn*, 145 (Tachwedd/Rhagfyr 1974), 558–9; Cymdeithas yr Iaith, *S4C Pwy Dalodd Amdani?* t. 45.
23. *Report of the Committee on the Future of Broadcasting. Cmnd.6753* (London, 1977), t. 413.
24. Davies, *Broadcasting and the BBC*, t. 326.
25. Davies, *Broadcasting and the BBC*, t. 326.
26. Davies, *Broadcasting and the BBC*, t. 332.
27. *Report of the Committee on the Future of Broadcasting. Cmnd.6753*, t. 482.
28. Davies, *Broadcasting and the BBC in Wales*, t. 335.
29. Davies, *Broadcasting and the BBC*, t. 483 (llythrennau italig wedi eu hychwanegu gennyf i).
30. Davies, *Broadcasting and the BBC in Wales*, t. 335.
31. Cymdeithas yr Iaith, *S4C Pwy Dalodd Amdani?*, t. 60.
32. *Report of the Committee on the Future of Broadcasting. Cmnd.6753*, t. 414.
33. Davies, *Broadcasting and the BBC in Wales*, t. 335. Adwaenir Gweithgor Trevelyan hefyd fel Gweithgor Littler, gan i Mrs S. Littler olynu Mr D. J. Trevelyan fel cadeirydd yn Ionawr 1978.
34. *Adroddiad y Gweithgor ar y Cynllun Pedwaredd Sianel i Gymru* (Llundain, 1978), t. 53.

35. *Adroddiad y Gweithgor ar y Cynllun Pedwaredd Sianel i Gymru*, t. 95.
36. Davies, *Broadcasting and the BBC in Wales*, t. 338.
37. *Adroddiad y Gweithgor ar y Cynllun Pedwaredd Sianel i Gymru*, t. 91.
38. *Adroddiad y Gweithgor ar y Cynllun Pedwaredd Sianel i Gymru*, t. 70.
39. *Adroddiad y Gweithgor ar y Cynllun Pedwaredd Sianel i Gymru*, t. 68.
40. *Adroddiad y Gweithgor ar y Cynllun Pedwaredd Sianel i Gymru*, tt. 91–2; Davies, *Broadcasting and the BBC in Wales*, t. 338.
41. Davies, *Broadcasting and the BBC in Wales*, t. 339.
42. Home Office, *Broadcasting White Paper 1978, Cmnd.7294* (London, 1978), t. 26.
43. Home Office, *Broadcasting, Cmnd.7294*, t. 25.
44. Home Office, *Broadcasting, Cmnd.7294*, t. 25.
45. Alwyn Roberts, 'The BBC and the Welsh Fourth Channel Debate – A Personal Note' (Archif BBC Cymru, Ffeil 3573 – 'S4C 1981–1987'), t. 1.
46. Roberts, 'The BBC and the Welsh Fourth Channel Debate – A Personal Note', t. 2. Yn anffodus, ymddengys nad yw'r llythyrau gan wylwyr wedi eu cadw gyda'i gilydd yn archif y BBC yng Nghymru ac iddynt, yn hytrach, gael eu gwasgaru ar draws y casgliad.
47. Davies, *Broadcasting and the BBC in Wales*, t. 327.
48. Davies, *Broadcasting and the BBC in Wales*, tt. 325–6. Ond nid oedd pob aelod o dîm rheoli BBC Cymru yn cytuno gyda'r syniad o drosglwyddo rhaglenni Cymraeg i sianel newydd. Un o'r enwau mwyaf adnabyddus i dynnu'n groes oedd Gareth Price, a oedd yn ddirprwy bennaeth rhaglenni. Nid yn gyhoeddus y mynegodd Gareth Price y farn hon, ond mewn cyfarfod preifat, ond fe wnaed ei sylwadau yn gyhoeddus mewn erthygl ym mhapur newydd *The Guardian*.
49. Davies, *Broadcasting and the BBC in Wales*, tt. 333–4.
50. *Report of the Committee on the Future of Broadcasting. Cmnd.6753*, t. 155.
51. *Report of the Committee on the Future of Broadcasting. Cmnd.6753*, t. 155.
52. Cymdeithas yr Iaith, *S4C Pwy Dalodd Amdani?*, t. 62.
53. Geraint Talfan Davies, *At Arms Length* (Bridgend, 2008), t. 70.
54. Bu agwedd Pwyllgor Cymreig yr ADA yn simsan gan nad oedd cydsynio ymysg yr aelodau. Darparwyd tystiolaeth i Bwyllgor Crawford yn 1974 gan y Pwyllgor Cymreig yn awgrymu y dylai'r BBC a'r ADA rannu'r bedwaredd sianel er mwyn darlledu rhaglenni Cymraeg. Erbyn trafodaethau Annan yn 1977, yr oedd argyhoeddiad y Pwyllgor Cymreig yn gwegian, gan i'w dystiolaeth nodi ei fwriad i ailystyried ei gefnogaeth os nad oedd amgylchiadau boddhaol i'r bedwaredd sianel. Un o'r amodau oedd i'r bedwaredd sianel yng Nghymru ddechrau darlledu dwy os nad tair blynedd ar y blaen i'r DU. Wedi ethol y Ceidwadwyr yn 1979, daeth hi'n amlwg i'r aelodau nad oedd modd gwireddu'r amod, yr oedd cynlluniau'r OBA wedi mynd i'r gwellt ac i gorlan yr ADA y deuai'r sianel newydd. Pleidleisiwyd felly yng nghyfarfod 29 Mehefin 1979 dros gefnogi egwyddor o ddarlledu rhaglenni Cymraeg ar ddwy sianel ar yr amod bod amrywiaeth y rhaglenni Cymraeg yn gwella, bod y rhaglenni

yn cael eu darlledu ar amseroedd addas, bod parhad i drefniadau trafod ar y cyd rhwng y BBC, ADA a HTV, ymrwymiad i hyrwyddo rhaglenni Cymraeg ar draws y sianeli ac y ceid yr adnoddau a'r buddsoddiad angenrheidiol i sicrhau llwyddiant gwasanaeth Cymraeg ar draws dwy sianel. Casgliad Personol Jamie Medhurst (CPJM), Papurau ADA, *Minutes of the One Hundred and Thirty First Meeting of the Wales Committee*, 29 Mehefin 1979, tt. 2–5, Swyddfa Gymreig, Llythyr gan Y Fonesig Plowden at William Whitelaw, 6 Gorffennaf 1979, *www.walesoffice.gov.uk/2005/06/16/establishment-of-S4C-1979-81/* (cyrchwyd Awst 2010; erbyn Rhagfyr 2010 nid oedd y dogfennau hyn ar gael ar wefan y Swyddfa Gymreig).

55. Rhys Evans, *Gwynfor – Rhag Pob Brad* (Talybont, 2005), t. 440.
56. HTV Cymru, *Y Bedwaredd Sianel yng Nghymru: Datganiad gan HTV Cymru* (Llandysul, 1979), t. 18.
57. Alwyn Roberts, 'Some Political Implications of S4C', *Transactions of the Honourable Society of Cymmrodorion* (1989), 219.
58. William Whitelaw, *The Whitelaw Memoirs* (London, 1989), tt. 220–1. Nid yw'r dystiolaeth gan awduron eraill yn cefnogi'r datganiad hwn. Noda Alwyn Roberts mai o'r Swyddfa Gartref y dechreuodd yr amheuon hynny; Roberts, 'Some Political Implications of S4C', 224. Mae Rhys Evans hefyd yn awgrymu bod sawl dylanwad ar y penderfyniad terfynol, gan gynnwys y Fonesig Littler, pennaeth adran ddarlledu'r Swyddfa Gartref, a oedd wedi argyhoeddi Whitelaw 'fod yr anawsterau technegol ynghlwm wrth greu sianel newydd yn rhai anorchfygol'; Evans, *Rhag Pob Brad*, t. 416. Cyfeiriodd Evans hefyd at yr ohebiaeth danllyd rhwng y Swyddfa Gymreig a'r Swyddfa Gartref, sy'n dangos yn sicr nad oedd holl gyd-weithwyr Cymreig Whitelaw yn cytuno ag ef; Evans, *Rhag Pob Brad*, t. 418. Datgelodd Wyn Roberts hefyd mai dylanwad gweision sifil megis y Fonesig Littler a 'Willie Whitelaw's infinite capacity to vacillate' oedd wrth wraidd y tro pedol; Rt. Hon. Lord Roberts of Conwy, *Right From the Start – The Memoirs of Sir Wyn Roberts* (Cardiff, 2006), tt. 130–1.
59. Roberts, 'Some Political Implications of S4C', t. 219.
60. Lord Roberts of Conwy, *Right From the Start*, t. 131.
61. Un o'r gweithredoedd amlycaf yn y cyfnod hwn oedd diffodd mast Pencarreg gan Meredydd Evans, Pennar Davies a Ned Thomas, tri o hoelion wyth y gymuned Gymraeg; Evans, *Rhag Pob Brad*, t. 421; Cymdeithas yr Iaith, *S4C Pwy Dalodd Amdani?*, tt. 74–84.
62. Evans, *Rhag Pob Brad*, t. 421; Cymdeithas yr Iaith, *S4C Pwy Dalodd Amdani?*, tt. 74–84.
63. Evans, *Rhag Pob Brad*, tt. 425–6. Ceir trafodaeth fanwl ar ymdrechion Plaid Cymru a sefydliadau eraill megis Cymdeithas yr Iaith wrth geisio aildanio'r ymgyrch yng nghyfrol Rhys Evans, ac, o'r herwydd, nid eir i fanylder yma; Evans, *Rhag Pob Brad*, tt. 416–30.
64. Evans, *Rhag Pob Brad*, t. 425; Cymdeithas yr Iaith, *S4C Pwy Dalodd Amdani?*, t. 77.
65. *Hansard*, House of Commons, 24 June 1980, col. 395.

66. *Hansard*, House of Commons, 18 February 1980, col. 95.
67. *Broadcasting Bill, 2961, Part II – Provision of Second Television Service by the Authority* (London, 1980), t. i.
68. *Broadcasting Bill, 2961, Part II – Provision of Second Television Service by the Authority*, t. iv.
69. *Hansard*, House of Commons, 18 February 1980, col. 96.
70. *Hansard*, House of Commons, 18 February 1980, col. 97.
71. *Broadcasting Bill, 2961, A Bill Intitulated* (London, 1980), t. 17.
72. *Hansard*, House of Commons, 24 June 1980, col. 392.
73. Evans, *Rhag Pob Brad*, t. 416.
74. Evans, *Rhag Pob Brad*, t. 429.
75. Evans, *Rhag Pob Brad*, t. 427.
76. Evans, *Rhag Pob Brad*, tt. 432–4.
77. Cymdeithas yr Iaith, *S4C Pwy Dalodd Amdani?*, t. 87.
78. Evans, *Rhag Pob Brad*, t. 439.
79. Evans, *Rhag Pob Brad*, t. 439; Lord Roberts of Conwy, *Right from the Start*, t. 133.
80. Evans, *Rhag Pob Brad*, tt. 435–48; Lord Roberts of Conwy, *Right From the Start*, tt. 132–8; Roberts, 'Some Political Implications of S4C', tt. 220–4.
81. Evans, *Rhag Pob Brad*, t. 437; Lord Roberts of Conwy, *Right From the Start*, t. 132.
82. Swyddfa Gymreig, *Note of a Meeting – Fourth Channel/Welsh Language – Broadcasting Bill*, 10 Gorffennaf 1980, *www.walesoffice.gov.uk/2005/06/16/establishment-of-S4C-1979-81/* (cyrchwyd Awst 2010; erbyn Rhagfyr 2010 nid oedd y dogfennau hyn ar gael ar wefan y Swyddfa Gymreig), Evans, *Rhag Pob Brad*, t. 438; Roberts, 'Some Political Implications of S4C', 220–1.
83. Swyddfa Gymreig, *Note of a Meeting – Fourth Channel/Welsh Language – Broadcasting Bill*, 10 Gorffennaf 1980, t. 1. Nid oedd William Whitelaw yn gwbl sicr y byddai Gwynfor Evans yn fodlon derbyn unrhyw gyfaddawd gan y llywodraeth; mewn cyfarfod rhyngddo a Nicholas Edwards dridiau yn unig cyn y cyfarfod gyda'r darlledwyr, pendronodd Whitelaw: 'if there was a danger that Mr Gwynfor Evans would reject his gesture and continue with his intended fast or indeed find something else to fast about'. Swyddfa Gymreig, *Secretary of State's Meeting with the Home Secretary to discuss the Fourth Channel/Welsh Language – Broadcasting Bill*, *www.walesoffice.gov.uk/2005/06/ 16/establishment-of-S4C-1979-81/* (cyrchwyd Awst 2010; erbyn Rhagfyr 2010 nid oedd y dogfennau hyn ar gael ar wefan y Swyddfa Gymreig), t. 1.
84. Swyddfa Gymreig, *Note of a Meeting – Fourth Channel/Welsh Language – Broadcasting Bill*, 10 Gorffennaf 1980, t. 1.
85. Swyddfa Gymreig, *No Title – discussion note for meeting*, 28 Mai 1980, *www.walesoffice.gov.uk/2005/06/ 16/establishment-of-S4C-1979-81/* (cyrchwyd Awst 2010; erbyn Rhagfyr 2010 nid oedd y dogfennau hyn ar gael ar wefan y Swyddfa Gymreig).

86. *Hansard*, 24 Mehefin 1980, col. 362–70.
87. Roberts, 'Some Political Implications of S4C', 221. Gellir holi, yn dilyn astudiaeth fanwl o drafodaethau mewnol y Swyddfa Gymreig a'r Swyddfa Gartref ar yr ail gyfaddawd, a fu'r cynrychiolwyr Cymreig yn rhy frysiog i ddiystyru'r Pwyllgor Cydlynu. Credai un gwas sifil y byddai'n anorfod pe sefydlid pwyllgor o'r fath y byddai'n rhaid iddo fabwysiadu cyfrifoldebau dros ddarlledu yn Saesneg yng Nghymru hefyd. Os felly, o ystyried galwadau'r ymgyrchwyr yn yr 1970au a'r galwadau a geir heddiw i ddatganoli darlledu, gellid dadlau yr aberthwyd yr egwyddor honno ar allor sianel ar wahân. Swyddfa Gymreig, *Note of meeting between Secretary of State for Wales and Home Secretary*, 7 Gorffennaf 1980, *www.walesoffice.gov.uk/2005/06/ 16/establishment-of-S4C-1979-81/* (cyrchwyd Awst 2010; erbyn Rhagfyr 2010 nid oedd y dogfennau hyn ar gael ar wefan y Swyddfa Gymreig), t. 2.
88. Evans, *Rhag Pob Brad*, t. 440.
89. LlGC, Casgliad Syr Goronwy Daniel, Blwch 3, llythyr oddi wrth Emyr Jenkins at Goronwy Daniel, 12 Awst 1980.
90. Evans, *Rhag Pob Brad*, t. 444. Nid Llys yr Eisteddfod oedd yr unig sefydliad a drafododd anfon dirprwyaeth i San Steffan. Anfonwyd llythyr oddi wrth G. O. Williams at Goronwy Daniel wythnos cyn yr eisteddfod gan ei fod wedi derbyn cais gan Ieuan S. Jones a Noel A. Davies o Gyngor Eglwysi Cymru i drefnu dirprwyaeth i weld y prif weinidog. Yr enwau a drafodwyd i ffurfio'r ddirprwyaeth oedd Goronwy Daniel ei hun, Cennydd (dyfelir mai Cennydd Traherne a olygir gan yr awdur, sef Arglwydd Raglaw siroedd Morgannwg) a George Wright, ysgrifennydd Undeb y Gweithwyr Cludiant. LlGC, Casgliad Syr Goronwy Daniel, Blwch 3, llythyr oddi wrth G. O. Williams at Goronwy Daniel, 24 Gorffennaf 1980.
91. LlGC, Casgliad Syr Goronwy Daniel, Blwch 3, llythyr oddi wrth Cledwyn Hughes at Goronwy Daniel, 20 Awst 1980; drafft o lythyr oddi wrth Goronwy Daniel at Cledwyn Hughes, dim dyddiad; llythyr oddi wrth Cledwyn Hughes at Goronwy Daniel, 28 Awst 1980; llythyr oddi wrth G. O. Williams at Cledwyn Hughes, 1 Medi 1980; drafft o lythyr oddi wrth Goronwy Daniel at Cledwyn Hughes, 5 Medi 1980. Bu gohebiaeth hefyd rhwng Gwynfor Evans a Goronwy Daniel, gan fod Gwynfor yn pryderu i Goronwy Daniel gamddeall ei safbwynt ar gyfaddawdu. Datganodd Gwynfor Evans yn glir yn ei lythyr nad oedd yn fodlon ystyried ildio unrhyw dir; llythyr oddi wrth Gwynfor Evans, Islaw'r Dref, Dolgellau, at Goronwy Daniel, dim dyddiad.
92. LlGC, Casgliad Syr Goronwy Daniel, Blwch 3, llythyr oddi wrth Cledwyn Hughes at Goronwy Daniel, 28 Awst 1980.
93. Llythyr oddi wrth Cledwyn Hughes at Goronwy Daniel, 28 Awst 1980.
94. Llythyr oddi wrth Cledwyn Hughes at Goronwy Daniel, 28 Awst 1980; LlGC, Casgliad Syr Goronwy Daniel, Blwch 3, llythyr oddi wrth G. O. Williams at Cledwyn Hughes, 1 Medi 1980.

95. LlGC, Casgliad Syr Goronwy Daniel, Blwch 3, llythyr oddi wrth Cledwyn Hughes at Goronwy Daniel, 28 Awst 1980.
96. LlGC, Casgliad Syr Goronwy Daniel, Blwch 3, llythyr oddi wrth G. O. Williams at Cledwyn Hughes, 1 Medi 1980, t. 2.
97. Leopold Kohr, 'Welsh Television', *The Times*, 20 Awst 1980, 13.
98. LlGC, Casgliad Syr Goronwy Daniel, Blwch 3, drafft o lythyr oddi wrth Goronwy Daniel at Cledwyn Hughes, 5 Medi 1980; *Notes on the meeting held at the Home Office*, 10 Medi 1980.
99. Roberts, 'Some Political Implications of S4C', 223.
100. LlGC, Casgliad Syr Goronwy Daniel, Blwch 3, Home Office News Release, *Welsh Language Television*, 10 Medi 1980. Yr oedd Dafydd Jones-Williams yn gyfreithiwr wrth ei alwedigaeth, yn gyn-Glerc Heddwch sir Feirionnydd ac yn gyn-Gomisiynydd Gweinyddiaeth Leol i Gymru.
101. Roberts, 'Some Political Implications of S4C', 221; Evans, *Rhag Pob Brad*, t. 438.
102. Whitelaw, *The Whitelaw Memoirs*, t. 94.
103. Archif BBC Cymru, Caerdydd, Appendix by BBC Wales Management, *The Placing of Welsh Language Programmes on BBC-2*.
104. Roberts, 'Some Political Implications of S4C', 222.
105. *The Placing of Welsh Language Programmes on BBC-2*, t. 5.
106. *The Placing of Welsh Language Programmes on BBC-2*, t. 5.Yr awgrym a geir yn y ddogfen yw mai'r rhaglenni plant fyddai ar eu colled yn ystod tymor y criced, golff, tenis ac ati, gan y byddai'n rhaid gwthio'r rhaglenni plant o'r neilltu.
107. *The Placing of Welsh Language Programmes on BBC-2*, t. 6.
108. Swyddfa Gymreig, *No Title, re. Welsh Language Television*, 1 Awst 1980, www.walesoffice.gov.uk/2005/06/ 16/establishment-of-S4C-1979-81/ (cyrchwyd Awst 2010; erbyn Rhagfyr 2010 nid oedd y dogfennau hyn ar gael ar wefan y Swyddfa Gymreig).
109. Swyddfa Gymreig, *Note of meeting between Secretary of State for Wales, PUSS Wales and Officials*, 6 Awst 1980, www.walesoffice.gov.uk/2005/06/ 16/establishment-of-S4C-1979-81/ (cyrchwyd Awst 2010; erbyn Rhagfyr 2010 nid oedd y dogfennau hyn ar gael ar wefan y Swyddfa Gymreig), t. 1.
110. Swyddfa Gymreig, *Note of meeting between Secretary of State for Wales, PUSS Wales and Officials*, 6 Awst 1980, t. 1.
111. Swyddfa Gymreig, llythyr oddi wrth Wyn Roberts at Nicholas Edwards, 9 Awst 1980; Swyddfa Gymreig, *No Title re. Events in SoS's absence*, 9 Awst 1980, www.walesoffice.gov.uk/2005/06/ 16/establishment-of-S4C-1979-81/ (cyrchwyd Awst 2010; erbyn Rhagfyr 2010 nid oedd y dogfennau hyn ar gael ar wefan y Swyddfa Gymreig).
112. 'Mr Whitelaw does a W-Turn', *The Times*, 18 Medi 1980, 15.
113. Arts Reporter, 'Welsh TV plans incorporated in Broadcasting Bill', *The Times*, 2 October 1980, 3; Swyddfa Gartref, *Note of a meeting re. Welsh Language Broadcasting*, 16 Medi 1980, www.walesoffice.gov.uk/2005/06/ 16/establishment-of-S4C-1979-81/ (cyrchwyd Awst 2010; erbyn Rhagfyr

2010 nid oedd y dogfennau hyn ar gael ar wefan y Swyddfa Gymreig).
114. 'Hope that Welsh Television will not be expensive', *The Times*, 9 October 1980, 23.
115. *Hansard*, House of Commons, 10 November 1980, col. 53–74.
116. *Hansard*, House of Commons, 10 November 1980, col. 39.
117. *Hansard*, House of Commons, 10 November 1980, col. 39.
118. *Hansard*, House of Commons, 10 November 1980, col. 58.
119. *Hansard*, House of Commons, 10 November 1980, col. 75–8.
120. Swyddfa Gymreig, *No title re. Welsh Fourth Channel Authority. Draft letter from Home Secretary*, 30 Medi 1980, www.walesoffice.gov.uk/2005/06/16/establishment-of-S4C-1979-81/ (cyrchwyd Awst 2010; erbyn Rhagfyr 2010 nid oedd y dogfennau hyn ar gael ar wefan y Swyddfa Gymreig).
121. *Broadcasting Act 1981, Chapter 68* (London, 1981), t. 49.
122. *Broadcasting Act 1981, Chapter 68*, tt. 13–14.
123. *Broadcasting Act 1981, Chapter 68*, tt. 13–14.
124. *Broadcasting Act 1981, Chapter 68*, t. 50.
125. *Broadcasting Act 1981, Chapter 68*, t. 50.
126. *Hansard*, House of Commons, 10 November 1980, col. 60.
127. *Broadcasting Act 1981, Chapter 68*, t. 49.
128. *Broadcasting Act 1981, Chapter 68*, t. 49.
129. *Broadcasting Act 1981, Chapter 68*, t. 49.
130. *Hansard*, House of Commons, 10 November 1980, col. 77.
131. Cyfweliad yr awdur gyda'r Parch. Dr Alwyn Roberts, Tregarth, 24 Mai 2007.

2

Deunaw Mis o Baratoi – Dyddiau Cynnar Awdurdod Sianel Pedwar Cymru

Yn dilyn prysurdeb a chynnwrf yr amryfal ymgyrchoedd a bygythiad ympryd Gwynfor Evans, ail dro pedol y llywodraeth Geidwadol a chyhoeddi'r Ddeddf Darlledu, gwawriodd realiti'r hyn a enillwyd a maint y dasg a wynebai'r rhai a fyddai'n derbyn y cyfrifoldeb o sefydlu a rheoli'r sianel hirddisgwyliedig hon. Yr oedd S4C yn fenter ddihafal, ac un o'r elfennau unigryw a berthynai iddi oedd ffynonellau amrywiol y rhaglenni a ddarlledid arni. Yr oedd tasg enfawr a dalen lân yn wynebu'r sianel o drafod telerau a chynnwys rhaglenni a ddeuai o'r BBC, HTV a'r cynhyrchwyr annibynnol, cyn mynd ati i geisio eu hasio o fewn un amserlen gyda darpariaeth Saesneg Channel 4 (C4) i greu un sianel gynhwysfawr ac unedig. O gofio pwysigrwydd sicrhau arlwy ddeniadol a difyr er mwyn diogelu dyfodol y sianel, ni ellir diystyru pwysigrwydd y gorchwyl hwn. Dadansoddir yn y bennod hon yr hyn a enillwyd yn dilyn yr holl ymgyrchu, gan edrych ar ffurfiant Awdurdod Sianel Pedwar Cymru a'r partneriaethau amrywiol a fyddai'n allweddol i'w llwyddiant.

Ffurfiant Awdurdod Sianel Pedwar Cymru

Yn dilyn cydsyniad Brenhinol y Ddeddf Darlledu ar 13 Tachwedd 1980, ni fu brys amlwg i geisio ffurfio'r awdurdod cyn y Nadolig. Bu'r oedi'n ddigon fel y bu i Gymdeithas yr Iaith fygwth tor-cyfraith unwaith yn rhagor er mwyn sicrhau bod y broses yn symud yn ei blaen ar fyrder.[1] Roedd yr ansicrwydd a fodolai ynglŷn â phwy a fyddai'n derbyn y cytundeb i ddarlledu ar rwydwaith ITV yng Nghymru tan y penderfynai'r ADA ar ddechrau 1981 yn un o'r rhesymau amlycaf am yr oedi. Roedd tactegau'r Pwyllgor Dethol ar Faterion Cymreig (PDFC) o ymosod ar y BBC a HTV am roi gormod o sylw i wleidyddiaeth Gymreig a gorwario ar raglenni Cymraeg yn arafu'r broses hefyd.² A hynny gan y byddai'n ymddangos yn ddryslyd ac yn gwbl anghyson i feirniadu gwariant ar raglenni Cymraeg mewn un fforwm llywodraethol, tra oedd cangen arall o'r llywodraeth yn bwrw ymlaen â sefydlu awdurdod a fyddai'n gwario mwy nag erioed o'r blaen ar ddarpariaeth o'r fath. Ystyrid unrhyw oedi ar ran y llywodraeth, yn enwedig gan fod C4 wedi hen benodi bwrdd rheoli a swyddogion, fel rhagor o dystiolaeth ynghylch amharodrwydd y llywodraeth i roi chwarae teg i'r bedwaredd sianel yng Nghymru yn ystod ei chyfnod prawf.

Bwriodd y llywodraeth ati i benodi'r awdurdod yn Ionawr 1981. Y cadeirydd a ddetholwyd er mwyn llywio'r awdurdod trwy flynyddoedd y cyfnod prawf ac i sicrhau ei bod yn gwireddu amcanion y Ddeddf Darlledu oedd Syr Goronwy Daniel, un o'r tri gŵr doeth a aeth i ymweld â William Whitelaw ar 10 Medi 1980. Bu Syr Goronwy Daniel hefyd yn llywydd y gynhadledd ddarlledu a noddwyd gan Arglwydd Faer Caerdydd ac a gadeiriwyd gan Archesgob Cymru, G. O. Williams, yng Ngorffennaf 1973.³ Gwelid cyswllt felly rhwng y frwydr i sicrhau'r sianel Gymraeg a'r dasg o'i sefydlu a'i datblygu. Er hynny, nid oedd gan Syr Goronwy Daniel gefndir amlwg ym maes darlledu cyn ei benodi'n gadeirydd yr awdurdod.⁴ Bu'n brif ystadegydd i'r weinyddiaeth danwydd a phŵer (1947–55), yn was sifil fel ysgrifennydd parhaol cyntaf y Swyddfa Gymreig (1964–9), cyn symud i Aberystwyth fel prifathro Coleg y Brifysgol yno (1969–79).⁵ Mae'n ddigon posibl nad Syr Goronwy Daniel oedd y dewis cyntaf i arwain Awdurdod y Bedwaredd Sianel yng Nghymru, gan yr awgrymodd *Y Faner* mai'r Arglwydd Emlyn Hooson oedd ar frig y rhestr ar gyfer y swydd.⁶ Bu dewis Syr Goronwy Daniel fel cadeirydd yn ddewis ffodus, gyda Rhys Evans yn ei ddisgrifio fel: '[c]adeirydd Solomonaidd o ddoeth gan roi'r cychwyn gorau posibl i S4C'.⁷ Yn ei ysgrif goffa iddo disgrifiodd Meic Stephens ei gyfraniad i ddatblygiad S4C yn y termau canlynol:

> It [S4C] may be properly considered as a monument not only to the readiness of Gwynfor Evans to sacrifice himself for the sake of a principle but also to the practical skills of Sir Goronwy Daniel, who guided the frail bark through what were then uncharted and choppy waters.⁸

Bu ei brofiad o weithio gyda'r Swyddfa Gymreig, a'i ddealltwriaeth o gyfrin ffyrdd San Steffan a Whitehall yn gwbl allweddol wrth i'r sianel ffurfio perthynas gyda gwleidyddion ac adrannau o'r llywodraeth. Bu ei addysg a'i gefndir ym myd ystadegau hefyd yn hollbwysig wrth i'r Awdurdod lunio ei geisiadau ariannol i'r Awdurdod Darlledu Annibynnol (ADA) ac wrth drin ffigurau gwylio dyrys a chymhleth.

Er nad oedd y ddeddf yn cynnwys unrhyw ganllawiau ar gyfer pa unigolion neu sefydliadau y dylid eu cynrychioli ar yr awdurdod, yr oedd gan y llywodraeth syniadau penodol ynglŷn â phwy ddylai dderbyn y cyfrifoldeb i siapio'r sianel.[9] Yr oedd hi'n anochel felly y câi Alwyn Roberts, llywodraethwr y BBC yng Nghymru,[10] yr Athro Huw Morris-Jones, aelod Cymreig yr ADA[11] a Dr Glyn Tegai Hughes, cynrychiolydd Cymru ar Fwrdd C4 eu penodi i awdurdod y sianel newydd.[12] Er ei bod hi'n amlwg i hanesydd, o edrych yn ôl dros y trafodaethau ar lawr Tŷ'r Cyffredin, y byddai'r unigolion hyn yn cael eu penodi, i'r unigolion dan sylw ymddengys nad oedd y gwahoddiad mor sicr. Bu'r broses o gysylltu â'r darpar aelodau yn un frysiog a fradychai frys y llywodraeth i ddangos eu bod yn gweithredu ar ôl oedi cyhyd. Cofia Alwyn Roberts iddo dderbyn galwad ffôn ar brynhawn Mawrth gan y Swyddfa Gartref a hwythau'n dymuno cyhoeddi'r enwau ymhen llai na deuddydd ar y dydd Iau.[13] Detholwyd un aelod nad oedd yn cynrychioli cyfundrefnau darlledu, sef D. Ken Jones, cyn-asgellwr i Gymru a'r Llewod a oedd bellach yn ŵr busnes llwyddiannus fel rheolwr gyfarwyddwr y cwmni Takiron UK, y cwmni cyntaf o Japan i sefydlu adain weithredol yng Nghymru.[14]

Nid pawb oedd yn hapus gyda phenodiad cynrychiolwyr o'r BBC, ADA a C4 i'r awdurdod, a bu beirniadu hallt ar ei gyfansoddiad yn ystod trafodaethau'r PDFC. Honnwyd bod cynnwys yr aelodau hyn yn creu perthynas losgachol rhwng y sefydliadau darlledu gan greu sefyllfa lle gellid cwestiynu a oedd rhai aelodau yn brwydro dros y bedwaredd sianel a'r cyhoedd neu ar ran eu sefydliadau eu hunain. Meddai Leo Abse, A.S. wrth holi Syr Goronwy Daniel:

> Do you not think that, given the conflicts and undercurrents which we have already observed in the course of our evidence, the public interest may not in fact assume the highest degree of priority and that the band of brothers may be too accommodating to each other precisely because three of them are representing vested interests?[15]

Ysgubwyd yr honiadau o'r neilltu gan yr Ysgrifennydd Cartref, William Whitelaw, a chan Syr Goronwy Daniel wrth iddynt amlygu'r ffaith mai'r gwrthwyneb llwyr a oedd yn wir, ac i aelodau'r awdurdod roi buddiannau'r sianel Gymraeg yn gyntaf.[16] Ysywaeth, ni lwyddwyd i berswadio'r PDFC o'r ddadl hon, yn enwedig presenoldeb aelod Cymreig yr ADA, oherwydd nad oedd modd unioni buddiannau ariannol rhwydwaith ITV a S4C yng ngolwg y pwyllgor.[17] Argymhellodd y pwyllgor felly: 'that the WFCA [Welsh Fourth Channel Authority] should be reconstituted and that cross-membership with the BBC and IBA be discontinued in order that the WFCA can be seen to be carrying out its transactions with other broadcasting bodies on a clear "arms's length" basis'.[18] Yr oedd y datganiad hwn yn anwybyddu'r ffaith mai o ganlyniad i bresenoldeb yr aelodau hyn ar yr awdurdod y gwnaed nifer o benderfyniadau yn gyflym a chafwyd cymorth yn ddiffwdan oherwydd statws, cysylltiadau a gwybodaeth yr aelodau hynny. Meddai Pwyllgor Cymreig yr ADA yn ei ymateb i argymhellion y PDFC:

> the Welsh Fourth Channel Authority had achieved a considerable amount in the short time that it had been in existence. This was largely explained by the fact that three out of the five members of the Welsh Fourth Channel Authority were in some way connected with broadcasting.[19]

Daeth yn glir iawn y byddai cydweithio rhwng y sefydliadau darlledu yn un o gonglfeini llwyddiant neu fethiant y sianel newydd. Er hynny, nid oedd pob carfan a fyddai'n darparu rhaglenni ar gyfer y sianel newydd wedi ei chynrychioli ar yr awdurdod gan na cheid unrhyw gynrychiolaeth o du'r cynhyrchwyr annibynnol. Er bod gan Ken Jones gefndir busnes, nid oedd ganddo unrhyw gysylltiadau amlwg gyda'r sector gynhyrchu annibynnol. Rhaid cofio, er hynny, yn ystod y cyfnod hwn na cheid nifer fawr o gynhyrchwyr annibynnol yng Nghymru, ac nad oedd disgwyl i'r sector wneud cyfraniad sylweddol i'r sianel.

Carfan arall, gellid honni, a amddifadwyd, oedd y cyhoedd gan na cheid cynrychiolaeth ymysg aelodau'r awdurdod o'r gynulleidfa a fyddai'n gwylio'r rhaglenni a ddarlledid, mater a feirniadwyd gan Dafydd Elis-Thomas yn Nhŷ'r Cyffredin.[20] Gellid dadlau bod pob cynrychiolydd ar yr awdurdod yn cynrychioli'r gynulleidfa gan eu bod hwythau hefyd yn wylwyr rhaglenni Cymraeg. Ond cynrychiolaeth o un neu ddwy garfan gymdeithasol wahanol yn unig a gaed yn eu plith. Y bwlch amlycaf yn y gynrychiolaeth oedd y ffaith nad oedd merch ymhlith yr aelodau a allai ddod â phersbectif benywaidd ar y rhaglenni.[21]

Ar ôl yr oedi cyn penodi aelodau'r awdurdod, bu natur ei gweithgareddau yn gwbl i'r gwrthwyneb. Yn wir fe ddisgrifiwyd Syr Goronwy fel dyn a oedd yn 'barod i ymaflyd yn y swydd gydag egni a brwdfrydedd ynghyd â'r doethineb hwnnw sydd mor nodweddiadol ohono ac a fydd yn gwbl angenrheidiol yn ystod cyfnod sefydlu'r gwasanaeth'.[22] Rai dyddiau ar ôl y cyhoeddiad, cynhaliodd yr awdurdod ei gyfarfod ffurfiol cyntaf yng Ngregynog ar benwythnos 31 Ionawr–1 Chwefror 1981.[23] Amlygwyd dau beth i aelodau'r awdurdod yn sgil y cyfarfod estynedig cyntaf hwn: sylweddolwyd anferthedd y dasg a oedd o'u blaenau, a'r pwyslais mawr a fyddai ar gydweithio. Daeth y pwyslais ar gydweithio yn glir gan y gwahoddwyd Eirion Lewis, ysgrifennydd yr ADA yng Nghymru, Owen Edwards, rheolwr BBC Cymru, Syr Alun Talfan Davies, cadeirydd Bwrdd Cymreig HTV a Ron Wordley, rheolwr gyfarwyddwr HTV i fod yn rhan o'r trafod.

Rhannwyd y penwythnos yn bedair sesiwn wahanol, gyda'r sesiwn gyntaf ar gyfer aelodau yr awdurdod yn unig er mwyn iddynt drafod rhai o'r manylion cychwynnol, megis trefniadau dros dro o ran swyddfa a staff. Yn ôl cofnodion y cyfarfod y peth cyntaf a drafodwyd ac y penderfynwyd arno oedd enw'r sianel newydd sef Sianel Pedwar Cymru, ac y'i talfyrrid i S4C.[24] Ni cheir cofnod o unrhyw enwau eraill yn cael eu trafod na'u hystyried, ac yn wir, fe gofia aelodau'r awdurdod i'r penderfyniad fod yn un rhwydd a chyflym.[25] Penderfyniad cynnar arall oedd hysbysebu ar fyrder am brif swyddog i'r sianel, a hynny er mwyn iddo ef neu hi fod yn rhan o'r penderfyniadau allweddol o ddod o hyd i swyddfa barhaol a phenodi staff. Gellid casglu o'r penderfyniad hwn mai nod yr awdurdod oedd canfod prif swyddog a fyddai'n rhoi ei stamp ei hun ar y sianel, ac mai ef neu hi a fyddai'n ymwneud â phenderfyniadau beunyddiol y sianel newydd ac nid yr awdurdod.[26] Dengys trafodaethau'r awdurdod â'r PDFC y rhinweddau y gobeithid eu canfod mewn prif swyddog, gyda Syr Goronwy Daniel yn mynnu bod rheidrwydd ar yr awdurdod i ddethol unigolyn a fyddai'n feistr corn ar ei faes ac a fyddai â'r gallu i drafod ac ymresymu gyda'r darlledwyr eraill mewn modd a fyddai'n sicrhau statws cyfatebol i'r sianel. Yr oedd rheidrwydd hefyd i ddod o hyd i unigolyn a oedd yn meddu ar sgiliau ariannol disglair. Yr oedd yr awdurdod yn llwyr ymwybodol nad oedd sicrwydd y gellid canfod yr holl sgiliau anghenrheidiol mewn un unigolyn:

> maybe the Archangel will be appointed. My suspicion is that we will, because of the fallibility of human beings, have somebody who is very strong in certain fields of expertise, besides having the general qualities of character which are essential. Then we shall need to complement him in the things in which he happens to be less strong from the expertise point of view.[27]

Yn ail sesiwn cyfarfod yr awdurdod, trafodwyd yr angen i sicrhau cymorth gweinyddol dros dro ac fe gafwyd gan yr ADA gynnig ystafell a chymorth gweinyddol yn eu swyddfeydd yn Nhŷ Elgin ar Heol Eglwys Fair, Caerdydd a chan y BBC wasanaeth teipydd.[28] Ymgymerodd Eirion Lewis hefyd â'r cyfrifoldeb o fod yn ysgrifennydd dros dro i'r awdurdod gan gymryd gofal o'r cofnodion.[29] Bu'r awdurdod, felly, yn ddibynnol iawn ar ewyllys da sefydliadau eraill ar y dechrau, sefyllfa a ddengys mor enfawr oedd y dasg gerbron yr aelodau gan eu bod yn dechrau heb ddim cyfleusterau nac arian i'w prynu na'u llogi.

Gwelir yn ymhlyg yng nghofnodion y cyfarfod cyntaf hwn rai o brif themâu y trafodaethau a blaenoriaethau'r awdurdod wrth iddo weithio tuag at wireddu'r sianel. Nid yw'n syndod mai'r hyn a oedd flaenllaw yn y trafodaethau cychwynnol oedd natur rhaglenni'r sianel. Bu aelodau'r awdurdod yn ystyried hefyd eu cyfrifoldebau o dan y Ddeddf Darlledu gan godi cwestiynau ynglŷn â rhai o'r manylion aneglur a geid ynddi. Mynnwyd eglurhad ar sawl agwedd oddi wrth y Swyddfa Gartref, megis a oedd hysbysebion yn cael eu cyfrif yn y nifer o oriau y disgwylid i'r awdurdod eu darlledu. Yn debyg i'r trafodaethau a gaed ar lawr Tŷ'r Cyffredin pan drafodwyd geiriad terfynol y ddeddf, yr oedd angen eglurhad hefyd o'r drefn a fyddai'n ymwneud â dangos rhaglenni C4. Penderfynodd yr awdurdod fod angen trafodaeth ar yr egwyddor 'unwaith o amgylch y trosglwyddyddion' gyda C4 ac, o bosibl, gyda'r undebau.[30] Mae'n amlwg felly fod Awdurdod S4C wedi ystyried o'r cychwyn cyntaf fod ailamseru rhaglenni C4 yn ôl ei ddymuniad ei hun yn hytrach na derbyn y rhaglenni a fyddai'n cael eu darlledu'n fyw o amgylch y rhaglenni Cymraeg, yn allweddol i lwyddiant S4C. Gellir dadlau hefyd eu bod yn fodlon gwneud hynny gan wybod, o bosibl, y byddai costau ychwanegol oherwydd y gallai'r undebau fynnu bod artistiaid yn derbyn taliad ailddangosiad pe dangosid eu gwaith ar S4C ar amser gwahanol i C4. Yr oedd derbyn eglurhad pellach ar y mater hwn yn hanfodol i'r awdurdod er mwyn cynllunio cyllideb ac amserlenni.

Mater brys arall a oedd yn pwyso'n drwm oedd dod o hyd i gyfleusterau addas. Er na fyddai angen adnoddau ar gyfer cynhyrchu rhaglenni, byddai angen rhyw ffurf ar gyfleusterau darlledu ar y sianel newydd. Ystyriwyd bod tri chynllun gwahanol i'w trafod, sef bod S4C yn sefydlu ei gyfleusterau ei hun gan bwysleisio ei safle fel darlledwr annibynnol newydd; bod y sianel yn llwyr fabwysiadu'r ethos o gydweithio gan ddatblygu cyfleusterau ar safleoedd y BBC neu HTV; neu ei bod yn rhannu cyfleusterau gyda'r darlledwyr eraill ond eu bod oll yn defnyddio eu cyflwynwyr eu hunain. Delwedd y gwasanaeth oedd yr ystyriaeth bwysicaf er bod y perygl o ddyblygu adnoddau yn enwedig mewn cyfnod ariannol trafferthus yn pwyso'n drwm hefyd. Mater arall a oedd yn hynod bwysig wrth ystyried y cyfleusterau oedd cysylltiadau technegol rhwng S4C, y darlledwyr eraill a llinellau BT.[31] Derbyniodd yr awdurdod wahoddiadau gan gynghorau Abertawe, Aberystwyth, Bangor a'r Wyddgrug i ystyried lleoli pencadlys y sianel Gymraeg y tu hwnt i Gaerdydd.[32] Mae'r diffyg trafodaeth ar y mater yn y cyfarfod yn dangos y gwyddai aelodau'r awdurdod eisoes na fyddai lleoli pencadlys darlledu'r sianel gryn bellter o'r canolfannau darlledu eraill a chanolfannau switsio BT yn gweithio. Penderfynwyd yn gynnar hefyd mai cyfleusterau annibynnol oedd yr unig ateb a gynigiai ryddid angenrheidiol i'r sianel greu a rheoli ei gwasanaeth ei hun.[33] Aethpwyd ati i chwilio am gyfleusterau addas, a phenderfynwyd ar safle yng Nghlos Soffia, yn ardal Pontcanna o Gaerdydd. Symudwyd y staff yno ganol Gorffennaf 1981, i ganol gwaith adeiladu ac addasu dwys er mwyn sicrhau y gellid defnyddio'r adeilad fel canolfan ddarlledu.[34]

Gan fod aelodaeth yr awdurdod yn fychan o ran nifer, a chan nad oedd arbenigedd ar gael ym mhob maes dan sylw, penderfynwyd sefydlu nifer o bwyllgorau trafod gan wahodd aelodau o'r ADA, BBC a HTV i fod yn aelodau o'r gweithgorau. Byddai'r pwyllgorau bychan hyn yn ymwneud â'r meysydd pwysicaf i'r awdurdod megis rhaglenni, cyllid a chyfrifon, gweinyddiaeth a pheirianneg, ac yn gwneud argymhellion i'r awdurdod ar ddiwedd y trafod. Pwysleisia'r polisi hwn, unwaith yn rhagor, pa mor ddibynnol oedd yr awdurdod newydd ar gydweithrediad y darlledwyr eraill a'u parodrwydd i gynnig cyngor ac amser staff gan roi agenda hunanlesol o'r neilltu. Dengys hefyd pa mor enfawr oedd y dasg a wynebai'r awdurdod. Rhaid oedd sefydlu sianel unigryw nad oedd unrhyw fodel yn bodoli eisoes ar ei chyfer y gellid ei ddilyn neu ei fabwysiadu er mwyn hwyluso'r dasg.

Un elfen nad yw'n amlwg o ddarllen y cofnodion ond a amlygwyd mewn trafodaethau gydag aelodau o'r awdurdod yw natur hirfaith y cyfarfodydd, ac ysgogiad diflino'r cadeirydd i barhau i drafod a gweithio. Cofia sawl un nad oedd amser yn golygu dim iddo ac y byddai'n parhau i weithio hyd oriau mân y bore heb lawer o ystyriaeth pa awr o'r dydd oedd hi. Disgrifiodd Glyn Tegai Hughes natur ddiwyd Syr Goronwy Daniel fel a ganlyn:

> Doedd ganddo fo fawr ddim syniad o sut oedd pobl eraill yn teimlo a gweithio. 'Roedd o'n dod i mewn i'r swyddfa tua hanner awr wedi pump, pawb wedi bod yn gweithio trwy'r dydd, ynte'n dod i mewn a jyst mynd yn ei flaen... ac 'roedd Goronwy'n mynd yn ei flaen am oriau.[35]

Roedd y cadeirydd yn bersonoliaeth unigryw a phlaen ei dafod, yn wir fe'i disgrifir gan Meic Stephens yn y modd hwn: 'for those who did not know him well his rather forthright way of speaking could be disconcerting'.[36] Canfu rhai hefyd nad ef oedd y cadeirydd mwyaf pendant o ran techneg gan ei fod yn 'dilyn pob sgwarnog fel oedd hi'n codi', ond, er hynny, fe'i disgrifiwyd fel cadeirydd 'cadarn', 'unplyg', 'doeth' a 'phenderfynol'.[37] Yr oedd ei natur ymroddgar a diwyd yn golygu nad cyfarfodydd cyffredin oedd rhai'r awdurdod wrth i anferthedd y dasg wawrio ar ei aelodau.

Un o flaenoriaethau'r awdurdod oedd penodi staff i ymgymryd â'r gwaith brys yr oedd angen ei gyflawni er mwyn i'r sianel gael datblygu a symud yn ei blaen. Yn groes i'r disgwyl, nid y prif swyddog oedd yr unigolyn cyntaf i'w benodi i staff y sianel, ond, yn hytrach, gweinyddydd, Mrs Mair Owen. Sylweddolwyd yn fuan iawn ar ôl ffurfio'r awdurdod fod angen cymorth ar Eirion Lewis os oedd am weithredu yn ei swydd gyda'r ADA yn ogystal ag fel ysgrifennydd yr awdurdod. O ganlyniad, gwahoddwyd Mair Owen, a oedd wedi gweithio i'r BBC a Mudiad Ysgolion Meithrin, i ymgymryd â gwaith gweinyddol dros dro i'r awdurdod newydd, a dechreuodd weithio i'r sianel ar 1 Mawrth 1981.[38] Ymhen y mis yr oedd prif swyddog y sianel wedi ei benodi wedi i hysbyseb gael ei gyhoeddi yn y wasg Gymreig a phapurau Llundain ym mis Chwefror yn gofyn am geisiadau ac enwebiadau. Ni cheir unrhyw argraffiadau yng nghofnodion yr awdurdod o'r nifer a enwebwyd na phwy a ymgeisiodd. Yr unig wybodaeth a geir yw cyfeiriad at y ffaith fod pedwar wedi eu cyfweld ar gyfer y swydd yng Nghaerdydd ar 6 Mawrth 1981.[39] Penodwyd Owen Edwards a fu'n bennaeth BBC Cymru ers Mehefin 1974, a dyn a oedd wedi arwain y gorfforaeth trwy gyfnod o dwf aruthrol yn y nifer o oriau Cymraeg a Saesneg a gynhyrchwyd gan y BBC yng Nghymru, trwy gyfnod lansio Radio Cymru a Radio Wales, ac a oedd wedi llywio'r BBC yn fedrus trwy gyfnod cythryblus ac anodd ymgyrch y bedwaredd sianel.[40] Rhydd rhai adroddiadau papur newydd yr argraff nad o'i ben a'i bastwn ei hun yr ymgeisiodd Owen Edwards am y swydd, ond ei fod, yn hytrach, wedi ei wahodd i gyfweliad wedi iddo gael ei enwebu.[41] Cofia Owen Edwards hefyd iddo gael galwad gan gadeirydd yr awdurdod yn gofyn iddo a oedd yn barod i 'wasanaethu'.[42] Addas iawn oedd defnydd Syr Goronwy Daniel o'r ymadrodd gwasanaethu, gan y byddai rheidrwydd ar Owen Edwards i ystyried y swydd yn y cyd-destun hwnnw. Yr oedd gadael swydd a gyrfa saff gyda'r BBC ac ymuno â sianel newydd heb ddyfodol sicr iddi yn benderfyniad dewr, yn enwedig o ystyried y byddai dyrchafiad tebygol i swydd gyda'r gorfforaeth yn Llundain yn aros amdano yn y dyfodol pe dymunai hynny.[43] Ystyrid Owen Edwards yn ddewis doeth a delfrydol ar gyfer y sianel yn ei blynyddoedd ffurfiannol. Yr oedd ei gefndir proffesiynol yn dangos pa mor gymwys yr oedd ar gyfer y swydd gyda'i brofiad fel rheolwr BBC Cymru yn dangos yn glir fod ganddo'r profiad ymarferol o ddelio â materion a godai o ddydd i ddydd wrth redeg sianel deledu. Yr oedd hefyd yn gyfarwydd â goruchwylio a rheoli cynnydd sylweddol mewn darpariaeth, elfen hollbwysig o'r gwaith. At hynny, yr oedd cefndir a llinach Owen Edwards yn pwysleisio, yn enwedig i'r Cymry Cymraeg, pa mor addas oedd hi i fab Syr Ifan ab Owen Edwards, sylfaenydd yr Urdd, ac ŵyr Syr O. M. Edwards, prif arolygydd ysgolion Bwrdd Addysg Cymru a chymwynaswr mawr i iaith a diwylliant Cymru – dau o enwau mwyaf cyfarwydd y sefydliad Cymreig ac a fu'n allweddol wrth dynnu'r Gymraeg i'r cyfnod modern a'i gwneud yn rhan fyw o fywyd y Cymry – arwain sianel deledu Gymraeg a fyddai'n fodd i sicrhau fod yr iaith yn parhau yn un gyfoes a chyhyrog.

Wedi penodi'r prif swyddog, a benderfynodd fabwysiadu'r teitl 'Cyfarwyddwr', aethpwyd ati i benodi cnewyllyn bychan o staff allweddol er mwyn llywio'r sianel a'i rhoi ar waith.[44] Cafwyd rhai pryderon y byddai canfod staff yn dasg anodd oherwydd y byddai S4C mewn cystadleuaeth gyda'r BBC a HTV a hithau'n gyfnod o gynnydd i'r sector darlledu Gymraeg gyda phawb yn prysur recriwtio.[45] Gellid awgrymu y byddai ymgeiswyr yn bryderus ynghylch derbyn swydd gyda sianel nad oedd dyfodol sicr iddi, ac y byddai'n ddoethach ymgeisio am swyddi gyda'r BBC neu HTV, nad oedd yn mynd trwy gyfnod prawf. Ond ni fu'n rhaid i S4C boeni gan y profodd yn atyniadol iawn i unigolion profiadol ac i newydd-ddyfodiaid i'r diwydiant. Y swyddog nesaf i'w benodi, oherwydd y brys i ddechrau trafod a chomisiynu rhaglenni oedd y golygydd rhaglenni, a fyddai hefyd yn gweithredu fel dirprwy i'r cyfarwyddwr. Penodwyd Euryn Ogwen Williams i'r swydd, unigolyn a chanddo gefndir helaeth ym myd darlledu gan iddo weithio i TWW, ac yna HTV, hyd 1977, lle bu'n bennaeth yr adrannau rhaglenni crefyddol a chwaraeon, cyn iddo adael i ffurfio'r cwmni annibynnol EOS.[46] Yr oedd ei benodiad hefyd yn cydweddu â phenodiad Owen Edwards, wrth iddo gyfrannu ymwybyddiaeth a chefndir ynghylch ochr fasnachol darlledu o'i gymharu â phrofiad y cyfarwyddwr gyda'r gorfforaeth. Sicrhaodd hyn fod gan S4C ymwybyddiaeth fanwl o'r ffordd yr oedd ei phartneriaid yn gweithredu.[47]

Awdurdod Darlledu Annibynnol

Mater arall a oedd ar frig rhestr blaenoriaethau'r sianel oedd sicrhau cyllid digonol a hynny trwy lunio cais i'r ADA. Dechreuwyd y trafodaethau hyn yn fuan wedi penodi'r awdurdod wrth i'r cadeirydd gwrdd â'r Arglwydd Thomson a Syr Brian Young yn gynnar ym mis Chwefror.[48] Hysbyswyd y sianel y byddai bwlch tebygol rhwng y gyllideb y dymunai S4C ei derbyn a'r hyn y gallai'r ADA ei gasglu gan gwmnïau rhwydwaith ITV. O gofio bod defnyddio arian cyhoeddus yn anathema i'r llywodraeth newydd, er mwyn ariannu'r bedwaredd sianel dyfeisiwyd system a fynnai fod cwmnïau rhwydwaith ITV yn talu tanysgrifiad blynyddol i'r ADA allan o gyfran o'u Net Advertising Revenue (NAR) am yr hawl i werthu hysbysebion i'w gosod ar y bedwaredd sianel yn eu rhanbarth darlledu hwy.[49] Gan mai cynllun a saernïwyd er mwyn ariannu C4 yn unig oedd hwn yn wreiddiol, a chan nad oedd y llywodraeth wedi cyhoeddi eto sut yn union y byddai'n ei addasu er mwyn ymdopi ag ariannu Awdurdod S4C, rhagwelwyd y byddai peth anesmwythyd ymysg cwmnïau ITV ynglŷn â chynyddu'r tanysgrifiad i ariannu sianel nad oedd modd i'r rhan helaeth ohonynt ymelwa ohoni.[50] Yn wir, cyhoeddodd yr Independent Television Companies Association (ITCA) ei bod yn llwyr yn erbyn y cysyniad mai o goffrau aelodau'r gymdeithas y dylid talu am y sianel Gymraeg.[51] Gan mai gwasanaeth cyhoeddus er lles cymdeithas oedd S4C, credai'r ITCA mai trwy arian cyhoeddus y dylid ei hariannu.[52] Pwysleisiwyd hefyd anesmwythyd dwys y cwmnïau a wasanaethai ardaloedd lle ceid lleiafrifoedd ethnig ac ieithyddol eraill a oedd hefyd yn mynnu cynnydd yn y ddarpariaeth ar eu cyfer:

> It would be highly damaging to them to be seen to be paying a subscription designed specifically to alleviate the problems in Wales. In political terms it could rebound on their operations in their own regions and it has to be said on their behalf that they would not willingly accede to such an arrangement.[53]

Teimlai'r ITCA nad oedd cyflwr ariannol rhwydwaith ITV yn ddigon iach i gynnal gwariant ar sianel ychwanegol yn sgil y cytundebau rhyddfraint newydd a fynnai gynyddu nifer yr oriau a gynhyrchid a thalu mwy mewn rhent i'r ADA.[54] Er yr amryw ddadleuon a gyflwynwyd gan yr ITCA, diau mai ystyriaethau ariannol yn hytrach nag egwyddorion ideolegol a ddylanwadai ar ei safbwynt. Gwelir hynny'n glir wrth i'r ITCA gyfaddef y byddai'r cwmnïau yn hapus petai cost y ddwy bedwaredd sianel yn aros o fewn y terfynau gwreiddiol a osodwyd sef £60–80 miliwn.[55] Haerwyd hefyd fod yr ADA wedi camarwain y cwmnïau ac nad oeddent wedi disgwyl y byddai'n rhaid iddynt dalu rhagor o arian tuag at y bedwaredd sianel yng Nghymru.

Nid oedd dadl yr ITCA yn ddilys, yn enwedig o ystyried bod testun y Ddeddf Darlledu a'r trafodaethau ar lawr Tŷ'r Cyffredin wedi nodi yn blaen y byddai costau'r bedwaredd sianel yn uwch oherwydd y cynlluniau newydd yng Nghymru.[56] Nid oedd y cysyniad o gael cwmnïau ITV i dalu am ddatblygiad rhaglenni Cymraeg yn un newydd ychwaith, gan fod bwriad o dan y cynllun blaenorol i rannu rhaglenni Cymraeg rhwng dwy sianel ac i ariannu'r twf mewn rhaglenni trwy gymhorthdal cudd y disgwylid i bob cwmni heblaw am HTV ei dalu. Byddai pob cwmni rhwydwaith ITV, o'r lleiaf i'r mwyaf, wedi talu taliadau rhent uwch i'r ADA er mwyn gwneud iawn am y gostyngiad yn rhent HTV gan sicrhau nad oedd cynhyrchu rhagor o raglenni Cymraeg yn mynd yn fwrn ar y cwmni.[57]

Er nad oedd dadleuon yr ITCA yn rhai cwbl ddiffuant, byddai ymwybyddiaeth yr ADA o anfodlonrwydd cwmnïau'r rhwydwaith yn pwyso arnynt wrth drafod ceisiadau a chyllidebau â S4C. Gwelid tystiolaeth o hyn yn nhrafodaethau cynnar y ddau awdurdod, wrth i'r ADA awgrymu mai £10 miliwn yn unig y gellid ei gasglu yn ychwanegol gan gwmnïau'r rhwydwaith ar gyfer S4C.[58] Yn dilyn penodiad y cyfarwyddwr, bu cydweithio agos rhyngddo a'r cadeirydd er mwyn llunio memorandwm a fyddai'n cyflwyno'r achos ac yn cyfiawnhau'r angen am arian teilwng i'r sianel. Anfonwyd memorandwm at yr ADA ar ddiwrnod cyntaf Mai 1981 a mis yn ddiweddarach, ar 1 Mehefin 1981, teithiodd Owen Edwards a Syr Goronwy Daniel i swyddfeydd yr ADA yn Brompton Road, Llundain er mwyn trafod eu cais a oedd yn amcangyfrif bod angen cyfanswm o £20.7 miliwn ar y sianel hyd at ddiwedd Mawrth 1983. Amcangyfrifwyd y byddai angen £19.4 miliwn i'w wario ar gostau rhaglenni a £1.3 miliwn i'w fuddsoddi mewn adeilad ac offer ac i dalu costau gweinyddol, marchnata, ymchwil, ac yn y blaen.[59] Canmolwyd y ddogfen a luniwyd am ei safon a'i heglurder, ond bu trafodaeth helaeth yn ystod y cyfarfod ynglŷn â chostau arfaethedig rhaglenni HTV gan mai dyma oedd yn llyncu'r ganran fwyaf sylweddol o gyllideb y sianel. Nodwyd gan Syr Goronwy Daniel fod HTV wedi ei siomi gan amcangyfrifon ariannol S4C, a hynny gan fod y swm a glustnodwyd yn y gyllideb arfaethedig ar gyfer naw awr o raglenni HTV yr wythnos yn swm a oedd yn sylweddol is na'r ffigwr a gyflwynwyd gan HTV i S4C am y nifer hynny o oriau.[60] Er y pryderon hyn, teimlai'r ADA y gellid cyfiawnhau cais o £20 miliwn a bod y swm yn un teg. Ond cyn pennu'r swm terfynol byddai'n rhaid i'r ADA gael ateb gan y Swyddfa Gartref ynghylch ei bwriadau ar gyfer addasu lefel treth cwmnïau ITV cyn ymrwymo i'r gyllideb.[61] Datblygodd sefyllfa anodd i'r ADA, gan nad oedd hi'n bosibl i'r Ysgrifennydd Cartref roi ei farn ar unrhyw symiau posibl gan y gellid galw arno o dan amodau'r ddeddf i fod yn ganolwr, pe na ellid cytuno ar swm teilwng. Gan nad oedd hi'n bosibl cael cadarnhad fod y Swyddfa Gartref yn cytuno â'r swm o £20 miliwn, ni allai'r ADA fod yn sicr y byddai'r Swyddfa Gartref yn gweithredu addasiad yn nhreth cwmnïau ITV i sicrhau y gellid fforddio ei gynnig i S4C. Yr oedd yr ADA mewn cornel gas, felly, yn ceisio arian teg i S4C ond hefyd yn dymuno sicrhau nad oedd y swm hwnnw'n creu trafferthion nac yn effeithio ar ffyniant rhwydwaith ITV. Er mwyn datrys y sefyllfa, penderfynodd y Swyddfa Gartref ar y cyd â'r Trysorlys hysbysu'r ADA yn anffurfiol y gellid dibynnu ar y llywodraeth, petai'r ADA a S4C yn cytuno ar swm o £20 miliwn, i addasu'r dreth er mwyn sicrhau na fyddai cwmnïau ITV ar eu colled yn ormodol.[62] Wedi'r cadarnhad anffurfiol, bu'n bosibl i'r ADA a S4C ddod i gytundeb, a chyhoeddwyd ar 21 Gorffennaf 1981 mai £20 miliwn fyddai'r cyllid i ariannu S4C hyd ddiwedd Mawrth 1983. Bu'n rhaid aros am ddiwrnod arall am ddatganiad gan William Whitelaw yn Nhŷ'r Cyffredin yn esbonio sut yn union y bwriedid ariannu'r buddsoddiad ychwanegol. Cyhoeddodd y byddai'n cynyddu'r gyfran o'r arian hysbysebu nad oedd yn cael ei drethu o £250,000 neu 2 y cant (pa bynnag un oedd fwyaf) i £650,000 neu 2.8 y cant (pa bynnag un oedd fwyaf).[63] Yn dilyn y cyhoeddiad hwn a roes sicrwydd ariannol i S4C aed ati o ddifrif i ddechrau cynllunio a chomisiynu cynnwys.

Ynghyd ag arian yr oedd S4C yn llwyr ddibynnol ar yr ADA i sicrhau y byddai trosglwyddyddion Cymru yn barod i ddarlledu'r sianel. Yn 1979 cyflwynwyd mesur gerbron Tŷ'r Cyffredin a oedd yn awdurdodi'r ADA i adeiladu rhwydwaith o drosglwyddyddion ar gyfer y bedwaredd sianel, a rhoddwyd blaenoriaeth i Gymru.[64] Pasiwyd y mesur hwn yn annibynnol ar y mesurau darlledu eraill gan i'r ADA fynnu nad oedd modd iddo ymgymryd â'r gwaith adeiladu tan y cyhoeddid deddfwriaeth i'w alluogi i wneud hynny. Oherwydd yr amser yr oedd ei angen ar yr ADA er mwyn cyflawni'r gwaith adeiladu ac addasu, yr oedd yr holl oedi yn tanseilio'r dyddiadau arfaethedig ar gyfer lansio'r bedwaredd sianel yng Nghymru, a mynegwyd pryder ddiwedd 1978 gan bwyllgor Cymreig yr ADA na fyddai bellach yn bosibl darlledu'r gwasanaeth tan 1983, gan chwalu y cynlluniau a osodwyd yn y Papur Gwyn.[65]

Ar ôl ethol llywodraeth Margaret Thatcher, a chyhoeddi ei chynlluniau i ddarlledu rhaglenni Cymraeg ar ddwy sianel, diflannodd yr egwyddor o lansio'r sianel yng Nghymru cyn gweddill Prydain, fel y gobeithiwyd yn wreiddiol gan bwyllgor Cymreig yr ADA. Bellach yr oedd cynlluniau'r ADA yn genedlaethol yn awgrymu y byddai C4 ar gael i 80 y cant o'r boblogaeth ar gyfer lansiad 'big bang', ac i wireddu hynny rhagwelwyd na fyddai'r cyrhaeddiad yng Nghymru yn cyfateb i'r ffigwr hwnnw.[66] Yr oedd aelodau o'r pwyllgor Cymreig yn anhapus gyda'r datblygiad hwn gan y teimlid bod Deddf yr Awdurdod Darlledu Annibynnol 1979 wedi ei phasio gyda'r egwyddor o roi blaenoriaeth i drosglwyddyddion Cymru. Yr oedd pryder pellach y gallai'r cynlluniau hyn arwain at rai cymunedau gwledig Cymreig heb unrhyw ddarllediadau Cymraeg o gwbl, gan nad oedd y gwasanaeth UHF ar gael yng Nghymru benbaladr ac mai ar BBC2 a C4 yn unig y byddai'r rhaglenni Cymraeg yn cael eu darlledu.[67] Rhagwelai cynlluniau'r ADA na fyddai prif drosglwyddyddion Blaenplwyf, Carmel na Phreseli yn cael eu haddasu yn y cam cyntaf, gan amddifadu rhannau helaeth o orllewin, canolbarth a gogledd Cymru o raglenni Cymraeg am hyd at ddwy flynedd.[68] Yng ngoleuni hyn, argymhellodd pwyllgor Cymreig yr ADA y dylid parhau i ddarlledu rhaglenni Cymraeg ar BBC1 Wales a HTV Wales hyd yn oed ar ôl i'r bedwaredd sianel ddechrau darlledu.[69]

Llwyddwyd i berswadio'r ADA yn ganolog y dylid sicrhau bod prif drosglwyddyddion Cymru yn cael eu haddasu yn ystod cam cyntaf y cynllun. Ond nid oedd yr ADA yn rhagweld y gellid sicrhau cyrhaeddiad a oedd yn cyfateb i gyrhaeddiad UHF erbyn noson agoriadol y sianel, ac yn hytrach disgwylid mai oddeutu 80 y cant o'r boblogaeth a fyddai'n derbyn y gwasanaeth.[70] Er y newid mewn agwedd, byddai'n parhau'n amhosibl i rannau helaeth o'r Gymru wledig dderbyn darllediadau'r bedwaredd sianel newydd. Gyda'r argymhelliad y dylid parhau i ddarlledu rhaglenni Cymraeg ar ITV1 tan y ceid cyrhaeddiad digonol yn rhwym o fod yn pwyso'n drwm arnynt, cyhoeddwyd gan yr ADA y bwriedid mynd ati i sicrhau cyrhaeddiad o 90 y cant yng Nghymru.[71]

Oherwydd ymdrech aruthrol yr ADA, llwyddwyd i addasu mwy na'r targed gwreiddiol, gyda 95 is-drosglwyddydd a'r chwe phrif drosglwyddydd wedi eu haddasu i ddarlledu pedair sianel yn hytrach na thair.[72] O'i gymharu â'r addasu a wnaed yng ngweddill Prydain ar gyfer C4, yr oedd y gwaith a'r ymdrech yng Nghymru yn cymharu'n ffafriol iawn, gan fod nifer sylweddol o ddinasoedd a threfi poblog Lloegr a'r Alban yn annhebygol o dderbyn C4 yn ei hwythnosau agoriadol, dinasoedd megis Caeredin, Caerfaddon, Bryste a Sheffield.[73] Ond, o'r deg is-drosglwyddydd nad oedd wedi eu cymhwyso yng Nghymru, yr oedd tri ohonynt mewn ardaloedd hynod Gymreig, megis Dolybont, a oedd yn gwasanaethu pentrefi i'r gogledd o Aberystwyth gan gynnwys Taliesin, Llandre a Dolybont ei hun; a Llanrhaeadr-ym-mochnant ym Mhowys a oedd yn gwasanaethu Dyffryn Tanat a Threfin yn sir Benfro.[74] Oherwydd yr oedi hwn, byddai cymunedau Cymreig a Chymraeg yn cael eu hamddifadu yn gyfan gwbl o raglenni Cymraeg ar y teledu. Yr oedd hon, yn enwedig yn achos trosglwyddyddion Trefin a Llanrhaeadr-ym-mochnant, yn sefyllfa hurt gan mai dim ond ers Rhagfyr 1981 ac Ionawr

1982 yr oedd eu trosglwyddydddion UHF yn weithredol. Yr oedd hyn yn golygu mai dim ond am 11 mis yr oedd trigolion yr ardaloedd hyn wedi derbyn rhaglenni Cymraeg, ac ar ddiwedd y cyfnod hwnnw yr oeddent yn cael eu hamddifadu ohonynt drachefn.[75] Nid am wythnosau yn unig y byddai'r rhaglenni Cymraeg ar goll, ond yn hytrach am gyfnod estynedig o 19 mis, gan na chwblhawyd trosglwyddydddion Dolybont a Llanrhaeadrym-mochnant tan Mai 1984 a bu rhaid aros yn hwy na hynny yn Nhrefin gan nad oedd bwriad i addasu hwnnw tan 1985.[76] Bu ymgyrchu a deisebu gan y cymunedau wrth iddynt wynebu cyfnod helaeth heb arlliw o'r ddarpariaeth gyffrous a hysbysebwyd yn y papurau newydd, a chefnogwyd eu protestiadau gan Urdd Gobaith Cymru a fu'n llythyru ac yn cwrdd â'r ADA er mwyn mynegi ei phryder am effaith y sefyllfa ar blant yr ardaloedd hyn.[77]

Yr oedd canlyniadau difrifol i'r bylchau hyn yn rhwydwaith trosglwyddydddion Cymru, ond mae'n rhaid cydnabod y byddai'r sefyllfa yn llawer gwaeth oni bai am ymdrechion peirianwyr yr ADA. Datgelodd Eirion Lewis, ysgrifennydd yr ADA yng Nghymru, y ceid erbyn Gorffennaf 1984, 33 y cant o drosglwyddydddion Lloegr yn darlledu C4, 32 y cant yng Ngogledd Iwerddon a 23 y cant yn Yr Alban. O gymharu yr oedd y 92 y cant o drosglwyddydddion Cymru a ddarlledai S4C yn syfrdanol uwch, ac yn destament i ymdrech ac ymroddiad yr ADA.[78] Dengys yr ymdrech hon ymroddiad yr ADA i sicrhau y ceid yr amgylchiadau gorau i S4C yn ystod ei chyfnod prawf.

Pwyllgor Dethol ar Faterion Cymreig (PDFC)

Er bod Awdurdod S4C yn atebol i'r Swyddfa Gartref ac iddi hi yr anfonai ei adroddiadau blynyddol, yn ystod ei flwyddyn gyntaf bu'n rhaid ymwneud â sefydliad llywodraethol arall a hynny trwy ddarparu tystiolaeth i'r PDFC dan gadeiryddiaeth Leo Abse, Aelod Seneddol Pontypŵl. Cylch gorchwyl y pwyllgor oedd 'Broadcasting in the Welsh Language and the Implications for Welsh and Non-Welsh Speaking Viewers and Listeners'. Dyma faes eang a roes gyfle i'r aelodau ystyried materion megis yr amodau ariannol angenrheidiol ar gyfer S4C, cydbwysedd gwleidyddol ar raglenni newyddion Cymru, a'r cam a wnaed â gwylwyr di-Gymraeg Cymru. Prif flaenoriaeth y pwyllgor oedd cyflwyno sail ffeithiol i'r dadleuon ynghylch darlledu Cymraeg: 'For too long, in our opinion, emotion rather than fact has dominated discussions of Welsh-language broadcasting. In this Report, we have set out to establish facts wherever we can and then seek to base our conclusions on them.'[79] Sefydlwyd y pwyllgor ynghanol trafodaethau y llywodraeth â Gwynfor Evans wedi iddo gyhoeddi ei ympryd, ac felly yr oedd y bygythiad yn un o brif ysgogiadau'r pwyllgor i archwilio'r maes hwn.[80] Bwriadai'r pwyllgor weithredu fel canolwr rhwng y llywodraeth a grwpiau a alwai am sianel Gymraeg ar wahân, gan liniaru'r tensiwn trwy drafodaeth agored a fyddai'n 'help to "ease out" the violence that is now beginning to come from people whom he [Abse] described as "Welsh language fanatics"'.[81] Erbyn i'r pwyllgor ddechrau gwrando ar ei dystion yn gyhoeddus ar 29 Hydref 1980, yr oedd y tensiwn hwnnw wedi pylu yn dilyn ail dro pedol William Whitelaw ar 17 Medi 1980. Bellach, felly, ceisio cadarnhau ffeithiau oedd prif orchwyl y pwyllgor i gyfiawnhau gwariant cyhoeddus sylweddol ar ddarlledu Cymraeg, a thrafod goblygiadau'r Ddeddf Darlledu newydd a sut y dylid dehongli ei hargymhellion wrth ffurfio sianel Gymraeg.[82]

Nid tasg hawdd oedd casglu ffeithiau cadarn, gan na fu patrwm cyson o fesur patrymau gwylio y gynulleidfa Gymraeg cyn dyfodiad S4C. Yn ogystal, yn eu tystiolaeth bu nifer o sefydliadau yn cynnig ffigurau anghymharus o gost arfaethedig S4C, gan adael dryswch ynglŷn â gwir gost gosod rhaglenni Cymraeg ar un sianel. Gellid synhwyro rhwystredigaeth y cadeirydd Leo Abse, yn enwedig, yn ystod ymweliad cyntaf Awdurdod S4C â'r pwyllgor ar 25 Chwefror 1981, fis yn unig wedi penodi aelodau'r awdurdod. Cynrychiolwyd yr awdurdod gan Syr Goronwy Daniel a Dr Glyn Tegai Hughes a darparwyd memorandwm byr ganddynt at sylw'r pwyllgor yn manylu ar rai o brif benderfyniadau'r awdurdod yn eu dau gyfarfod cyntaf.[83] Prif thema'r holi oedd costau arfaethedig y sianel, a chaed perfformiad meistrolgar o graff gan Syr Goronwy Daniel wrth iddo wrthod datgelu dro ar ôl tro, er gwaethaf pwysau sylweddol o du'r pwyllgor gydol sesiwn fore a phrynhawn, fanylion cyllideb y sianel.[84] Gan mai dim ond megis dechrau yr oedd trafodaethau ariannol, yr oedd Syr Goronwy Daniel yn amlwg yn awyddus i gadw unrhyw syniadau a oedd ganddo ef a'i gyd-aelodau am gyllideb yn gyfrinachol, hyd y gellid casglu'r wybodaeth berthnasol ac er mwyn galluogi prif swyddog y sianel, nad oedd wedi ei benodi eto, i gyflwyno ei syniadau ei hun ynghylch cyllideb angenrheidiol. Yr unig sylw a wnaed gan Syr Goronwy Daniel ar y ffigurau cynnar a dderbyniwyd oedd nodi anghredinedd ynghylch rhai ohonynt.[85] Yr oedd hon yn dacteg graff gan Syr Goronwy Daniel, er ei bod yn un a gododd wrychyn cadeirydd y PDFC, gan iddi sicrhau nad oedd yr awdurdod yn datgelu unrhyw ffigurau y gellid caethiwo'r sianel wrthynt, petai ymchwil a thrafodaethau pellach yn dangos bod angen swm llawer mwy neu lawer llai ar gyfer sefydlu sianel deilwng. Yn ystod ail ymddangosiad y sianel gerbron y pwyllgor ar 6 Mai 1981, bu'n bosibl cyflwyno llawer mwy o fanylion ariannol, gan ei bod bellach wedi anfon memorandwm ariannol i'r ADA.[86] Ac yno syfrdanwyd y pwyllgor gan yr hyn a ymddangosai'n wahaniaeth sylweddol rhwng amcangyfrifon HTV (£30–2 miliwn) a'r swm yr holwyd amdano gan S4C er mwyn ariannu rhaglenni'r misoedd cyntaf a'r stoc wrth gefn (£19.5 miliwn).[87] Pryderwyd cymaint fel y mynnwyd cael copi o'r memorandwm a anfonwyd i'r ADA ac esboniad llawn o'r gwahaniaeth sylweddol a gaed rhwng costau S4C a HTV.[88]

Erbyn cyhoeddi adroddiad y PDFC yng Ngorffennaf 1981 yr oedd cyllideb wedi ei gytuno gan yr ADA a S4C, ac felly ni ellid honni i argymhellion a wnaed gan y pwyllgor ar faterion cyllid gael unrhyw effaith. Er hynny maent yn dadlennu'r agwedd a goleddid gan rai carfanau o'r byd gwleidyddol at wasanaeth teledu Cymraeg. Caed argymhellion gan y pwyllgor y dylid rhoi arian teg i'r sianel a'i galluogai i gyflawni ei chyfrifoldebau o dan y ddeddf. Ond ar yr un gwynt, gan ddatgelu gwir deyrngarwch rhai o aelodau'r pwyllgor, nodwyd y frawddeg ganlynol: 'we should be strongly opposed to any parsimony in the provision of funds for Welsh-language services rebounding on the quality and range of service available to the English-language viewer'.[89] Er mwyn gwarchod safon y ddarpariaeth Saesneg yr argymhellwyd y dylid brwydro am arian teilwng i raglenni Cymraeg felly. Roedd y pwyllgor yn pryderu y byddai cynhyrchu rhaglenni Cymraeg rhad a chybyddlyd yn esgor ar gred y byddai yn dderbyniol diwallu anghenion y gwylwyr di-Gymraeg trwy gynhyrchu rhaglenni rhanbarthol rhad ac isel eu safon hefyd.

Mater a drafodwyd yn fyr iawn ar ddiwedd ail ymweliad S4C â'r pwyllgor, ond a dyfodd yn un o brif argymhellion y PDFC, oedd a ddylai S4C gomisiynu ac ariannu rhaglenni Saesneg am Gymru er mwyn denu gwylwyr di-Gymraeg i'r sianel.[90] Crybwyllwyd y mater gan Leo Abse gan ennyn ymateb cadarn gan Owen Edwards a nododd nad oedd y Ddeddf Darlledu yn gosod y cyfrifoldebau hynny ar y sianel, ac nad oedd hi'n ariannol bosibl comisiynu rhaglenni Saesneg. Erbyn hyn yr oedd S4C wedi trefnu a chytuno ar ei chyllideb gyda'r ADA ar sail ariannu 12 awr yr wythnos o gynyrchiadau Cymraeg; byddai ceisio cynhyrchu rhaglenni Saesneg fel rhan o'r un gyllideb yn arwain at wario'r arian ar draul y rhaglenni Cymraeg, gan gynhyrchu rhaglenni rhad ar gyfer y ddwy gynulleidfa. Teimlai Abse yn anfoddog gyda'r ymateb anhyblyg gan S4C, a bu'n ceisio argyhoeddi ei gynrychiolwyr o'i ddadl:

I am rather surprised at your tough rejection or interpretation. I would have thought that it would have been to the benefit of all of us – English and Welsh-speaking Welshmen – if in fact there were also some titbits of great interest to the English-speaking Welshman on that programme, which might induce them to continue to look and indeed, if their Welsh is inadequate, to improve it as a result of looking at the other programmes?[91]

Gellir deall rhesymeg Leo Abse, y dylid defnyddio rhaglenni Saesneg am Gymru er mwyn rhwydo gwylwyr di-Gymraeg i wylio rhaglenni Cymraeg. Er hynny, yr oedd ei argymhelliad yn annilys, gan nad oedd y ddeddf yn caniatâu hynny. Pe bai'r sianel â chyfrifoldeb dros gomisiynu darpariaeth Saesneg ynghyd â darpariaeth Gymraeg, byddai rheidrwydd gofyn am gynnydd yn y gyllideb gan yr ADA. Un mater na chrybwyllwyd yn y drafodaeth ac a fyddai'n sicr yn rheswm dilys dros beidio comisiynu rhaglenni Saesneg am Gymru ar gyfer S4C, yw mai prin y byddai'r BBC a HTV yn cefnogi'r syniad o'r sianel yn traflyncu eu cyfrifoldeb hwy. Er mwyn ceisio tawelu'r dyfroedd, cynigiodd Syr Goronwy Daniel y byddai'r sianel yn comisiynu rhai rhaglenni cerddorol, er enghraifft, a fyddai'n ddealladwy i Gymry di-Gymraeg oherwydd mai prin fyddai'r sgwrsio. Addawodd y byddai swyddogion y sianel, petai syniad da am raglen Saesneg am Gymru yn eu cyrraedd, yn argymell ei chomisiynu gan C4. Er atebion pragmataidd S4C, ni lwyddwyd i ddarbwyllo'r PDFC a chyhoeddwyd cymal yn yr adroddiad terfynol yn argymell y dylai S4C gomisiynu rhaglenni yn Saesneg am Gymru.

Gellid disgrifio ail adroddiad y PDFC fel un digon di-fflach, frwyth pwyllgor a oedd, wedi ail dro pedol y llywodraeth a sefydlu Awdurdod S4C, wedi colli ei bwrpas a'i ffocws. Cafwyd nifer o argymhellion gwag yn annog gweithgareddau ac agweddau yr oedd y cyfundrefnau darlledu eisoes yn eu gweithredu, megis mynnu bod y BBC, yr ADA a HTV yn ailystyried eu gofynion o ran gallu ieithyddol rhai swyddi rheoli a'u bod i gynnig cyfleusterau dysgu Cymraeg i aelodau o staff.[92] Bychan iawn fu'r ymateb yn y wasg i'r adroddiad, a disgrifiodd Alwyn Roberts ei ymddangosiad fel 'damp squib'.[93] Prin iawn oedd dylanwad ail adroddiad y PDFC ar ddatblygiad a phatrwm gweithredu y cyfundrefnau darlledu yng Nghymru, er y trafodaethau tanllyd a difyr.

Channel 4

Dim ond 22 awr yr wythnos o raglenni Cymraeg y bwriedid eu darlledu ar S4C i ddechrau. Ar gyfartaledd cyfatebai hynny i ychydig dros dair awr y dydd. I lenwi gweddill yr oriau darlledu byddai'n rhaid dangos rhaglenni Saesneg a gynhyrchwyd ar gyfer C4. Yr oedd y berthynas a sefydlwyd rhwng S4C a C4 felly'n gwbl allweddol i'r sianel, gan y gallai hynawsedd neu sarugrwydd y berthynas honno gael effaith andwyol ar weithgareddau eraill y sianel, yn enwedig petai C4 yn penderfynu ei bod mewn cystadleuaeth â S4C. Nid oedd y rhesymau dros sefydlu S4C a C4 yn gwbl gydnaws. *Raison d'être* C4 oedd darparu rhaglenni unigryw ar gyfer cynulleidfaoedd lleiafrifol â diddordebau arbenigol gan gynnig dewis go-iawn i'r gwylwyr gyda rhaglenni gwahanol i'r hyn a ddarlledwyd ar y rhwydweithiau eraill. Ar y pegwn arall yr oedd S4C yn ceisio bod yn wasanaeth cyflawn poblogaidd a ddenai ac a apeliai at y cynulleidfaoedd mwyaf ar gyfer rhaglenni Cymraeg. Yr oedd hi'n anos i S4C gyfiawnhau creu rhaglenni ar gyfer cynulleidfa fach arbenigol o fewn cynulleidfa a oedd yn lleiafrif yn barod, gan y byddai'n adlewyrchu'n wael ar ffigurau gwylio. Plesio pawb ar yr un pryd oedd y gamp i S4C, felly, ac fe ellid bod wedi ffurfio priodas ddigon anghydnaws rhwng cynnwys y ddwy sianel wrth i S4C wynebu'r sialens o geisio creu gwasanaeth unedig i bobl Cymru o raglenni a oedd yn eu hanfod wedi eu cynhyrchu at bwrpasau gwahanol.

Roedd hi'n hanfodol ffurfio gwasanaeth unedig o'r ddau wasanaeth, er mwyn sicrhau nad oedd y Gymraeg yn cael ei gosod mewn geto, gan wireddu ofnau Jac L. Williams. Rhaglenni Saesneg C4 a fyddai'n gyfrifol am ddenu nifer o wylwyr i'r sianel, a gobeithid y byddai natur y rhaglenni hynny yn denu'r gwylwyr nad oedd yn gwbl ymroddedig i'r iaith i'w gwylio. Gobeithid y byddai'r gwylwyr a ddetholai'r bedwaredd sianel ar gyfer yr arlwy Saesneg yn cael eu rhwydo i wylio'r rhaglenni Cymraeg pan ddeuai'r rhaglenni Saesneg i ben, gan roi hwb i gynulleidfaoedd y sianel a sicrhau cynulleidfa eang. Ond er mwyn cynhyrchu'r rhaglenni deniadol a difyr byddai'n rhaid i C4 gystadlu â S4C am yr arian cymharol brin o'r ADA. Gan na fyddai HTV yn casglu digon o arian hysbysebu i ddiwallu anghenion ariannol S4C roedd hi'n anorfod y defnyddid peth o'r arian a gesglid trwy werthu gofod hysbysebu ar C4 er mwyn gwneud iawn am y diffyg yn yr arian a gesglid yng Nghymru.[94] Petai C4 yn teimlo nad oedd yn derbyn arian digonol, fe allai'r berthynas rhwng C4 a S4C fod yn anodd wrth i'r ddwy ochr frwydro er mwyn sicrhau eu bod yn derbyn cyfran haeddiannol.

Er bod gwahaniaethau amlwg rhwng ethos y ddwy sianel a chystadleuaeth bosibl rhyngddynt am adnoddau, llwyddwyd i ddileu rhai o'r tensiynau tebygol oherwydd perthynas y ddau arweinydd. O'r cyfarfod cyntaf yn yr ŵyl Ffilm a Theledu Geltaidd yn Harlech yn 1981, lle yr oedd y ddau yn annerch y gynhadledd, sefydlwyd perthynas waith a chyfeillgarwch rhwydd rhwng Owen Edwards a Jeremy Isaacs. Seiliwyd y berthynas rhyngddynt ar y ffaith fod y ddau wedi dechrau eu gyrfaoedd yn y byd teledu ar ddiwedd yr 1950au gyda chwmni teledu Granada.[95] Bu'r profiadau cyffredin hynny'n sylfaen i adeiladu perthynas agos ac un a ddisgrifiwyd gan Glyn Tegai Hughes fel un 'dyngedfennol' i'r sianel.[96] Gellid datrys nifer fawr o'r problemau rhwng y ddwy sianel pan fyddai Owen Edwards yn codi'r ffôn er mwyn cael gair â'i gydweithiwr yn Llundain. Mae atgofion Owen Edwards hefyd yn cadarnhau hyn: 'Alla i ddim canmol o ddigon, rêl boi gwaraidd. Fuodd Jeremy'n help mawr i ni ar y dechrau... yn gefn mawr i ni.'[97] Mae atgofion Jeremy Isaacs hefyd yn atgyfnerthu'r sylwadau hyn ac yn ei gofiant o'i gyfnod fel pennaeth C4 datganodd ei fod yn credu bod rhesymau clir pam y gallai C4 a S4C weithio gyda'i gilydd i wneud y fenter yn llwyddiant yn hytrach na brwydro yn erbyn ei gilydd:

> Channel 4 and S4C could easily have been at loggerheads from the word go... Yet it seemed to me then, and seems to me still, that in our different obligations to service special needs and fulfill distinctive cultural goals there was much, much more to unite us than to divide us.[98]

Un o'r materion lle gallai'r ddwy sianel fod wedi bod benben â'i gilydd oedd y trafodaethau ynglŷn â threfniadau a thelerau dangos rhaglenni C4 ar S4C. Bu trafod helaeth wrth lunio'r Ddeddf Darlledu ac wedi ei chyhoeddi ynghylch union ystyr y cymal canlynol:

> for any period not allocated to the broadcasting of a programme not in Welsh, the programme broadcast is normally the same as the programme (or one of the programmes) broadcast on the Fourth Channel in that period for reception otherwise than in Wales.[99]

Er mwyn arbed costau ailddangos y cynhwysid y cymal hwn, a hynny gan yr ofnid y gellid mynnu taliad ailddangos pe dangosid y rhaglen ar amser gwahanol i C4.[100] Mewn sefyllfa o'r fath ni fyddai gan S4C unrhyw ryddid dros ei hamserlen, a byddai trafferthion ymarferol enbyd yn rhan o weithredu amserlen debyg, fel y nodod yr Arglwydd Cledwyn wrth drafod y Ddeddf yn Nhŷ'r Arglwyddi:

> the break might occur in the middle of a programme. Let us assume that a ballet or 'Hamlet' was being performed, which might take two or more hours. You could not cut into the middle of that and insert it into the Welsh Fourth Channel. It seems to me that it would be better if the Welsh Authority could if necessary choose from other suitable Fourth Channel

programmes already recorded. At least it would be prudent for the Bill to provide for this to be done.[101]

Gan mai yn yr oriau brig y bwriedid darlledu'r rhan helaeth o'r oriau Cymraeg, byddai oddeutu hanner y 35 o oriau o raglenni Saesneg yr wythnos y bwriedid eu darlledu gan C4 yn cael eu colli yn llwyr i'r gynulleidfa yng Nghymru. Gan mai rhaglenni'r oriau brig fyddai'n cael eu colli, yn ddi-os y rhain fyddai rhaglenni mwyaf deniadol y sianel Saesneg. Byddai gweithredu cynllun o'r fath wedi arwain at barhau'r teimladau o anghyfiawnder a gaed ymysg y gynulleidfa ddi-Gymraeg eu bod yn cael eu hamddifadu o raglenni Saesneg atyniadol ac o ddiddordeb iddynt, gan chwalu un o fwriadau gwreiddiol S4C sef lleddfu tensiynau cymdeithasol. Canlyniad arall i'r cynllun hwn oedd y byddai wedi bod yn anos i S4C roi ei stamp a'i logo ei hun ar y sianel yn ystod yr oriau o ddarlledu byw o C4, gan ei gwneud hi'n anos creu hunaniaeth i'r sianel. Nid oedd y cynllun gwreiddiol a gynigiodd y llywodraeth yn ymarferol, felly, a cheisiwyd darganfod ffyrdd y gallai'r sianel newydd ddiffinio'r cymal mewn modd na fyddai'n ei chaethiwo wrth amserlen C4.

Mewn ymateb i ymholiadau gan Dafydd Wigley, A.S. a Dafydd Elis-Thomas, A.S., cadarnhaodd Leon Brittan, gweinidog gwladol y Swyddfa Gartref, nad oedd y Ddeddf yn atal y bedwaredd sianel rhag ailamseru rhaglenni Saesneg C4, pe dymunai wneud hynny.[102] Er hynny, nododd fod y llywodraeth yn argyhoeddedig fod y costau tapiau a staff recordio ynghyd â thaliadau hawliau ychwanegol i berfformwyr ac artistiaid yn rhy uchel i'w cyfiawnhau. Yn nhystiolaeth ysgrifenedig y Gymdeithas Darlledwyr Cymraeg i'r PDFC ar 4 Chwefror 1981 yr awgrymwyd yn gyhoeddus y gellid gweithredu cynllun ailddarlledu heb gost aruthrol i'r sianel:

> he [Yr Arglwydd Belstead] envisages a difficulty in transmitting on the Fourth Channel in Wales any programmes which have been broadcast at a different time in the remainder of the United Kingdom. 'It is much more expensive' – he says – 'if you cannot use it simultaneously and have to get a repeat running.'
> Not so. Such an arrangement does not constitute a 'repeat' but is regarded as 'non-simultaneous transmission', and as such, incurrs no extra costs.[103]

Nid oedd costau ychwanegol, felly, gan y gellid defnyddio'r egwyddor 'unwaith o amgylch y trosglwyddyddion' a ddefnyddid eisoes gan gwmnïau ITV oherwydd y strwythur rhanbarthol. Byddai'n rhaid cael sicrwydd gan swyddogion C4 fod yr egwyddor hon yn dderbyniol iddynt ac na fyddai'n creu trafferthion gyda'r undebau. Rhagwelwyd y gellid sicrhau bod y rhan helaeth o raglenni C4, os nad y cyfan, yn cael eu hailddarlledu ar S4C trwy agor y gwasanaeth yn gynharach na C4 gan sicrhau'r gofod angenrheidiol a'r hyblygrwydd i'r sianel ail-leoli'r rhaglenni hynny a ddarlledid yn ystod yr oriau brig.[104]

Gan fod C4 a S4C yn cystadlu â'i gilydd am arian yr ADA, fe allai C4 fod wedi dewis tynnu'n groes i'r consenswr a oedd yn dechrau tyfu, a hynny trwy geisio sicrhau rhagor o arian i'w choffrau ei hun gan wrthod darparu'r rhaglenni yn rhad ac am ddim. Ond yr oedd prif weithredwr C4 yn ddyn a gredai fod i'r ddwy sianel yr un egwyddor, sef gwasanaethu lleiafrifoedd, er mewn modd tra gwahanol, ac felly rhoddwyd rhyddid i S4C ddarlledu rhaglenni C4 yn unol â'i hamserlen ei hun yn hytrach na bod yn gaeth i amserlen C4. Meddai Isaacs am y penderfyniad hwnnw:

> Channel 4 made all its programmes available to S4C free of charge. They were free to schedule them as they wished, so our programmes of necessity – even the finest of them – went late or early. And there was not room in their schedule for all of our stuff. But I was always content to respect Owen's sovereignty over what was his, and leave scheduling decisions to him and his colleagues... I urged only that, in their discretion, they should not leave out altogether what we were proudest of.[105]

Byddai modd i S4C ddangos rhaglenni mwyaf atyniadol C4, ond ar amseroedd ychydig llai cyfleus. Anghyfleustra a achosid felly i'r gwyliwr di-Gymraeg yn hytrach na'i amddifadu'n llwyr o gynnwys C4. Er nad oedd hyn yn ateb delfrydol, golygai fod modd i wylwyr yng Nghymru wylio'r mwyafrif o raglenni C4. Yr oedd y cynllun hwn yn rhoi mwy o ddewis i'r gwylwyr yng Nghymru gan nad oedd yn rhaid iddynt benderfynu rhwng arlwy ITV a C4, am 8 o'r gloch, dyweder, gan y gellid gwylio rhaglen C4 ar amser arall ar S4C.

Yr oedd nifer o fanteision i'r patrwm hwn o weithredu, ond ni fu'n gwbl ddidrafferth. Er bod y ddwy sianel yn hapus â'r patrwm, caed bygythiad gan Undeb y Cerddorion nad oeddent am dderbyn yr egwyddor, er na ddatblygodd yn anghydfod rhyngddynt.[106] Trafferth arall a gododd oedd bod gwybodaeth am amserlen C4 yn ymddangos mewn cyhoeddiadau a ddarllenid gan y Cymry gan greu dryswch wrth i wylwyr ddisgwyl gweld rhaglenni ar yr amseroedd a hysbysebwyd gan C4. Ond mewn gwirionedd byddai'n rhaid iddynt aros ddiwrnod neu ddau cyn iddynt gael eu darlledu yng Nghymru gan ymchwanegu at y teimlad o amddifadu a deimlai rhai aelodau o'r gynulleidfa.

Er y mân drafferthion hyn, bu'r penderfyniad i sicrhau bod rheolaeth lwyr gan S4C dros ei hamserlen yn un allweddol, ac er bod mwy o waith i'r tîm cynllunio, golygai fod modd i'r swyddogion wneud y gorau o'r rhaglenni a oedd ar gael iddynt. Ni ddarlledwyd popeth ar S4C; ysywaeth ni fyddai rhaglen newyddion awr arloesol C4 i'w gweld yng Nghymru. Er hynny yr oedd y rhyddid amserlennu yn golygu bod 80 y cant o raglenni C4 yn ymddangos ar S4C, ac roedd colled o 20 y cant yn llawer gwell na'r 50 y cant o raglenni C4 a fyddai wedi diflannu'n llwyr dan gynlluniau gwreiddiol y llywodraeth.[107] Bu penderfyniad C4 i beidio â chodi tâl ar S4C am ei rhaglenni yn un hollbwysig hefyd. Yn sicr byddai cyllideb rhaglenni S4C wedi ei gwasgu a byddai disgwyl iddi gynhyrchu mwy o raglenni Cymraeg am bris isel pe bai C4 wedi mynnu arian. Sicrhawyd, felly, y byddai pob ceiniog bosibl yn cael ei gwario ar gynhyrchu rhaglenni Cymraeg o safon. Yr oedd y dealltwriaeth a'r berthynas gytûn a ffurfiwyd rhwng S4C a C4 yn rhyddhau swyddogion y sianel ac yn eu galluogi i ganolbwyntio ar ffurfio partneriaethau gyda'r darlledwyr a fyddai'n cynhyrchu rhaglenni Cymraeg ar ei chyfer.

S4C a'r darparwyr

Er gwaethaf agweddau a arddelwyd gan y darlledwyr yn ystod brwydr y sianel gwelwyd, o'r cychwyn cyntaf, barodrwydd y BBC a HTV i fod yn rhan o'r datblygiadau cynnar a bodlonrwydd yr awdurdod i'w cynnwys yn y trafodaethau ffurfiannol.[108] Ond er bod cynrychiolwyr ar ran y ddau ddarlledwr yn bresennol ar benwythnos cyntaf trafodaethau'r awdurdod, cawsant eu trin mewn ffyrdd ychydig yn wahanol. Bu'r BBC yn rhan o'r trafodaethau cyffredinol ar strwythur y gwasanaeth newydd trwy bresenoldeb Owen Edwards, rheolwr BBC Cymru, a chynrychiolwyd yr ADA gan Eirion Lewis, swyddog Cymru a gorllewin Lloegr.[109] Gwahoddwyd cynrychiolwyr HTV, Syr Alun Talfan Davies a Ron Wordley, i sesiwn ar wahân er mwyn trafod cyfraniad tebygol HTV i'r gwasanaeth newydd yn unig.[110] Priodolir yr ymdriniaeth wahanol i'r ffaith bod yr awdurdod wedi troi at sefydliadau a oedd o'r un statws ag ef am gymorth, a'r sefydliadau a fu'n gefnogol i'r Gymraeg ar y bedwaredd sianel. Byddai gofyn am gymorth gan gwmni y byddai'n rhaid ffurfio perthynas fasnachol ag ef ymhen rhai misoedd yn llawer mwy cymhleth. Yr oedd yr awdurdod hefyd yn ansicr ynglŷn â hyd a lled cyfrifoldeb HTV i ddarparu rhaglenni iddo o dan y cytundeb newydd gyda'r ADA gan fod y Ddeddf Darlledu yn annelwig. Felly, cyn mentro manteisio ar unrhyw gyngor neu gymorth a gynigid ganddynt, yr oedd angen eglurhad o fwriad y Ddeddf.[111] Cafwyd ymgais i unioni'r sefyllfa, er hynny, trwy wahodd cynrychiolwyr HTV i fod yn rhan o'r gweithgorau arbenigol a fu'n cyfarfod i lunio dogfennau cynghori'r sianel ar raglenni a pheirianneg.[112]

Yn dilyn y cyfarfodydd cynnar hyn bwriwyd ati i drafod a llunio cytundebau neu femoranda o ddealltwriaeth. Yr oedd y dogfennau hyn yn allweddol gan eu bod yn diffinio ac yn ganllaw i esblygiad y berthynas allweddol a fyddai rhwng S4C a darparwyr ei rhaglenni. Mae cyd-destun llunio'r dogfennau hyn a'u cynnwys terfynol yn elfen allweddol o'r dasg o asesu ac archwilio'r berthynas rhwng y BBC, HTV a S4C.

BBC

Ym mis Chwefror 1981 caed yr ohebiaeth gyntaf rhwng y BBC a S4C ar fater rhaglenni a hynny gan i Owen Edwards, rheolwr BBC Cymru, anfon llythyr at yr awdurdod er mwyn amlinellu costau rhaglenni'r BBC.[113] Oherwydd cynnwys y Ddeddf Darlledu, nid oedd rheidrwydd i S4C drafod costau gyda'r BBC gan na fyddai gofyn i'r awdurdod dalu am y rhaglenni a ddarperid gan y gorfforaeth i S4C. Yr oedd cyfrifoldeb statudol ar y gorfforaeth i ddarparu nifer penodol o raglenni a gyfatebai i'r ddarpariaeth Gymraeg y byddai'r BBC wedi ei darlledu ar ei sianeli ei hun petai'r awdurdod newydd heb ei greu, a hynny yn rhad ac am ddim, gan dalu amdanynt o arian y drwydded deledu.[114] Holir, felly, i ba ddiben yr anfonwyd y wybodaeth hon at yr awdurdod. Dengys tystiolaeth yr awdurdod i'r PDFC eu bod yn trafod y posibilrwydd y gallai'r BBC ddarparu awr ychwanegol o raglenni i'r sianel ar ben ei gyfrifoldeb statudol am dâl penodol. Awgryma hyn nad oedd yr awdurdod yn llwyr hyderus y gellid sicrhau digon o oriau o raglenni o'r sector annibynnol er mwyn cwblhau'r 22 awr. Nid medr y cynhyrchwyr annibynnol yn unig a oedd yn peri pryder i'r awdurdod; roedd rhai aelodau yn pryderu y byddai HTV yn ceisio symiau ariannol aruthrol ac efallai na ellid fforddio y nifer y gobeithid amdanynt. Rheswm arall digon tebygol, wrth gwrs, oedd fod yr awdurdod am weld bod y gorfforaeth yn buddsoddi'n deilwng yn y rhaglenni Cymraeg.

Ac eithrio trafodaethau am ddarpariaeth newyddion y sianel newydd, a drafodir yn hwyrach yn y bennod hon, ni chafwyd trafodaethau ffurfiol ar berthynas y BBC a S4C tan y penodwyd Euryn Ogwen Williams yn olygydd rhaglenni ym mis Mai 1981. Trefnwyd y cyfarfod ffurfiol cyntaf rhwng y golygydd rhaglenni a phenaethiaid rhaglenni'r BBC a HTV, sef

Gareth Price a Huw Davies, ym mis Mehefin. Penderfynwyd y byddai cyfarfodydd misol rhwng y tri er mwyn trafod ffyrdd o greu gwasanaeth unedig o'r ffynonellau amrywiol tra byddai trafodaethau penodol ynglŷn â mathau o raglenni a chynnwys yn cael eu cynnal yn annibynnol gyda'r darlledwyr unigol.[115] Byddai'r cyfarfodydd hyn hefyd yn gwyntyllu sut y gellid osgoi gorddefnydd o'r un actorion a chyflwynwyr, a gochel rhag llyffetheirio'r sianel newydd gyda'r camargraff nad oedd digon o unigolion talentog a allai weithio yn y Gymraeg er mwyn cynnal y gwasanaeth.[116] Dengys y ffaith bod y mater hwn wedi ei drafod yng nghyfarfod cyntaf y penaethiaid rhaglenni pa mor flaenllaw oedd y pwnc. Yn wir, trafodwyd hyn hefyd yng ngweithgareddau'r PDFC wedi i HTV honni mai dim ond 60–70 o aelodau Equity a oedd yn gallu'r Gymraeg.[117] Ceisiodd Equity wyrdroi y safbwynt hwnnw trwy ddarparu tystiolaeth yn datgan bod 198 o'i haelodau yn siarad Cymraeg.[118] Bu un aelod o'r PDFC, Dr Roger Thomas, A.S. yn amau cywirdeb y ffigwr hwnnw, gan na allai ef feddwl am fwy na 75 o actorion Cymraeg. Awgrymodd y National Association of Theatrical, Television and Kine Employees nad oedd Cymraeg pob un o'r 198 yn ddigon rhugl i weithio yn yr iaith, yn enwedig mewn cynyrchiadau dramatig.[119]

Dengys y trafodaethau hyn fod paranoia ynglŷn â'r dadleuon bod diffyg talent ar gael yn y Gymraeg. Yr oedd y pryderon hyn yn rhai dilys, er hynny, gan i'r cyfarwyddwr Stephen Bayly ddatgan yn y cylchgrawn *Sight and Sound*:

> There is one nightmarish aspect of directing drama in Welsh – casting. There are only 110 female and 186 male actors listed in *Oriel*, the Actors Equity directory of Welsh-speaking 'actors'. Not a huge range from which to cast roles ranging between the ages of 18 and 96, especially given that not all the members listed are actors first and foremost... In *Joni Jones* we had to use puppeteers, cabaret artists, opera singers and tap-dancers...[120]

Er bod nifer aelodau Cymraeg Equity yn brin, nid oedd yr undeb yn hapus i weld y sianel yn ystyried annog perfformwyr amatur i fod yn rhan o'r arlwy a nodweddwyd y trafodaethau rhwng y sianel a'r undeb gan anghydfod cyhoeddus. Yr oedd Equity, cyn cyfarfod â swyddogion S4C, wedi mynegi ei phryderon y byddai cynhyrchwyr rhaglenni yn ceisio defnyddio actorion a pherfformwyr amatur er mwyn arbed arian cynhyrchu.[121] Yr oedd yr undeb wedi ei ysgogi gan y posibilrwydd o fanteisio ar draddodiad canu corawl Cymreig i gynnig llwyfan i gorau amatur niferus Cymru. Yr oedd S4C yn gobeithio cael hyblygrwydd ym mholisïau'r undeb a fyddai'n ei galluogi i ddefnyddio actorion newydd a thalentau lleol wrth i'r ddarpariaeth ddrama Gymraeg gynyddu'n sylweddol. Yr oedd hyn yn anathema i Equity, a chan fod teledu yn siop gaeëdig, credai'r undeb y byddai syniad o'r fath yn galluogi unrhyw gynhyrchydd i ddefnyddio actorion nad oedd ganddynt gardiau Equity eisoes. Pryderant y byddai hynny yn gosod cynsail a fyddai'n arwain at gynhyrchwyr annibynnol yn defnyddio actorion amatur er mwyn torri eu costau a sicrhau cynyrchiadau drama ar draul y corfforaethau darlledu mwy a fyddai'n glynu wrth reolau'r undeb.[122] Er y safbwyntiau gwahanol, dechreuodd y trafodaethau rhwng S4C ac Equity yn gymharol hwylus.[123] Ond ymhen y mis yr oedd y berthynas wedi dirywio ac Owen Edwards wedi rhyddhau datganiad i'r wasg yn mynegi ei siom ynglŷn ag agwedd anhyblyg yr undeb.[124] Yn Eisteddfod Machynlleth 1981, gosodwyd her i Equity gan y cyfarwyddwr wrth iddo ddatgan ei fod yn 'benderfynol o roi cyfle i ddoniau newydd, ifanc, disglair ac nad tocyn aelodaeth Equity yw'r unig faen prawf o safon, dawn na phroffesiynoldeb'.[125] Gan godi gwrychyn yr undeb ymhellach, cyhoeddodd y byddai'r tenor Trebor Edwards yn cael ei raglen ei hun, er bod Equity wedi ei ddefnyddio fel enghraifft o unigolyn na ddylai gael canu ar y teledu gan mai ffermio oedd ei alwedigaeth ac nid canu.[126]

Dengys yr anghydfod y ddeuoliaeth a gaed yn ethos y sianel, sef y pwyslais ar y naill law ar ddarparu cynnwys safonol a fyddai'n cymharu'n ffafriol â darpariaeth y sianeli eraill, ond a oedd ar y llaw arall yn adlewyrchu'r diwylliant Cymreig, a oedd yn ei hanfod, oherwydd traddodiadau eisteddfodol, cwmnïau drama lleol a chorau di-rif, yn dibynnu yn drwm ar berfformwyr amatur. Yr oedd undeb Equity, fe ymddengys, yn ceisio gosod rheolau unffurf Prydeinig ar sianel yr oedd angen iddi apelio at gynulleidfa Gymraeg a ddisgwyliai weld rhaglenni'n adlewyrchu'r gymuned Gymraeg ac yn cynnig llwyfan hirddisgwyliedig i dalentau megis Trebor Edwards. O gofio nad oedd nifer sylweddol o actorion Cymraeg yn meddu ar gardiau Equity a chynnydd sylweddol ar droed mewn cynhyrchu drama, yr oedd rheidrwydd ar yr undeb i lacio ei reolau rhag i gwynion am yr un hen wynebau cyfarwydd gynyddu'n sylweddol. Yn y pen draw, cynyddodd nifer aelodau cyfrwng Cymraeg Equity a chytunwyd ar drwydded arbennig i S4C yn caniatáu i'r cynhyrchwyr ddefnyddio mwy o amaturiaid na'r arfer a hynny er mwyn adlewyrchu'r amrywiaeth o dalent yng Nghymru.[127] Parhaodd Equity yn amheus o'r rheolau newydd hyn, a mynnwyd adolygiad o'r sefyllfa ymhen chwe mis er mwyn sicrhau nad oedd y rheolau yn cael eu camddefnyddio gan gynhyrchwyr.[128] Oherwydd y cytundeb newydd, caniatawyd i nifer helaeth o actorion newydd sicrhau gwaith, gyda'r ddrama *Coleg* (HTV) yn gynhyrchiad allweddol a roddodd lwyfan i dalentau ifanc newydd megis Tony Llewelyn, Janet Aethwy, Judith Humphreys a Stifyn Parri. Erbyn 1983, roedd ffocws y drafodaeth wedi newid. Erbyn hynny caed pryder bod anghydbwysedd sylweddol yn y rhychwant o actorion oherwydd y dylifiad sylweddol o actorion ifanc, ac nid oedd digon o actorion hŷn. Yr oedd dyfodiad S4C wedi ysbrydoli diddordeb aruthrol mewn actio a pherfformio ymysg yr ifanc, a rhagwelwyd na fyddai digon o waith iddynt oll wedi iddynt raddio o'r colegau.[129] Yr oedd natur y gronfa o actorion Cymraeg wedi ei gweddnewid yn llwyr, felly, a llai na blwyddyn ar ôl dechrau darlledu, cynyddu safon perfformiadau oedd blaenoriaeth y sianel bellach, yn hytrach na chynyddu niferoedd.

Yn dilyn y trafodaethau rhwng y penaethiaid rhaglenni, gwahoddwyd rheolwr newydd BBC Cymru, Geraint Stanley Jones, i gyfarfod mis Gorffennaf 1981 yr awdurdod.[130] Yno crybwyllodd fod gwrthdaro posibl rhwng Siarter y BBC a chyfrifoldebau Awdurdod S4C o dan y Ddeddf Darlledu.[131] Rhagwelwyd tensiwn rhwng cyfrifoldeb y BBC i ddarparu rhaglenni ar gyfer S4C mewn modd a oedd yn diwallu anghenion rhesymol yr awdurdod, a gofynion y siarter a fynnai mai llywodraethwyr y BBC, neu'r cyngor darlledu yng Nghymru, a oedd yn rheoli polisi a chynnwys holl raglenni'r gorfforaeth.[132] Petai anghytuno rhwng y ddwy ochr, ynghylch cynnwys rhaglenni, dyweder, gellid rhagweld anghydfod gan nad oedd y ddeddf na'r siarter yn rhoi unrhyw ganllaw sut y gellid ei ddatrys. Er yr ofnau hyn, credwyd na fyddai'r broblem hon yn codi, a hynny gan fod ewyllys da yn bodoli yn y ddau sefydliad. Credwyd bod balchder proffesiynol staff a'r cysylltiadau da a geid ar lefel broffesiynol a phersonol yn debygol o arbed unrhyw anghydweld.[133]

Er hyn, yr oedd rhaid bod yn realistig, a bu darogan y byddai'n anodd gwarantu bod cynnyrch y gorfforaeth yn llwyddo i ddiwallu anghenion y ddwy ochr wrth ystyried safon y cynnwys, y gost a hefyd natur y gymysgedd o raglenni a ddarperid. Rhagwelwyd hefyd y ceid gwasgedd yn sgil gofynion y sianel newydd o'i gymharu â'r swm o arian a fyddai ar gael o du trwydded y BBC i wireddu'r anghenion hyn. Unwaith yn rhagor, ewyllys da a pharodrwydd y ddwy garfan i gyfaddawdu ac arfer synnwyr cyffredin oedd yr ateb a gynigwyd petai problem o'r fath yn codi. Fel arwydd o ymrwymiad y BBC i lwyddiant S4C a thystiolaeth o'r ewyllys da a fodolai o fewn y gorfforaeth tuag at y fenter newydd, roedd y BBC yng Nghymru wedi cytuno i wario £3.5 miliwn ar raglenni Cymraeg cyn clywed yn derfynol am yr arian ychwanegol a ddeuai o'r cynnydd arfaethedig yn y drwydded.[134] Ond er gwaethaf cred unigolion y gellid dibynnu ar agwedd pobl resymol er mwyn goresgyn unrhyw anghydfod neu anghytundeb, gellid honni bod gorddibyniaeth yn y trafodaethau hyn ar yr ewyllys da a geid ar gychwyn menter newydd. Nid oedd hon yn strategaeth a fyddai'n gweithio yn y tymor hir gan nad oedd yn gosod seiliau cadarn ar gyfer cydweithio pan fyddai personoliaethau gwahanol, nad oedd yn meddu ar berthynas gyfeillgar bersonol na hanes o gydweithio, wrth y llyw.

Cafwyd trafodaethau mwy ymarferol hefyd am natur y cysylltiadau a fyddai rhyngddynt. Awgrymwyd cynnal cyfarfodydd chwemisol rhwng aelodau Awdurdod S4C a'r cyngor darlledu, er mwyn trin a thrafod y rhaglenni. Byddai disgwyl i benaethiaid S4C, BBC a HTV gwrdd yn fisol, gyda chyfarfodydd y penaethiaid rhaglenni a phenaethiaid cyflwyno a chynllunio yn dilyn yr un patrwm. Er y cyswllt agos ac aml a fynnid ar gyfer yr aelodau staff hŷn, nid oedd y BBC am weld cynnwys penaethiaid adrannau y tu hwnt i'r rhain yn y trafodaethau, ac yn sicr nid oedd am weld cysylltiadau anffurfiol rhwng staff S4C a staff cynhyrchu rhaglenni'r BBC. Credwyd y gallai trafodaethau o'r fath danseilio awdurdod y penaethiaid o fewn strwythur rheoli'r gorfforaeth.[135] Trafodwyd teimladau tebyg mewn dogfennau mewnol a gylchredwyd ymysg rhai o uwch-swyddogion y BBC, a oedd am sicrhau perthynas olygyddol glir heb ei drysu rhwng staff y BBC a'u rheolwyr oherwydd mai ar gyfer S4C y cynhyrchid y rhaglenni.[136]

Mynegwyd nifer o'r un meysydd trafod yn y ddogfen 'datganiad o fwriadau' a anfonwyd gan y BBC at S4C ym Mehefin 1982.[137] Nid oedd rheidrwydd statudol ar y BBC i lunio dogfen a ddiffiniai ei pherthynas gyda'r sianel newydd, er hynny ystyriwyd bod gwerth ffurfioli'r berthynas trwy osod canllawiau a fframwaith y gallai'r ddwy ochr gyfeirio ati pe codai trafferthion. Yn y ddogfen cofnodwyd nifer o gymalau a oedd yn troedio yr un tir â'r trafodaethau gyda Geraint Stanley Jones, gyda gwrthdaro posibl rhwng dogfennau rheoli'r ddau sefydliad yn codi unwaith yn rhagor. Yn ddifyr, gan adleisio'r trafodaethau hynny, nodir hefyd yn y ddogfen fod ewyllys da yn allweddol er mwyn sicrhau perthynas ffyniannus rhwng y ddau sefydliad:

> It is clear that the development of a successful working relationship is dependent upon trust and good-will between both organisations. For its part, the BBC re-affirms its commitment to the success of S4C which it regards as essential to meet the needs of the audience in Wales and as the successful outcome of the case for a single channel joint service which the BBC advocated consistently throughout the 1970s.[138]

Er y ffydd yn yr ymddiriedaeth rhwng y ddau sefydliad, yn hwyrach yn yr un ddogfen fe welir y BBC yn nodi yn glir y rhaniad a ddisgwylid rhwng cyfrifoldebau'r ddau sefydliad. Nodir mai S4C fyddai â chyfrifoldeb dros ffurf a chydbwysedd ei gwasanaeth ond mai'r BBC fyddai'n cadw'r cyfrifoldeb golygyddol, technegol ac ariannol dros y rhaglenni a gynhyrchid ganddi.[139] Er i'r ddogfen nodi'n glir fod disgwyl sefydlu prosesau trafod a rhannu gwybodaeth effeithiol, gellid rhagweld tensiynau yn sgil rhaniad y meysydd gorchwyl, yn enwedig o safbwynt cynnwys rhaglenni. Gallai'r BBC, mewn egwyddor, greu rhaglen nad oedd yn plesio S4C o ran cynnwys, safonau technegol na'r buddsoddiad ariannol ynddi, ond gan mai cyfrifoldeb y BBC oedd gofalu am yr agweddau hynny, ni fyddai gan S4C lawer o ddewis ond darlledu neu wynebu bwlch yn yr amserlen. Cydnabyddir y posibilrwydd hwn yn y datganiad o fwriadau wrth drafod sut i ddatrys unrhyw anghytundeb. Nodir yng nghymal 11 y ddogfen y gallai swyddogion S4C fynnu copi o sgript neu gopi o raglen yr oeddent yn bryderus yn ei chylch, ond dim ond ar ôl iddi gael ei chwblhau. Pe byddai ofnau S4C yn parhau wedi hynny, yna byddai'r BBC yn ystyried yn ddwys y newidiadau neu'r argymhellion a geid gan swyddogion y sianel. Ond, y BBC a fyddai'n penderfynu'n derfynol a ddylid addasu'r rhaglen ai peidio, ac os byddai'r anghytundeb yn parhau, hyd yn oed ar ôl trafodaethau ar y lefel uchaf rhwng yr awdurdod a'r cyngor darlledu, yna byddai S4C yn rhydd i beidio â darlledu'r rhaglen. Mewn sefyllfa felly ni fyddai rheidrwydd ar y BBC i ddarparu rhaglen i'w darlledu yn ei lle.[140] Yr oedd mannau felly lle gallai'r berthynas rhwng S4C a'r BBC fynd ar chwâl, gan arwain at effaith andwyol ar yr amserlen a'r gwasanaeth a ddarperid ar gyfer y gynulleidfa. Rhoddai hawl S4C i wrthod rhaglen beth rheolaeth iddi dros y cynnwys a gynhyrchid ar ei chyfer gan y BBC, ond dadleuodd Euryn Ogwen Williams nad oedd hi'n ymarferol gweithredu'r hawl honno: 'Mae'n wir fod gennym hawl i wrthod rhaglen ond cosmetig hollol yw hyn gan nad oes cyfrifoldeb o gwbl ar y BBC i roi rhaglen yn ei lle.'[141] Yn ystod y cyfnod prawf, felly, ni wrthodwyd darlledu unrhyw raglen a gynhyrchwyd gan y BBC, ond bu tensiynau'n corddi oherwydd y diffyg rheolaeth a deimlai swyddogion S4C dros y cynnwys a gynhyrchid gan y gorfforaeth.

Gwyntyllir rhai manylion ymarferol yn y ddogfen hefyd wrth i'r BBC gadarnhau mai 10 awr yr wythnos *ar gyfartaledd* a fyddai'n cael eu paratoi. Byddai nifer yr oriau mewn wythnos yn amrywio gan ddibynnu ar yr amser o'r flwyddyn, gyda hyblygrwydd i addasu ei ddarpariaeth pan fyddai digwyddiadau cenedlaethol o bwys megis eisteddfodau neu chwaraeon i'w darlledu. Cytunwyd nad rhaglenni gwreiddiol a geid yn y 10 awr i gyd gan y byddai ailddarllediadau o raglenni Cymraeg yn rhan o'r cyfanswm, a hynny ar lefelau tebyg i'r hyn a geid ar wasanaethau eraill y BBC.[142] Byddai ailddarlledu rhai o raglenni'r BBC o'r dyddiau cyn bodolaeth S4C yn plethu'r gwasanaeth i'r ddarpariaeth a fu eisoes, gan sicrhau y câi ei weld fel esblygiad naturiol o'r gwasanaeth a ddarparwyd gan y BBC, TWW a HTV, yn hytrach na gwasanaeth cwbl newydd. Nodwyd hefyd fwriad y BBC i ddarparu rhychwant o raglenni drama, adloniant ysgafn, rhaglenni crefyddol, rhaglenni dogfen neu nodwedd, rhaglenni chwaraeon, rhaglenni plant, darllediadau allanol o ddigwyddiadau mawrion y genedl megis yr Eisteddfodau Cenedlaethol a'r Sioe Frenhinol a rhaglenni sgwrsio.[143]

Er natur gynhwysfawr y ddogfen hon, yr oedd rhai materion yn parhau heb eu datrys, a hynny fwy na blwyddyn wedi'r trafodaethau cychwynnol. Nodwyd fod angen creu datganiad ar wahân er mwyn cytuno yn lle y disgynnai'r cyfrifoldeb cyfreithiol dros raglenni'r BBC ar S4C. Y BBC a fyddai'n cadw'r holl hawliau er mwyn manteisio ar y cynnwys yn fasnachol, ond yr oedd ansicrwydd ynglŷn â phwy fyddai â chyfrifoldeb petai unigolyn yn cwyno am enllib.[144] Yr oedd y materion hyn wedi eu trafod eisoes, gyda'r BBC mewn egwyddor yn credu y gallai ysgwyddo'r cyfrifoldeb cyfreithiol, ond dim ond ar gyfer darlleniad cyntaf unrhyw raglen. Petai S4C yn ailddarlledu rhaglen broblematig, heb ystyriaeth i'r cwynion yn ei herbyn, roedd hynny'n fater llawer mwy cymhleth.[145] Mae'n amlwg y bu'n fater cymhleth a dyrys i'w ddatrys, gan na chaed cadarnhad mai'r BBC fyddai'n derbyn y cyfrifoldeb cyfreithiol tan Ionawr 1983, fwy na deufis ar ôl i'r sianel ddechrau darlledu.[146]

Ar ddiwedd y ddogfen ceir datganiad sy'n dangos deuoliaeth y berthynas rhwng y BBC a S4C. Cafwyd dyhead cryf i sicrhau llwyddiant a ffyniant y sianel, ond yr oedd hefyd angen i'r gorfforaeth ystyried ei hanghenion a'i chyfrifoldebau ehangach ac felly roedd angen sicrhau rhaniad clir rhwng cyfrifoldebau'r ddau sefydliad ar ddechrau'r fenter fel hyn:

> This letter of intention is of necessity, carefully worded and thus may seem negative in tone. It is, therefore, worth repeating the point made in paragraph 3: the BBC will do all it can to work in a friendly spirit with S4C to ensure the resounding success of this new adventure.[147]

HTV

Yn wahanol i'r berthynas gymwynasgar a gaed rhwng S4C a'r BBC, bu'r berthynas a ffurfiwyd rhwng S4C a HTV yn dra gwahanol. Yn y Ddeddf Darlledu dim ond un paragraff a nodai ffiniau perthynas HTV gyda S4C a gosod canllawiau i'w trafodaethau:

> The contract between the IBA and the TV programme contractor whose duty it is to provide programmes for broadcasting on ITV for reception in Wales shall contain all such provisions as the IBA think necessary or expedient to ensure that, while the IBA are providing both ITV and the Fourth Channel in Wales, the programme contractor is under a duty to supply to the Welsh Authority (on commercial terms) a reasonable proportion of the television programmes in Welsh which the Welsh Authority need... and to do so in a way which meets the reasonable requirements of the Welsh Authority.[148]

Nid yw'r paragraff byr hwn yn rhoi llawer o ganllawiau i'r ddwy garfan. Fe geir ynddo nifer o ymadroddion amwys, er enghraifft, 'reasonable needs', y gellid eu dehongli mewn sawl ffordd. Yr ymadrodd mwyaf amwys ohonynt yw 'commercial terms', a bu'r geiriau hyn yn achos sawl dadl ffyrnig wrth i'r gwaith o weithredu'r bartneriaeth fwrw yn ei flaen. Er gwaethaf yr amwysedd ceir cadarnhad o rai amodau a fyddai'n diffinio'r berthynas rhwng HTV a S4C. Nodir bod yn rhaid i HTV ddarparu rhaglenni i S4C, y byddai'n rhaid i S4C dalu am y rhaglenni hynny, ac y byddai'r ADA yn sicrhau bod cynnal y ddarpariaeth hon yn rhan o'i gytundeb â HTV yn ogystal â bod yn gytundeb ffurfiol rhwng y sianel Gymraeg a HTV.

Un o'r achlysuron cyntaf lle gellid dechrau ystyried sut y byddai HTV yn gweithio gyda'r sianel oedd trafodaethau'r PDFC. Un o'r pynciau lle caed trafodaeth frwd, a maes a fyddai'n diffinio perthynas S4C â HTV, oedd faint o arian y byddai ei angen i redeg y sianel. Nid oedd y sefydliadau darlledu wedi ystyried yn llawn y cyllid y byddai ei angen er mwyn sefydlu a rhedeg sianel newydd, yn enwedig sianel yr oedd disgwyl iddi, yn ôl deddf gwlad: 'to ensure that the programmes provided by them [Awdurdod S4C] maintain a high general standard in all respects, and in particular in respect of their content and quality'.[149] Nid oedd hi'n rhesymegol, felly, i ystyried y gellid gweithredu'r sianel ar gyllideb a oedd yn sylweddol lai na'r darlledwyr eraill. Er hynny, yn ystod trafodaethau cyntaf y PDFC gyda HTV awgrymodd Dr Roger Thomas, A.S. Caerfyrddin, y gellid rhedeg y sianel ar £1.5 miliwn y flwyddyn:

> 243. [Dr Roger Thomas] We have had evidence from one source – I will not reveal the source – that it is possible to run this channel for 22 hours per week for the whole year on £1½ million. Do you think that is feasible or not?
>
> [Mr Wordley, rheolwr gyfarwyddwr, HTV] One and a half million pounds per hour. I would not argue too much with.
>
> 244. [Dr Roger Thomas] Not £1½ million per year?[150]

Deunaw Mis o Baratoi

Mae'n amlwg i'r ffigurau beri syndod oherwydd i gadeirydd y pwyllgor, ar ôl clywed y datganiad uchod ddweud: 'Listening to those figures, I am getting a bit terrified as to what the proportion [of the Fourth Channel subscription] is likely to be if you are going to get a full Wales Fourth Channel [sic].'[151]

Cynigiodd yr ADA mai rhwng £7 a £9 miliwn fyddai cyfran y sianel Gymraeg o danysgrifiad y bedwaredd sianel, ac yn hwyrach yn y trafodaethau fe gynyddwyd hynny i £10.3 miliwn.[152] Mae'n amlwg nad oedd unrhyw drafodaethau agored wedi bod rhwng yr ADA a HTV ynglŷn â faint fyddai cyllideb debygol S4C, gan y nododd cynrychiolwyr HTV y byddai angen i'r cwmni dderbyn £15 miliwn y flwyddyn er mwyn darparu 10 awr yr wythnos o raglenni a hynny ar lun yr amrywiaeth presennol. Roedd rhai *genres* angenrheidiol fel dramâu ac adloniant ysgafn yn brin yn y ddarpariaeth honno. O ystyried y byddai disgwyl i'r sianel newydd gomisiynu o leiaf ddwy awr yr wythnos o ffynonellau eraill, megis cwmnïau annibynnol, mae'r ffigurau a gynigwyd gan yr ADA i ddarparu 12 awr o raglenni a chostau gweinyddol ymhell iawn ohoni. Un ai roedd ffigurau'r Awdurdod Darlledu ymhell o fod yn addas neu roedd HTV yn ymddwyn yn drachwantus ac yn gweld ffynhonnell arian y gellid manteisio arni er mwyn parhau gyda'i chynlluniau i adeiladu stiwdio newydd yng Nghroes Cwrlwys.

Dengys y trafodaethau cyllidol a gaed rhwng yr ADA a S4C fod sail i'r ddau ddehongliad yma. Yn sicr yr oedd amcangyfrifon gwreiddiol yr ADA yn dra isel o ystyried costau cynhyrchu'r cyfnod, a hynny oherwydd y pwysau a oedd arno gan gwmnïau rhanbarthol ITV i gadw costau'r bedwaredd sianel Gymraeg yn isel, i sicrhau nad oedd y baich ariannol arnynt yn llethol. Ar y llaw arall yr oedd y costau a gyflwynwyd gan HTV yn uwch na'r cyfartaledd arferol a ddisgwylid gan gwmni o rwydwaith ITV.[153] Gellir awgrymu, fel cwmni masnachol, fod brwydro dros gyllideb iach i'r sianel yn dacteg hunanfuddiannol ar ran HTV a olygai y gellid sicrhau telerau ariannol ffafriol wrth iddi drafod costau rhaglenni gyda'r sianel newydd. Gellid gosod y bai ar y ddwy ochr felly am y dryswch cychwynnol ynghylch gwir gost y bedwaredd sianel Gymraeg.

Tua therfyn trafodaethau'r PDFC, cafwyd ffigurau pellach gan HTV a awgrymai fod angen £2.3 miliwn yr awr ar S4C a hynny gan mai dyna'r gyllideb a oedd ar gael i C4.[154] Â'r cwmni ymlaen i nodi, os mai dyna'r gyllideb a oedd ar gael ar gyfer rhaglenni Saesneg yna dylid anelu at hynny yn y Gymraeg hefyd, gan geisio sicrhau o leiaf £27.6 miliwn o gyllideb ar gyfer cynhyrchu rhaglenni yn unig:

Welsh-language programmes cost no less to produce than English-language programmes. It follows that the funds required by WFCA [Welsh Fourth Channel Authority] to enable it to provide a service comparable in quality to that of 4CUK must logically be in excess of the £2.3 million per annum for each weekly hour to be purchased... the total funds should therefore exceed £30 million unless a second-class service unable to properly compete for viewers is to result.[155]

Awgryma'r datganiad hwn nad ceisio troi'r dŵr i'w felin ei hun yr oedd HTV trwy frwydro am arian teg, ond yn hytrach oherwydd ei bod yn credu'n gryf y dylai rhaglenni Cymraeg gael eu creu ar yr un telerau ariannol â rhaglenni Saesneg, os oeddent i ddenu a chadw gwylwyr. Diau mai cyfuniad o'r ddau safbwynt a oedd yn cymell y cwmni i frwydro dros amodau ariannol teg i'r sianel. Beth bynnag fo'r farn ynglŷn â chymhelliad HTV, mae'n amlwg bod tystiolaeth HTV i'r PDFC wedi sicrhau yr ystyriwyd ffigurau rhesymol a theg yn y trafodaethau am anghenion ariannol y sianel. Yn y gorchwyl hwnnw llwyddodd HTV i ymwrthod â'r pwysau a ddaeth o du cyd-gwmnïau rhwydwaith ITV, a oedd yn argyhoeddedig na ellid dod o hyd i'r arian angenrheidiol er mwyn cynnal sianel o raglenni safonol Cymraeg. Bu tystiolaeth HTV i'r PDFC yn allweddol wrth geisio arian teg a theilwng a fyddai'n galluogi S4C i fynd ati i greu rhaglenni safonol a deniadol a allai gystadlu ag arlwy'r darlledwyr eraill ar delerau cymharol gyfartal.

Mae cofnodion y cyfarfod cyntaf rhwng HTV a'r awdurdod yn rhoi cipolwg ar y trafferthion a fyddai'n wynebu'r ddwy ochr a natur gymhleth y berthynas a fyddai'n datblygu rhyngddynt. Sail y cyfarfod oedd memorandwm o gwestiynau penodol a anfonwyd o flaen llaw at yr awdurdod gan Ron Wordley. O gofio mai yng nghyfarfod cyntaf yr awdurdod y cynhaliwyd y trafodaethau agoriadol hyn, roedd rhai o'r cwestiynau yn amhosibl eu hateb, gan ei bod hi'n llawer rhy gynnar i'r awdurdod wneud penderfyniadau tyngedfennol o'r fath, cwestiynau megis a fyddai S4C yn dymuno i HTV barhau i ddarparu tair awr a hanner o raglenni plant i'r sianel newydd, a pha newidiadau yr oedd y sianel yn dymuno eu gweld yn yr amrywiaeth o raglenni a gynhyrchid eisoes gan y cwmni.[156] Yr oedd y rhain yn gwestiynau anodd eu trafod gan eu bod yn mynd i'r afael â manylion ynglŷn â rhaglenni ac amserlen nad oedd wedi eu hystyried eto gan yr awdurdod. Petai'r awdurdod wedi ymateb yn gadarnhaol heb ystyried y goblygiadau yn llawn, byddai wedi clymu'r sianel a'i staff wrth benderfyniadau anodd eu gwyrdroi. Rhaid oedd rhoi ystyriaeth ddyfnach i anghenion y gwasanaeth a chryfderau a rhinweddau'r darparwyr i gyd, a bu aelodau'r awdurdod yn ddigon craff i beidio â rhoi atebion a fyddai'n ymrwymo'r sianel yn rhy gynnar wrth benderfyniadau y gellid edifarhau amdanynt.

Gellid trafod HTV yng ngoleuni ei ddelwedd gyhoeddus yn y cyfnod hwn fel cwmni hunangar, ond mae atebion y cwmni yn ystod y cyfarfod yn cynnig darlun mwy cymhleth. Mae'r ymateb a geir gan Ron Wordley i'r trafodaethau ynglŷn â'r adnoddau yr oedd eu hangen yn awgrymu bod cynrychiolwyr HTV yn ystyried yr hyn a fyddai orau ar gyfer y gwasanaeth newydd hefyd yn hytrach na'r budd i'w cwmni yn unig. Er bod cyfle posibl yma i sicrhau arian ychwanegol ar gyfer datblygiadau HTV yng Nghroes Cwrlwys, pe gellid peswadio'r awdurdod i rannu gofod, ond nid yw'r cofnodion yn dangos i gynrychiolwyr y cwmni neidio at y cyfle. Yn wir, yr hyn a argymhellwyd gan Ron Wordley oedd mai cael adnoddau annibynnol fyddai orau, er y byddai hynny, efallai, yn fwy trafferthus ac yn ddrutach oherwydd y rheidrwydd i drefnu a rhentu cylchedau sain a delwedd rhwng safle gwasanaeth cyflwyno S4C a Chanolfan Gyfnewid Genedlaethol British Telecom (British Telecom National Switching Centre) yng Nghaerdydd.[157] Ceir darlun yma o agwedd anghyson ar ran HTV tuag at ddatblygiadau y bedwaredd sianel. Ar y naill law yr oedd y cwmni yn awyddus i ddarparu cefnogaeth i'r sianel newydd, ond ar y llall ceid eiddgarwch i sicrhau'r budd gorau ar gyfer y cwmni a'i gyfranddalwyr.

Yn dilyn y cyfarfod cyntaf, gwahoddwyd HTV i ddarparu amcangostau ar gyfer gwasanaeth wyth, naw a deg awr, gan bwysleisio mai adnoddau prin fyddai gan yr awdurdod.[158] Ond anwybyddwyd yr amodau hyn, gan gyflwyno i'r awdurdod gynigion o gostau ar lefel uchaf y symiau a drafodwyd hyd yma. Nodwyd cost fesul awr o fwy na £50,000, a hynny heb gynnwys unrhyw gyfradd o elw i HTV.[159] O ystyried maint y costau yr oedd y cwmni wedi eu nodi yn ystod y trafodaethau gerbron y PDFC, dehonglwyd hyn fel naid aruthrol. Ni chytunai HTV gyda'r dehongliad hwnnw, gan i Ron Wordley ddatgan:

> bod HTV wedi cyflwyno tystiolaeth i'r Pwyllgor Dethol ar sail costau o £1.5m yr awr (prisiau 1979 – 80 a'r [sic] amrywiaeth presennol). Byddai 10 awr o raglenni yn costu £15m. O ychwanegu 18% chwyddiant, rhentau a chyfrandaliadau [sic] i'r IBA a newid yn yr amrywiaeth, roedd y gost yn cynyddu i £27m y flwyddyn am 10 awr – £2.7m yr awr. Roedd hyn yn gwbl gyson a'u ffigurau a'u tystiolaeth.[160]

Mae sylwadau Ron Wordley yn codi sawl pwynt y dylid rhoi ystyriaeth lawn iddynt. Yr oedd sefyllfa economaidd Prydain yn un gyfnewidiol gyda chyfnod o chwyddiant uchel, ac o ganlyniad gallai costau cynhyrchu rhaglenni fod yn hollol wahanol o un flwyddyn i'r llall, gan beri bod gagendor mawr rhwng y ffigurau a gyflwynwyd. At hynny, roedd y ffigurau a ddarparwyd i'r PDFC yn cyfeirio at gost cynhyrchu'r rhaglenni a ddarlledid gan HTV trwy gyfrwng y Gymraeg ar y pryd.[161] Ond, wrth ddarparu rhaglenni ar gyfer S4C, byddai'n rhaid cryfhau'r ddarpariaeth trwy gyflwyno rhaglenni a oedd yn fwy costus i'w cynhyrchu megis dramâu ac adloniant ysgafn. Byddai ychwanegu'r *genres* hyn i'r pair yn gwthio pris cyfartaledd rhaglenni fesul awr i fyny.

Roedd HTV yn cynnwys nifer o gostau ychwanegol ar ben costau cynhyrchu'r rhaglenni megis rhent a thaliadau i'r ADA yn eu hamcanbrisiau. Bu rhai o aelodau Awdurdod S4C yn amheus a ddylai S4C ysgwyddo rhan o gostau treth llywodraeth a chanolfan ddarlledu newydd HTV, ac fe fynegwyd eu pryderon 'bod costau datblygu'r Cwmni yn cael eu gosod ar S4C a'r rhaglenni Cymraeg'.[162] Cadarnhawyd rhai o'r ofnau hyn gan yr ADA a nododd fod rhai o'r costau gweinyddol ac ychwanegol yn uchel.[163] Er i aelodau staff HTV fynnu mai dim ond y canran perthnasol o'r costau a gynhwysid, yr oedd hedyn o amheuaeth wedi ei blannu ym meddyliau'r awdurdod. Er y meini tramgwydd hyn, yr oedd HTV yn awyddus i selio'r cytundeb ym mis Mehefin 1981, er mwyn i'r cwmni fwrw ymlaen â'r gwaith paratoadol angenrheidiol. Ond rhygnodd y trafodaethau ymlaen am fwy na blwyddyn.

Gohiriwyd y trafodaethau gydag HTV yn Ebrill 1981, a hynny gan eu bod yn mynd yn fwyfwy cymhleth a dyrys. Pryderwyd bod y trafodaethau'n ofer gan nad oedd S4C yn sicr pa amrywiaeth o raglenni y byddai disgwyl i HTV eu cynhyrchu yn y pen draw, a nodwyd hefyd y byddai'r tâl y gellid ei gynnig i HTV yn ddibynnol iawn ar yr arian a fyddai ar gael gan yr ADA.[164] Mae'n rhaid cofio mai dim ond newydd benodi Owen Edwards roedd yr awdurdod ac nad oedd Euryn Ogwen Williams wedi ei gyfweld eto. Gellid awgrymu felly fod yr awdurdod yn cynnal y trafodaethau yn rhy gynnar, heb feddu ar yr wybodaeth angenrheidiol er mwyn cael trafodaeth adeiladol gyda HTV. Ond ar y llaw arall, gyda phwysau i roi amlinelliad o gostau i'r ADA ar fyrder, nid oedd dewis ond mynd i'r afael â'r gwaith er mor niwlog oedd rhai manylion o hyd.

Aildaniwyd y trafodaethau wedi penodi Euryn Ogwen Williams a dechreuwyd ystyried y math o raglenni yr hoffai S4C weld HTV yn ymgymryd â hwy.[165] Awgrymwyd y dylai HTV gynhyrchu rhaglen a fyddai'n fforwm i drafod a chlywed barn y gynulleidfa am raglenni'r sianel, rhaglen yr oedd gan Williams ddisgwyliadau uchel ar ei chyfer wrth iddo nodi: 'it should sparkle and provide talking points for the following day'.[166] Cynigwyd y gallai'r rhaglen boblogaidd *Siôn a Siân* gael

Deunaw Mis o Baratoi 69

ei throsglwyddo i S4C ar ôl cyfnod o hoe er mwyn sicrhau na fyddai'r gynulleidfa'n diflasu arni, a gofynnwyd am newid pwyslais yn y rhaglenni plant fel y gellid darparu rhaglen ar gyfer slot yn gynnar gyda'r hwyr.[167] Fe wrthododd Williams rai syniadau a gynigwyd gan HTV gyda chomedi sefyllfa wythnosol yn cael ei ystyried yn rhy beryglus, er y credid y dylid ystyried creu ambell beilot ar gyfer cyfresi byrrach er mwyn arbrofi heb ymrwymiad cadarn. Un o'r rhesymau y tu ôl i betruster Euryn Ogwen Williams i ymrwymo i gomedïau sefyllfa a dramâu awr ac opera sebon newydd gan HTV oedd pryder ynglŷn â'r diffyg actorion cymwys i gynnal rhaglenni o'r fath, yn enwedig ym mlwyddyn gyntaf y sianel. Teimlai y byddai comisiynu a chynhyrchu dramâu hanner awr yn ddewis llawer doethach, gan eu defnyddio fel arf i ddatblygu talent angenrheidiol ym meysydd ysgrifennu, perfformio a chyfarwyddo.[168] Er i rai syniadau gael eu cadarnhau ac eraill eu gwrthod, nid oedd golygydd rhaglenni newydd S4C am roi syniad cadarn i HTV o'r amrywiaeth llawn o raglenni y dymunai ei dderbyn, oherwydd: 'I wish to wait until I have a clearer picture of what the BBC are offering and the balance of the Independent's proposals before making a commitment on your mix.'[169]

Gellid dadlau nad oedd hi'n deg i S4C ddefnyddio rhaglenni HTV fel ffordd o lenwi'r bylchau rhwng rhaglenni'r BBC a'r cwmnïau annibynnol. Ond mewn gwirionedd dyna oedd yr unig ateb rhesymol i S4C, gan fod rhaglenni'r BBC yn dod yn rhad ac am ddim, ac yr oedd gan S4C lai o reolaeth drostynt. Nid oedd unrhyw sicrwydd ychwaith y byddai'r cynhyrchwyr annibynnol yn gallu cynhyrchu amrywiaeth eang iawn o raglenni, ac felly byddai S4C wedi mentro gormod trwy gymryd yn ganiataol y gallai'r cynhyrchwyr annibynnol ddiwallu'r bylchau rhwng rhaglenni'r BBC a HTV. O ystyried y sefyllfa o safbwynt gwahanol mae yma dystiolaeth o'r ffydd a geid ar ran S4C yn HTV a gallu a phrofiad y cwmni i droi ei law at unrhyw *genres* ac felly i ddarparu rhaglenni a fyddai'n gweithredu fel glud er mwyn uno arlwy rhaglenni S4C.

Erbyn mis Medi 1981, yr oedd HTV wedi llunio drafft cyntaf o gytundeb tebygol ar gyfer y rhaglenni. Ond pan drafodwyd y drafft hwnnw yr oedd tri phwynt sylfaenol lle ceid anghytuno. Yr agweddau mwyaf problematig oedd na fyddai gan S4C reolaeth dros safon y rhaglenni a ddarperid, bod y cytundeb yn parhau heb adolygiad hyd 1989, a bod cost y rhaglenni yn llawer uwch na'r arian a oedd yn debygol o fod ar gael i'w wario ar raglenni.[170] Ar ôl derbyn y drafft hwn o'r cytundeb penderfynodd yr awdurdod benodi ymgynghorwyr arbenigol o faes rheoli darlledu i roi cymorth iddo wrth drafod amodau'r cytundeb gyda HTV, sef Peat, Marwick and Mitchell (PMM).[171]

Llusgodd y trafodaethau ymlaen hyd ddiwedd 1981, heb i un ochr gyfaddawdu ar y prif feini tramgwydd. Nid oedd yr anghydfod hwn yn syndod, gan y cadarnhaodd PMM fod y cytundeb rhaglenni yn gwbl ddihafal ym myd darlledu.[172] Nid oedd unrhyw batrwm i'w ddilyn, felly, ac yr oedd rhaid gwyntyllu'r holl agweddau yn fanwl cyn arwyddo'r cytundeb unigryw. Ar ôl anghytuno ar ddrafft-gytundeb a gyflwynwyd gan HTV, cynigiodd S4C bris a chytundeb newydd a ddrafftiwyd gan PMM, a HTV yn gwrthod trafod y telerau hynny gan nad oedd y pris a gyflwynwyd yn addas. Galwai HTV am £15.3 miliwn y flwyddyn, neu swm cyfatebol yn y blynyddoedd i ddod, am y gwaith o gynhyrchu naw awr yr wythnos pan fyddai canolfan Croes Cwrlwys yn agor ei drysau.[173] Clustnodwyd £1.25 miliwn o'r £15.3 miliwn ar gyfer y datblygiadau yng Nghroes Cwrlwys, ac yn wyneb hyn cyflwynodd S4C dacteg newydd er mwyn ceisio pennu ffigwr a fyddai'n dderbyniol i'r awdurdod ac y gellid ei amddiffyn yn gyhoeddus, yn enwedig mewn cyfnod o gyni ariannol.[174] Awgrymwyd gwahanu'r costau a fyddai'n talu am adnoddau HTV oddi wrth y trafodaethau am gostau rhaglenni a chynigwyd y gellid cynnig cyfraniad ariannol ar wahân i HTV tuag at gostau Croes Cwrlwys. Byddai unrhyw gyfraniad o'r fath yn fuddsoddiad masnachol, gyda sicrwydd y gallai S4C wneud defnydd o'r adnoddau a chael cyfran o'r elw pe gwerthid yr adnoddau ymhen blynyddoedd. Ystyriwyd y byddai cynnig o'r fath yn osgoi dryswch rhwng costau rhaglenni a chyfalaf y ddau gwmni.[175] Er y gallai syniad o'r fath fod wedi sicrhau mwy o dryloywder i'r cytundeb rhaglenni, yr oedd rhai o aelodau'r awdurdod yn pryderu y byddai buddsoddiad felly yn rhoi'r argraff fod gan S4C ddiddordeb arbennig yn llwyddiant masnachol HTV ac y gellid creu sefyllfa lle gwelid gwrthdaro rhwng buddiannau'r ddau sefydliad.[176] Cyflwynwyd y syniad i'r Arglwydd Harlech a swyddogion HTV, ond fe'i gwrthodwyd ar sail y ffaith fod y cwmni am gadw rheolaeth dros y datblygiad a'r buddsoddiad.[177]

Erbyn dechrau 1982 mabwysiadodd HTV a S4C dactegau newydd er mwyn ceisio cael y maen i'r wal, gyda S4C yn nodi, pe na welid datrysiad buan, y byddai'r sianel yn gwrthod trafod cytundeb naw awr ac yn trafod cytundeb ar sail saith awr yn ei le.[178] Gwyddai aelodau'r awdurdod y byddai cytundeb saith awr yn annigonol i HTV gan i'w tystiolaeth i'r PDFC nodi bod angen cytundeb am ddeg awr er mwyn cyfiawnhau lefel y buddsoddiad a chynnal yr adnoddau newydd yng Nghroes Cwrlwys.[179]

Ond nid S4C yn unig a oedd am ddefnyddio'r nifer o oriau fel ffordd o fargeinio. Cynigwyd dau opsiwn i S4C: awgrymwyd y gellid cynnig cytundeb saith awr, ond y byddai'r rhaglenni hynny yn cael eu cynhyrchu i safon y rhaglenni Cymraeg a ddarlledid eisoes, neu gytundeb naw awr a fyddai'n cynnwys amrywiaeth cryfach o raglenni a'r rheini o safon uwch. Y rheswm am y gwahaniaethau mewn safon oedd y gellid darparu saith awr ar y safon bresennol ar yr adnoddau a fodolai yn barod yng nghanolfan ddarlledu Pontcanna, ond, er mwyn sicrhau rhagor o oriau, safon ac amrywiaeth cryfach, byddai'n rhaid adeiladu'r adnoddau newydd, ac o'r herwydd talu pris uwch. Er bod gwirionedd ymarferol yma, fel yr esboniodd Ron Wordley i'r PDFC, diau mai techneg fargeinio oedd hon er mwyn perswadio S4C i fabwysiadu cynllun ac ynddo fwy o fudd i HTV:

> One of the major problems is of course that the cost of the development is so high that the price of the programmes must at least cover the investment. It is almost a chicken and egg situation... But in order to create the facilities to make that possible the programmes have to be sold at a price which makes it possible to create the facilities. It is totally interrelated.[180]

Gwelir yma unwaith yn rhagor un o dechnegau bargeinio'r darlledwr masnachol a hynny gan ei fod yn rhoi'r argraff mai oherwydd y cynnydd mewn oriau cynhyrchu rhaglenni Cymraeg yn unig yr oedd angen yr adnoddau newydd. Ond yr oedd hi'n hysbys nad oedd hynny'n gwbl wir. Yr oedd Ron Wordley wedi datgan hynny yn ei gyfarfod cyntaf gydag Awdurdod S4C ac yn y dystiolaeth a gyflwynwyd i'r PDFC.

> One cannot say that Culverhouse Cross is entirely because of the Welsh Fourth Channel Authority requirement. It is partly because of that and partly because of the contractual commitment in 1982 which the IBA have proposed to us a condition of our new contract. It is not just the Welsh Fourth Channel.[181]

At hynny, yn 1979 yn ei bamffled, *Y Bedwaredd Sianel yng Nghymru – Datganiad gan HTV Cymru* caed y frawddeg hon: 'Mae ein cynlluniau, eisoes mewn llaw, gyda miliynnau [sic] o bunnau wedi'u clust-nodi [sic] ar gyfer adeiladu canolfan deledu newydd sbon yn Culverhouse Cross, ger Caerdydd.'[182] Ceir yr argraff o'r datganiad hwn fod cynlluniau Croes Cwrlwys ar y gweill ers tro, a'u bod wedi eu hariannu'n llawn eisoes. Diau felly fod yr honiadau fod angen i'r rhaglenni Cymraeg dalu am yr adnoddau newydd, yn ddim mwy na thacteg i sicrhau rhagor o arian.

Mae'r iaith a ddefnyddir yn y cyfnod hwn yn awgrymu newid amlwg yn naws y trafodaethau hefyd. Defnyddia aelodau o staff S4C ymadroddion megis: 'Gallem ennill y "frwydr" hon a cholli'r "rhyfel" am lwyddiant y sianel.'[183] Cafwyd hefyd awgrymiadau o amheuon rhai aelodau o staff S4C am allu HTV i ddarparu swmp sylweddol o'r rhaglenni: 'Roedd cryn bryder am safonau rhaglenni HTV oherwydd y diffyg gwybodaeth am yr hyn oedd gan y cwmni yn yr arfaeth ac oherwydd y nifer o'u staff gorau oedd wedi troi yn gynhyrchwyr annibynnol.'[184] Roedd y sylwadau hyn yn annheg, a hynny oherwydd y bu rhai aelodau o staff S4C yn llwyddiannus wrth geisio perswadio hufen staff y darlledwyr i sefydlu eu cwmnïau cynhyrchu annibynnol.[185] Gwnaed hynny am sawl rheswm, gan gynnwys ceisio cryfhau'r sector annibynnol a oedd ond megis cropian er mwyn ei galluogi i gynhyrchu o leiaf ddwy awr yr wythnos. Ond yn dilyn yr anghydfod cytundebol rhwng S4C a HTV yr oedd cryfder a hyder cynyddol y cynhyrchwyr annibynnol yn golygu nad oedd S4C yn llwyr ddibynnol ar HTV er mwyn darparu 10 awr o raglenni yr wythnos, yn enwedig wrth iddi ddod yn fwyfwy amlwg y gellid ymddiried ynddynt i gynhyrchu mwy o ddarpariaeth, gan wasgu'r ddarpariaeth a oedd ar gael i HTV ei chynhyrchu. Cofia Wil Aaron fod y cynhyrchwyr annibynnol yn llwyr ymwybodol eu bod yn cael eu defnyddio gan S4C er mwyn gosod pwysau ar HTV yn y trafodaethau cytundebol rhwng y ddwy ochr.[186]

Yn ychwanegol at yr anghytuno ariannol, credid mai agwedd HTV tuag at y sianel newydd oedd prif faen tramgwydd y trafodaethau a'u safbwynt ar ddau fater penodol oedd wedi arwain at yr anghytuno dybryd ar ddiffiniad o bris rhesymol.[187] Honnwyd bod HTV yn credu bod y Ddeddf Darlledu yn ei rhoi yn gyfartal gyda'r BBC fel prif gyflenwyr y sianel newydd, ac felly y dylid ymdrin â'r ddwy yn yr un modd.[188] Y broblem yma oedd bod S4C yn ymdrin â HTV fel cynhyrchydd annibynnol gan ei bod yn talu'n uniongyrchol am y rhaglenni. Yr oedd HTV hefyd am i S4C ymddiried yn llwyr ynddi a throsglwyddo'r holl gyfrifoldebau a fyddai'n ymwneud â'r rhaglenni fel y gellid darparu pecyn o raglenni heb fawr ddim goruchwyliaeth na mewnbwn, gan felly weithredu patrwm gwaith tebyg iawn i'r hyn a gytunwyd gyda'r BBC. Fel yn achos y trefniant a gafwyd gyda'r BBC, yr oedd HTV hefyd yn awyddus i gadw'r hawliau ar gyfer y rhaglenni.[189] Yr oedd HTV yn ceisio cael y gorau o ddau fyd, felly, gan sicrhau tâl am y cynnyrch a grëid ar delerau masnachol ond gan geisio ennill rhai o'r manteision a roddwyd i'r darlledwr cyhoeddus a oedd yn darparu cynnwys yn rhad ac am ddim.

Fe lusgodd y trafodaethau ymlaen hyd fis Mai 1982. Erbyn y misoedd olaf, tâl oedd y prif faen tramgwydd gyda gwahaniaeth o fwy na £5 miliwn rhwng yr hyn y credai'r ddwy ochr a oedd yn dderbyniol.[190] Gwelwyd HTV yn cyfaddawdu ac yn gostwng ei bris o £19 miliwn i £17.5

miliwn, ond hyd yn oed ar ôl y symudiad hwn, yr oedd PMM yn credu nad oedd modd cyfiawnhau'r gost ar delerau masnachol.[191] Yr oedd hi'n mynd yn fwyfwy anodd i S4C gyfiawnhau yn wleidyddol unrhyw orwariant ar gytundeb HTV gan y byddai hynny'n gwasgu datblygiad y cynhyrchwyr annibynnol yr oedd S4C wedi ymdrechu'n galed i'w datblygu'n sector ddichonadwy. Yr oedd datblygiad a thwf y cynhyrchwyr annibynnol wedi derbyn llawer o sylw am eu llwyddiannau cynhyrchu cynnar ac wedi meithrin enw da i'r sianel.[192]

Wedi'r holl drafod ac ymgecru, arwyddwyd cytundeb ar 27 Mai 1982, pum mis yn unig cyn dyddiad dechrau darlledu'r sianel.[193] Yr oedd y cytundeb a redai am wyth mlynedd tan ddiwedd 1989 yn sicrhau gwerth saith awr a thri-chwarter o raglenni yr wythnos ar delerau o £34,500 yr awr neu £13.9 miliwn am flwyddyn gyfan, hyd nes y byddai adnoddau newydd Croes Cwrlwys yn weithredol yn 1984 pan fyddai cynnydd yn y ddarpariaeth i naw awr ar delerau o £35,790 yr awr neu £16.75 miliwn y flwyddyn (ar brisiau 1982).[194] Mae'r cytundeb, sy'n ddogfen 59 tudalen o hyd, yn un swmpus sy'n mynd i fanylder wrth drafod materion dyrys megis cyfrifoldebau'r ddwy garfan wrth sicrhau hawlfreintiau ac atal difenwad, cyfrifoldeb pwy oedd talu am drosglwyddo rhaglenni o un ganolfan i'r llall ynghyd â manylion amserlen fanwl y taliadau a fyddai'n ddyledus i HTV. Ynddo hefyd ceir canllawiau ynghylch lle y disgynnai'r cyfrifoldeb pe codai unrhyw anghydfod boed hynny'n ariannol, greadigol neu drefniadol. Bu HTV yn llwyddiannus yn ei ymgais i gadw'r hawliau ymelwa yn y rhaglenni, er hynny byddai'n rhaid i HTV ofyn am ganiatâd Awdurdod S4C cyn gwerthu'r rhaglen a manteisio arni'n ariannol.[195] Mae'n gytundeb pragmataidd iawn gan nad yw unrhyw elfen o berthynas S4C a HTV wedi ei gadael i siawns, nac yn ddibynnol ar ewyllys da unrhyw unigolion a ddigwyddai weithio i S4C nac HTV yn ystod cyfnod ei arwyddo.

Ceir manyleb fanwl o'r nifer o oriau ym mhob categori rhaglenni y byddai HTV yn eu cynhyrchu. Rhaglenni ffeithiol, adloniant ysgafn a rhaglenni plant fyddai'n llenwi'r rhan helaeth o'r oriau.[196] Mewn blwyddyn byddai HTV yn darparu 87 awr o raglenni adloniant ysgafn, darpariaeth a fyddai'n cynnwys rhaglenni sgwrsio, cwis, cerddoriaeth werin a phop a chomedi sefyllfa. Byddai cyfuniad o raglenni plant wedi eu cynhyrchu yn y stiwdio a ffilmiau wedi eu dybio i blant o bob oed yn llenwi bron 125 o oriau bob blwyddyn, a byddai amrywiaeth o raglenni ffeithiol megis rhaglenni ffermio, ffilmiau dogfen awr a chyfresi crefyddol yn llenwi 93 awr y flwyddyn gyda darpariaeth materion cyfoes yn cyfrannu 72 awr ychwanegol. Bwriedid i HTV ddarparu 26 awr y flwyddyn yn unig o ddrama, ond rhennid hynny'n gyfartal dros yr wythnosau gan sicrhau y ceid cyfle i wylio hanner awr yr wythnos o ddrama o stabl HTV.[197]

Yn y cytundeb gwelir hefyd pa *genres* rhaglenni y byddai agoriad Croes Cwrlwys yn galluogi HTV i'w datblygu ymhellach. Yn ôl y disgwyl gwelir dyblu'r ddarpariaeth o raglenni cerddoriaeth gymysg, rhaglenni dychan, rhaglenni cyfranogol plant a'r ddarpariaeth comedi sefyllfa, gyda chynlluniau i gynnig dwy gyfres bob blwyddyn yn hytrach nag un.[198] Yr oedd yr adnoddau newydd hefyd yn galluogi twf mewn darpariaeth ffeithiol a gynhyrchid gydag unedau darlledu allanol, gan i'r fanyldeb ddangos y bwriedid cyflwyno rhaglen chwaraeon ychwanegol a chyfres o raglenni nodwedd ffeithiol pan agorid y ganolfan yn 1984. Darpariaeth plant, rhaglenni stiwdio o bob math ac arlwy ffeithiol fyddai'n nodweddiadol o gynyrchiadau HTV, ac yno y bwriedid magu arbenigedd ei staff a gosod ei stamp.

Wrth edrych dros drafodaethau cytundebol HTV a S4C mae'n sicr mai ceisio cytuno ar natur 'telerau masnachol' oedd un o agweddau mwyaf problemus y trafodaethau. Un o'r prif resymau am y gagendor oedd nad oedd gan S4C unrhyw brisiau eraill y gellid eu cymharu â'r ffigurau a ddarperid gan HTV. Nid oedd dadansoddiad y BBC o gostau ei raglenni fesul awr yn gymhareb deg gan nad ystyrid costau cyfundrefnol ynddynt. Ni ellid ffurfio cymhariaeth deg rhwng costau HTV a chostau rhaglenni'r cwmnïau annibynnol ychwaith; o reidrwydd roedd eu rhaglenni yn rhatach i'w cynhyrchu gan fod llai o strwythurau i'w cynnal, llai o staff llawn-amser a llai o orbenion yn gyffredinol. Yr oedd yr ymadrodd 'telerau masnachol' yn gamarweiniol, gan y byddai'r symiau o arian a delid am raglenni yn dibynnu'n llwyr ar faint o arian fyddai ar gael i Awdurdod S4C gan yr ADA. Petai'r swm yn llawer llai na'r hyn a ddisgwylid, byddai'n rhaid gweithio o fewn y terfynau hynny yn hytrach nag ar delerau masnachol haniaethol. Cydnabuwyd yr egwyddor hon yn gyhoeddus gan Ron Wordley yn ei dystiolaeth i'r PDFC, er hynny, nid oedd yr ystyriaeth honno'n ddigon i'w ffrwyno rhag ceisio sicrhau telerau masnachol.[199]

Rhan annatod o'r trafferthion gyda thelerau masnachol oedd bwriad HTV i ddatblygu canolfan adnoddau newydd yng Nghroes Cwrlwys. Yr oedd hi'n anochel y byddai cwmni masnachol yn cynnwys costau'r adnodd newydd wrth ddiffinio prisiau ei raglenni. Ystyriai HTV ei bod hi'n rhesymol cynnwys costau a oedd yn ymwneud â llog ar fenthyciadau a dibrisiant offer yn y prisiau gan y gwelid adeiladu canolfan ddarlledu newydd fel buddsoddiad yn nyfodol rhaglenni Cymraeg. Yr oedd y buddsoddiad hwn felly'n dylanwadu'n drwm ar rai o'r telerau yr oedd

HTV yn eu mynnu wrth drafod cytundeb gyda S4C. Mae lle i ddadlau bod gofynion HTV yn rhesymol ac y byddai unrhyw gwmni masnachol arall wedi ceisio cael yr un sicrwydd mewn cytundeb gydag awdurdod sianel nad oedd sicrwydd y byddai'n bodoli ymhen tair blynedd. Er hynny ni ellid dadlau bod HTV yn cymryd cam i'r tywyllwch trwy adeiladu Croes Cwrlwys er mwyn diwallu anghenion S4C, gan y bu cynnydd mewn rhaglenni Cymraeg yn rhan gyson o'r cynlluniau ar gyfer y bedwaredd sianel, hyd yn oed cyn y penderfyniad i sefydlu sianel annibynnol Gymraeg. Pe diddymid y sianel a dychwelyd at gynllun blaenorol y llywodraeth, byddai rheidrwydd cynnal y nifer o raglenni Cymraeg.

Rhennir y bai am hirhoedledd y trafodaethau gan HTV a S4C, oherwydd traha'r cwmni masnachol a diffyg profiad, neu'n gywirach, y diffyg awdurdod a roddwyd i rai o swyddogion S4C wrth iddynt drafod telerau'r cytundeb. Ceir tystiolaeth o hyder HTV o'u rôl anhepgor yng nghynlluniau'r sianel, a'r sicrwydd y ceid mwy na'r lleiafswm o saith awr yr wythnos, mewn datganiadau megis, 'Production resources in Wales other than within the two broadcasting systems are poor, and independent producers are few.'[200] Diystyrodd HTV gyfraniad posib y cynhyrchwyr annibynnol, ac mae'n amlwg i'r cwmni ddod i'r trafodaethau yn yr ysbryd hyderus hwnnw. Enghraifft o feiau S4C yn y broses ddyrys hon oedd bod y trafodaethau yn mynd i ormod o fanylder ynglŷn ag agweddau'r berthynas gan geisio ei diffinio'n gadarn a rhagweld pob trafferth a allai godi. Roedd hyn yn arfer a oedd yn groes i'r graen i reolwyr y byd darlledu. Cofia Geraint Stanley Jones fel y ffurfiwyd cytundebau mewn ffordd lai ffurfiol a bod y broses a welwyd rhwng HTV a S4C yn debycach i'r hyn a gaed yn y gwasanaeth sifil, sef cefndir y cadeirydd Syr Goronwy Daniel.[201]

Rhoddwyd straen ar y berthynas rhwng S4C a HTV yn sgil y trafodaethau hirfaith, ond nid y tensiynau hynny oedd yr unig sgil-effaith. Oherwydd yr oedi ni fu'n bosibl i HTV baratoi na phentyrru cynnyrch yn barod ar gyfer misoedd cyntaf y sianel. Heblaw am y rhwystredigaeth ymysg cynhyrchwyr a staff creadigol HTV yr oedd yn cynnig cyfle i gynhyrchwyr annibynnol ddangos eu gallu a chynhyrchu llawer mwy o raglenni nag a ddisgwylid ganddynt. Yr oedd arafwch y trafodaethau rhwng HTV a S4C felly wedi rhoi cyfle i'r cynhyrchwyr annibynnol ddangos eu gwir botensial, rhywbeth na fyddai wedi digwydd petai S4C a HTV wedi cytuno ar delerau ynghynt.

Darpariaeth newyddion a materion cyfoes

Yng nghanol y trafodaethau cytundebol hirfaith, bu swyddogion y sianel yn ceisio dod i benderfyniadau hollbwysig ynglŷn ag anghenion rhaglenni a phwy fyddai'n darparu pa *genres*. Dyma benderfyniadau a fyddai'n diffinio naws a natur y gwasanaeth newydd. Un o'r *genres* allweddol oedd gwasanaeth newyddion y sianel, conglfaen pob gwasanaeth darlledu cyhoeddus. Nid mater hawdd oedd penderfynu pwy ddylai ddarparu'r gwasanaeth newyddion, a hynny gan fod BBC a HTV yn awyddus iawn i sicrhau'r cytundeb. Cyn dyddiau S4C ceid darpariaeth newyddion Cymraeg ar y ddwy sianel, y BBC yn darlledu'r rhaglen *Heddiw* (1961–82) a HTV yn cyflwyno *Y Dydd* (1964–82), gyda'r ddwy raglen yn denu cynulleidfa selog.[202] O ganlyniad nid oedd yr un o'r ddau yn dymuno colli gafael ar y gwasanaeth newyddion. Hyd yn oed cyn i'r awdurdod newydd gael ei ffurfio honnodd HTV mai ei hadran newyddion fyddai fwyaf cymwys i ddarparu gwasanaeth newyddion: 'It is widely accepted that ITV Welsh news is hard, sharp and up to the minute. BBC news tends towards the magazine style of commentary on fewer items, but in depth.'[203]

Yr oedd gan sefydliadau eraill hefyd syniadau ynglŷn â sut y dylai S4C ymdrin â'i chyfrifoldebau i ddarparu gwasanaeth newyddion. Anogodd Undeb Cenedlaethol y Newyddiadurwyr (UCN) sefydlu uned annibynnol er mwyn darparu'r gwasanaeth newyddion.[204] Gyda'r uned yn cyflogi'r newyddiadurwyr a fu'n gweithio ar raglenni newyddion Cymraeg y BBC a HTV, gan ymdebygu i strwythur ITN, gyda'r BBC a HTV yn rhannu perchnogaeth arni.[205] Yr oedd UCN yn gofidio, oherwydd y prinder amser i wyntyllu'r opsiynau, y byddai'r BBC a HTV yn tra-arglwyddiaethu ar y trafodaethau.

Ond, roedd hi'n gwbl amlwg mai dau sefydliad oedd yn y ras i sicrhau'r cytundeb newyddion oherwydd costau sylweddol darparu gwasanaeth newyddion cwbl annibynnol.[206] Ar ddechrau'r drafodaeth, ystyriwyd cynllun a fyddai'n sicrhau bod y BBC a HTV yn rhannu cytundeb mwyaf clodfawr y sianel. Awgrymwyd y gellid rhannu'r ddarpariaeth fesul dyddiau'r wythnos, gyda HTV yn darlledu nifer penodedig o ddyddiau a'r BBC yn darlledu ar y gweddill. Hwn oedd hoff opsiwn HTV a'i gynnig hyderus oedd:

> We believe that the best interests of viewers in Wales would be served if ITV covered all Welsh-language news Monday to 7pm Friday and the BBC from 7pm to close-down on Sunday. We do not feel that BBC Wales would resist this proposal which will avoid redundancies amongst

newsroom staff in both services and use the different talents of ITV and BBC news staff complementarily.²⁰⁷

Yr oedd HTV yn amlwg yn ceisio sicrhau y rhan fwyaf blaenllaw o'r gwasanaeth newyddion, gan sicrhau mai ei gwasanaeth newyddion fyddai fwyaf gweladwy i'r gynulleidfa; sborion y ddarpariaeth a fyddai'n weddill i'r BBC gan mai pitw o'i gymharu oedd darpariaeth newyddion ar y penwythnos. Prin yw'r syndod nad oedd y trefniant hwn yn dderbyniol i'r gorfforaeth ac, mewn gwirionedd, byddai darparu gwasanaeth newyddion ar y patrwm hwn wedi bod yn anodd ei weithredu, gyda diffyg cysondeb yn ganlyniad anochel, yn enwedig pe ceid stori fawr a redai dros wasanaeth y ddau ddarlledwr; byddai dyblygu adnoddau'n ddiangen drwy gynnal dwy ystafell newyddion Gymraeg, a'r staff yn gweithio yn rhan-amser am hanner wythnos.²⁰⁸

Er yr anghytuno a'r gystadleuaeth amlwg a oedd ar droed i ennill y gwasanaeth newyddion, ar ddechrau 1981 cydweithiodd Huw Davies, pennaeth rhaglenni HTV a Gareth Price, pennaeth rhaglenni BBC Cymru ar femorandwm i'r awdurdod ar y ffordd ymlaen i'r gwasanaeth newyddion. Casgliad y memorandwn hwnnw oedd: 'mai'r ateb gorau, er nad delfrydol, oedd rhannu'r cyfrifoldeb rhwng BBC ac HTV ar sail y newyddion o'r un a'r materion cyfoes oddi wrth y llall'.²⁰⁹ Pan gyflwynwyd y memorandwm, manteisiodd HTV ar y cyfle i gyflwyno dwy raglen beilot a ddadlennai yr hyn y gellid ei gyflawni gyda rhaglen 10 munud a rhaglen 25 munud o hyd gan achub y blaen ar y BBC.²¹⁰ Llwyddodd y ddau fwletin i blesio'r awdurdod a mynegwyd eu hedmygedd gan ddweud bod: 'y cyflwyniad o dapiau newyddion HTV yn arbennig'.²¹¹ Er i natur bwletinau HTV blesio'r awdurdod, brawychwyd aelodau'r awdurdod gan yr amcangyfrifon ar gyfer cost y gwasanaeth newyddion arfaethedig. Amcangyfrifodd HTV y byddai cost gwasanaeth newyddion oddeutu £9 miliwn, gydag ychwanegiad o wasanaeth yn hwyr y nos ac ar y penwythnosau yn debygol o gynyddu'r ffigwr.²¹² Bu'n rhaid i'r awdurdod ystyried a fyddai hi'n gwneud mwy o synnwyr ariannol iddo dderbyn gwasanaeth newyddion swmpus a drudfawr gan y BBC yn rhad ac am ddim gan ddefnyddio'r £9 miliwn er mwyn comisynu amrywiaeth ehangach o raglenni o *genres* eraill.

Bythefnos yn ddiweddarach, ar ddechrau Ebrill 1982, cyflwynwyd tâp gan y BBC. Cynrychiolwyr y BBC yn y cyfarfod hwnnw oedd Geraint Stanley Jones, rheolwr gweithredol BBC Cymru a Richard Francis, cyfarwyddwr newyddion a materion cyfoes y BBC yn genedlaethol.²¹³ Credai'r *Cymro* fod presenoldeb Richard Francis yn arwydd o'r 'pwysau o Lundain i sicrhau fod

Caerdydd yn cadw'u hadran newyddion Cymraeg'.[214] Yn y cyfarfod amlinellwyd fod y gorfforaeth yn awyddus i ddarparu'r gwasanaeth newyddion oherwydd y gellid manteisio ar y staff profiadol a'r cysylltiadau clòs a fodolai rhwng BBC Cymru a gweddill y gorfforaeth a feddai ar dimau newyddion ledled y byd. Pwysleisiwyd hefyd y cysylltiadau buddiol a fodolai rhwng gwasanaethau radio a theledu y gorfforaeth gan y gellid sicrhau undod rhwng y gwasanaethau teledu a radio ar gyfer cynulleidfaoedd Cymraeg gan sicrhau bod straeon o bwys i'r Cymry yn cael eu datblygu ar draws y ddau blatfform. Hefyd gallai un gwasanaeth feithrin cynulleidfa i'r gwasanaeth arall oherwydd y cyswllt rhyngddynt. Ond fel y nodwyd yn *Y Cymro*, roedd hynny hefyd yn anfantais gan y gallai'r trefniant gyfyngu ar ffynonellau newyddion cynulleidfaoedd Cymraeg:

> byddai'n beth mwy iachus o lawer i newyddion Cymraeg dyddiol ddod o fwy nag un stafell newyddion. Os mai'r BBC fydd yn gyfrifol am newyddion, bydd rhaglenni Radio Cymru yn ogystal â Sianel 4 yn deillio o'r un ganolfan.
> Byddai rhoi'r newyddion i HTV yn sicrhau fod yna gystadleuaeth ym maes newyddion Cymraeg – elfen hollbwysig pan ystyrir nad oes unrhyw gystadleuwr arall mewn gwirionedd.[215]

Cadarnhawyd hefyd y byddai'r gwasanaeth newyddion yn rhan o'r 10 awr yr wythnos rhad ac am ddim. Byddai hyn wedi apelio at yr awdurdod, yn enwedig ar ôl trafod cyllideb HTV a fyddai ymron hanner y gyllideb y byddai S4C yn cytuno arni gyda'r ADA ar gyfer y cyfnod hyd Mawrth 1983. Yn dilyn y trafodaethau gyda chynrychiolwyr y BBC, penderfynwyd estyn gwahoddiad i HTV i wneud cyflwyniad ffurfiol, gan i'r cwmni fanteisio ar gyfarfod blaenorol i drosglwyddo tapiau, heb gyflwyniad ffurfiol i gyflwyno ei achos. Yr oedd yr awdurdod hefyd yn awyddus i holi HTV am sicrhad y gellid darparu gwasanaeth newyddion rhyngwladol ynghyd â newyddion lleol a chenedlaethol, gan fod yr awdurdod yn awyddus i greu gwasanaeth newyddion cynhwysfawr i'r gynulleidfa Gymraeg, ac nid gwasanaeth a ganolbwyntiai ar faterion Cymreig yn unig.[216]

Cynhaliwyd y cyfarfod rhwng S4C a HTV ar 29 Ebrill 1981 yn Nhŷ Elgin, ond gan nad oedd hwn yn gyfarfod swyddogol o'r awdurdod, nid oes cofnodion ar gael er mwyn dadansoddi'r hyn a drafodwyd. Ymddengys, er hynny, i'r trafodaethau brofi'n amherthnasol, oherwydd ddyddiau yn unig wedyn, ar 6 Mai 1981, ymddangosodd adroddiadau yn y wasg yn datgan fod HTV wedi tynnu ei gais i ddarparu newyddion yn ôl.[217] Mewn datganiad dywedodd Ron Wordley: 'Recent policy decisions regarding the provision of ITN's facilities to organisations outside the 15 ITV companies mean that it is not now possible to provide the kind of service required by Sianel Pedwar Cymru.'[218] Heb gydweithrediad ITN, yr oedd hi'n amhosibl i HTV ddarparu'r gwasanaeth newyddion cynhwysfawr cenedlaethol a rhyngwladol, ac o'r herwydd yr oedd yn rhaid tynnu'r cais yn ôl. O geisio dehongli datganiad Ron Wordley fe geir yr argraff nad oedd gweddill cwmnïau rhwydwaith ITV, a oedd yn ariannu ITN, yn dymuno cefnogi S4C ymhellach trwy ddefnydd o'u hadnoddau newyddion, a hwythau eisoes yn anesmwyth ac anhapus am eu cyfraniadau ariannol i S4C.

Awgrymwyd agwedd ychydig yn wahanol yn rhifyn mis Mai o *Broadcast*, gan nodi mai anghytuno ynglŷn â chyfrifoldebau golygyddol a oedd wrth wraidd y trafferthion rhwng ITN a HTV:

> Wells Street has told HTV that it cannot hand over to any organisation, editorial control over material produced by ITN. HTV had planned in its pilot to recast the news slant, even change the order of items to suit a Welsh-speaking audience. ITN baulked at this, as a result of which HTV was forced to pull out.[219]

Nid oedd ITN yn barod i aberthu ei reolaeth olygyddol dros y deunydd a gynhyrchai ar gyfer HTV, ac mae'n hawdd gweld pam y bu'n rhaid i HTV dynnu yn ôl.[220] Byddai cyfyngiadau, megis anallu i addasu rhediad bwletin i adlewyrchu diddordebau cynulleidfa Gymraeg, wedi bod yn drafferthus a thyngedfennol i'r gwasanaeth newyddion. O ystyried fod y sianel yn ceisio torri tir newydd trwy gyflwyno gwasanaeth newyddion rhyngwladol, cenedlaethol a lleol mewn un bwletin, byddai peidio gallu gwneud digwyddiadau rhyngwladol yn berthnasol i'r Cymry Cymraeg wedi ei gwneud hi'n llawer anos perswadio'r gynulleidfa honno o rinweddau'r patrwm newyddion newydd.

Daeth cadarnhad ffurfiol o anallu HTV i ddarparu gwasanaeth newyddion cyflawn i S4C ar 9 Mai 1981 ac yn fuan wedyn cadarnhawyd mai'r BBC fyddai'n darparu newyddion ar gyfer y sianel, ac y byddai HTV yn darparu gwasanaeth materion cyfoes 'cynhwysfawr'.[221] Yn y pen draw, felly, gwnaed y penderfyniad anos hwn yn hawdd i'r awdurdod. Er hynny, nid oedd y penderfyniad heb ei oblygiadau i'r gwasanaeth. Gan y byddai'r BBC yn darparu'r newyddion fel rhan o'u cyfraniad am ddim, gellid awgrymu y ceid effaith andwyol ar amrediad gweddill rhaglenni'r BBC. Byddai rheidrwydd, felly, i S4C gomisiynu mwy o raglenni drud megis drama gan y cynhyrchwyr annibynnol yn benodol, a hynny gan fod y gwasanaeth newyddion yn llyncu oddeutu tair awr yr wythnos o gyfran rhaglenni Cymraeg y BBC. Nid oedd y fantais ariannol mor sylweddol ag yr ymddangosai ar yr olwg gyntaf felly.

1. Aelodau o dîm *Newyddion Saith* – Deryk Williams, y golygydd, gyda'r cyflwynwyr Beti George a Gwyn Llewelyn
(Llun: trwy ganiatâd BBC Cymru)

2. Tîm cynhyrchu *Y Byd ar Bedwar* yn cwrdd â Ramón Castro Ruz, brawd hynaf Fidel Castro
(Llun: trwy ganiatâd ITV Cymru a Llyfrgell Genedlaethol Cymru)

Cynhyrchwyr annibynnol

Yr oedd y berthynas y bu'n rhaid i'r sianel ei ffurfio gyda'r to newydd o gynhyrchwyr annibynnol yn hollol wahanol i'r cytundebau gyda'r darlledwyr. Yn Lloegr yr oedd cael sianel lle gallai cynhyrchwyr annibynnol ddarlledu eu cynnwys yn un o'r ysgogiadau gwreiddiol dros ffurfio'r bedwaredd sianel, ond ni roddwyd yr un pwyslais yng Nghymru o gofio'r holl ddisgwyliadau eraill a gaed. Nid yw'r Ddeddf Darlledu yn gosod rheidrwydd ar y bedwaredd sianel yng Nghymru i ymwneud â'r cynhyrchwyr annibynnol, dim ond nodi y gallai'r sianel wneud hynny pe dymunai: 'Nothing in this section shall be taken to preclude the Welsh Authority from obtaining television programmes in Welsh from sources other than the BBC and the TV programme contractor referred to in subsections (3).'[222]

Nid oedd pwysau mawr i sicrhau bod rhaglenni'n cael eu comisiynu gan gynhyrchwyr annibynnol yng Nghymru, gan nad oedd nifer helaeth ohonynt yn weithredol ar y pryd. Yn wahanol i'r cyfundrefnau darlledu yr oedd y cynhyrchwyr annibynnol yn gymharol ddigynrychiolaeth yn ystod y frwydr i sicrhau a sefydlu'r sianel a hefyd yn ystod trafodaethau'r PDFC. Yr unig sefydliad y gellid ei ddisgrifio fel un a'i cynrychiolai oedd y Gymdeithas Darlledwyr Cymraeg, cymdeithas a ffurfiwyd er mwyn sicrhau chwarae teg i ddarlledu Cymraeg yn gyffredinol ac nid gofalu am anghenion y cynhyrchwyr annibynnol yn unig. Ymysg ei haelodaeth yr oedd staff o'r BBC, HTV a hanner dwsin o gynhyrchwyr annibynnol. Ei phrif swyddogion oedd Emyr Daniel o'r BBC, Cenwyn Edwards o HTV ac Euryn Ogwen Williams yn cynrychioli'r cynhyrchwyr annibynnol. Fe'i sefydlwyd rhwng Medi a Rhagfyr 1980, a'i phwrpas oedd sicrhau bod gwaith ymchwil gwrthrychol yn mynd rhagddo yn ystod cyfnod sefydlu'r sianel. Y bwriad oedd sicrhau, pan fyddai'r awdurdod newydd yn dechrau ar ei waith, y byddai peth deunydd paratoadol wedi ei gyflawni eisoes.

O ran nifer parhai y cynhyrchwyr yn fychan ac amcangyfrifodd y Gymdeithas Darlledwyr Cymraeg mai dim ond oddeutu pymtheg o gynhyrchwyr annibynnol a allai weithio yn y Gymraeg.[223] Nid at bymtheg cwmni ond pymtheg unigolyn y cyfeirir, a phob un yn meddu ar sgiliau ac arbenigeddau gwahanol, megis cynhyrchu neu gyfarwyddo. At hynny, yr oedd nifer o'r unigolion hyn yn gweithio yn Llundain ar gynyrchiadau ar gyfer y BBC neu ITV. Yr oedd y cynhyrchwyr annibynnol yn debycach i'r hyn a ystyrir heddiw fel gweithwyr llawrydd yn hytrach na'r cwmnïau sydd yn rhan o'r sector annibynnol gyfredol. Nid oes rhestr bendant o'r cynhyrchwyr, ond credid mai Euryn Ogwen Williams, Wil Aaron, Gareth

Wyn Williams, Colin Thomas a Norman Williams oedd rhai o'r cyfarwyddwyr llawrydd a fyddai'n dymuno cynhyrchu rhaglenni i'r sianel newydd. A chredid y bwriadai Wilbert Lloyd Roberts o Gwmni Theatr Cymru, Toby Freeman o Gynllun Fideo Cymunedol Blaenau Ffestiniog a Huw Jones o gwmni Sain fentro i fyd cynhyrchu teledu, gyda disgwyl i'r Bwrdd Ffilmiau Cymraeg gyfrannu hefyd.

Gan nad oedd nifer fawr o gynhyrchwyr annibynnol yn bodoli, amheuodd HTV, a Ron Wordley yn enwedig, a oedd y gallu o fewn y sector i ddarparu rhaglenni yn rheolaidd i'r sianel. Yn ei dystiolaeth i'r PDFC, ceir ymosodiad ar yr unigolion hyn a'u gallu i gynhyrchu rhaglenni o safon:

> On the basis of the people we know to be available, who will undoubtedly grow, new talent of course will come forward, it may well be that new finance will come forward from outside sources for independent producers but I would say... that I find it extremely difficult to accept that independent broadcasters in Wales could regularly produce more than about two hours a week, on a regular basis...[224]

Mae'n amlwg i sylwadau Ron Wordley yn y sesiwn hon gael gryn effaith ar y pwyllgor gan i Dr Roger Thomas nodi: 'I thought he was very defensive when we were discussing the independent producers, very defensive indeed, to the point that at one time I had the impression he was afraid of their contribution.'[225]

Gwirionedd y mater oedd ei bod hi'n talu i HTV gredu na allai'r cynhyrchwyr annibynnol ddarparu nifer sylweddol o raglenni safonol yn gyson i'r sianel. Pe bai hynny'n wir, byddai'n rhaid i S4C droi at HTV er mwyn cynhyrchu mwy na'r saith awr a nodwyd yn y cytundeb gyda'r ADA er mwyn cyrraedd y targed o ddarlledu 22 awr o raglenni Cymraeg yr wythnos gan sicrhau buddsoddiad pellach yng Nghroes Cwrlwys. Yr oedd diffyg offer hefyd yn faen tramgwydd, gan mai dim ond offer ffilm a oedd ar gael iddynt fel cynhyrchwyr annibynnol.[226] Wrth i'r diwydiant teledu symud tuag at ddefnydd helaethach o fideo ar ddechrau'r 1980au, byddai gorfod gweithio trwy ffilm yn unig wedi bod yn rhwystr mawr i gyfraniad a llwyddiant y cynhyrchwyr annibynnol. Ond mewn ymgais i gyd-fynd â'r ysbryd o arloesi a geid wrth sefydlu'r sianel, ni fynnai'r cynhyrchwyr i hyn eu hatal. Hyd yn oed ar ddechrau 1981 yr oedd cynlluniau ar droed i nifer o'r cynhyrchwyr fuddsoddi mewn uned ddarlledu allanol ac iddi offer fideo er mwyn sicrhau bod modd cystadlu gyda'r darlledwyr o ran safon eu cyfarpar a'u rhaglenni.[227]

Ymddengys bod cynlluniau ar droed i sefydlu adnoddau yn ôl yn 1980, tra oedd union natur y ddarpariaeth deledu Gymraeg yn cael ei thrafod. Mewn cyfarfod rhwng Euryn Ogwen Williams, Gwilym Owen a phwyllgor Cymreig yr ADA ym Mehefin 1980, er mwyn trafod cyfraniad cynhyrchwyr annibynnol i'r twf mewn darpariaeth Gymraeg ar rwydwaith yr awdurdod hwnnw, nododd Euryn Ogwen Williams ei fod wedi ceisio prynu hen ofod stiwdio'r BBC yn ardal Broadway o Gaerdydd, ond na fu'n llwyddiannus.[228] Gan nad oedd adeilad addas arall yng Nghaerdydd y gellid ei brynu heb gostau sylweddol i'w addasu at ddibenion darlledu, yr oedd Williams bellach yn ystyried sefydlu uned ddarlledu allanol wedi ei lleoli yng Nghaerdydd er mwyn cynhyrchu drama ar leoliad a chynyrchiadau adloniant ysgafn. Wedi sefydlu S4C, aethpwyd ati i geisio gwireddu'r cynllun hwn ar y cyd gyda nifer o'r cynhyrchwyr annibynnol eraill. Cofia Huw Jones gyfarfod dros y ffôn yn swyddfa Wilbert Lloyd Roberts, rhyngddo ef, Wil Aaron, Gareth Wyn Williams a Wilbert Lloyd Roberts gydag Euryn Ogwen Williams ar ben arall y ffôn.[229] Trafodwyd yr egwyddor o sefydlu adnoddau at ddefnydd y cynhyrchwyr annibynnol er mwyn cystadlu yn erbyn y darlledwyr gyda'u stiwdios mawrion, a holwyd pwy fyddai â diddordeb yn y fenter. Yn fuan wedyn gwahoddwyd cynhyrchwyr annibynnol eraill i ymuno yn y cynllun, ac ymddengys mai'r bwriad gwreiddiol oedd y byddai pob cwmni annibynnol yn rhan o'r datblygiadau.[230] Dim ond pedwar cynhyrchydd annibynnol a benderfynodd fuddsoddi yn y fenter, sef Gwilym Owen, pennaeth y Bwrdd Ffilmiau Cymraeg; Huw Jones, cwmni Sain a Theledu Tir Glas; Wil Aaron, Ffilmiau'r Nant, ac Alan Clayton gynt o HTV, gyda phob un yn buddsoddi £25,000 tuag at y cyfanswm o £500,000 yr oedd ei angen er mwyn gwireddu'r cynllun.[231]

Penderfynwyd buddsoddi mewn uned deithiol, hyblyg gydag offer fideo a chafwyd cyngor gan David Reay, pennaeth peirianyddol HTV, cyn gwneud penderfyniad terfynol ar yr offer a brynwyd. Rhagwelwyd y byddai'r uned, a fedyddiwyd yn Barcud, yn weithredol erbyn mis Ebrill 1982, ac yn y cyfamser fe amlygwyd yr angen amdani a'r potensial ar ei chyfer wrth i Huw Jones a Wil Aaron logi uned ddarlledu allanol gan gwmni Molinaire o Lundain er mwyn recordio'r opera roc *Mab Darogan* gan Gwmni Theatr Ieuenctid Maldwyn yn y Drenewydd cyn i'r offer newydd gyrraedd. Dechreuodd Barcud ei hoes yn Ebrill 1982, dan adain y rheolwr gyfarwyddwr Gwilym Owen, gyda'i wythnos gyntaf o waith yn Theatr Ardudwy, Harlech lle ffilmiwyd sawl pennod o'r rhaglen *Yng Nghwmni* i Deledu Tir Glas ac yna ddwy neu dair rhaglen o gwis a gynhyrchwyd gan Gwilym Owen.[232] Arwyddocâd uned Barcud oedd y gallai'r cynhyrchwyr annibynnol gystadlu yn erbyn y darlledwyr, a chynhyrchu rhaglenni yn rhesymol iawn i'r sianel, gydag amcan mewnol gan S4C y gellid creu un rhaglen gwis am gost o £6,000 wrth ddefnyddio'r uned newydd.[233] Yr oedd yr ymrwymiad cynnar, a'r parodrwydd i fentro a buddsoddi cyn ennill unrhyw gomisiwn, yn nodweddiadol o frwdfrydedd y sector.

Yn y cyfarfod cyntaf rhwng S4C a'r cynhyrchwyr cyfraniad o dair awr yr wythnos a drafodwyd, gyda drama'n llyncu awr a hanner o'r ddarpariaeth wythnosol, adloniant ysgafn yn llenwi awr a rhaglen werin yr hanner awr a oedd yn weddill.[234] Dengys hyn fod y cynhyrchwyr annibynnol yn garfan uchelgeisiol, nid yn unig yn nhermau'r nifer o oriau, ond hefyd yn nhermau'r *genres* yr oeddent yn dymuno eu cynhyrchu. Gyda drama ac adloniant ysgafn ar frig eu rhestr, roeddent yn awyddus i greu rhaglenni poblogaidd a fyddai'n mynnu lle blaenllaw yn yr amserlen.

Yr oedd yr awdurdod yn awyddus i sicrhau fod pob cynhyrchydd annibynnol yn cael chwarae teg, ac nad oeddent yn ymwneud â rhai yn fwy nag eraill. Trefnwyd, felly, ym Mai 1981 gyfarfodydd yng Nghaernarfon a Chaerdydd a hysbysebwyd yn gyhoeddus, i sicrhau bod pawb a ddymunai greu rhaglenni yn derbyn yr un wybodaeth a chyngor.[235] Yn y cyfarfod hwnnw pwysleisiodd Owen Edwards ei obaith mai natur boblogaidd a fyddai i S4C, er mwyn sicrhau nad oedd unrhyw ddryswch na chamddealltwriaeth ymysg y cynhyrchwyr annibynnol hynny a ddymunai gynnig rhaglenni i C4 hefyd:

> Felly gwasanaeth safonol, poblogaidd, cytbwys, yn cynnwys... [c]yfran helaeth iawn [o] ddeunydd poblogaidd, canol y ffordd, fydd yn apelio at drwch y boblogaeth... Fydd yna ddim lle i bobl sydd am ddilyn eu mympwyon creadigol eu hunain heb ystyried a fydd ffrwyth eu llafur yn ffitio oddimewn i fframwaith S4C. Yma i wasanaethu ein cynulleidfa yr yda ni, nid i foddhau ein hunain, ond os bo modd priodi'r ddau beth, gora i gyd.[236]

Pwysleisiwyd, fel y gwnaed yn natganiad cyhoeddus cyntaf Owen Edwards yn yr Ŵyl Ffilm a Theledu Geltaidd, y gallai'r cynhyrchwyr annibynnol fod yn rhan allweddol o'r sianel oherwydd y gallent weithredu'n llawer mwy hyblyg a rhatach na'r darlledwyr. Er hynny, gosodwyd amod ar eu cyfraniad, sef y byddai disgwyl i'r cynhyrchwyr annibynnol '[g]adw eu traed yn sownd ar ddaear galed ymarferol' a pheidio â chredu y gallent wneud eu ffortiwn ar gorn y sianel.[237] Ymhelaethwyd ar y rhesymeg hon gyda chadarnhad na osodid cwota ar gyfraniad y cynhyrchwyr annibynnol, ac yn hytrach y byddai disgwyl i'w syniadau gystadlu gyda rhaglenni HTV a'u cyd-gynhyrchwyr annibynnol o safbwynt eu hapêl a'u pris. Y rheswm dros beidio clustnodi nifer benodedig o oriau i'r cynhyrchwyr annibynnol oedd rhag ofn y byddai safon eu rhaglenni yn is na'r disgwyl, ac y crëid sefyllfa lle byddai rheidrwydd ar S4C i dderbyn cynnwys isel ei safon a hynny oherwydd addewid cwota. Cofia Wil Aaron nad oedd modd i'r cynhyrchwyr annibynnol dderbyn cytundeb na chyfres hir ar y cychwyn, gan nad oedd swyddogion y sianel yn gwbl argyhoeddedig y gallant drin cyllidebau mawrion na chynhyrchu rhaglenni i'w darlledu'n wythnosol. Yr oedd pryder felly ynglŷn â buddsoddi arian sylweddol mewn cyfresi hir cyn i'r cynhyrchwyr annibynnol brofi eu bod yn gymwys.[238]

I goroni'r cyfan cyflwynwyd her i'r cynhyrchwyr annibynnol trwy awgrymu na fyddai'r ddarpariaeth drama yn disgyn yn awtomatig i'w dwylo: 'Wrth gwrs mae yna gyfle am ryw gymaint o ddrama ond bydd yn rhaid bod yna resymau da am ei dderbyn gan Annibynwyr yn hytrach na'r cyfundrefnau gyda'r profiad ac adnoddau.'[239] Dengys y datganiad hwn yn glir fwriadau'r sianel i fynnu rhaglenni o'r safon uchaf ganddynt ac na fyddai diffyg profiad yn esgus dilys dros gynhyrchu syniadau eilradd. Yr oedd y datganiad hwn yn chwalu rhywfaint ar y dyhead gwreiddiol a fynegwyd i gynhyrchu awr a hanner o ddrama bob wythnos.

Trafodwyd hefyd amserlen arfaethedig gyda'r sianel yn dymuno derbyn ceisiadau ymhen chwe wythnos ar ôl y cyfarfodydd – ar ddiwedd Mehefin – er mwyn rhoi cyfle i'r staff dreulio'r haf yn eu hystyried cyn cynnig comisiynau ym mis Medi. Awgrymwyd mai £24,000 yr awr fyddai ar gael i gynhyrchu rhaglenni, fwy na £10,000 yn llai na chyfartaledd costau HTV, er y nodwyd yn blaen mai dim ond cyfartaledd oedd y ffigwr hwn ac y disgwylid y byddai nifer helaeth o'r rhaglenni yn llawer rhatach na hynny. Rhybuddiwyd hefyd y byddai disgwyl i'r holl raglenni gael eu cynhyrchu yn ôl safonau undebol, ac na ddylid ceisio torri ar gyllidebau trwy dorri rheolau o ran staffio. Caed ymgais yma felly i dawelu meddyliau'r undebau, ond hefyd sicrhau bod y cynhyrchwyr annibynnol yn ymwybodol nad oedd yr hinsawdd undebol wedi newid hyd yn oed wrth i'r tirlun darlledu newid yn llwyr.[240]

Erbyn canol Mehefin 1981 yr oedd Euryn Ogwen Williams, ac yntau erbyn hynny'n olygydd rhaglenni y sianel, wedi derbyn nifer o geisiadau ar gyfer rhaglenni gan amryw o gynhyrchwyr. Ymhlith y syniadau a dderbyniwyd yr oedd cais gan gwmni Opix Films o Lundain a gynigiai ddwy raglen hanner awr yn dilyn Max Boyce wrth iddo deithio i Dallas a Fort Worth, a chyfres o 12 drama ddogfen gan Wil Aaron yn trin a thrafod straeon annisgwyl yn hanes Cymru.[241] Wrth i'r broses gomisynu fynd rhagddi, daethai'n amlwg fod angen canllawiau cadarn ar faterion peirianyddol a chyllidebau, ffurflen cynnig syniadau unffurf a chytundebau safonol ar gyfer gwaith gyda'r cynhyrchwyr annibynnol. Ymddengys i S4C oedi gyda hyn yn y gobaith y câi rywfaint o arweiniad o du C4 a manteisio ar yr arbenigedd yno gan fod ymwneud â chynhyrchwyr annibynnol yn brif ffocws ei gwaith. Yn y pen draw bu'n rhaid i S4C dorri ei chwys ei hun gyda'r materion hyn gan na chyhoeddwyd unrhyw ddogfennau pendant gan C4 tan fis Awst 1981.[242]

Erbyn canol mis Gorffennaf 1981, roedd y golygydd rhaglenni yn hyderus y gallai'r sector annibynnol ddarparu digon o ddeunydd fel bod modd darlledu tair awr yr wythnos o'u rhaglenni yn gymharol ddidrafferth. Rhagwelwyd y gellid cynyddu hynny i dair awr a hanner yn rhwydd pe prynid cyfresi o raglenni drama, cartwnau a rhaglenni dogfen tramor a'u dybio gydag actorion Cymreig.[243] Ymddengys hefyd y teimlai Williams yn hyderus y byddai 10, os nad mwy, o gwmnïau bychain newydd wedi eu ffurfio ac yn gweithredu erbyn diwedd blwyddyn gyntaf bodolaeth S4C, gan fod rhai unigolion yn dechrau gadael eu swyddi yn y BBC a HTV er mwyn ymsefydlu'n gynhyrchwyr annibynnol.[244] Gellir esbonio'r mudo a welwyd wrth i unigolion adael swyddi saff gan fentro i fywyd cymharol ansicr fel cynhyrchwyr annibynnol mewn sawl ffordd. I nifer byddai gweithredu yn annibynnol yn cynnig rhyddid iddynt ddilyn eu diddordebau cynhyrchu personol, gan nad oeddent yn cael profi'r rhyddid hwnnw o fewn y cyfundrefnau darlledu mawrion, lle gweithredant yn ôl blaenoriaethau'r penaethiaid. Credai'r Gymdeithas Darlledwyr Cymraeg fod y sector annibynnol yn cynnig cyfleoedd newydd i'r to hŷn ymestyn eu gorwelion a defnyddio'r sgiliau a feithrinwyd o dan hyfforddiant y darlledwyr at bwrpasau newydd cyffrous. Teimlid y byddai'r datblygiad hwn yn creu agoriadau i bobl ifanc oddi mewn i'r darlledwyr:

> there comes a point in the professional life where you feel that the scope is there to try something new. I am convinced that this is good for the industry because it is far easier for new talent to be fostered within the organisation where it can keep control, where it can teach properly, than for new talent to go immediately into the marketplace and hope that it will work: it is a cruel place. By people leaving the two organisations they are in fact creating space for this new talent to be nurtured.[245]

I aelodau o staff creadigol HTV yr oedd rheswm dilys arall, sef yr oedi dros fanylion y cytundeb â S4C a oedd yn eu hatal rhag dechrau cynhyrchu rhaglenni, tra gwelent fwrlwm y sector annibynnol o'u cwmpas.

Un o'r cwmnïau a sefydlwyd yn ystod y bwrlwm hwnnw, ond a gynigiai gyfleon cynhyrchu na welwyd o fewn y darlledwyr, oedd y cwmni animeiddio Siriol. Yr oedd llyfrau *SuperTed* a gyhoeddwyd yn wreiddiol gan un o gwmnïau HTV wedi profi'n boblogaidd, a bu trafodaeth rhwng Mike Young, crëwr *SuperTed*, a Chris Grace, pan weithiai Grace i HTV, lle'i perswadiwyd y byddai'n syniad da i gynhyrchu fersiwn animeiddiedig o'r cymeriad. Ni ddatblygodd cyfres o'r trafodaethau gyda HTV a hynny oherwydd pryderon HTV ynghylch gwrthwynebiad gan DC Comics a feddai ar hawliau'r cymeriad *Superman*.[246] Atgyfodwyd y syniad ar ôl i Chris Grace ymuno â S4C, a threfnwyd cyfarfod rhwng Chris Grace, Mike Young, Robin Lyons, actor a sgriptiwr a fu'n awdur rhith llyfrau *SuperTed* a Martin Lambie-Nairn o gwmni Robinson Lambie-Nairn a fu'n dylunio logo a delwedd gynnar y sianel.[247] Y bwriad cychwynnol oedd mai cwmni Robinson Lambie-Nairn yn Llundain fyddai'n cynhyrchu ac animeiddio'r gyfres, a chofia Robin Lyons iddo holi, yn ddigymell, pam na ellid sefydlu cwmni yng Nghymru i wneud y gwaith.[248] Ni fu unrhyw wrthwynebiad gan Lambie-Nairn, yr oedd y syniad yn sicr yn apelio at Chris Grace, ac felly ffurfiwyd cwmni Siriol o dan arweinyddiaeth Mike Young, Robin Lyons a Dave Edwards, animeiddiwr a oedd yn gweithio ar hysbysebion yn Llundain.[249] Cofia Robin Lyons nad oedd profiad cynhyrchu cyfresi animeiddio gan yr un ohonynt a lluniwyd cyllideb sylweddol, yn enwedig yn nhermau cynhyrchu teledu, ond sicrhaodd brwdfrydedd ac anwybodaeth S4C o faes animeiddio y cadarnhawyd y gyllideb yn ddidrafferth.

Tyfu yn unig wnaeth hyder S4C yn y cynhyrchwyr annibynnol, ac erbyn Tachwedd 1981, yr oeddent yn ddigon ffyddiog yn eu gwaith i weithredu strategaeth a oedd yn gadael i'r cynhyrchwyr annibynnol ddatblygu a gweithredu yn ôl eu cryfderau eu hunain.[250] Mae lle i ddadlau, o ystyried y datganiad hwn, mai rhaglenni'r cynhyrchwyr annibynnol oedd conglfaen gwasanaeth S4C ac mai'r BBC ac, i raddau helaethach, HTV oedd yn llenwi'r bylchau o amgylch eu darpariaeth. Ymddengys i'r strategaeth weithio'n lled lwyddiannus gan fod tueddiadau creadigol y cynhyrchwyr wedi eu harwain i gynhyrchu nifer o ddramâu, rhaglenni nodwedd a dogfen – yr union fathau o raglenni yr oedd eu hangen wrth gefn, a hynny gan fod angen mwy o amser paratoi arnynt na nifer o *genres* eraill.[251] Cynghorwyd y cynhyrchwyr annibynnol i ddal yn ôl rhag cynhyrchu gemau panel a chwisiau, tan y ceid gwybodaeth gliriach am fwriadau HTV.[252] Yr oedd y cwmnïau annibynnol felly yn magu arbenigedd ac yn gosod eu stamp eu hunain ar raglenni drama, dogfen ac adloniant a fyddai'n datblygu'n uchafbwyntiau amserlen y sianel, a hynny o bosibl ar draul datblygiadau tebyg yn HTV. Ond rhaglenni unigol neu gyfresi bychain oedd rhain, tra byddai HTV yn cynhyrchu cyfresi hir ar gyfer y sianel.

Erbyn Chwefror 1982, yr oedd y rhaglen orffenedig gyntaf, o'r 190 o oriau a gomisiynwyd gan y cynhyrchwyr annibynnol, wedi cyrraedd y sianel, sef *Ar Log, Ar Log* gan gwmni R. Gerallt Jones a David Parry-Jones o Aberystwyth, Sgrin '82.[253] Ymhlith nifer o'r comisiynau eraill yr oedd rhaglen wreslo, gan gwmni Na-Nog o Borthmadog, cyfres o chwech o ddramâu i blant ar hanesion Owain Glyndŵr gan gwmni Platypus, cyfres o raglenni gyda'r digrifwr Gari Williams gan Gwmni'r Castell, a fersiwn deledu o'r opera roc *Mab Darogan* gan Teledu Tir Glas.[254] Yr oedd y sector wedi tyfu y tu hwnt i bob gobaith: 'er bod y sector annibynnol yn ansicr ac annelwig flwyddyn yn ôl, mae bellach yn realiti ac wedi tyfu i'r fath raddau fel nad yw'n bosibl ei hystyried fel atodiad i'r prif gyflenwyr'.[255] Cymaint oedd hyder staff S4C yn y cwmnïau hyn nes y credant y byddai hi'n bosibl iddynt gynhyrchu 300 o oriau'r flwyddyn a hynny yn weddol ddidrafferth.[256] Petai'r cynhyrchwyr annibynnol yn cynhyrchu dros bum awr yr wythnos, gallai hynny olygu eu bod yn dechrau llechfeddiannu'r lleiafswm o saith awr yr wythnos yr oedd HTV yn bwriadu eu cynhyrchu ar gyfer y sianel. Oherwydd hyn cyhoeddodd Euryn Ogwen Williams i'r awdurdod fod yn rhaid i unrhyw gytundeb gyda HTV bellach adael lle i'r cynhyrchwyr annibynnol wneud cyfraniad sylweddol gan dyfu a datblygu i'w llawn botensial.[257] Mae lle i ddadlau fod y datganiadau uchod yn rhai strategol, er mwyn dangos i HTV na ellid gorfodi'r sianel i dderbyn cytundeb afresymol a bod dewis arall teilwng bellach ar gael ar gyfer rhaglenni annibynnol yng Nghymru.

Er bod gwerth bargeinio ynghlwm wrth ddatganiadau o'r fath, yr oedd nifer o fanteision eraill i'r twf aruthrol a fu o ran hyder y cynhyrchwyr annibynnol a'u gallu i gynhyrchu nifer sylweddol o oriau. Yr oedd y datblygiadau wedi sicrhau enw da i'r sianel trwy greu 'hyder a gobaith' yn y fenter, gan eu bod yn creu swyddi mewn ardaloedd lle'r oedd swyddi da yn brin a diweithdra yn uchel.[258] Yr oedd y cynhyrchwyr wedi cael effaith fuddiol ar ddelwedd gyhoeddus y sianel, a byddai cwtogi neu gyfyngu ar y datblygiadau hynny wedi bod yn gam yn ôl. Roedd cynhyrchu dramâu gyda chymunedau Cymreig cyfarwydd yn gefnlen iddynt a rhaglenni adloniant ysgafn mewn theatrau a chanolfannau ledled Cymru yn dod â darlledu yn nes at y gwyliwr gan chwalu tra-arglwyddiaeth y canolfannau darlledu mawrion yn y brifddinas. Yr oedd y cynhyrchwyr annibynnol, oherwydd natur lawer mwy hyblyg eu hadnoddau, yn gwireddu'r gobeithion y ceid darlun ac ymdeimlad Cymreig i'r gwasanaeth.

Ond nid oedd perthynas S4C gyda'r cynhyrchwyr annibynnol yn fêl i gyd nac yn gwbl ddidramgwydd. Yr oedd cael cynifer o gynhyrchwyr annibynnol, a nifer o'r rheiny yn rhai newydd, yn golygu bod angen cynnig llawer o gyngor i nifer ohonynt i sicrhau eu bod yn llwyddo i gyflwyno rhaglenni difyr a hynny mewn pryd ac o fewn eu cyllideb. Yr oedd natur wahanol iawn y cwmnïau hyn yn golygu bod lefel amrywiol o oruchwyliaeth yn angenrheidiol yn ddibynnol ar faint y cwmnïau, eu profiad a'u medrusrwydd wrth gynhyrchu rhaglenni, a chaed rhai trafferthion gyda chynhyrchwyr dibrofiad yn mynd i ddyfroedd dyfnion wrth geisio rheoli cyllideb ynghyd ag ymdrin â'r materion creadigol. Nid oedd rhai o gynyrchiadau na chwmnïau mwyaf blaenllaw y sianel yn rhydd o drafferthion cyllidebol, a bu'n rhaid dyblu cyllideb *SuperTed*, er enghraifft. Yr oedd nifer o resymau am y dyblu hwnnw. Ar gais Chris Grace aethpwyd ati i ddyblu hyd y penodau o bedair munud i saith munud a thri chwarter. Cynyddodd y costau hefyd wrth i'r cynhyrchwyr a'r sianel brynu hawliau'r actorion er mwyn gwneud y broses o werthu'r gyfres dramor yn haws. Gwelir yma ddiffyg profiad Siriol a swyddogion S4C gan nad oeddent wedi rhagweld yr holl gostau a fyddai ynghlwm wrth y cynhyrchiad, yn enwedig wrth sylweddoli y potensial ehangach o werthu'r gyfres i ddarlledwyr eraill. Rhoddwyd pwysau ychwanegol ar gwmni Siriol hefyd i gwblhau dwy bennod ar frys ar gyfer noson agoriadol y sianel a phennod i'w darlledu dros Nadolig 1982, er mwyn gwireddu addewidion a wnaed pan lansiwyd y sianel.[259] Cyfiawnhwyd y gost ychwanegol trwy resymu fod y sianel yn parhau i gael gwerth ei harian gan fod y gost yn parhau yn llawer is na chost comisiynu cyfres animeiddiedig yn Llundain.[260] Byddai peidio â buddsoddi yn y cynhyrchiad blaenllaw hwn a chyflwyno animeiddiad isel ei safon oherwydd diffyg buddsoddiad wedi gwneud drwg i enw da'r sianel. Yr oedd dyfodiad Siriol wedi bod yn sbardun i ddatblygu a meithrin sector animeiddio safonol yng Nghymru. Yr oedd cefnogi diwydiant newydd, uchel ei broffil, wedi rhoi enw da i'r sianel ac wedi cyfrannu at yr ewyllys da a geid tuag ati yng Nghymru a thu hwnt. Yr oedd parhau i fuddsoddi a chynhyrchu cyfresi o safon yn hanfodol felly i S4C.

Cafwyd meddylfryd tebyg iawn wrth i'r sianel ddelio ag un o'r cynyrchiadau mwyaf drwgenwog yn ei hanes, sef *Madam Wen* (Bwrdd Ffilmiau Cymraeg). Wedi cytuno ar gyllideb ar gyfer ffilm 90 munud, dengys cofnodion i'r gyllideb dreblu mewn rhai wythnosau, ac i'r ffilm dyfu'n un ddwy awr o hyd.[261] Dylai'r naid aruthrol a welwyd yng nghost y cynhyrchiad a'r amwysedd am ei hyd fod wedi gweithredu fel rhybudd i swyddogion y sianel o'r trafferthion a oedd i ddod. Ond wedi i'r awdurdod fynnu y dylid cynhyrchu'r ffilm am bris cadarn, ymddengys i unrhyw bryderon a feddai'r swyddogion ddiflannu; er hynny, ni lwyddwyd i arwyddo cytundeb rhwng y ddwy ochr a hynny gan na ellid cytuno ar delerau derbyniol.[262] Diau y gwthiwyd unrhyw amheuon cyllidol o'r neilltu a hynny gan ei bod yn ffilm y bwriedid ei darlledu fel rhan o arlwy'r Nadolig 1982 ac felly yn haeddu buddsoddiad teilwng. At hynny, gan ei bod yn ffilm nodwedd, roedd teimlad bod cyfle da i'w gwerthu dramor ac y gellid adennill peth o'r buddsoddiad. Dyma enghraifft eto o'r sianel yn fodlon gwario rhagor o arian ar gynhyrchiad os teimlid bod budd ychwanegol iddi. Ond yn wahanol iawn i'r profiad gyda *SuperTed*, lle talodd y buddsoddiad ar ei ganfed yn nhermau hysbysrwydd ac enw da'r sianel, ni fu'r fenter â *Madam Wen* mor llwyddiannus. O fewn pum mis i'r cadarnhad o'r comisiwn, hysbyswyd y prif swyddogion a'r awdurdod fod y cynhyrchiad mewn trafferthion ariannol dybryd.[263] Rai wythnosau yn ddiweddarach daeth cadarnhad pellach fod y gorwario yn sylweddol, oddeutu £135,000, a bu trafod y camau y dylid eu gweithredu er mwyn sicrhau nad oedd y fenter yn un gwbl wastraffus. Penderfynwyd pe bai'r sianel yn buddsoddi ymhellach yn y ffilm a'i chwblhau y byddai disgwyl i'r Bwrdd Ffilmiau Cymraeg dderbyn cerydd cyhoeddus gan S4C i wneud iawn am y methiant ac embaras cyhoeddus wedi'r holl sylw yn y wasg.[264] Yn ogystal, bwriedid cosbi'r bwrdd trwy ddatgan na fyddai unrhyw gomisiwn pellach yn cael ei gynnig iddo, gan ei amddifadu o ffynhonnell incwm allweddol i'w weithgareddau. Er mwyn gwneud iawn am y gorwariant byddai disgwyl hefyd i'r bwrdd drosglwyddo fel tâl am y buddsoddiad ychwanegol hawliau ffilmiau a gynhyrchwyd ganddo cyn bodolaeth y sianel, ac ambell ffilm a oedd yn yr arfaeth er mwyn i S4C eu darlledu yn rhad ac am ddim.[265] Drylliwyd enw da y Bwrdd Ffilmiau Cymraeg gan y methiant yma a disgrifia Kate Woodward *Madam Wen* fel yr hoelen gyntaf yn arch y bwrdd: '[y] ffilm hon a arwyddai ddechrau'r diwedd i'r Bwrdd; fe wanychodd ei hygrededd i'r fath raddau nes arwain at ei ddiddymu yn y pen draw'.[266]

Cyn penderfynu'n derfynol ar ddyfodol *Madam Wen*, gwahoddwyd aseswr allanol i fwrw golwg ar yr hyn a gynhyrchwyd ac er mwyn sicrhau ei bod hi'n briodol parhau i fuddsoddi. Yr aseswr a ddewiswyd oedd Muiris MacConghail o'r Bord Scannán na hÉireann. Credai ef fod buddsoddiad mewn ffilm ddwy awr o'r natur hon yn: 'significant investment in the future of independent film production in Wales'.[267] Er y ganmoliaeth, yr oedd beirniadaeth y dylai'r sianel ffurfio polisi clir er mwyn delio â chynyrchiadau o'r math hwn yn y dyfodol ac y dylai'r awdurdod benodi uwch-gynhyrchydd ar gynyrchiadau mawrion er mwyn sicrhau nad oeddynt yn mynd ar gyfeiliorn.[268] Argymhelliad MacConghail, felly, oedd y dylid parhau â'r ffilmio a chwblhau'r ffilm. Cwblhawyd *Madam Wen*, ac fe'i darlledwyd, ond fe ddysgwyd gwersi caled gan staff S4C ynglŷn â'r angen i fod yn wyliadwrus wrth gomisiynu.

Delwedd, marchnata a chynulleidfa

Dengys penderfyniad yr awdurdod i sefydlu canolfan annibynnol yn hytrach na rhannu gofod stiwdio gyda'r darlledwyr eraill yn glir ei fod am sefydlu'n gadarn annibyniaeth ac arwahanrwydd y gwasanaeth newydd.²⁶⁹ Yr oedd angen creu delwedd a datblygu hunaniaeth y gwasanaeth newydd, felly, ac esgor ar berthynas ffyniannus rhwng y sianel a'i gwylwyr er mwyn sicrhau cynulleidfa deilwng ac eiddgar i'r ddarpariaeth newydd. Yr oedd delwedd y sianel ar frig rhestr blaenoriaethau'r awdurdod, ac yn y cyfarfod cyntaf rhoddwyd y cyfrifoldeb i Dr Glyn Tegai Hughes, oherwydd ei gysylltiadau â Gwasg Gregynog, o fynd ati i gynllunio deunyddiau printiedig dros dro a pharatoi manyleb ar gyfer cynllunwyr proffesiynol.²⁷⁰ Ystyriwyd bod tri dewis gwahanol gan S4C ar gyfer llunio logo a delwedd i'w defnyddio ar y sgrîn ac ar ddeunyddiau printiedig, sef gofyn i gwmni dylunio allanol eu llunio, defnyddio adrannau graffeg y BBC neu HTV, neu drefnu cystadleuaeth gyhoeddus. Awgrymwyd y byddai comisiynu logo yn costio oddeutu £5,000, a phenderfynwyd lansio cystadleuaeth ac iddi wobr o £500 ar gyfer y dyluniad buddugol.²⁷¹ Bernid y byddai gwario £5,000 ar logo yn gwbl anghyfrifol, yn enwedig gan nad oedd yr awdurdod wedi derbyn hysbysiad ffurfiol o'i gyllideb. Yr oedd angen sicrhau arian digonol i gynhyrchu rhaglenni cyn mynd ati i wario swm sylweddol ar ddelwedd a logo. Gwelwyd cyfle gyda'r gystadleuaeth i sicrhau bod y gynulleidfa yn teimlo rhywfaint o berchenogaeth ar y sianel. Bu'r gystadleuaeth yn rhan o strategaeth ehangach a chyhoeddwyd cystadleuaeth gyhoeddus arall yn Eisteddfod Genedlaethol Machynlleth 1981 i lunio 'Slogan i'r Sianel'.²⁷² Erbyn diwedd 1981 yr oedd y pwyslais wedi symud oddi wrth arbed arian a hybu perchenogaeth y cyhoedd o'r sianel, gyda phenodi cwmni Robinson Lambie-Nairn o Lundain i greu'r logo a ddefnyddid gan y sianel.²⁷³ Erbyn hyn yr oedd y sianel wedi derbyn cadarnhad o'r arian a oedd ar gael iddi, ac o ganlyniad yr oedd hi'n bosibl iddi wario arian ar agweddau llai hanfodol.²⁷⁴ Robinson Lambie-Nairn a gomisiynwyd gan C4 hefyd i greu ei logo hithau, logo a grewyd â thechnegau arloesol animeiddio cyfrifiadurol.²⁷⁵

Yr oedd nifer o ddewisiadau a chwestiynau yn wynebu'r awdurdod ynglŷn â pha ddelwedd yr oedd am ei chyflwyno i'w chynulleidfa ac i'r byd. Y brif benbleth oedd, ai delwedd a adlewyrchai natur y gynulleidfa Gymraeg draddodiadol y dylid ei hybu neu ynteu delwedd o sianel flaengar fodern. Yr oedd y brîff a gyflwynwyd i'r cwmni yn un cymhleth a hynny oherwydd yr awydd i beidio â disgyn i rigol ystrydebol, ond yr oedd hefyd am ddenu ynghyd sawl carfan o bobl ar aelwyd y sianel:

Doedd yr Awdurdod ddim o blaid symbolau cenedlaethol ystrydebol fel y Ddraig Goch, y genhinen neu fap o Gymru, ac eithrio efallai'r Ddraig neu fel gimic gweledig. Dymunai ddelwedd boblogaidd, gartrefol, dwym, heb adlewyrchu cefn gwlad hen-ffasiwn delfrydoledig. Byddai cyfran rywfaint yn fwy na'r cyffredin o gynulleidfa S4C yn hen, yn broffesiynol, neu yn wledig. Byddai golygfeydd yn bosib, er y byddai rhaid cofio bod y Cymry yn bobl hynod blwyfol. Eto, roedd rhaid cael delwedd a gyflwynai S4C i'r gynulleidfa ddi-Gymraeg hefyd.[276]

Yr oedd tasg aruthrol yn wynebu'r dylunwyr wrth iddynt geisio troedio'r ffin gul rhwng defnydd derbyniol ac annerbynniol o ddelweddau Cymreig, a dod o hyd i ddelwedd a fyddai'n apelio at garfanau amrywiol iawn ymhlith cynulleidfa bosibl S4C. O blith y dyluniadau a gyflwynwyd i'r awdurdod, logo WALES4CYMRU a ddewiswyd gan y cyfarwyddwr a'r cadeirydd (gweler clawr y gyfrol).

Dyma logo a oedd yn chwarae gyda'r byrfodd S4C er mwyn ymgorffori enw'r wlad yn y ddwy iaith. Er ei fod yn syniad difyr a chlyfar, ystyriai nifer y dyluniad terfynol fel cyfaddawd i geisio plesio'r di-Gymraeg, a llwyddwyd i elyniaethu amryw o'r Cymry amlwg hynny a fu'n brwydro er mwyn sicrhau bodolaeth y sianel. Y broblem sylfaenol a godod wrychyn nifer oedd bod y gair Wales yn ymddangos gyntaf. Hyd yn oed cyn iddo gael ei lawnsio yn ffurfiol ar Ddydd Gŵyl Dewi 1982, yr oedd Cymdeithas yr Iaith wedi galw ar y sianel i ailystyried: 'The Society calls upon S4C to change the logo before Monday. We fear that S4C is playing to the gallery to allay the fears of English speaking viewers.'[277] Beirniadodd Angharad Tomos y sianel yn llym: 'logo sydd yn cyfleu delwedd, a delwedd gyfaddawdus, ddwyieithog, hollol anfoddhaol yw *WaleS4Cymru*. Tuedd afiach iawn yw honno sy'n ceisio ennill gelynion y sianel drwy gynnig digon o Saesneg... Dyna beth yw sianel fwngrel yn wir.'[278]

Bu ymateb cyhoeddus y sianel i'r sylwadau hyn yn ddigyfaddawd, gydag Owen Edwards yn datgan: 'Un cyfle gawn ni. Gobeithio y byddwn ni fel Cymry Cymraeg yn ymwrthod â'r demtasiwn sy'n dod mor hawdd i ni, i ymrannu ac ymgecru. Mae 'na bethau tragwyddol bwysicach na hwn.'[279] Ond, yn dilyn y lansiad, ymddengys fod awdurdodau'r sianel wedi gofyn i'r dylunwyr addasu rhyw gymaint ar y logo. Er mwyn tawelu ychydig ar y dyfroedd, penderfynwyd y dylid creu sawl fersiwn ohono, gan ddefnyddio ffurfiau gwahanol o'r logo yn ddibynnol ar gyd-destun y defnydd er mwyn sicrhau nad oedd y sianel yn gelyniaethu yr un garfan.[280] Penderfynwyd newid y lliwiau a ddefnyddiwyd ynddo er mwyn sicrhau y byddai'r pwyslais yn amlwg ar y byrfodd S4C. Er y parodrwydd i addasu'r logo er mwyn lleddfu ychydig ar y sefyllfa, credwyd fod mantais mewn defnyddio'r fersiwn llawn o'r logo, a hynny er mwyn sicrhau bod yr enw'n dod yn adnabyddus i unigolion y tu hwnt i Gymru.[281] Mae'r erthyglau a gyhoeddwyd yn y papurau Prydeinig am S4C yn ystod cyfnod ei sefydlu yn dangos pam fod swyddogion S4C yn awyddus i'r enw ddechrau sefydlogi gan fod y wasg byth a hefyd yn galw'r sianel yn SC4. Byddai barn y Swyddfa Gartref am lwyddiant S4C yn allweddol i oroesiad y sianel ar ddiwedd ei chyfnod prawf: yr oedd yn hanfodol felly sicrhau delwedd bositif a chywir yn y papurau Prydeinig ynghyd â'r papurau Cymreig.

Un o'r tactegau eraill a ddefnyddiwyd er mwyn sicrhau bod y sianel a'i neges yn adnabyddus cyn iddi ddechrau darlledu oedd presenoldeb mewn digwyddiadau cenedlaethol a lleol. Un o'r digwyddiadau cyntaf oedd yr Ŵyl Ffilm a Theledu Geltaidd yn Harlech ym mis Ebrill 1981 lle y cafwyd datganiad gan Owen Edwards ddyddiau yn unig wedi iddo ddechrau ar ei swydd. Dros y deunaw mis dilynol bu'r cyfarwyddwr yn ymweld â grwpiau mor amrywiol â Chymdeithas Cyhoeddusrwydd De Cymru, Sefydliad y Bancwyr, Ffederasiwn Cenedlaethol Sefydliad y Merched ac Arolygwyr, Prifathrawon a Phenaethiaid Adrannau Ysgolion Uwchradd Cymraeg. Nid datganiadau unigol yn unig a drefnwyd gan y sianel; aethpwyd ati hefyd i sicrhau presenoldeb cryf i'r sianel yn Eisteddfod Genedlaethol Machynlleth 1981. Cynhaliwyd cyfarfod cyhoeddus yn Theatr Fach y Maes a chyflwynwyd anerchiad gan Owen Edwards a chyfle i'r cyhoedd holi cwestiynau. Yn ogystal, mewn partneriaeth â'r ADA, gosodwyd arddangosfa am y sianel ar y maes. O ystyried arwyddocâd yr eisteddfodau cenedlaethol i'r ymgyrch i ennill sianel Gymraeg, yr oedd presenoldeb yr awdurdod ar faes y brifwyl yn hanfodol er mwyn ei gwreiddio yn niwylliant a thraddodiadau'r Gymru Gymraeg ac ym mywydau ei phobl. Yr oedd hefyd yn gyfle heb ei ail i sicrhau cyhoeddusrwydd angenrheidiol i'r sianel ac i amlygu'r gwahaniaeth y gallai blwyddyn ei wneud i ddatblygiad darlledu Cymraeg. Pwysleisiwyd y gwahaniaeth a welid mewn blwyddyn yn anerchiad Owen Edwards wrth iddo gyfeirio at y 'cwmwl o anobaith' a fu yn ystod Eisteddfod Dyffryn Lliw ond a oedd bellach wedi codi oherwydd datblygiadau 'anhygoel' S4C.[282] Er bwriad S4C i ddangos y cynnydd rhwng Eisteddfod Dyffryn Lliw ac Eisteddfod Machynlleth, nid pawb oedd yn hapus â'r datblygiadau: galwodd Cymdeithas yr Iaith am ddeialog gyhoeddus barhaus rhwng y sianel a'r cyhoedd. Pryderai aelodau'r Gymdeithas nad oedd mwy o benderfyniadau yn cael eu gwneud mewn ymgynghoriad â phobl Cymru. Gwrthododd Syr Goronwy Daniel yr egwyddor honno gan nodi'n blaen: 'all yr un busnes gael ei redeg fel 'na'.[283] Er hyn, cytunodd yr awdurdod i ryddhau bwletinau ar ffurf newyddlen, nid yn rheolaidd fel y dymunai'r Gymdeithas, ond pan oedd gwybodaeth o bwys i'w datgan.[284] Er bod yr awdurdod yn awyddus i sicrhau bod y gynulleidfa yn teimlo perchenogaeth o'r sianel, sylweddolai na ellid blaenoriaethu hynny gan ymgynghori â'r cyhoedd ar bob pwynt o egwyddor pe dymunid dechrau darlledu yn Nhachwedd 1982.

Lansiad y sianel ar Ddydd Gŵyl Dewi 1982 oedd y digwyddiad mawr nesaf. Ceid amryfal amcanion ar gyfer y digwyddiad, ond prif nod y lansiad oedd cywiro'r 'anwybodaeth affwysol ynglŷn â S4C'.[285] Credai'r awdurdod y ceid difaterwch tuag at y sianel a dryswch ynglŷn â'i darpariaeth ymhlith aelodau o'r gynulleidfa, yn Gymry Cymraeg a di-Gymraeg fel ei gilydd, gyda rhai o'r ddwy garfan yn argyhoeddedig mai sianel gyfan gwbl Gymraeg fyddai S4C. Y gobaith oedd ennyn diddordeb a brwdfrydedd y Cymry Cymraeg ac ar yr un pryd berswadio'r Cymry di-Gymraeg y byddai S4C yn darlledu rhaglenni o ddiddordeb iddynt hwy hefyd.[286] Yr oedd disgwyl hefyd i'r lansiad, trwy linc byw â swyddfeydd yr ADA yn Brompton Road, ddarparu gwybodaeth i'r diwydiant cyfryngol a'r wasg Brydeinig gan eu perswadio nad oedd S4C yn sianel ar gyfer 'fanatical fringe of hymn singing anglophobes'.[287] Tasg gymhleth, felly, oedd sicrhau na fyddai'r amryfal negeseuon hyn yn cythruddo nac yn drysu'r gynulleidfa darged ymhellach. Pe cyfrifid llwyddiant y lansiad yn ôl nifer y colofnau a neilltuwyd i'w drafod yn y wasg, yna bu'r digwyddiad yn llwyddiant ysgubol. Ymddangosodd erthyglau niferus mewn cylchgronau a phapurau lleol a chenedlaethol Cymreig[288] yn ogystal â phapurau Prydeinig,[289] gyda chylchgronau y diwydiant fel *Broadcast* yn neilltuo chwe thudalen a'r clawr i drafod S4C.[290] Bu'r rhan helaeth o'r drafodaeth yn gadarnhaol, gydag ambell eithriad yn canolbwyntio ar yr anallu i ddod i gytundeb â HTV, neu ar ddatganiadau negyddol Leo Abse yn y Senedd am S4C yn datblygu'n 'gravy train' i gynhyrchwyr annibynnol.[291] Swynwyd nifer o'r newyddiadurwyr gan *SuperTed*, a thrafodwyd yr arth arbennig ar draul y negeseuon ehangach am y gwasanaeth.[292] Ond y brif neges y llwyddwyd i'w throsglwyddo oedd y byddai'r sianel yn cynnig rhywbeth i bawb, ac, o ganlyniad, yr un mor berthnasol i'r Cymry di-Gymraeg ag y byddai i'r Cymry Cymraeg a fynnodd ei sefydlu. O edrych ar amrediad yr erthyglau a gyhoeddwyd, gellid dadlau i'r neges hon ymddangos yn amlach na'r ffaith fod dyfodiad y sianel yn gam enfawr ymlaen i ddarlledu Cymraeg ac y byddai nifer y rhaglenni a ddarlledid yn yr iaith bron yn dyblu.

Roedd anwybodaeth ymhlith cynulleidfa darged S4C cyn iddi fynd ar yr awyr, a gwelir hynny mewn erthyglau a gyhoeddwyd gan nifer o unigolion a fu'n ymdrechu i'w sefydlu. Fe ddisgrifiodd y Parch. John Gwilym Jones y sianel mewn cyfweliad ar y radio fel '[b]aban dan anfantais' a hynny oherwydd y beirniadu a fu arni yn y misoedd cyn ei lansiad.[293] Y grŵp a fu fwyaf beirniadol o ddatblygiadau'r sianel oedd Cymdeithas yr Iaith. O ystyried mai dyma'r garfan a feddai ar y disgwyliadau uchaf ar ei chyfer nid yw'n syndod mai ei haelodau oedd fwyaf llafar am unrhyw wendidau neu fethiant i gyd-fynd â'u delfryd o sianel Gymraeg. Yn dilyn lansiad y sianel ar Ddydd Gŵyl Dewi 1982, mynegwyd yr anfodlonrwydd â Seisnigrwydd y logo, ond, un gŵyn ymhlith nifer oedd hon, wrth iddi amlygu ei hanfodlonrwydd â diffygion cyfathrebu cyhoeddus y sianel. Y pryder pennaf oedd y byddai saga'r logo'n cael ei hailadrodd pan fyddai'n dod yn gyfnod darlledu rhaglenni: 'Y perygl yw na chawn roi barn ar ddatblygiadau'r Sianel nes bod y rhaglenni ar yr awyr, ac yna bydd yn rhy hwyr.'[294] Awgryma hyn yr amheuai Cymdeithas yr Iaith y byddai swyddogion y sianel yn gallu cyflwyno gwasanaeth cyflawn Cymraeg at ei dant heb ymgynghori'n helaeth ynghylch disgwyliadau'r gynulleidfa Gymreig. Ond ai asgwrn y gynnen oedd bod arweinwyr y Gymdeithas yn teimlo, a hwythau wedi cymryd rôl mor ganolog yn y frwydr i sicrhau'r sianel, eu bod bellach yn cael eu diystyru wrth i sylfeini'r gwasanaeth gael eu gosod?

> ni a'i sicrhaodd, ni a dalodd y pris, ac y mae gennym hawl i wybod beth sydd yn digwydd iddi ac i leisio barn. Nid yw'r ymgyrch ddarlledu ar ben. Ein nôd yw sefydlu gwasanaeth cyflawn safonol yn y Gymraeg ac ni fyddwn yn rhoi'r gorau i ymgyrchu nes sicrhau hynny.[295]

Rhaid ystyried, yng ngoleuni'r sylwadau uchod, pam yr oedd disgwyl i berthynas S4C â'i chynulleidfa fod yn wahanol i'r berthynas rhwng y darlledwyr eraill a'u cynulleidfaoedd. Roedd carfanau o'r gynulleidfa Gymraeg, gan eu bod wedi brwydro i sicrhau sianel Gymraeg, yn teimlo bod mwy o hawl ganddynt i gael gwybod am ddatblygiad y sianel, a hefyd i ddylanwadu ar y ffordd yr oedd yn esblygu. Nid oedd ymgynghori a chyd-drafod i'r graddau a ddisgwylid gan Gymdeithas yr Iaith yn batrwm arferol ymysg darlledwyr. Yr oedd patrymau oesol y cyfundrefnau darlledu a'u natur gyfrinachgar yn anodd eu chwalu, hyd yn oed i sianel a oedd yn torri tir newydd o ran ei strwythur. Ynghyd â natur ddirgelaidd darlledwyr, yr oedd ymchwil cynulleidfa, fel y'i hadnabyddir heddiw, yn brin gan olygu nad oedd gan y darlledwyr ddealltwriaeth fanwl o'u cynulleidfaoedd na'u patrymau gwylio. Ni sefydlwyd y Broadcasters' Audience Measurement Board (BARB) tan 1981 ac yn achlysurol yn unig y gwelwyd ymdrechion i ddarganfod a deall patrymau gwylio a barn y gynulleidfa, yn enwedig yn y Gymraeg. Yr oedd disgwyliadau Cymdeithas yr Iaith o S4C yn gofyn am newid y drefn, felly, ac anodd oedd addasu patrymau oes.

Yr oedd yr awdurdod wedi ystyried yn fanwl sut y gellid cyflwyno cyfundrefn ymgynghorol a fyddai'n sicrhau ei bod yn derbyn y cyngor gorau wrth lunio ac addasu ei gwasanaeth, cyfrifoldeb a osodwyd ar yr awdurdod gan y Ddeddf Darlledu. Ni osodwyd rheidrwydd ar yr awdurdod i greu pwyllgorau newydd er mwyn gweithredu'r cyfrifoldeb hwn, gan gynnig y gellid defnyddio'r systemau a fodolai eisoes gan y BBC a'r ADA er mwyn diwallu ei anghenion ymgynghorol. Un o'r penderfyniadau cynnar a wnaed yng nghyfarfod cyntaf yr awdurdod oedd y byddai'r sianel yn defnyddio systemau'r BBC a'r ADA, sef Pwyllgor Cymreig yr ADA a Chyngor Darlledu'r BBC, gan ymrwymo i adolygu'r patrwm hwnnw wedi rhai misoedd.[296] Gofynnwyd i Michael Brooke ac Eirion Lewis, ysgrifenyddion cyfundrefnau ymgynghorol y BBC a'r ADA, lunio papur ar gyfer yr awdurdod yn amlinellu'r dewisiadau a wynebai'r sianel.[297] Yn y papur, cyfleodd yr awduron bwysigrwydd cyfundrefn ymgynghorol ar gyfer y sianel trwy nodi: 'the new service is a controversial one and... it is breaking new broadcasting ground; it is therefore essential that it should receive, and be seen to receive, advice on all aspects of its programme output'.[298] Er hynny, yr oedd y ddau yn ymwybodol bod rheidrwydd i unrhyw gynllun fod yn rhesymegol o ran gwariant ac o ran baich gweinyddol ar staff fechan y sianel. Rhagwelwyd problemau wrth i S4C ddefnyddio'r Cyngor Darlledu a Phwyllgor Cymreig yr ADA gan fod i'r pwyllgorau hynny gyfrifoldebau penodol ac y gallai hynny eu hatal rhag darparu cyngor annibynnol, diduedd i S4C ar natur y rhaglenni a ddarlledid ganddi. Er hynny, awgrymwyd y dylai cyfarwyddwr y sianel gynnal cyfarfod gyda'r cyngor darlledu a Phwyllgor Cymreig yr ADA ddwywaith y flwyddyn er mwyn trafod materion rhaglenni. Oherwydd y trafferthion cyfundrefnol hyn ac oherwydd i S4C gael ei sefydlu fel sianel ac awdurdod ar wahân a oedd yn atebol yn uniongyrchol i'r llywodraeth, teimlai'r awduron y dylai cyfundrefn ymgynghorol y sianel adlewyrchu hynny.[299] Argymhellwyd felly y dylai S4C lunio cyngor ymgynghori annibynnol, cyngor a fyddai'n meddu ar 14 neu 16 o aelodau, wedi eu rhannu'n hafal rhwng y Cymry Cymraeg ar di-Gymraeg ac y byddai'n cyfarfod dair neu bedair gwaith y flwyddyn.[300] Er gwaethaf y bwriad a welwyd ar ddechrau'r ddogfen i geisio creu cyfundrefn hylaw, argymhellwyd pwyllgor llawer mwy na'r cyffredin, a fyddai, oherwydd nifer ei aelodau, yn ddrud i'w gynnal oherwydd costau teithio, ac, o bosibl, costau llogi teledu a pheiriant fideo i bob aelod.

Anghytunodd yr awdurdod â safbwyntiau Michael Brooke ac Eirion Lewis, gan nodi y bwriad i gadw unrhyw gynllun ymgynghori mor syml â phosibl ac mai dyma pam yr oedd y swyddogion yn ffafrio peidio dyblygu'r ddarpariaeth a gaed eisoes. Rheswm arall a fynegwyd dros beidio â bod o blaid ffurfio pwyllgor annibynnol oedd y teimlid fod y Cymry Cymraeg a oedd â gwybodaeth o'r byd darlledu neu a oedd â diddordeb mewn bod yn aelod o bwyllgorau o'r fath, eisoes wedi gweithredu gyda'r ADA, HTV a'r BBC neu'n gwneud hynny ar y pryd.[301] Er hynny, bwriadwyd gosod arian o'r neilltu rhag ofn y byddai rheidrwydd ar y sianel i sefydlu cyfundrefn annibynnol petai'r BBC a'r ADA yn amharod i gynnig cymorth.[302] Er y pendantrwydd barn hwnnw, parhaodd yr awdurod i drafod yr egwyddor o ffurfio paneli gwylwyr rhanbarthol a fyddai'n darparu math arall o gynrychiolaeth a chyngor i'r hyn a gaed gan y BBC a'r ADA.[303] Datblygwyd y syniad ymhellach wrth i'r awdurdod sylweddoli gwerth cynllun a fyddai'n rhoi cyfle i'r gynulleidfa ymateb i faterion megis cynnwys, apêl a chydbwysedd y gwasanaeth ynghyd â chyfle i fynegi barn ar rinweddau a ffaeleddau'r rhaglenni. Yr oedd dwy fantais bosibl: gallai greu delwedd o sianel a oedd yn agored ac yn barod i wrando ar ei chynulleidfa, a hefyd yr oedd yn galluogi'r sianel i gasglu adborth hanfodol a gwerthfawr y gallai ei ddefnyddio a gweithredu arno. Penderfynwyd, felly, yn Ebrill 1982 i lunio pedwar pwyllgor rhanbarthol, yn Yr Wyddgrug, Caernarfon, Caerfyrddin a Chaerdydd ac un pwyllgor cenedlaethol Saesneg ei iaith, gyda chadeiryddion y pwyllgorau yn ffurfio corff ymgynghorol cenedlaethol.[304] Bwriedid i'r cadeiryddion awgrymu croestoriad o unigolion addas yn eu hardal hwy, gan gwrdd ddwywaith bob blwyddyn, gyda'r corff cenedlaethol yn cwrdd unwaith y flwyddyn. Yr oedd hi'n fwriad i'r sianel ddarparu pynciau trafod er mwyn arwain trafodaethau'r pwyllgorau, ond ni fyddai unrhyw gysylltiad rhwng yr ADA a'r BBC â'r pwyllgorau hyn.[305] Erbyn mis Medi, er hynny, cofnodwyd y penderfyniad i ohirio gweithredu ar y mater o bwyllgorau rhanbarthol gan adolygu'r patrwm ar ôl chwe mis o ddarlledu.[306] Ni nodwyd unrhyw resymau dros y gohirio, ond diau mai oherwydd pwysau ac anferthedd y dasg o lansio'r sianel ar ddechrau Tachwedd 1982 y penderfynwyd glynu wrth y patrwm diffwdan o ddefnyddio'r cyfundrefnau a fodolai eisoes. Erbyn dechrau 1983, yr oedd y sianel wedi cael cadarnhad gan yr ADA a'r Cyngor Darlledu eu bod yn hapus i gyfarfod gydag Awdurdod S4C o leiaf ddwywaith y flwyddyn er mwyn trafod y rhaglenni a oedd yn berthnasol iddynt hwy.

Ar fater o sicrhau cyngor penodol wrth gynhyrchu rhaglenni addysgol a chrefyddol, penderfynodd y sianel ei bod hi'n hanfodol iddi gael ei phwyllgorau annibynnol ei hun, a hynny gan fod pwyslais arbennig ar hynny yn y Ddeddf Darlledu.[307] Ynghyd â manteisio ar y cyfundrefnau darlledu a feddai ar eu pwyllgorau eu hunain, yr oedd yr awdurdod hefyd wedi ystyried a fyddai modd defnyddio pwyllgorau a fodolai eisoes er mwyn arbed sefydlu patrwm newydd.[308] Yn y pen draw, penderfynwyd ffurfio paneli annibynnol a fyddai'n tynnu ar aelodau o sefydliadau megis Cyngor Eglwysi Cymru a'r Cyd-Bwyllgor Addysg.[309] Penderfynwyd hefyd sefydlu panel ymgynghorol ar apeliadau ar ôl i'r sianel ddechrau darlledu, a hynny gan iddi ystyried defnyddio peth o'i gofod darlledu er mwyn cynnal apeliadau elusennol.[310] Llwyddodd yr awdurdod felly i lunio patrwm ymgynghorol a oedd yn gyfuniad o sefydlu systemau annibynnol a manteisio ar gyfundrefnau sefydledig a phrofiadol. Er hynny, trwy ildio'r syniad o lunio paneli rhanbarthol, yr oedd y sianel ar ei cholled gan nad oedd ganddi gysylltiad uniongyrchol â chroestoriad eang o'i chynulleidfa, yn Gymry Cymraeg a di-Gymraeg, y byddai'r cynllun hwnnw wedi ei ddarparu. Nid oedd modd creu cyswllt tebyg, er y ceisiwyd gwneud hynny, trwy ddarlledu rhaglenni ymateb fel *Arolwg* (HTV) a oedd yn gwahodd sylwadau ar raglenni, a thrwy ymateb i lythyrau gwylwyr yn unig.

Er nad oedd cysylltiad uniongyrchol gyda'r gynulliedfa yr oedd y sylw a roddwyd i'r sianel yn y wasg yn dangos bod disgwyliadau aelodau lleyg y gynulleidfa yn uchel ar gyfer yr hyn y byddai'r sianel newydd yn ei gyflawni. Yr oedd eu disgwyliadau'n amrywio o '[d]darparu cyflawnder amrywiol o raglenni Cymraeg o'r radd flaenaf' i sianel a fyddai'n apelio at y Cymry Cymraeg 'nad oes ganddynt affliw o ddim i'w ddweud wrth gapel na eglwys nac eisteddfod, pobl y mae llyfr a chylchgrawn a phapur newydd Cymraeg yn anathema iddynt'. Mynnwyd hefyd fod y rhaglenni yn rhai a allai 'gystadlu gyda rhaglenni fel *Crossroads*' a disgwylid 'cartwnau o *Mighty Mouse* a *Popeye* yn Gymraeg'.[311]

Yr oedd disgwyl rhywbeth at ddant pawb a hynny i safon o'r radd flaenaf. Ond ofer fyddai'r ymdrechion os na fyddai ffordd o hysbysu'r gynulleidfa o'u bodolaeth trwy gyhoeddi gwybodaeth yng nghylchgronau rhaglenni'r sefydliadau darlledu, sef *Radio Times* a'r *TV Times*. Bu trafodaeth gychwynnol ar gyhoeddusrwydd rhaglenni rhwng Pwyllgor Cymreig yr ADA a Chyngor Darlledu'r BBC wrth iddynt ddechrau paratoi llunio gwasanaeth cyflawn Cymraeg ar draws dwy sianel. Ceisiwyd sefydlu egwyddor o groes-hysbysebu rhaglenni Cymraeg yng nghylchgronau ei gilydd i greu ymdeimlad o un gwasanaeth ar draws dwy sianel: '[a] simple gesture which would generate goodwill' yn ôl Pwyllgor Cymreig yr ADA.[312] Cytunodd Independent Television Publications (ITP), cyhoeddwyr y *TV Times*, i gynnwys manylion am raglenni Cymraeg y BBC ynghyd â manylion am raglenni Cymraeg ITV ar dudalen Gymraeg ar wahân yn ei rifyn Cymru a gorllewin Lloegr.[313] Ni welwyd yr un brwdfrydedd a pharodrwydd i gydweithio gan Gyngor Darlledu'r BBC, gydag Owen Edwards yn chwyrn yn erbyn y cynnig am y rheswm canlynol:

> CW [Controller Wales] was in no doubt that the BBC should reject the suggestion outright. The Council and the BBC had for years promoted the proposals for co-operation between the BBC and ITV in a joint service in Welsh and this had been completely undermined by ITV. He saw the suggestion as an attempt to salve their conscience.[314]

Yn ystod trafodaethau cynnar S4C ar y mater hwn, gwelwyd unwaith yn rhagor arlliw o'r agweddau carfanus hyn, wrth iddynt drafod defnyddio'r *Radio Times* a'r *TV Times* i gyhoeddi amserlen a manylion rhaglenni S4C. Cytunodd y *Radio Times* i gyhoeddi manylion rhaglenni ITV, ond nad oedd am gyhoeddi deunydd golygyddol i hyrwyddo'r rhaglenni hynny.[315] Cytunwyd y byddai'r *Radio Times* yn cyhoeddi dwy dudalen o wybodaeth rhaglenni am holl gynnyrch Cymraeg S4C, ond byddai'r deunydd golygyddol swmpus yn canolbwyntio'n unig ar gynnwys a rhinweddau'r rhaglenni a gynhyrchid gan y BBC.

Gwyrodd trafodaethau'r sianel fwyfwy tuag at fod yn rhan o gylchgrawn y *TV Times* felly, a hynny i raddau oherwydd mai yno y byddai manylion rhaglenni C4 yn debygol o gael eu cyhoeddi. Ond yr oedd trafferth sylfaenol gyda'r syniad o ddefnyddio'r *TV Times* ar gyfer cyhoeddi manylion rhaglenni Cymraeg, gan nad oedd rhifyn Cymru yn unig o'r cylchgrawn. Yng ngweddill rhanbarthau Prydain byddai C4 a'r cwmni rhanbarthol yn llenwi hanner yr un o'r *TV Times* ar gyfer y rhanbarth hwnnw, ac felly yng Nghymru a gorllewin Lloegr byddai C4 a HTV yn llenwi'r cylchgrawn gyda manylion eu rhaglenni. Nid oedd hynny'n gadael gofod digonol ar gyfer manylion rhaglenni S4C, gyda'r *TV Times* yn mynnu mai dim ond un dudalen yr wythnos y gellid ei glustnodi. Byddai rhoi mwy o dudalennau i S4C yn golygu colli £60,000–£70,000 y flwyddyn mewn arian hysbysebu am bob tudalen a glustnodid i S4C.[316] Ond nid oedd hyn yn ddigonol ar gyfer anghenion y sianel os oedd am gyhoeddi manylion rhaglenni BBC, HTV, y cynhyrchwyr annibynnol a'r ddarpariaeth Saesneg, heb sôn am ddeunydd golygyddol. Teimlai S4C fod angen i fanylion ei rhaglenni ymddangos mewn blwch yn gyfochrog â deunydd rhaglenni C4 o leiaf, ond oherwydd trafferthion teipograffyddol ymddangosai hyn yn amhosibl.[317] O fod yn bragmataidd, nid oedd gwahanu rhifyn Cymru a gorllewin Lloegr yn ateb addas ychwaith, gan y byddai rhai o gwsmeriaid y *TV Times*, yn enwedig ar y ffin, yn parhau i fod angen manylion C4 yn hytrach na S4C gan fod erial eu teledu wedi eu cyfeirio tua'r dwyrain.[318] Roedd angen ateb amgenach i alluogi'r sianel i gael gofod addas i hyrwyddo ei rhaglenni.

Yr oedd swyddogion y sianel yn amheus o'r egwyddor o gynhyrchu cylchgrawn arbennig ar gyfer S4C, gan yr ymddangosai'n anymarferol ac roedd dyhead i gefnogi cylchgronau Cymraeg, yn hytrach na dyblygu darpariaeth.[319] Cafwyd trafodaethau gyda'r cylchgrawn *Curiad*, a gynigiodd wyth tudalen o erthyglau yn fisol am raglenni a phersonoliaethau'r sianel, am dâl hysbysebion, gan droi *Curiad* yn 'gylchgrawn answyddogol S4C'.[320] Byddai cynllun o'r fath yn costio £60,000 y flwyddyn, ond anodd oedd cyfiawnhau gwariant mor uchel ar gylchgrawn mor fychan ei gylchrediad a chyfyng ei apêl.[321] Cododd problemau tebyg wrth ystyried defnyddio cylchgronau Cymreig eraill hefyd, gan mai prin oedd unrhyw gylchgrawn a feddai ar gylchrediad a oedd yn fwy na 2,000 o ddarllenwyr.[322] Petai S4C yn cefnogi nifer o gylchgronau, byddai rheidrwydd arni i wario swm cyfatebol yn achos nifer o gylchgronau bychan er mwyn cyfathrebu â chroesdoriad eang o'r gynulleidfa. Ni ellid cyfiawnhau gwariant o'r fath, gan fod y sianel yn ceisio cadw ei chostau cyfundrefnol mor isel â phosibl. Bu trafodaethau â *Barn* hefyd wedi i'r cyhoeddiad gysylltu â'r BBC, HTV a S4C i ofyn iddynt gyfrannu'n ariannol at adran sylweddol ac awdurdodol i drin a thrafod rhaglenni teledu a radio.[323] Cydnabuwyd bod dirfawr angen ymdriniaeth o'r fath ar gynnyrch teledu a radio Cymru, ond teimlwyd nad oedd hi'n briodol i'r sianel dalu am adran debyg, gan y gellid ensynio iddi brynu adolygiadau da.[324] Penderfynwyd aros i weld a ddatblygai erthyglau o'r natur hon yn naturiol oherwydd bodolaeth S4C, heb yr angen am fuddsoddiad gan y cyfundrefnau darlledu. Ymddengys bod twf wedi bod yn y math hwn o gyhoeddi gydag adrannau megis 'Sbec ar Bedwar C' yn *Y Faner*, erthyglau cyson gan amryfal sylwebwyr yn *Y Cymro* ac adran deledu swmpus yn *Barn* hefyd.

Buan y sylweddolwyd bod ceisio manteisio ar rwydwaith papurau bro Cymru i hysbysu'r gwylwyr hefyd yn dwyn amryw o broblemau gan fod eu hamserlenni cyhoeddi yn rhy anghyson ac afreolaidd i ddibynnu arnynt, ac yr oedd rhai ardaloedd o Gymru heb bapur bro o gwbl.[325] Ystyriwyd defnyddio *Y Cymro*, gan fod i'r papur gylchrediad eang o 7,000 o ddarllenwyr, ond gan fod rhan helaeth ohonynt yng ngogledd Cymru oherwydd gogwydd golygyddol gogleddol y papur, nid oedd yn gwbl addas. Ystyriwyd hefyd gynnwys tudalen ym mhapurau dyddiol Saesneg Cymru, y *Western Mail* a'r *Daily Post*, ond penderfynwyd nad y papurau hyn oedd y mannau mwyaf priodol ar gyfer deunydd Cymraeg.[326] Yn groes i'r dymuniad gwreiddiol, felly, er mwyn sicrhau gofod teilwng a'r cyfle gorau posibl i hysbysu rhaglenni Cymraeg, byddai'n rhaid llunio atodiad neu gylchgrawn annibynnol.

Wrth ystyried o ddifrif lunio cylchgrawn, trafodwyd gyda ITP a gobeithiwyd am bris gwell na'r £300,000 gwreiddiol a grybwyllwyd, a hynny oherwydd y credai'r awdurdod bod y cwmni yn derbyn bod cyfrifoldeb arnynt i sicrhau bod darllenwyr yng Nghymru yn cael y wybodaeth gywir am y rhaglenni. Teimlid bod mantais fasnachol i'r ITP o fabwysiadu atodiad ar wahân gan y byddai'r cwmni yn adennill gofod hysbysebu gwerthfawr.[327] Rhagwelwyd mai atodiad pedair tudalen yn unig y gellid ei ariannu a'i gynhyrchu'n wythnosol oherwydd y baich gwaith. Ysywaeth, pan ddaeth y ffigurau terfynol gan ITP, synnwyd yr awdurdod gan gost golygu, argraffu a dosbarthu atodiad pedair tudalen o £382,240 a'r gost gyfatebol ar gyfer atodiad wyth tudalen yn £565,210.[328] Penderfynwyd ystyried y dewisiadau eraill, megis golygu'r atodiad eu hunain, gan ddefnyddio'r *TV Times* i argraffu a dosbarthu'r atodiad. Ystyriwyd hefyd ddichonoldeb golygu, argraffu a dosbarthu cylchgrawn yn gwbl annibynnol ar yr ITP, ond nid oedd hynny'n bosibl, a hynny am resymau dosbarthu a marchnata.[329] Yr oedd rheidrwydd i atodiad neu gylchgrawn gyrraedd a gynulleidfa ehangaf bosibl ac nid darllenwyr Cymraeg yn unig, er mwyn sicrhau nad oedd yr anwybodaeth affwysol a gaed ymhlith y gynulleidfa ddi-Gymraeg am S4C yn parhau wedi iddi ddechrau darlledu. Byddai cylchgrawn cwbl annibynnol, a dim manylion yn y cylchgronau teledu eraill am amserlen S4C ar gyfer rhaglenni C4, yn peri dryswch mawr.

Ar ôl tafoli'r dewisiadau i gyd, penderfynodd S4C fynd ati i lunio ei chylchgrawn ei hun, gan fod yn gwbl gyfrifol am y graffeg, y cynnwys, y golygu a'r argraffu, ond gan ddefnyddio'r *TV Times* i'w ddosbarthu fel atodiad i'r cylchgrawn yng Nghymru.[330] Bwriedid cynnwys manylion moel, sef amser a theitl rhaglenni S4C yn adrannau C4 o'r *TV Times* hefyd. Cafwyd y gorau o ddau fyd felly. Golygai'r ateb hwn y byddai llawer llai o arian yn mynd i goffrau'r ITP gan mai dim ond cost dosbarthu a oedd i'w dalu i'r cwmni bellach. Cafwyd pris teg gan yr ITP a gododd £15 am bob 1,000 o gopïau a ddosberthid bob wythnos, sef cost o oddeutu £100,000 y flwyddyn. Ond, ar ôl tynnu'r £70,000 yr oedd y *TV Times* yn ei ennill trwy beidio â chynnwys tudalen Gymraeg yng nghorff y cylchgrawn, dim ond £29,450 y flwyddyn y byddai'n rhaid i'r sianel ei dalu.[331] Yr oedd yr ITP yn ogystal yn gwbl hapus i S4C werthu ei hysbysebion ei hun yn yr atodiad, i geisio adennill peth o'r costau cynhyrchu. Ni fu'r berthynas waith yn fêl i gyd: cafwyd siom nad oedd modd sicrhau bod yr atodiad yn cael ei ddosbarthu yn rhifyn Granada ac felly amddifadwyd rhai cymunedau yng ngogledd-ddwyrain Cymru o wybodaeth gynhwysfawr am raglenni S4C.[332]

Swyddog y wasg, Ann Beynon, a'i staff a fyddai'n cynhyrchu ac yn golygu cynnwys y cylchgrawn, a fedyddiwyd yn *Sbec* ac fe dyfodd yn gylchgrawn 12 tudalen o hyd. Er y penderfyniad yr oedd y sianel yn bryderus am y gwariant sylweddol ar gylchgrawn swmpus, na chodid tâl amdano ac nad oedd tebygolrwydd y gellid denu lefel uchel o arian hysbysebu i'w gyllido. Ond, ar ôl archwilio'r holl bosibiliadau'n fanwl, cynhyrchu cylchgrawn annibynnol oedd yr unig ddewis a alluogai'r sianel i hyrwyddo ei rhaglenni yn y modd mwyaf deinamig posibl.

Cyhoeddwyd rhifyn cyntaf *Sbec* bythefnos cyn i'r sianel ddechrau darlledu. Yr oedd y rhifyn cyntaf yn un hanfodol bwysig wrth geisio lleddfu peth o'r anwybodaeth a barhai ymysg y gynulleidfa ddi-Gymraeg. Roedd mwy o Saesneg na'r arfer yn y rhifyn hwnnw er mwyn ceisio trosglwyddo'r neges y byddai'r rhan helaeth o raglenni difyr C4 i'w gweld ar S4C. Ceir hefyd ymgais nid yn unig i ddenu gwylwyr di-Gymraeg i wylio rhaglenni C4, ond i'w denu i wylio rhai o raglenni Cymraeg y sianel, megis *Noson Lawen*, *Sgrech* a *SuperTed*. Ymgeisiai *Sbec*, felly, i greu delwedd o sianel a fyddai'n apelio at bob aelod o'r gymdeithas, yn y gobaith y gellid denu cynulleidfa deilwng wrth i'r sianel ddechrau ei thair blynedd brawf.

Dengys gweithgareddau Awdurdod S4C yn ystod ei 18 mis o baratoi y bu mynydd o waith i'w gyflawni a phenderfyniadau allweddol i'w hystyried a'u gweithredu wrth geisio creu'r amgylchiadau gorau posibl i'r sianel lwyddo yn ystod ei chyfnod prawf. Un o'r prif themâu a gododd oedd y tensiwn a gaed rhwng yr egwyddor o sianel annibynnol a sianel a ddibynnai ar ei phartneriaid er mwyn llwyddo. Bu rheidrwydd felly ar yr awdurdod i ystyried yn ddwys pa bryd yr oedd hi'n briodol ac yn angenrheidiol i'r sianel newydd dorri ei chwys ei hun a chyhoeddi ei hannibyniaeth, mewn materion megis cyfleusterau technegol a chyhoeddusrwydd rhaglenni. Ond, ar achlysuron eraill, dibynnai S4C yn llwyr ar ei phartneriaid ym myd darlledu am gymorth a chyngor angenrheidiol, ac er mwyn brwydro ar ei rhan i sicrhau telerau ariannol ffafriol ac er mwyn sicrhau bod y dechnoleg yn ei galluogi i gyrraedd y gynulleidfa ehangaf posibl. Ond nid oedd perthynas S4C gyda'r un o'i darparwyr rhaglenni yn gwbl ddidramgwydd. Yr oedd i bob perthynas a phartneriaeth ei thensiynau unigryw, boed hynny ar ffurf anghydweld ar faterion ariannol, materion yn ymwneud â chyfrifoldeb dros gynnwys, neu'r angen am oruchwyliaeth agos er mwyn sicrhau bod rhaglenni cymwys yn cael eu cynhyrchu. Er y tensiynau hyn, yr oedd rheidrwydd i'w goresgyn gan y dibynnai S4C yn llwyr ar ei phartneriaid er mwyn llenwi gofod gwag y bedwaredd sianel yng Nghymru â rhaglenni ac arlwy ddeniadol a fyddai'n apelio, yn denu ac yn siarad â'r gynulleidfa Gymraeg yn ei hiaith ei hun.

Nodiadau

1. R. Gerallt Jones, 'Mawr alw am gyhoedd effro a llafar', *Y Faner*, 16 Ionawr 1981, 6.
2. Jones, 'Mawr alw am gyhoedd effro a llafar', 6.
3. LlGC, Casgliad Syr Goronwy Daniel, Blwch 3, Goronwy Daniel, *The Lord Mayor's Conference in Television in Wales*, 3 Gorffennaf 1973. Bu Syr Goronwy yn gefnogol i'r ymgyrchwyr yn ystod brwydr y sianel; cofia Ned Thomas, pan yr oedd yn ddarlithydd yng Ngholeg Prifysgol Cymru, Aberystwyth, iddo dderbyn nodyn cefnogol gan y prifathro, fore trannoeth gwrthdystiad mast Pencarreg. *Wythnos Gwilym Owen* (BBC Radio Cymru, 25 Hydref 2010).
4. Yn wir byddai Syr Goronwy yn datgan ei anwybodaeth am faes teledu yn ddigon agored. Gweler tystiolaeth Awdurdod Sianel Pedwar Cymru i'r PDFC, *Second Report from the Committee on Welsh Affairs – Broadcasting in the Welsh Language and the Implications for Welsh and Non-Welsh Speaking Viewers and Listeners – Vol II* (London, 1981), t. 518.
5. Meic Stephens, 'Sir Goronwy Daniel', 20 January 2003, *www.independent.co.uk/news/obituaries/sir-goronwy-daniel-602239.html* (cyrchwyd Hydref 2008).
6. 'Ar Garlam – Tomos Gee Gee', *Y Faner*, 23 Ionawr 1981, 3. Mae'n bosibl i'r ffaith fod yr Arglwydd Hooson yn rhan o Gonsortiwm Hafren a wnaeth gais yn erbyn HTV am ryddfraint ITV yng Nghymru a gorllewin Lloegr yn 1980 wedi cyfrif yn erbyn ei benodiad. Cyfweliad yr awdur gyda'r Parch. Ddr Alwyn Roberts, Tregarth, 24 Mai 2007; cyfweliad yr awdur gyda Dr Glyn Tegai Hughes, Tregynon, 31 Ionawr 2007.
7. Rhys Evans, *Gwynfor – Rhag Pob Brad* (Talybont, 2005), t. 451.
8. Stephens, 'Sir Goronwy Daniel', 20 Ionawr 2003.
9. *Hansard*, House of Commons, 10 November 1980, col. 39.
10. Penodwyd Alwyn Roberts yn llywodraethwr y BBC yng Nghymru yn 1979; yr oedd yn weinidog gyda'r Eglwys Bresbyteraidd ac yn bennaeth yr Adran Astudiaethau Allanol yng Ngholeg Prifysgol Cymru, Bangor; John Davies, *Broadcasting and the BBC in Wales* (Cardiff, 1994), t. 340.
11. Penodwyd yr Athro Huw Morris-Jones yn aelod Cymreig yr ADA yn 1976; bu hefyd yn Athro yn Adran Cymdeithaseg Coleg Prifysgol Cymru,

Bangor tan 1979; dienw, 'Pwy ddaw i'r swydd?', *Y Cymro*, 23 Chwefror 1982.
12. Ynghyd â bod yn aelod o Fwrdd Rheoli C4, roedd yn warden Gregynog, canolfan breswyl Prifysgol Cymru ar gyrion Y Drenewydd. Ef hefyd oedd rhagflaenydd Alwyn Roberts fel llywodraethwr y BBC yng Nghymru (1971–9); Davies, *Broadcasting and the BBC in Wales*, tt. 291–2. Credai Glyn Tegai Hughes nad oherwydd ei rôl ar Fwrdd Rheoli C4 y penodwyd ef i'r awdurdod, ac mai cyd-ddigwyddiad hapus oedd hynny. Credai mai er mwyn osgoi rhagdybio y byddai lle i aelod o Fwrdd Rheoli C4 ar yr awdurdod am flynyddoedd i ddod y gwnaed hynny; cyfweliad yr awdur gyda Dr Glyn Tegai Hughes, Tregynon, 31 Ionawr 2007.
13. Cyfweliad yr awdur gyda'r Parch. Ddr Alwyn Roberts, Tregarth, 24 Mai 2007. Bu'r llywodraeth yr un mor hwyr yn cadarnhau cadeirydd yr awdurdod, gan i Alwyn Roberts gysylltu â Syr Goronwy Daniel ar ôl ei drafodaeth gyda'r Swyddfa Gartref oherwydd i'r swyddogion yno ei enwi fel cadeirydd. Ymateb Syr Goronwy Daniel oedd datgan nad oedd wedi cadarnhau ei fod yn derbyn y swydd eto!
14. 'BBC controller to be director of Wales 4th', *Stage & TV Today*, 19 March 1981. Gweler Atodiad am restr gyflawn o aelodau'r awdurdod yn ystod y cyfnod prawf.
15. *Second Report from the Committee on Welsh Affairs –Vol II*, t. 510.
16. *Second Report from the Committee on Welsh Affairs – Vol II*, t. 510.
17. *Second Report from the Committee on Welsh Affairs – Broadcasting in the Welsh Language and the Implications for Welsh and Non-Welsh Speaking Viewers and Listeners – Vol I* (London, 1981), t. xxiii.
18. *Second Report from the Committee on Welsh Affairs – Vol I*, t. xxiii. Ni chymerwyd sylw o'r argymhelliad hwn, gan yn 1982 penodwyd Gwilym Peregrine, olynydd yr Athro Huw Morris-Jones, i'r awdurdod.
19. Casgliad Personol Dr Jamie Medhurst (CPJM), Papurau ADA, *Minutes of the Hundred and Forty Ninth Meeting of the Wales Advisory Committee*, 20 Hydref 1981, t. 3.
20. *Hansard*, House of Commons, 10 Tachwedd 1980, col. 58.
21. Beirniadwyd yr awdurdod gan y PDFC am nad oedd merch ymysg ei aelodau yn ystod ymweliad cyntaf awdurdod Sianel Pedwar Cymru â'r pwyllgor hwnnw. *Second Report from the Committee on Welsh Affairs – Vol II*, t. 511. Newidiodd y patrwm hwn yn 1984 pan ymddeolodd Ken Jones o'r awdurdod a phan ddetholwyd Eleri Wynne Jones yn unig aelod benywaidd yr awdurdod. Bu'r Athro Elan Closs Stephens yn gadeirydd ar yr awdurdod (1998–2006), gan newid y patrwm patriarchaidd.
22. 'Golygyddol', *Barn*, Chwefror 1981, 44.
23. Nid dyma oedd cyfarfod cyntaf yr awdurdod, gan y cafwyd cyfarfod blaenorol yn y BBC yng Nghaerdydd er mwyn recordio sgwrs ar raglen *Articles* John Morgan a ddarlledwyd ar ddiwrnod olaf Ionawr 1981. Yr oedd pob aelod o'r awdurdod, ar wahân i D. Ken Jones, yn bresennol. Yr oedd pawb heblaw am Ken Jones yn adnabod ei gilydd yn dda oherwydd

eu bod wedi ymwneud â'r byd darlledu a'r byd academaidd ers nifer o flynyddoedd; cyfweliad yr awdur gyda'r Parch. Ddr Alwyn Roberts, Tregarth, 24 Mai 2007; *Articles* (BBC Radio Wales, 30 Ionawr 1981).

24. Casgliad Personol Dr Glyn Tegai Hughes (CPGTH), *Cofnodion cyfarfod cyntaf Awdurdod Sianel Pedwar Cymru*, 31 Ionawr–1 Chwefror 1981, t. 1.
25. Cyfweliad yr awdur gyda'r Parch. Ddr Alwyn Roberts, Tregarth, 24 Mai 2007; cyfweliad yr awdur gyda Dr Glyn Tegai Hughes, Tregynon, 31 Ionawr 2007.
26. Cyfweliad yr awdur gyda'r Parch. Ddr Alwyn Roberts, Tregarth, 24 Mai 2007; cyfweliad yr awdur gyda Dr Glyn Tegai Hughes, Tregynon, 31 Ionawr 2007. Bu si ar led cyn penodi'r awdurdod y byddai'r llywodraeth, oherwydd yr oedi, yn penodi prif swyddog er mwyn rhoi sbardun i'r datblygiadau heb ymgynghori â'r awdurdod newydd. Byddai penderfyniad o'r fath wedi bod yn un hynod andwyol a phroblematig petai'r awdurdod yn anghytuno'n chwyrn gyda'r llywodraeth, ac yn dystiolaeth bellach o ddiffyg dealltwriaeth a pharch y llywodraeth Geidwadol tuag at Gymru; Jones, 'Mawr alw am gyhoedd effro a llafar'.
27. *Second Report from the Committee on Welsh Affairs – Vol II*, t. 519.
28. Bu staff S4C yn rhannu swyddfeydd gyda'r ADA hyd ganol Gorffennaf 1981.
29. CPGTH, *Cofnodion cyfarfod cyntaf Awdurdod Sianel Pedwar Cymru*, t. 1.
30. CPGTH, *Cofnodion cyfarfod cyntaf Awdurdod Sianel Pedwar Cymru*, t. 1. Cysyniad yw 'unwaith o amgylch y trosglwyddyddion' lle y gellir dangos rhaglenni sydd wedi eu dangos mewn un rhan o'r wlad mewn ardal arall ar amser gwahanol heb orfod talu unrhyw gostau ychwanegol i'r artistiaid. Defnyddiwyd y cysyniad hwn yng nghyd-destun gweithgareddau ITV oherwydd yr eithriadau rhanbarthol a geid i'r amserlenni darlledu.
31. Yr oedd y cysylltiadau hyn yn hanfodol er mwyn sicrhau bod modd anfon y rhaglenni o'r BBC a HTV at S4C, a bod modd trosglwyddo'r rhaglenni o S4C i'r ADA i'w darlledu dros rwydwaith trosglwyddyddion Cymru. Yng Nghaerdydd y caed y llinellau cysylltu llun a sain safonol, ac yno hefyd yr oedd canolfan switsio BT. CPGTH, *Cofnodion trydydd cyfarfod Awdurdod Sianel Pedwar Cymru*, 1–2 Mawrth 1981, t. 1.
32. CPGTH, *Cofnodion ail gyfarfod Awdurdod Sianel Pedwar Cymru*, 14–15 Chwefror 1981, t. 5.
33. CPGTH, *Cofnodion trydydd cyfarfod Awdurdod Sianel Pedwar Cymru*, 1–2 Mawrth 1981, t. 2.
34. Awdurdod Sianel Pedwar Cymru, *Adroddiad Blynyddol a Chyfrifon, 1981–82* (Caerdydd, 1982), t. 5. Cofia Chris Grace fod yr amgylchiadau gweithio yn ystod y cyfnod addasu yn anodd dros ben, gan ychwanegu at y pwysau a deimlai'r staff. Cyfweliad yr awdur gyda Chris Grace, Caerdydd, 29 Tachwedd 2010.
35. Cyfweliad yr awdur gyda Dr Glyn Tegai Hughes, Tregynon, 31 Ionawr 2007.

36. Stephens, 'Sir Goronwy Daniel', 20 Ionawr 2003.
37. Cyfweliad yr awdur gyda'r Parch. Dr Alwyn Roberts, Tregarth, 24 Mai 2007; cyfweliad yr awdur gyda Dr Glyn Tegai Hughes, Tregynon, 31 Ionawr 2007.
38. Cyfweliad yr awdur gyda Mair Owen, Rhiwbeina, 19 Ionawr 2007.
39. CPGTH, *Cofnodion pedwerydd cyfarfod Awdurdod Sianel Pedwar Cymru*, 14–15 Mawrth 1981, t. 1.
40. Nid hon oedd swydd gyntaf Owen Edwards gyda'r gorfforaeth. Dechreuodd weithio iddi yn 1961 wedi cyfnod byr o weithio yn y Llyfrgell Genedlaethol fel catalogiwr, a chyfnod yn gweithio fel cyflwynydd ar y rhaglen Gymraeg a gynhyrchwyd gan gwmni Granada, sef *Dewch i Mewn*. Rhwng 1961 ac 1967 bu'n gyflwynydd ar raglen materion y dydd Gymraeg y gorfforaeth *Heddiw* cyn cael ei ddyrchafu i rôl trefnydd rhaglenni yn 1967 ac yna bennaeth rhaglenni yn 1970. Meic Stephens, *Owen Edwards: Pioneering television executive and architect of S4C*, 7 Medi 2010, *www.independent.co.uk/news/obituaries/owen-edwards-pioneering-television-executive-and-architect-of-s4c-2072091.html* (cyrchwyd Medi 2010).
41. 'Time short for Welsh TV chief', *South Wales Echo*, 10 March 1981.
42. *A Fo Ben* (BBC Cymru, 1989).
43. Cyfweliad yr awdur gyda Owen Edwards, Caerdydd, 12 Ionawr 2007. Nid oedd symud i swydd yn Llundain yn apelio ato, ac ystyriai fod y swydd gyda S4C wedi cynnig sialens newydd iddo.
44. CPGTH, *Cofnodion pedwerydd cyfarfod Awdurdod Sianel Pedwar Cymru*, t. 1. Dechreuodd Owen Edwards ei swydd lai na mis wedi cyhoeddi ei benodiad, gan na fynnodd y BBC dri mis o rybudd ganddo.
45. CPGTH, *Cofnodion pedwerydd cyfarfod Awdurdod Sianel Pedwar Cymru*, t. 3.
46. 'Pwyslais ar y poblogaidd', *Y Cymro*, 19 Mai 1981.
47. Yn dilyn y golygydd rhaglenni y swydd nesaf i'w llenwi oedd rheolwr cyllid ac ysgrifennydd i'r awdurdod a phenodwyd Michael Tucker a fu'n ddirprwy drysorydd Cyngor Sir De Morgannwg. Yna, penodwyd Chris Grace, cyn-bennaeth Adran Gynllunio HTV yn bennaeth cynllunio a chyflwyno; Emlyn Davies, cyn-olygydd rhaglenni newyddion BBC Radio Cymru, yn gomisiynydd rhaglenni; ac Emyr Byron Hughes, cyfreithiwr yn ôl ei alwedigaeth, yn swyddog cytundebau. 'Fourth Channel appointment', *South Wales Evening Post*, 15 Hydref 1981.
48. Arglwydd Thomson, cadeirydd yr ADA (1981–8); Syr Brian Young, cyfarwyddwr cyffredinol yr ADA (1970–82).
49. Nid oedd y syniad hwn o ariannu'r bedwaredd sianel trwy osod treth ar y cwmnïau annibynnol yn syniad cwbl newydd; fe'i cynigwyd gan Jeremy Isaacs mewn llythyr at y gweinidog post a thelathrebu yn 1973 a hefyd fe ategwyd yr un syniadau yn nhystiolaeth yr Association of Directors and Producers i Bwyllgor Annan, er na welwyd ei fabwysiadu gan adroddiad y pwyllgor hwnnw. Ni lwyddodd Annan i ddynodi unrhyw system ariannu resymegol. Paul Bonner gyda Lesley Aston, *Independent Television*

in Britain – Volume 6 – New Developments in Independent Television 1981–92: Channel 4, TV-am, Cable and Satellite (Basingstoke, 2003), tt. 7–10.
50. CPGTH, *Cofnodion ail gyfarfod Awdurdod Sianel Pedwar Cymru*, 14–15 Chwefror 1981, t. 1. Yr oedd y Ddeddf Darlledu yn galluogi'r Ysgrifennydd Cartref i addasu cyfraddau treth ITV o ystyried eu cyfrifoldeb ychwanegol i ariannu S4C, ond nid oedd y ddeddf yn manylu ar lefel unrhyw ostyngiad gan arwain at ansicrwydd a phryder ymysg aelodau'r ITCA.
51. *Second Report from the Committee on Welsh Affairs – Vol II*, tt. 628–31. Ni fu HTV yn rhan o lunio tystiolaeth yr ITCA, a hynny gan fod safbwynt y cwmni yn wahanol i'w gyd-gwmnïau, gan eu bod bellach yn debygol o elwa'n ariannol o ffyniant sianel Gymraeg trwy arian cynhyrchu.
52. *Second Report from the Committee on Welsh Affairs – Vol II*, t. 631.
53. *Second Report from the Committee on Welsh Affairs – Vol II*, t. 630.
54. *Second Report from the Committee on Welsh Affairs – Vol II*, t. 629.
55. *Second Report from the Committee on Welsh Affairs – Vol II*, t. 632.
56. *Hansard*, House of Commons, 10 Tachwedd 1980, col. 45.
57. *Hansard*, House of Commons, 10 Tachwedd 1980, col. 44.
58. CPGTH, *Cofnodion ail gyfarfod Awdurdod Sianel Pedwar Cymru*, t. 1.
59. Swyddfa Gymreig, *Welsh Fourth Channel Authority*, 8 Mehefin 1981 www.walesoffice.gov.uk/ 2005/06/16/establishment-of-S4C-1979-81/ (cyrchwyd Awst 2010; erbyn Rhagfyr 2010 nid oedd y dogfennau hyn ar gael ar y wefan), t. 1.
60. Casgliad Sianel Pedwar Cymru (CS4C), *Meeting with Welsh Fourth Channel Authority (Papur 9.81(9))*, t. 1; Swyddfa Gymreig, *Welsh Fourth Channel Authority*, 8 Mehefin 1981, t. 4.
61. CS4C, *Meeting with Welsh Fourth Channel Authority (Papur 9.81(9))*, t. 2.
62. Swyddfa Gymreig, *Welsh Fourth Channel Authority*, 8 Mehefin 1981, t. 3.
63. *Hansard*, House of Commons, 22 Gorffennaf 1981, col. 137. Byddai'r system hon yn gweithredu am flwyddyn yn unig i ddechrau, gan alluogi'r Ysgrifennydd Cartref a'r Trysorlys adolygu'r trefniant petai sefyllfa ariannol rhwydwaith ITV yn gwella'n sylweddol.
64. *Independent Broadcasting Authority Act 1979, Chapter 35* (London, 1979).
65. CPJM, Papurau ADA, *Minutes of the one hundred and twenty sixth meeting of the Welsh Committee*, 1 Rhagfyr 1978, t. 2. Yn dilyn cyhoeddi'r mesur nodwyd fod yr ADA yn hyderus y gellid gweithredu i lansio'r sianel erbyn dyddiad gwreiddiol y llywodraeth, sef 1982. CPJM, Papurau ADA, *Minutes of the one hundred and twenty eighth meeting of the Welsh Committee*, 15 Chwefror 1979, t. 2.
66. CPJM, Papurau ADA, *Minutes of the one hundred and thirty second meeting of the Wales Advisory Committee*, 10 Awst 1979, t. 3. Yr oedd BBC2 wedi dechrau yn raddol gan ymestyn ei gyrhaeddiad dros gyfnod o 10 mlynedd i 90 y cant o boblogaeth Prydain, ac wedi dioddef o ran ei phoblogrwydd oherwydd y strategaeth hon.
67. *Minutes of the one hundred and thirty second meeting of the Wales Advisory Committee*, t. 3.

68. *Minutes of the one hundred and thirty second meeting of the Wales Advisory Committee*, t. 4. Gellid gweld yn blaen o'r manylion hyn nad oedd yr ADA yn argymell darlledu rhaglenni Cymraeg dros ddwy sianel er lles Cymru na'r Gymraeg, gan y byddai'r ardaloedd Cymreiciaf eu hiaith ar eu colled yn llwyr gyda threfniadau addasu trosglwyddyddion y cynllun hwnnw.
69. *Minutes of the one hundred and thirty second meeting of the Wales Advisory Committee*, t. 4.
70. CPJM, Papurau ADA, *Minutes of the one hundred and thirty third meeting of the Welsh Committee*, 10 Hydref 1979, t. 2.
71. Kenneth Gosling, '£40m loan for new ITV channel', *The Times*, 13 Tachwedd 1979, 6.
72. Dienw, 'Addo S4C mor fuan ag y bo'r modd', *Y Cymro*, 23 Tachwedd 1982.
73. CPJM, Papurau ADA, *Minutes of the one hundred and fifty-sixth meeting of the Wales Advisory Committee*, 8 October 1982, t. 5.
74. Archif yr ITA/IBA/Cable Authority, Prifysgol Bournemouth, 3997019, RK/6/50, Llythyr oddi wrth Eirion Lewis at Owen Edwards, 20 Rhagfyr 1982; trosglwyddyddion tair sianel oedd y rhain a addaswyd yn 1980–1 cyn i'r llywodraeth ddod i benderfyniad ar dynged y bedwaredd sianel. Y saith arall oedd Cwmaman, Abergwynfi, Broad Haven, Crucorney, Efail Fach, Kerry a Threfynwy. Bu pryder sylweddol hefyd ynglŷn ag is-drosglwyddydd ardal Bethesda, gan nad oedd digon o amleddau UHF ar gael i glustnodi grŵp arbennig o sianeli i'r ardal pan adeiladwyd yr is-drosglwyddydd yn 1973. Defnyddiwyd yn hytrach dechnoleg arbenigol 'active deflector' er mwyn ailddefnyddio signal Llanddona. Gan ei fod yn offer arbenigol a ddefnyddid mewn dim ond un ardal arall ym Mhrydain bu'n anodd i'r ADA ddod o hyd i gyflenwr ac ofnid y byddai'n rhaid aros tan ddiwedd 1984 cyn derbyn yr offer angenrheidiol. Llwyddwyd er hynny i'w addasu yn 1982. Archif yr ITA/IBA/Cable Authority, Prifysgol Bournemouth, 3997019, RK/6/50, drafft o lythyr oddi wrth yr Ysgrifennydd Gwladol William Whitelaw, A.S. at Nicholas Edwards, A.S., 1982, t. 2.
75. CPJM, Papurau ADA, *Minutes of the one hundred and fiftieth meeting of the Wales Advisory Committee*, 10 December 1981, t. 1; *Minutes of the one hundred and fifty first meeting of the Wales Advisory Committee*, 2 March 1982, t. 2.
76. Archif yr ITA/IBA/Cable Authority, Prifysgol Bournemouth, 3997016, RK/6/25, Eirion Lewis, *Television Reception in Wales – Note by the Secretary*, t. 1; dienw, 'Addo S4C mor fuan ag y bo'r modd'.
77. Dienw, 'IBA slammed over S4C "deprivation" in north Ceredigion', *The Cambrian News*, 26 Tachwedd 1982; Archif yr ITA/IBA/Cable Authority, Prifysgol Bournemouth, 3997019, RK/6/50, llythyr oddi wrth gyfarwyddwr Urdd Gobaith Cymru at Eirion Lewis, 3 Rhagfyr 1982.
78. Archif yr ITA/IBA/Cable Authority, Prifysgol Bournemouth, 3997016, RK/6/25, Eirion Lewis, *Television Reception in Wales – Note by the Secretary*, t. 2.

79. *Second Report from the Committee on Welsh Affairs – Vol I*, tt. v–vi.
80. George Clark, 'Welsh TV issue to be studied by MPs', *The Times*, 18 Awst 1980, 2.
81. Clark, 'Welsh TV issue to be studied by MPs', 2.
82. *Second Report from the Committee on Welsh Affairs – Vol I*, t. v.
83. *Second Report from the Committee on Welsh Affairs – Vol II*, tt. 508–9.
84. *Second Report from the Committee on Welsh Affairs – Vol II*, tt. 511– 42.
85. *Second Report from the Committee on Welsh Affairs – Vol II*, t. 519.
86. *Second Report of the Committee on Welsh Affairs – Vol II*, t. 655. Owen Edwards a Syr Goronwy Daniel oedd y cynrychiolwyr y tro hwn.
87. CS4C, *Cofnodion seithfed cyfarfod Awdurdod Sianel Pedwar Cymru*, 9–10 Mai 1981, t. 2.
88. CS4C, *Cofnodion seithfed cyfarfod Awdurdod Sianel Pedwar Cymru*, t. 2.
89. *Second Report from the Committee on Welsh Affairs – Vol I*, t. xv.
90. *Second Report from the Committee on Welsh Affairs – Vol I*, tt. lxxii–lxxiii.
91. *Second Report from the Committee on Welsh Affairs – Vol II*, t. 663.
92. BBC Written Archives Centre (WAC), Caversham, R78/26/4, *Minutes of the 323rd Meeting of the Broadcasting Council of Wales*, 18 Medi 1981, t. 5.
93. *Minutes of the 323rd Meeting of the Broadcasting Council of Wales*, t. 4.
94. Ni ellid bod yn gwbl hyderus mai arian hysbysebu C4 a fyddai'n gwneud iawn am y diffyg ynteu arian cyffredinol cwmnïau rhanbarth ITV, a hynny oherwydd nad oedd cwmnïau ITV yn gwahaniaethu yn eu ffigurau gwerthiant rhwng arian hysbysebu ITV ac arian hysbysebu C4. Roedd y mater hwn yn asgwrn cynnen sylweddol rhwng C4 a'r ADA; gweler Edmund Dell, 'Controversies in the Early History of Channel 4', yn Peter Catterall (gol.), *The Making of Channel 4* (London, 1999), t. 20.
95. Euryn Ogwen Williams, 'Owen Edwards' contribution to Welsh Broadcasting', 2 Medi 2010, *www.clickonwales.org /2010/09/owen-edwards-contribution-to-welsh-broadcasting/* (cyrchwyd Tachwedd 2010).
96. Cyflweliad yr awdur gyda'r Dr Glyn Tegai Hughes, Tregynon, 31 Ionawr 2007. Rhennir y farn hon gan sawl unigolyn fu'n rhan o gyfnod sefydlu S4C. Gweler Williams, 'Owen Edwards' contribution to Welsh Broadcasting'; cyfweliad yr awdur gyda'r Parch. Ddr Alwyn Roberts, Tregarth, 24 Mai 2007; cyfweliad yr awdur gydag Euryn Ogwen Williams, Caerdydd, 23 Chwefror 2007. Cyfeiriwyd hefyd at berthynas agos y ddau yn y deyrnged a gyflwynwyd gan Alwyn Roberts yn angladd y diweddar Owen Edwards.
97. Cyflweliad yr awdur gydag Owen Edwards, Caerdydd, 12 Ionawr 2007.
98. Jeremy Isaacs, *Storm over 4: A Personal Account* (London, 1989), t. 94.
99. *Broadcasting Act 1981, Chapter 68* (London, 1981), t. 49.
100. *Hansard*, House of Commons, 10 Tachwedd 1980, col. 77.
101. *Second Report from the Committee on Welsh Affairs – Vol II*, t. 362.
102. *Hansard*, House of Commons, 10 Tachwedd 1980, col. 77.
103. *Second Report from the Committee on Welsh Affairs – Vol II*, t. 362.

104. *Second Report from the Committee on Welsh Affairs – Vol II*, t. 361.
105. Isaacs, *Storm over 4*, tt. 94–5.
106. CS4C, *Cofnodion chweched cyfarfod ar hugain Awdurdod Sianel Pedwar Cymru*, 15 Gorffennaf 1982, t. 1; *Cofnodion seithfed cyfarfod ar hugain Awdurdod Sianel Pedwar Cymru*, 4 Awst 1982, t. 1.
107. CS4C, *Cofnodion Cyfarfod ar y Cyd Rhwng y Cyngor Darlledu a S4C*, 27 Medi 1985, t. 3.
108. CS4C, *Cofnodion cyfarfod cyntaf Awdurdod Sianel Pedwar Cymru*, 31 Ionawr– 1 Chwefror 1981.
109. CS4C, *Cofnodion cyfarfod cyntaf Awdurdod Sianel Pedwar Cymru*.
110. CPGTH, *Minutes of the Meeting with HTV during the First Meeting of the Sianel Pedwar Cymru Authority*, 1 February 1981.
111. CS4C, *Cofnodion cyfarfod cyntaf Awdurdod Sianel Pedwar Cymru*, t. 2.
112. CS4C, *Cofnodion cyfarfod cyntaf Awdurdod Sianel Pedwar Cymru*, t. 3.
113. CS4C, *Cofnodion trydydd cyfarfod Awdurdod Sianel Pedwar Cymru*, t. 5.
114. *Broadcasting Act 1981*, t. 50.
115. CS4C, *Nodiadau Golygyddol Rhaglenni i'r Cyfarwyddwr, Papur Atodol i Agenda nawfed cyfarfod yr Awdurdod*, 20–1 Mehefin 1981.
116. *Nodiadau Golygyddol Rhaglenni i'r Cyfarwyddwr, Papur Atodol i Agenda nawfed cyfarfod yr Awdurdod*.
117. *Second Report from the Committee on Welsh Affairs – Vol II*, t. 671.
118. *Second Report from the Committee on Welsh Affairs – Vol II*, t. 377.
119. *Second Report from the Committee on Welsh Affairs – Vol II*, t. 262.
120. Stephen Bayly, 'The Welsh Perspective', *Sight and Sound*, 52, 4 (autumn 1983), 247.
121. Clive Betts, 'Equity asks for assurances on fourth channel', *Western Mail*, 20 Mai 1981.
122. Betts, 'Equity asks for assurances on fourth channel'.
123. CPGTH, *Cofnodion nawfed cyfarfod Awdurdod Sianel Pedwar Cymru*, 20–1 Mehefin 1981, t. 3.
124. CS4C, *Cofnodion degfed cyfarfod Awdurdod Sianel Pedwar Cymru*, 12 Gorffennaf 1981, t. 4. Ymddengys mai cyfweliad un o gynrychiolwyr pwyllgor Cymreig Equity oedd y sbardun i'r datganiad chwyrn gan gyfarwyddwr S4C.
125. Arfon Gwilym, '"Equity yn hunanol" – Pennaeth S4C', *Y Cymro*, 11 Awst 1981.
126. Gwilym, '"Equity yn hunanol" – Pennaeth S4C'.
127. CS4C, llythyr Euryn Ogwen at Equity, *Papur Atodol i Agenda seithfed cyfarfod ar hugain Awdurdod Sianel Pedwar Cymru*, 4 Awst 1982.
128. CS4C, *Cofnodion wythfed cyfarfod ar hugain Awdurdod Sianel Pedwar Cymru*, 3 Medi 1982, t. 1. Yr oedd S4C yn dymuno gweld adolygiad o'r sefyllfa o fewn blwyddyn hefyd er mwyn sicrhau fod Equity yn derbyn mwy o aelodau a fyddai'n arwain at amrywiaeth doniau gogyfer â'r sianel.
129. CS4C, *Cofnodion unfed cyfarfod ar bymtheg ar hugain Awdurdod Sianel Pedwar Cymru*, 5–6 Mai 1983, tt. 1–2.

130. CS4C, *Cofnodion degfed cyfarfod Awdurdod Sianel Pedwar Cymru*.
131. CS4C, *Cofnodion degfed cyfarfod Awdurdod Sianel Pedwar Cymru*, t. 4.
132. CS4C, *The Provision of Programmes for the S4C Service, Statement of Intention by the BBC*, 30 Mawrth 1982, t. 1.
133. CS4C, *Cofnodion degfed cyfarfod Awdurdod Sianel Pedwar Cymru*, t. 4.
134. CS4C, *Cofnodion degfed cyfarfod Awdurdod Sianel Pedwar Cymru*, t. 4.
135. CS4C, *Cofnodion degfed cyfarfod Awdurdod Sianel Pedwar Cymru*, t. 4.
136. Archif BBC Cymru, Caerdydd, Blwch 3573, memo gan Michael Brooke, Ysgrifennydd Cymru y Cyngor Darlledu at y BBC Advisory Bodies, 4 Mai 1982.
137. CS4C, *The Provision of Programmes for the S4C Service*.
138. CS4C, *The Provision of Programmes for the S4C Service*, t. 1.
139. CS4C, *The Provision of Programmes for the S4C Service*, t. 1.
140. CS4C, *The Provision of Programmes for the S4C Service*, t. 3.
141. CS4C, *Strategaeth Rhaglenni – Papur atodol i Agenda trydydd cyfarfod a deugain Awdurdod Sianel Pedwar Cymru*, 1–2 Rhagfyr 1983, t. 2.
142. CS4C, *The Provision of Programmes for the S4C Service*, t. 2.
143. CS4C, *The Provision of Programmes for the S4C Service*, t. 2.
144. CS4C, *The Provision of Programmes for the S4C Service*, t. 2.
145. CS4C, *Cofnodion degfed cyfarfod Awdurdod Sianel Pedwar Cymru*, t. 6.
146. CS4C, *Cofnodion deuddegfed cyfarfod ar hugain Awdurdod Sianel Pedwar Cymru*, 13 Ionawr 1983, t. 1.
147. CS4C, *The Provision of Programmes for the S4C Service*, t. 3.
148. *Broadcasting Act 1980, Chapter 64* (London, 1980), t. 9.
149. *Broadcasting Act 1980, Chapter 64*, t. 8.
150. *Second Report from the Committee on Welsh Affairs – Vol II*, t. 102.
151. *Second Report from the Committee on Welsh Affairs – Vol II*, t. 103.
152. *Second Report from the Committee on Welsh Affairs – Vol II*, tt. 36, 719. Mae'r gwahaniaeth hwn i'w briodoli i ystyriaethau chwyddiant rhwng 1979 ac 1982.
153. CS4C, *Cofnodion pumed cyfarfod Awdurdod Sianel Pedwar Cymru*, 4–5 Ebrill 1981, t. 2.
154. *Second Report from the Committee on Welsh Affairs – Vol II*, t. 720.
155. *Second Report from the Committee on Welsh Affairs – Vol II*, t. 720.
156. CPGTH, *Minutes of the Meeting with HTV during the first meeting of the Sianel Pedwar Cymru Authority*, t. 3.
157. CPGTH, *Minutes of the Meeting with HTV during the First Meeting of the Sianel Pedwar Cymru Authority*, t. 1.
158. CPGTH, *Cofnodion ail gyfarfod Awdurdod Sianel Pedwar Cymru*, t. 2.
159. CPGTH, *Cofnodion pedwerydd cyfarfod Awdurdod Sianel Pedwar Cymru*, t. 6.
160. CPGTH, *Cofnodion pedwerydd cyfarfod Awdurdod Sianel Pedwar Cymru*, t. 6.
161. CPGTH, *Cofnodion pedwerydd cyfarfod Awdurdod Sianel Pedwar Cymru*, t. 4.
162. CPGTH, *Cofnodion pedwerydd cyfarfod Awdurdod Sianel Pedwar Cymru*, t. 5.
163. CS4C, *Cofnodion pumed cyfarfod Awdurdod Sianel Pedwar Cymru*, t. 2
164. CS4C, *Cofnodion pumed cyfarfod Awdurdod Sianel Pedwar Cymru*, t. 2.

165. CS4C, Llythyr oddi wrth Euryn Ogwen Williams at Huw Davies, 12 Mehefin 1981.
166. CS4C, Llythyr oddi wrth Euryn Ogwen Williams at Huw Davies, 12 Mehefin 1981, t. 1. *Arolwg* oedd ffrwyth yr egin syniad hwn. Er i'r rhaglen esblygu'n rhaglen drafod gelfyddydol erbyn 1985, ei bwriad gwreiddiol oedd trafod rhaglenni'r sianel. CS4C, *Cofnodion nawfed cyfarfod a thrigain Awdurdod Sianel Pedwar Cymru*, 12–13 Rhagfyr 1985, t. 4.
167. CS4C, llythyr oddi wrth Euryn Ogwen Williams at Huw Davies, 12 Mehefin 1981.
168. CS4C, llythyr oddi wrth Euryn Ogwen Williams at Huw Davies, 12 Mehefin 1981, t.3.
169. CS4C, llythyr oddi wrth Euryn Ogwen Williams at Huw Davies, 12 Mehefin 1981.
170. CS4C, *Cofnodion deuddegfed cyfarfod Awdurdod Sianel Pedwar Cymru*, 4 Medi 1981, t. 2.
171. CS4C, *Cofnodion trydydd cyfarfod ar ddeg Awdurdod Sianel Pedwar Cymru*, 4 Hydref 1981, t. 3.
172. CS4C, *Cofnodion pedwerydd cyfarfod ar ddeg Awdurdod Sianel Pedwar Cymru*, 15 Hydref 1981, t. 2.
173. CS4C, *Cofnodion pymthegfed cyfarfod Awdurdod Sianel Pedwar Cymru*, 6 Tachwedd 1981, t. 2.
174. CS4C, *Cofnodion pymthegfed cyfarfod Awdurdod Sianel Pedwar Cymru*, t. 3.
175. CS4C, *Cofnodion pymthegfed cyfarfod Awdurdod Sianel Pedwar Cymru*, tt. 2–3.
176. CS4C, *Cofnodion pymthegfed cyfarfod Awdurdod Sianel Pedwar Cymru*, t. 3.
177. CS4C, *Cofnodion unfed cyfarfod ar bymtheg Awdurdod Sianel Pedwar Cymru*, 4 Rhagfyr 1981, t. 2.
178. CS4C, *Cofnodion ail gyfarfod ar bymtheg Awdurdod Sianel Pedwar Cymru*, 8 Ionawr 1982, t. 1.
179. *Second Report from the Committee on Welsh Affairs– Vol II*, t. 349.
180. *Second Report from the Committee on Welsh Affairs – Vol II*, t. 340.
181. *Second Report from the Committee on Welsh Affairs – Vol II*, t. 340.
182. HTV Cymru, *Y Bedwaredd Sianel yng Nghymru – Datganiad gan HTV Cymru* (Llandysul, 1979), t. 14.
183. CS4C, *Cytundeb â HTV – Datblygiadau Diweddar (Papur 1.82(6))* – Papur atodol i Agenda ail gyfarfod ar bymtheg Awdurdod Sianel Pedwar Cymru, 8 Ionawr 1982.
184. CS4C, *Cofnodion ugeinfed cyfarfod Awdurdod Sianel Pedwar Cymru*, 21–2 Mawrth 1982, t. 2.
185. Euryn Ogwen Williams, 'Cynhadledd S4C: Y Chwarter Canrif Cyntaf: Sefydlu Sianel', 2 Tachwedd 2007.
186. Cyfweliad yr awdur gyda Wil Aaron, Llandwrog, 1 Hydref 2010. Mynegwyd sylwadau tebyg gan Huw Jones; cyfweliad yr awdur gyda Huw Jones, Llandwrog, 2 Tachwedd 2010.
187. CS4C, *Cytundeb â HTV – Datblygiadau Diweddar (Papur 1.82(6))*, t. 1.
188. CS4C, *Cytundeb â HTV – Datblygiadau Diweddar (Papur 1.82(6))*, t. 1.

189. CS4C, *Cytundeb â HTV – Datblygiadau Diweddar (Papur 1.82(6))*, t. 4.
190. CS4C, *Cofnodion pedwerydd cyfarfod ar bymtheg Awdurdod Sianel Pedwar Cymru*, 5 Mawrth 1982, tt. 2–3. Ym mis Mawrth 1982 roedd HTV wedi cynnig pris o £19.17 miliwn am 9 awr, tra credai S4C fod £14.16 miliwn yn bris teg.
191. CS4C, *Cofnodion pedwerydd cyfarfod ar bymtheg Awdurdod Sianel Pedwar Cymru*, tt. 2–3.
192. CS4C, *Cofnodion pedwerydd cyfarfod ar bymtheg Awdurdod Sianel Pedwar Cymru*, tt. 2–3.
193. CS4C, *HTV Limited and The Welsh Fourth Channel Authority – Sianel Pedwar Cymru – Programme Sales Agreement*, 27 Mai 1982.
194. Robin Reeves, 'Harlech TV in Welsh Channel Four deal', *Financial Times*, 21 May 1982.
195. CS4C, *HTV Limited and The Welsh Fourth Channel Authority – Sianel Pedwar Cymru – Programme Sales Agreement*, t. 13. Gallai Awdurdod S4C fynnu ad-daliad pe bai HTV yn ymelwa'n ariannol ar y rhaglenni a gynhyrchid ar gyfer S4C.
196. CS4C, *HTV Limited and The Welsh Fourth Channel Authority – Sianel Pedwar Cymru – Programme Sales Agreement*, Schedule 1A–1C.
197. CS4C, *HTV Limited and The Welsh Fourth Channel Authority – Sianel Pedwar Cymru – Programme Sales Agreement*, Schedule 1B.
198. CS4C, *HTV Limited and The Welsh Fourth Channel Authority – Sianel Pedwar Cymru – Programme Sales Agreement*, Schedule 1C.
199. *Second Report from the Committee on Welsh Affairs – Vol II*, t. 340.
200. *Second Report from the Committee on Welsh Affairs – Vol II*, t. 76.
201. Cofia hefyd iddo gael sgwrs bersonol â Ron Wordley lle nodwyd petai S4C yn barod i gael cytundeb ychydig llai ffurfiol a hyblyg gyda HTV y gellid arbed miliynau iddynt. Ond os oeddent yn mynnu cael cytundeb caeth yna byddai Wordley yn sicrhau y byddant yn talu am bob beiro a phob rholyn o bapur tŷ bach. Cyfweliad yr awdur gyda Geraint Stanley Jones, 10 Tachwedd 2008, Caerdydd.
202. Bu rhaglen *Newyddion y Dydd* yn cael ei darlledu gan TWW o ddechrau'r gwasanaeth yn Ionawr 1958; er hynny ymddengys na ddechreuwyd darlledu'r rhaglen *Y Dydd* tan y daeth TWW yn wasanaeth Cymru gyfan yn 1964 wedi mabwysiadu cyfrifoldebau Teledu Cymru.
203. *Second Report from the Committee on Welsh Affairs – Vol II*, t. 83.
204. *Second Report from the Committee on Welsh Affairs – Vol II*, tt. 215–23.
205. *Second Report from the Committee on Welsh Affairs – Vol II*, t. 234.
206. *Second Report from the Committee on Welsh Affairs – Vol II*, tt. 653–4.
207. *Second Report from the Committee on Welsh Affairs – Vol II*, t. 83.
208. *Second Report from the Committee on Welsh Affairs – Vol II*, t. 356.
209. CPGTH, *Cofnodion pedwerydd cyfarfod Awdurdod Sianel Pedwar Cymru*, t. 2.
210. CPGTH, *Cofnodion pedwerydd cyfarfod Awdurdod Sianel Pedwar Cymru*, t. 2. Adrodda Geraint Talfan Davies hanes HTV yn teithio i Lundain a chyda chymorth ITN yn cynhyrchu'r ddau fwletin gyda thri o gyflwynwyr a

newyddiadurwyr y cwmni. Elinor Jones ac Alun Ffred Jones a gyflwynodd y fersiwn 25 munud a Tweli Griffiths yn cyflwyno'r bwletin byrrach. Geraint Talfan Davies, *At Arm's Length* (Bridgend, 2008), t. 72.

211. CPGTH, *Cofnodion pedwerydd cyfarfod Awdurdod Sianel Pedwar Cymru*, t. 5.
212. CPGTH, *Cofnodion pedwerydd cyfarfod Awdurdod Sianel Pedwar Cymru*, t. 5.
213. CPGTH, *Cofnodion pumed cyfarfod Awdurdod Sianel Pedwar Cymru*, t. 4.
214. Arfon Gwilym, 'Brwydr y newyddion', *Y Cymro*, 7 Ebrill 1981.
215. Gwilym, 'Brwydr y newyddion'.
216. CPGTH, *Cofnodion pumed cyfarfod Awdurdod Sianel Pedwar Cymru*, t. 4.
217. Dienw, 'HTV pulls out of S4C news', *South Wales Evening Post*, 6 Mai 1981; Dienw, 'HTV say "No" on news service', *South Wales Echo*, 6 Mai 1981.
218. Dienw, 'HTV pulls out of S4C news'; Dienw, 'HTV say "No" on news service'.
219. Dienw, 'S4C's options narrowed for Welsh news', *Broadcast*, 17 Mai 1981.
220. Mae atgofion Geraint Talfan Davies yn cyd-fynd â sylwadau *Broadcast*, gan nodi anallu HTV i gystadlu gydag undod y BBC; Davies, *At Arm's Length*, t. 73.
221. CPGTH, *Cofnodion seithfed cyfarfod Awdurdod Sianel Pedwar Cymru*, t. 2; Dienw, 'News service agreed', *Daily Post*, 15 Mai 1981.
222. *Broadcasting Act 1980, Chapter 64*, t. 9.
223. *Second Report from the Committee on Welsh Affairs – Vol II*, t. 376.
224. *Second Report from the Committee on Welsh Affairs – Vol II*, t. 350.
225. *Second Report from the Committee on Welsh Affairs – Vol II*, t. 376.
226. *Second Report from the Committee on Welsh Affairs – Vol II*, t. 373.
227. *Second Report from the Committee on Welsh Affairs – Vol II*, t. 373.
228. CPJM, Papurau ADA, *Minutes of the one hundred and thirty ninth meeting of the Welsh Advisory Committee*, 27 Mehefin 1980, t. 6.
229. Cyfweliad yr awdur gyda Huw Jones, Llandwrog, 2 Tachwedd 2010.
230. Cyfweliad yr awdur gyda Huw Jones, Llandwrog, 2 Tachwedd 2010. Nid pob cynhyrchydd annibynnol a oedd â diddordeb er hynny: bwriadodd Dennis Jones o Ffilmiau Eryri, er enghraifft, sefydlu menter debyg ei hun.
231. Bu rhaid benthyca arian gan Awdurdod Datblygu Cymru, sicrhau grant datblygu rhanbarthol, trefnu cytundeb ariannu offer trwy les a benthyciad o'r banc er mwyn ariannu'r gweddill. Huw Jones fu'n gyfrifol am y rhan helaeth o'r agwedd hon o'r gwaith paratoadol. Cyfweliad yr awdur gyda Huw Jones, Llandwrog, 2 Tachwedd 2010.
232. Cododd anghydfod rhwng S4C a Gwilym Owen am y rhaglenni cwis hyn, a hynny gan fod swyddogion S4C yn argyhoeddedig nad oeddent wedi eu comisiynu, tra honnai Gwilym Owen ei fod wedi derbyn cadarnhad. Bu'r digwyddiad hwn yn un o'r rhesymau pam y bu i Gwilym Owen adael ei swydd fel rheolwr gyfarwyddwr Barcud a hefyd pam y talwyd ei fuddsoddiad gwreiddiol yn ôl iddo. Cyfweliad yr awdur gyda Huw Jones, Llandwrog, 2 Tachwedd 2010; Gwilym Owen, *Crych Dros Dro* (Caernarfon, 2003), tt. 183–9.
233. CS4C, *Adroddiad y Cyfarwyddwr i'r Awdurdod (Papur 6.82(4))* – Papur atodol

i Agenda ail gyfarfod ar hugain Awdurdod Sianel Pedwar Cymru, 7 Mai 1982, t. 3.
234. CPGTH, *Cofnodion cyfarfod cyntaf Awdurdod Sianel Pedwar Cymru*, t. 4.
235. CPGTH, *Cofnodion ail gyfarfod Awdurdod Sianel Pedwar Cymru*, t. 5.
236. CS4C, *Cyfarfodydd Cynhyrchwyr Annibynnol – Anerchiad y Cyfarwyddwr*, t. 1.
237. CS4C, *Cyfarfodydd Cynhyrchwyr Annibynnol – Anerchiad y Cyfarwyddwr*, t. 2.
238. Cyfweliad yr awdur gyda Wil Aaron, Llandwrog, 1 Hydref 2010. *Hel Straeon* oedd y gyfres hir gyntaf a gomisiynwyd gan y cynhyrchwyr annibynnol yn 1985–6.
239. CS4C, *Cyfarfodydd Cynhyrchwyr Annibynnol – Anerchiad y Cyfarwyddwr*, t. 2.
240. CS4C, *Cyfarfodydd Cynhyrchwyr Annibynnol – Anerchiad y Cyfarwyddwr*, t. 3.
241. CS4C, *Nodiadau Golygyddol Rhaglenni i'r Cyfarwyddwr – Papur Atodol i Agenda nawfed cyfarfod Awdurdod Sianel Pedwar Cymru*, 20–1 Mehefin 1981, t. 2.
242. CS4C, *Nodiadau Golygyddol Rhaglenni i'r Cyfarwyddwr – Papur Atodol i Agenda nawfed cyfarfod Awdurdod Sianel Pedwar Cymru*, t. 2.
243. CS4C, *Nodiadau'r Golygydd Rhaglenni i'r Cyfarwyddwr – Papur Atodol i Agenda degfed cyfarfod Awdurdod Sianel Pedwar Cymru*, 12 Gorffennaf 1981, t. 1.
244. CS4C, *Nodiadau'r Golygydd Rhaglenni i'r Cyfarwyddwr – Papur Atodol i Agenda degfed cyfarfod Awdurdod Sianel Pedwar Cymru*, t. 1. Nododd John Osmond yn ei erthygl yn *Arcade* ym Mawrth 1982 fod 24 o aelodau o staff HTV a 18 o aelodau o staff y BBC wedi gadael er mwyn ffurfio cwmnïau annibynnol. John Osmond, 'Fight for the Future of Television in Wales', *Arcade*, 33, 5 Mawrth 1982.
245. *Second Report from the Committee on Welsh Affairs – Vol II*, t. 376.
246. Cyfweliad yr awdur gyda Chris Grace, Caerdydd, 29 Tachwedd 2010.
247. Cyfweliad yr awdur gyda Robin Lyons, Caerdydd, 15 Hydref 2010.
248. Cyfweliad yr awdur gyda Robin Lyons, Caerdydd, 15 Hydref 2010.
249. Trodd Mike Young a Robin Lyons at Roger Fickling am gyngor er mwyn dod o hyd i animeiddiwr a allai gydweithio â hwy er mwyn cynhyrchu'r gyfres, ac ef a argymhellodd eu bod yn cysylltu â Dave Edwards. Cyfweliad yr awdur gyda Robin Lyons, Caerdydd, 15 Hydref 2010.
250. CS4C, *Blwyddyn i Fynd (Papur 15.81(2))*, t. 1.
251. CS4C, *Blwyddyn i Fynd (Papur 15.81(2))*, t. 1.
252. CS4C, *Adroddiad y Cyfarwyddwr i'r Awdurdod – Papur Atodol i Agenda deunawfed cyfarfod Awdurdod Sianel Pedwar Cymru*, 5 Chwefror 1982, tt. 3–4.
253. CS4C, *Adroddiad y Cyfarwyddwr i'r Awdurdod – Papur Atodol i Agenda deunawfed cyfarfod Awdurdod Sianel Pedwar Cymru*, tt. 3–4.
254. CS4C, *Adroddiad y Cyfarwyddwr i'r Awdurdod – Papur Atodol i Agenda deunawfed cyfarfod Awdurdod Sianel Pedwar Cymru*, tt. 5–6.
255. CS4C, *Y Darnau'n Disgyn i'w Lle – Papur atodol i Agenda ugeinfed cyfarfod Awdurdod Sianel Pedwar Cymru*, 21–2 Mawrth 1982, t. 1.
256. CS4C, *Y Darnau'n Disgyn i'w Lle*, t. 2.
257. CS4C, *Y Darnau'n Disgyn i'w Lle*, t. 3.
258. CS4C, *Y Darnau'n Disgyn i'w Lle*, t. 3; amcangyfrifwyd yn 1984 fod y

cynhyrchwyr annibynnol yn cyflogi rhwng 500 a 750 o weithwyr, gyda'r twf mwyaf yng Ngwynedd a dociau Caerdydd: CS4C, *Nodiadau ar Wythfed Cyfarfod Pwyllgor Cymreig yr Awdurdod Darlledu Annibynnol i Drafod Rhaglenni 'Annibynnol' S4C*, 2 Tachwedd 1984, t. 2.

259. CS4C, *Cofnodion degfed cyfarfod ar hugain Awdurdod Sianel Pedwar Cymru*, 5 Tachwedd 1982, t. 5.
260. CS4C, *Cofnodion Degfed cyfarfod ar hugain Awdurdod Sianel Pedwar Cymru*, t. 5.
261. *'Blwyddyn i Fynd' (Papur 15.81(2))*, t. 1; CS4C, *Cofnodion unfed cyfarfod ar bymtheg Awdurdod Sianel Pedwar Cymru*, t. 2.
262. CS4C, *Cofnodion Unfed cyfarfod ar bymtheg Awdurdod Sianel Pedwar Cymru*, t. 2; Kate Woodward, 'Y cleddyf ym mrwydr yr iaith: Y Bwrdd Ffilmiau Cymraeg 1970–86' (traethawd PhD anghyhoeddedig, Prifysgol Cymru, Aberystwyth, 2009), 243, astudiaeth sydd bellach wedi ei chyhoeddi yn rhan o'r gyfres Y Meddwl a'r Dychymyg Cymreig: Kate Woodward, *Cleddyf ym Mrwydr yr Iaith? Y Bwrdd Ffilmiau Cymraeg* (Caerdydd, 2013).
263. CS4C, *Cofnodion ail gyfarfod ar hugain Awdurdod Sianel Pedwar Cymru*, 7 Mai 1982, t. 2.
264. Gerald Williams, 'Producer loses post after overspending', *Daily Post*, 1 Gorffennaf 1982; Western Mail Reporter, 'Overspent S4C film epic may be scrapped', *Western Mail*, 1 Gorffennaf 1982; Paul Hoyland, 'Welsh TV spectacular costs producer his job', *The Guardian*, 2 Gorffennaf 1982; Glyn Evans, 'Bwch dihangol y "gravy train"?', *Y Cymro*, 6 Gorffennaf 1982, 5–6; Dienw, 'Dewch ar y Trên Bach', *Lol* (haf 1982), 4.
265. CS4C, *Cofnodion pumed cyfarfod ar hugain Awdurdod Sianel Pedwar Cymru*, 28–9 Mehefin 1982, t. 2; CS4C, *Adroddiad y Cyfarwyddwr (Papur 9.82(9)) – Papur Atodol i Agenda pumed cyfarfod ar hugain Awdurdod Sianel Pedwar Cymru*, 28–9 Mehefin 1982, t. 1.
266. Woodward, 'Cleddyf ym mrwydr yr iaith: Y Bwrdd Ffilmiau Cymraeg 1970–86', 241.
267. CS4C, llythyr oddi wrth Muiris MacConghail at Awdurdod Sianel Pedwar Cymru, 30 Mehefin 1982. Mae natur ychydig yn ganmoliaethus y llythyr hwn yn awgrymu mai ei bwrpas oedd sicrhau fod gan y sianel dystiolaeth o werth y ffilm petai unrhyw ffrwgwd cyhoeddus ynglŷn â'r arian ychwanegol a wariwyd arni.
268. CS4C, llythyr oddi wrth Muiris MacConghail at Awdurdod Sianel Pedwar Cymru, 30 Mehefin 1982.
269. CPGTH, *Cofnodion trydydd cyfarfod Awdurdod Sianel Pedwar Cymru*, t. 4.
270. CPGTH, *Cofnodion cyfarfod cyntaf Awdurdod Sianel Pedwar Cymru*, t. 1.
271. CPGTH, *Cofnodion chweched cyfarfod Awdurdod Sianel Pedwar Cymru*, 26–7 Ebrill 1981, t. 2.
272. CPGTH, *Cofnodion nawfed cyfarfod Awdurdod Sianel Pedwar Cymru*, t. 2. Daeth y slogan fuddugol gan ŵr o Harlech o'r enw Phil Mostert a enillodd gyda'r datganiad 'Dewch ar ddec S4C'; Gwilym, '"Equity yn hunanol" – Pennaeth S4C'.

273. CS4C, *Cofnodion pymthegfed cyfarfod Awdurdod Sianel Pedwar Cymru*, t. 3.
274. *Hansard*, House of Commons, 22 Gorffennaf 1981, col. 137.
275. Maggie Brown, *A Licence to be Different: The Story of Channel 4* (London, 2007), t. 49. S4C a benododd y cwmni yn gyntaf, ac fe'i cafodd yn rhatach o lawer na C4. Cyfweliad yr awdur gyda Euryn Ogwen Williams, Caerdydd, 26 Ionawr 2007.
276. CS4C, *Cofnodion pymthegfed cyfarfod Awdurdod Sianel Pedwar Cymru*, t. 3.
277. 'English S4C logo attacked', *Western Mail*, 27 Chwefror 1982.
278. Angharad Tomos, 'Cadwn y Ddelfryd', *Tafod y Ddraig*, Ebrill 1982. Mae'r erthygl hon hefyd yn amlygu pryder arall a fynegwyd cyn i'r sianel fynd ar yr awyr, sef y byddai mwyafrif oriau darlledu'r sianel yn cael eu llenwi â rhaglenni Saesneg.
279. 'Ail-ystyried "logo" S4C', *Y Cymro*, 16 Mawrth 1982.
280. CS4C, *Cofnodion pedwerydd cyfarfod ar bymtheg Awdurdod Sianel Pedwar Cymru*, t. 1.
281. CS4C, *Cofnodion unfed cyfarfod ar hugain Awdurdod Sianel Pedwar Cymru*, 2 Ebrill 1982, t. 1.
282. Arfon Gwilym, '"Equity yn hunanol" – Pennaeth S4C', *Y Cymro*, 11 Awst 1981.
283. Gwilym, '"Equity yn hunanol" – Pennaeth S4C'.
284. Cyhoeddwyd newyddlen dwyieithog bob deufis o Dachwedd 1981 ymlaen. CS4C, *Cofnodion pymthegfed cyfarfod Awdurdod Sianel Pedwar Cymru*, t. 1.
285. CS4C, *Cyhoeddusrwydd (1.82(7)) – Papur Atodol i Agenda ail gyfarfod ar bymtheg Awdurdod Sianel Pedwar Cymru*, 8 Ionawr 1982, t. 3.
286. CS4C, *Cyhoeddusrwydd (1.82(7)) – Papur Atodol i Agenda ail gyfarfod ar bymtheg Awdurdod Sianel Pedwar Cymru*, t. 3.
287. 'Double launch for S4C – levy system adjusted', *Television Today*, 29 February 1982; Patricia Williams, 'How green is the Sianel?', *Broadcast*, 1 March 1982, 16.
288. Rhydwen Williams, 'Gorau Barn... Gorau Chwedl', *Barn*, Mawrth 1982, 57–60; dienw, 'St. David's day launch for Fourth Channel authority', *South Wales Argus*, 1 March 1982; Clive Betts, 'Superted and Wil can seal secure future for S4C', *Western Mail*, 2 March 1982; dienw, 'Welsh Fourth channel is officially launched', *Daily Post*, 2 March 1982; Gerald Williams, 'Milestone for new TV channel', *Daily Post*, 2 March 1982; Gerald Williams, 'Channel launch is "language lifeboat"', *Daily Post*, 2 March 1982; dienw, 'Bwrlwm y Sianel Newydd', *Y Cymro*, 3 Mawrth 1982.
289. Tim Jones, 'Testing time for Welsh TV channel', *The Times*, 2 March 1982; Sean Day-Lewis, 'David's Day Launch for Welsh TV', *Daily Telegraph*, 2 March 1982; 'Superted, a hero for Wales', *Daily Express*, 2 March 1982; Paul Hoyland, 'Welsh channel 4 on, but no Harlech deal', *The Guardian*, 2 March 1982; Robin Reeves, 'Channel S4C puts Welsh talents in the picture', *Financial Times*, 2 March 1982.

290. Williams, 'How green is the Sianel?', 16–19; Wynford Vaughan Thomas, 'Trwy'r Awyr', *Broadcast*, 1 March 1982, 20–1.
291. Hoyland, 'Welsh channel 4 on, but no Harlech deal'.
292. 'Welsh Fourth channel is officially launched'; 'Superted, a hero for Wales'.
293. Tomos, 'Cadwn y Ddelfryd'.
294. Tomos, 'Cadwn y Ddelfryd'.
295. Tomos, 'Cadwn y Ddelfryd'. Y 'ni' y cyfeirir atynt yn yr erthygl yw Cymdeithas yr Iaith ac, yn fwy penodol, at y rhai a frwydrodd dros sianel Gymraeg.
296. CPGTH, *Cofnodion cyfarfod cyntaf Awdurdod Sianel Pedwar Cymru*, tt. 2–3.
297. Archif BBC Cymru, Caerdydd, Ffeil M. Brooke 3573, *Advisory Structure for Sianel Pedwar Cymru – A Preliminary Note by Eirion Lewis (IBA) and Michael Brooke (BBC)*, 19 Mehefin 1981.
298. *Advisory Structure for Sianel Pedwar Cymru – A Preliminary Note by Eirion Lewis (IBA) and Michael Brooke (BBC)*, t. 1.
299. *Advisory Structure for Sianel Pedwar Cymru – A Preliminary Note by Eirion Lewis (IBA) and Michael Brooke (BBC)*, t. 2.
300. *Advisory Structure for Sianel Pedwar Cymru – A Preliminary Note by Eirion Lewis (IBA) and Michael Brooke (BBC)*, t. 4. Rhagwelwyd y byddai cyfarfodydd y pwyllgor yn cael eu rhannu'n ddau er mwyn i'r rhan gyntaf ymdrin â materion Cymraeg gyda'r aelodau Cymraeg, ac yna'r prynhawn i drafod darpariaeth Saesneg y sianel a materion cyffredinol. Credid y byddai'r cynllun hwn yn arbed peth arian gan nad oedd angen am offer cyfieithu ar y pryd.
301. CS4C, *Nodyn ar Gyrff Ymgynghorol S4C (Papur 2.82(7)) – Papur Atodol i Agenda deunawfed cyfarfod Awdurdod Sianel Pedwar Cymru*, 5 Chwefror 1982, t. 1.
302. CPGTH, *Cofnodion nawfed cyfarfod Awdurdod Sianel Pedwar Cymru*, t. 3.
303. CS4C, *Cofnodion deuddegfed cyfarfod Awdurdod Sianel Pedwar Cymru*, t. 3.
304. CS4C, *Cofnodion unfed cyfarfod ar hugain Awdurdod Sianel Pedwar Cymru*, t. 1.
305. CS4C, *Cofnodion unfed cyfarfod ar hugain Awdurdod Sianel Pedwar Cymru*, t. 1.
306. CS4C, *Cofnodion wythfed cyfarfod ar hugain Awdurdod Sianel Pedwar Cymru*, t. 1.
307. CS4C, *Nodyn ar Gyrff Ymgynghorol S4C (Papur 2.82(7))*, t. 1.
308. CS4C, *Cofnodion trydydd cyfarfod ar ddeg Awdurdod Sianel Pedwar Cymru*, t. 4.
309. Aelodau'r panel crefydd oedd Y Parch. Hugh Rowlands (cadeirydd), Y Gwir Barch. George Noakes, Dr Harri Pritchard Jones, Mrs Rebecca Powell, Y Parch. D. R. Thomas a Dr Geraint Gruffydd. Aelodau'r panel addysg oedd Mr John Brace (cadeirydd), Mr Edward Morus Jones, Yr Athro I. M. Williams, Miss Rhiannon Rees (hyd diwedd 1982) a Mr Alun Jones (o ddechrau 1983).
310. Aelodau'r panel apeliadau oedd Dr Alun Oldfield-Davies (cadeirydd), Y Fonesig Goronwy Roberts a'r Parch. Herbert Hughes.
311. Dienw, 'Y Bedwaredd Sianel … Sut Sianel?', *Barn*, Ionawr 1981, 20–5.
312. CPJM, *Minutes of the one hundred and thirty fifth meeting of the Welsh Committee – ADA*, 4 Ionawr 1980, t. 3.

313. CPJM, *Mintues of the one hundred and thirty eighth meeting of the Welsh Committee – ADA*, 1 Mai 1980, t. 2.
314. BBC WAC, Caversham, R78/26/3, *Minutes of the 309th meeting of the Broadcasting Council of Wales*, 23 Mai 1980, t. 3. Mynegodd Geraint Stanley Jones, pennaeth rhaglenni'r BBC, nad oedd gofod digonol yn y *Radio Times* i gynnwys manylion rhaglenni Cymraeg ITV, hyd yn oed petai'r syniad yn un deniadol.
315. CPGTH, *Cofnodion trydydd cyfarfod Awdurdod Sianel Pedwar Cymru*, t. 7.
316. CS4C, *Adroddiad y Cyfarwyddwr – Papur Atodol i Agenda nawfed cyfarfod Awdurdod Sianel Pedwar Cymru*, t. 1; CS4C, *Cyhoeddusrwydd (Papur 1.82 (7)) – Papur Atodol i Agenda ail gyfarfod ar bymtheg Awdurdod Sianel Pedwar Cymru*, t. 1.
317. CS4C, *Adroddiad y Cyfarwyddwr – Papur Atodol i Agenda nawfed cyfarfod Awdurdod Sianel Pedwar Cymru*, t. 1.
318. CS4C, *Cyhoeddusrwydd (Papur 1.82 (7))*, t. 1.
319. CS4C, *Cofnodion unfed cyfarfod ar ddeg Awdurdod Sianel Pedwar Cymru*, 6 Awst 1981, t. 2.
320. CS4C, *Adroddiad y Cyfarwyddwr i'r Awdurdod – Papur Atodol i Agenda unfed cyfarfod ar bymtheg Sianel Pedwar Cymru*, 4 Rhagfyr 1981, t. 2.
321. CS4C, *Cofnodion unfed cyfarfod ar bymtheg Sianel Pedwar Cymru*, t. 1.
322. CS4C, *Cyhoeddusrwydd (Papur 1.82 (7))*, t. 2.
323. CS4C, *Cofnodion nawfed cyfarfod ar hugain Awdurdod Sianel Pedwar Cymru*, 1 Hydref 1982, t. 2.
324. CS4C, *Cofnodion nawfed cyfarfod ar hugain Awdurdod Sianel Pedwar Cymru*, t. 2.
325. CS4C, *Cyhoeddusrwydd (Papur 1.82 (7))*, t. 2.
326. CS4C, *Cyhoeddusrwydd (Papur 1.82 (7))*, t. 2.
327. CS4C, *Adroddiad y Cyfarwyddwr i'r Awdudrod – Papur Atodol i Agenda unfed cyfarfod ar bymtheg Sianel Pedwar Cymru*, t. 1.
328. CS4C, *Cofnodion deunawfed cyfarfod Awdurdod Sianel Pedwar Cymru*, 5 Chwefror 1981, t. 2.
329. CS4C, *Cyhoeddusrwydd (Papur 1.82 (7))*, t. 1.
330. CS4C, *Adroddiad y Cyfarwyddwr i'r Awdurdod (Papur 3.82(4)) – Papur Atodol i Agenda pedwerydd cyfarfod ar bymtheg Awdurdod Sianel Pedwar Cymru*, 5 Mawrth 1982, t. 2.
331. CS4C, *Cofnodion ugeinfed cyfarfod Awdurdod Sianel Pedwar Cymru*, t. 1.
332. CS4C, *TV Times Magazine – Papur Atodol i Agenda seithfed cyfarfod ar hugain Awdurdod Sianel Pedwar Cymru*, 4 Awst 1982.

3

Gwireddu'r Arbrawf – Darllediadau Cyntaf ac Argraffiadau'r Gynulleidfa

Yn dilyn degawdau o wrthdystio ac ymgyrchu, ac wedi 18 mis o baratoi ar ran Awdurdod Sianel Pedwar Cymru a'i swyddogion, ar ddiwrnod cyntaf Tachwedd 1982 gwireddwyd yr arbrawf darlledu a roddwyd i Gymru. Bwriad y bennod hon yw trafod a dadansoddi'r noson agoriadol hirddisgwyliedg honno, ynghyd â'r wythnosau a'r misoedd cyntaf o ddarlledu ar y sianel. Ystyrir ymateb y wasg a'r gynulleidfa i'r darllediadau cynnar, gan holi sut a pham y newidiodd yr ymateb wrth i'r chwilfrydedd cynnar ynglŷn â gwasanaeth cyflawn, neilltuedig ar un sianel benodedig ddiflannu. Trafodir ffigurau gwylio a gwerthfawrogiad y sianel ynghyd â'r newidiadau a weithredwyd gan y swyddogion i ymateb i'r patrymau gwylio newydd wrth geisio cynnal a chadw diddordeb y gynulleidfa Gymraeg yn wyneb apêl a safon rhaglenni Saesneg ar y sianeli eraill. Nid oedd modd i swyddogion y sianel laesu dwylo felly wrth i'r cyfnod prawf fynd rhagddo.

Noson agoriadol

Darlledodd Sianel Pedwar Cymru am y tro cyntaf ar 1 Tachwedd 1982, gan achub y blaen ar Channel 4 (C4) a ddechreuodd ddarlledu ddiwrnod yn ddiweddarach. Yr oedd llwyddo i ddechrau darlledu cyn C4 yn sicrhau bod S4C yn gwireddu un o ddyheadau gwreiddiol yr ymgyrchwyr y byddai'r sianel Gymraeg yn cael ei lansio gyntaf. Ond gan mai diwrnod yn unig a oedd rhyngddynt ni chafwyd digon o amser i sicrhau bod y sianel wedi llwyr ymsefydlu ac ennill teyrngarwch y gynulleidfa cyn i C4 gystadlu â hi am y gwylwyr a oedd yn byw ar y ffin ac yn gallu derbyn darllediadau'r ddwy sianel. Yr oedd y dyddiad arbennig hwn yn benllanw gwaith ac ymdrech aruthrol, ond megis dechrau yr oedd y llafur caled mewn gwirionedd. Treuliodd aelodau'r awdurdod, ac eithrio Syr

Goronwy Daniel a Gwilym Peregrine, cynrychiolydd yr Awdurdod Darlledu Annibynnol (ADA), y noson agoriadol yn swyddfeydd y sianel yng Nghaerdydd yn gwylio'r darllediadau ac yn rhannu yn y bwrlwm.¹ Bu Syr Goronwy a Gwilym Peregrine yn gwylio'r noson o bencadlys yr ADA yn Brompton Road, Llundain.²

Ni chafwyd diwrnod llawn o ddarllediadau ddydd Llun, 1 Tachwedd 1982, ond yn hytrach darlledwyd y rhaglen gyntaf am chwech o'r gloch yr hwyr. Agorwyd y darllediad cyntaf a gyhoeddai ddechreuad darlledu Cymraeg ar un sianel bwrpasol gyda delwedd o swyddfeydd y sianel, y logo wedi ei oleuo uwchben y fynedfa a sain ffanffer nodweddiadol o gerddoriaeth electroneg yr 1980au wedi ei gymysgu â sain telyn. Cyfarchwyd y gynulleidfa gan Owen Edwards a safai yn nerbynfa swyddfeydd S4C yng Nghlos Soffia gyda'r geiriau: 'Croeso cynnes iawn, iawn i chi ymuno â ni yma am y tro cyntaf ar aelwyd Sianel Pedwar Cymru. Rŵan, hawdd cynnau tân ar hen aelwyd medde'r gair yntê, ond ein bwriad ni ydi cynnau coelcerth ar aelwyd newydd.'³ Pwysleisiodd Owen Edwards y gair 'aelwyd' yn ei gyfarchiad, gan y rhoddai argraff gref o'r naws yr oedd y sianel yn anelu ati, sef creu sianel a fyddai'n aelwyd glyd a chysurus, lle teimlai cynulleidfaoedd Cymraeg yn gartrefol, naws a ddatblygwyd ymhellach yn arddull gyflwyno'r sianel. Yn dilyn ei gyfarchiad Cymraeg, cafwyd cyfarchiad Saesneg i'r gwyliwr di-Gymraeg, ond nid cyfieithiad uniongyrchol o'r brawddegau Cymraeg a gafwyd, ond yn hytrach gyfarchiad sy'n cyfeirio'n benodol at yr hyn a gynigiai'r sianel i'r gwyliwr hwnnw. Mae'r munudau agoriadol hyn yn dangos hyder y sianel newydd yn neuoliaeth ei bodolaeth, yn y ffaith ei bod yn ceisio diwallu anghenion dwy gynulleidfa wahanol. Wrth i'r sianel ymwrthod â'r cymhelliad i gyfieithu yn slafaidd o un iaith i'r llall, ceir tystiolaeth o'r ymwybyddiaeth a gaed ymhlith staff y sianel o anghenion gwahanol y ddwy gynulleidfa a dealltwriaeth mai'r hyn a oedd yn bwysig i'r gwyliwr di-Gymraeg oedd cael gwybodaeth am y rhaglenni Saesneg a geid ar y sianel ac nid amlinelliad o dwf rhaglenni cyfrwng Cymraeg. Yr oedd y weithred fechan hon yn dystiolaeth o ymwybyddiaeth y swyddogion o'r tensiynau cynulleidfaol hynny nad oedd wedi diflannu gyda geni S4C.

Fel rhan o'r rhaglen groeso cyflwynwyd gan Owen Edwards a'r cyflwynwyr newydd Robin Jones, Siân Thomas a Rowena Jones–Thomas ragflas o'r rhaglenni a fyddai'n diddanu cynulleidfaoedd Cymraeg dros yr wythnosau a'r misoedd i ddod. Dangoswyd clipiau di-rif o'r rhaglenni amrywiol *Mentro! Mentro!*, *Anturiaethau Syr Wymff a Plwmsan*, *Joni Jones*, *Gwydion*, *Y Mab Darogan*, *Ar Log, Ar Log* a *Hapnod*.⁴ Dangoswyd hefyd y bennod gyntaf o anturiaethau arth enwocaf Cymru sef *SuperTed a Thrysor yr*

Incas, gan fodloni'r disgwyliadau a feithrinwyd wedi dangos clipiau o'r gyfres yn ystod lansiad y sianel ar Ddydd Gŵyl Dewi 1982.[5] Yr oedd dangos y rhaglen ar y noson agoriadol hefyd yn fodd i fagu a meithrin cynulleidfa eang o bob oed i'r sianel, gan fod animeiddio, yn enwedig animeiddio gwreiddiol yn y Gymraeg, yn rhyfeddod cwbl newydd i'r gynulleidfa.

Defnyddiwyd y rhaglen gyntaf hefyd er mwyn hysbysu'r gynulleidfa ddi-Gymraeg o'r cynnwys a fyddai ar gael i'w diddanu hithau ar y sianel newydd a dangos yn glir na fyddai'r gwyliwr di-Gymraeg yn cael ei amddifadu o raglenni C4. Cafwyd cyfarchiad Cymraeg gan Jeremy Isaacs, pennaeth C4, a gyflwynodd ragflas o'r arlwy arloesol gan C4 a fyddai'n llenwi'r amserlen o amgylch y rhaglenni Cymraeg,[6] rhaglenni megis yr opera sebon newydd a leolwyd yn Lerpwl, *Brookside*, cynhyrchiad y Theatr Genedlaethol yn Llundain o *Nicholas Nickleby*, rhaglenni chwaraeon newydd ar dwrnameintiau pêl-fasged ym Mhrydain, rhaglenni ar bêl-droed Americanaidd (a brynid gan ddarlledwyr o'r Unol Daleithiau), rhaglenni rhyngwladol a rhaglenni ar gyfer pobl ifanc – dau faes, ym marn Jeremy Isaacs, a esgeuluswyd gan sianeli eraill y DU.[7] O gofio y byddai rhaglenni Saesneg yn llenwi mwy na 50 o oriau darlledu wythnosol y sianel, o'u cymharu â'r 22 awr o gynnwys Cymraeg, yr oedd marchnata'r cynnwys hwnnw yr un mor bwysig a thyngedfennol i'w llwyddiant.

3. Golygfa o bennod 'Chewing Gum' *Joni Jones*
(Llun: trwy ganiatâd S4C)

Er mwyn rhoi bri i'r sianel ac adlewyrchu'r gefnogaeth a geid iddi darlledwyd cyfarchion gan unigolion megis Dr Terry James, brodor o Gydweli a oedd bellach yn byw ac yn gweithio yn Hollywood a Leo Goodstadt, brodor o sir Benfro a oedd yn ddarlledwr ar deledu Hong Kong. Ynghyd â'r Cymry alltud hyn cafwyd cyfarchion gan unigolion nad oedd â chyswllt amlwg â Chymru na'r Gymraeg, unigolion megis Bjorn Borg, y chwaraewr tenis ac enillydd y gystadleuaeth Miss World o Venezuela.[8]

Nid unigolion enwog oedd yr unig rai a gafodd gyfle i leisio barn am y sianel newydd a'u disgwyliadau ohoni yn ystod y noson gyntaf. Anfonwyd dau gyflwynydd, Gwenda Rees a Richard Morris Jones, i Wynedd a Dyfed er mwyn holi'r trigolion yno am eu barn ar y datblygiad newydd a'r math o raglenni yr hoffent eu gweld. Darlledwyd nifer o gyfweliadau byrion Cymraeg a Saesneg gyda nifer yn mynegi eu disgwyliadau am ragor o raglenni chwaraeon, cerddoriaeth bop a dramâu Cymraeg, ond yn eu plith yr oedd rhai sylwadau ychydig yn annisgwyl hefyd. Datganodd un wraig o Wynedd nad oedd am wylio'r sianel gan ei bod yn argyhoeddedig na fyddai'n deall y math o Gymraeg a ddefnyddid yn y rhaglenni a chyfweliad â Chymro di-Gymraeg a gredai y byddai gormod o Saesneg ar y sianel newydd ac nad oedd hi felly yn sianel Gymraeg.[9] Mae'r cyfweliadau byrion hyn yn esiampl eto o natur hyderus y sianel ar ei noson gyntaf, yn fodlon cyfaddef a chyhoeddi nad oedd yr ymdrechion marchnata wedi llwyddo i argyhoeddi pob siaradwr Cymraeg o'i rhinweddau na'u perswadio i wylio, gan ddangos bod llawer o waith yn wynebu'r sianel i oresgyn rhagfarnau.

Tra penderfynodd S4C ddarlledu yn y modd hwn, nid felly y bu ar C4 yn narllediadau agoriadol y sianel honno ar 2 Tachwedd 1982. Yn hytrach na chreu rhaglen groeso a chynnig rhagflas a chyfarchion i'r sianel, penderfynwyd darlledu'r gwasanaeth arferol a fyddai'n nodweddiadol o unrhyw brynhawn dydd Mawrth arall, gan ddechrau gyda'r rhaglen *Countdown* gyda'r cyflwynydd Richard Whiteley wrth y llyw.[10] Dengys y dulliau gwahanol o drefnu eu nosweithiau agoriadol y gwahaniaeth agwedd a gaed rhwng S4C a C4, a'r gwahaniaeth sylfaenol yn natur eu bodolaeth. O'u cymharu, gellid gweld bod S4C yn ymwybodol fod angen perswadio'r gynulleidfa i gynhesu at y patrwm newydd o ddarlledu rhaglenni Cymraeg a hynny mewn cyfnod cymharol fyr, er mwyn sicrhau canlyniad ffafriol wedi adolygiad y Swyddfa Gartref. Yr oedd amserlen S4C hefyd yn fwy cymhleth nag unrhyw sianel arall gan ei bod yn ceisio diwallu anghenion dwy gynulleidfa, ac felly yr oedd rheidrwydd esbonio patrwm darlledu'r arlwy i'r gynulleidfa er mwyn ceisio osgoi unrhyw ddryswch andwyol a allai arwain at adwaith negyddol tuag ati o du'r Cymry Cymraeg a'r di-Gymraeg.

Dilynwyd yr awr agoriadol ar S4C gan y rhifyn cyntaf o *Newyddion Saith*, a darlledwyd bwletin 30 munud o'r rhaglen newyddion genedlaethol a rhyngwladol gyntaf yn y Gymraeg; er mwyn pwysleisio'r datblygiad newydd rhyngwladol hwn i'r gwasanaeth, cafwyd adroddiadau o etholiadau canol-tymor America ac ymweliad y Pab â Sbaen, ynghyd â nifer o straeon lleol o Brestatyn i Gwmbrân, ac o Aberaeron i Gaerdydd. Er sicrwydd swyddogion S4C a'r BBC y byddai'r gynulleidfa'n gwerthfawrogi'r newid pwyslais yn y newyddion, rhagwelwyd trafferthion i'r gwasanaeth uchelgeisiol gan y *Guardian* wrth i'w newyddiadurwr nodi: 'This welcome innovation could prove difficult to maintain, if only because of the need to find fluent Welsh speakers in foreign parts.'[11] Ni chanolbwyntiwyd ar yr elfen arloesol yn erthyglau'r *Western Mail* drannoeth y darllediad. Cyfeiriwyd yn hytrach, a hynny mewn modd gwawdlyd, at y gyfran o Saesneg a gaed yn yr adroddiad a gyflwynwyd ar gynhadledd y CBI (Confederation of British Industry) yn Eastbourne, sef prif stori'r bwletin.[12] Mewn gwirionedd yr oedd hi'n syndod fod y newyddion wedi ei ddarlledu o gwbl y noson honno, oherwydd trafferthion undebol rhwng Undeb Cenedlaethol y Newyddiadurwyr (UCN) a phenaethiaid y BBC.[13]

Dilynwyd y newyddion gan raglen gyntaf o'r gyfres *Cerddwn Ymlaen*, gyda Dafydd Iwan ac Ar Log yn cyflwyno eu caneuon mwyaf poblogaidd ac yn rhoi llwyfan i westeion a cherddorion o Gymru a'r gwledydd Celtaidd.[14] Yna cafwyd eitem fer a elwid yn *Bro* lle gwelid plant Ysgol Gynradd Llangadog yn cyflwyno eu hardal i'r genedl. Yr oedd eitemau fel y rhain yn amlygu'r ymdrechion i geisio sicrhau bod y gynulleidfa Gymraeg yn teimlo perchenogaeth ar y sianel. Roedd yr eitemau yn rhan o strategaeth ehangach y sianel i geisio uno'r gynulleidfa a lleddfu'r gwahaniaethau ieithyddol a chymunedol honedig a geid rhwng y gogledd a'r de, er cyn pen diwedd mis cyntaf darlledu'r sianel bu cwynion eu bod yn rhy blwyfol.[15]

Roedd dethol y comedi sefyllfa *Newydd Bob Nos* i'w darlledu am wyth o'r gloch ar y noson agoriadol yn gam dewr ac yn adlewyrchu hiwmor y staff amserlennu gan fod y rhaglen yn portreadu 'rhaglen newyddion teledu lle mae popeth yn mynd o chwith a bywyd tu ôl i'r llenni yn anhrefn llwyr'.[16] Pe bai pethau wedi mynd o'i le yn ystod y noson gyntaf, gallai'r rhaglen brofi'n gymhariaeth anffodus i'r sianel. Dilynwyd y rhaglen ysgafn hon gan y rhifyn cyntaf o'r gyfres *Almanac* a oedd yn dwyn y teitl 'Citizen Kane a Cynan', rhaglen a oedd yn olrhain perthynas y barwn papurau newydd William Randolph Hearst ag ardal Sain Dunwyd ym Mro Morgannwg a chyda'r Eisteddfod. Terfynwyd y darllediadau Cymraeg gyda phenawdau'r newyddion cyn y trosglwyddwyd i'r darllediadau Saesneg am hanner awr wedi naw. Er i'r darllediadau Cymraeg ddod i ben, yr oedd naws Gymreig i raglen gyntaf yr arlwy Saesneg, a hynny gan i S4C ddethol y rhaglen *Max Boyce Meets the Dallas Cowboys*, a oedd yn croniclo'r mis a dreuliodd y digrifwr Cymreig yng nghwmni'r tîm pêl-droed Americanaidd.[17] Mae'n amlwg i'r rhaglen gael ei dethol yn ofalus ac yn arbennig gan staff S4C er mwyn denu'r gwylwyr di-Gymraeg a'u hargyhoeddi bod S4C yn darparu cynnwys deniadol ar eu cyfer hefyd. Daeth darllediadau'r noson gyntaf i ben gyda'r ffilm *Network* (1976) a gyfarwyddwyd gan Sidney Lumet gyda pherfformiadau arobryn gan Faye Dunaway a Peter Finch.

Nid y trafferthion gyda UCN a'r gwasanaeth newyddion oedd yr unig drafferthion undebol a darfu ar noson agoriadol S4C. Caed anghydfod sylweddol rhwng Equity, yr undeb perfformwyr, a'r Institute of Practitioners in Advertising (IPA), a hynny gan fod yr IPA yn dymuno newid y patrwm a ddefnyddiwyd i dalu perfformwyr. Mynnai'r IPA newid y system a oedd yn cyfrif nifer y darllediadau a roddid i hysbyseb i batrwm newydd a fyddai'n dyrannu taliadau yn ddibynnol ar nifer y gwylwyr ar gyfer rhaglen neu sianel arbennig. Yr oedd Equity yn anhapus gyda'r cynllun arfaethedig hwn gan yr arweiniai at dâl llawer is i'w haelodau am hysbysebion a ddarlledid ar C4 a S4C, o'i gymharu â rhwydwaith ITV. Yr oedd undeb y perfformwyr yn mynnu fod ei aelodau yn derbyn yr un tâl am eu perfformiadau ar hysbysebion a ddarlledid ar ITV ac ar y bedwaredd sianel, a hyd y caed cytundeb ar hyn, gofynnwyd i'r aelodau beidio arwyddo cytundebau oni bai eu bod yn derbyn tâl a oedd yn gydradd â thelerau ITV.[18] O ganlyniad, ni chafwyd arlwy lawn o hysbysebion ar noson agoriadol S4C. Yr oedd HTV wedi llwyddo i werthu 37 munud a hanner o'r 40 munud o ofod hysbysebu ar gyfer y noson agoriadol, ond oherwydd yr anghydfod dim ond gwerth 16 munud o hysbysebion a gynhyrchwyd ac a ddarlledwyd.[19] Hysbysebion Banc y Midland, Eisteddfod Genedlaethol Ynys Môn a Hypervalue oedd y rhai a lwyddodd i osgoi'r anghydfod.[20]

Yr oedd yr ymateb i ddarllediadau agoriadol S4C ar y cyfan yn gadarnhaol a hynny yn nhermau'r ffigurau gwylio a'r ymateb i raglenni penodol. Yr oedd yr awdurdod yn enwedig yn hapus iawn gyda'r arlwy, ac er y nodwyd mannau lle gellid gwella, yr argraff gyffredinol oedd i'r noson agoriadol lwyddo i gyflwyno natur, naws a phersonoliaeth y sianel newydd:

> Er bod gan yr Awdurdod rai sylwadau beirniadol ar rai rhaglenni, bach oedd y rhain o'u cymharu â'r argraff ffafriol iawn a wnaeth y gwasanaeth

ar y cyfan arnyn nhw ac ar y rhelyw mawr o'u cydnabod. Buont yn canmol gwaith staff a gwneuthurwyr rhaglenni yn gosod stamp broffesiynol, hyderus, ond cartrefol ar y rhaglenni ac ar y sianel.[21]

Yr oedd ffigurau gwylio BARB hefyd yn cadarnhau i'r sianel gael noson ac wythnos gyntaf lwyddiannus gan iddi lwyddo i ddenu 12 y cant o'r gynulleidfa bosib yn ystod yr oriau brig, a chyfartaledd o 10 y cant o'r gynulleidfa bosibl gydol yr wythnos gyntaf. Yr oedd y ffigurau hyn yn cymharu'n ffafriol gyda chanrannau'r darlledwyr eraill hefyd, a llwyddodd y sianel i guro cyfran BBC2 o'r gynulleidfa yn yr oriau brig a oedd oddeutu 8 y cant. Ond yr oedd y ffigurau hyn, er yn barchus iawn i sianel newydd yn ceisio ennill ei phlwyf, yn bell o dorri tra-arglwyddiaeth y ddwy brif sianel ar draws yr oriau brig, gan fod eu cyfran hwy o'r gynulleidfa yn parhau oddeutu 36 y cant yn achos BBC1 a 43 y cant i HTV. Er hynny, yr oedd rhai rhaglenni yn ystod yr wythnos gyntaf wedi llwyddo i ddenu cynulleidfaoedd sylweddol, oherwydd newydd-deb y gwasanaeth a chwilfrydedd y gynulleidfa. Llwyddodd rhaglen groeso S4C i ddod yn ail i *Wales Today* a *Nationwide* ar y BBC, a'r noson ganlynol daeth nifer o raglenni S4C yn ail i raglenni HTV gyda *Newyddion Saith* yn ail i *Emmerdale Farm* a *Coleg* yn ail i *Give us a Clue*.[22]

4. Cast *Coleg*, un o lwyddiannau wythnos gyntaf darlledu S4C
(Llun: trwy ganiatâd ITV Cymru a Llyfrgell Genedlaethol Cymru)

Nid y ffigurau gwylio oedd yr unig ffon fesur a feddai'r sianel newydd wrth iddi bwyso a mesur llwyddiant ei hwythnos gyntaf. Derbyniwyd nifer fach o ymatebion gwylwyr yn uniongyrchol dros y ffôn neu drwy lythyr: dengys y rhain fod yr ymateb i'r gwasanaeth ar y cyfan yn ffafriol ond bod rhai elfennau ohono nad oedd yn llwyddo i foddhau pawb. Derbyniwyd canmoliaeth am y gwasanaeth Cymraeg gan 30 o wylwyr, sef 94 y cant o'r llythyrau a dderbyniwyd am y gwasanaeth Cymraeg.[23] Ond derbyniwyd 15 cwyn gyffredinol Saesneg, gyda phedair o'r rhain yn gwrthwynebu'r cynnwys Cymraeg ar y sianel.[24] Prif gŵyn y gwylwyr am y gwasaneth Saesneg oedd y defnydd o iaith aflednais a rhegfeydd, yn benodol y ffilm *Network* a ddarlledwyd ar y noson agoriadol yn ogystal â'r opera sebon newydd, *Brookside*.

Ond er i'r ymateb i'r gwasanaeth ar y cyfan fod yn ffafriol, cafwyd, megis adlais o'r trafferthion a fu'n wynebu'r darlledwyr yn ystod yr 1960au a'r 1970au, nifer o gwynion o du'r gwylwyr di-Gymraeg, wrth i'r cwmni cebl Rediffusion dderbyn nifer helaeth o alwadau yn yr oriau cyn i'r sianel ddechrau darlledu.[25] Ers ail dro pedol William Whitelaw ym Medi 1980, yr oedd Rediffusion a wasanaethai rannau helaeth o gymoedd de Cymru, nad oedd yn hanesyddol wedi gallu derbyn signalau darlledu addas gydag erial arferol, wedi ceisio sicrhau mai C4 a drosglwyddid i gartrefi ei gwsmeriaid yn hytrach na S4C.[26] Byddai hyn yn anwybyddu'r drwydded a ddaliai'r cwmnïau a fynnai mai gwasanaeth teledu'r ardal leol yn unig y dylid eu trosglwyddo ac ni ddylid darlledu gwasanaethau eraill ar draul y gwasanaeth lleol. Ond credai'r cwmnïau cebl y gallai'r rheol arwain at leihad yn y defnydd o'u gwasanaeth. Credant, gan mai dim ond pedair sianel a oedd gan y rhan helaeth o'r darparwyr, y byddai'r cwsmeriaid yn eu gadael gan na ellid cael y gwasanaeth Saesneg ychwanegol yr oeddent wedi arfer ag ef ac yr oeddent yn talu amdano.[27] Yr oedd nifer y siaradwyr Cymraeg yn yr ardaloedd hyn yn fychan ac felly teimlai'r cwmnïau na ellid cyfiawnhau mynnu mai S4C y dylai'r cwmnïau eu cario. Pe derbynnid y dadleuon hyn byddai'r gyfran o siaradwyr Cymraeg yn yr ardaloedd hynny yn cael eu hamddifadu'n llwyr o bob arlliw o wasanaeth Cymraeg, yn enwedig os oeddent yn rhan o'r 10 y cant na allai dderbyn gwasanaeth teledu trwy erial arferol.

Bu dadleuon y cwmnïau cebl yn rhai effeithiol, gan y llwyddwyd i ddarbwyllo'r Swyddfa Gartref bod rhaid gweithredu ar y mater, a chynigwyd consesiwn i'r cwmnïau cebl gan yr Ysgrifennydd Cartref, William Whitelaw:

> If a particular cable operator seeks permission to distribute the English-

language Fourth Channel rather than the Welsh-language Fourth Channel, and he is able to provide evidence that it is the wish of the majority of his subscribers, I am certainly willing to consider giving him such permission.[28]

Cyflwynwyd cyfle felly i'r cwmnïau cebl, ac aeth y cwmni Rediffusion ati yn ystod 1982 i drefnu pleidlais ymysg ei gwsmeriaid er mwyn cefnogi ei gais i ddarlledu C4 yn lle S4C.[29] Trefnwyd y bleidlais yn siopau y cwmni ar hyd a lled de Cymru ac aeth oddeutu hanner y cwsmeriaid, 53 y cant, ati i fwrw pleidlais, gydag 88 y cant ohonynt yn mynnu'r sianel Saesneg, 10 y cant yn dymuno derbyn S4C a 2 y cant yn hapus i dreialu S4C am chwe mis cyn gwneud penderfyniad terfynol.[30]

Yr oedd Awdurdod S4C yn anhapus â'r cynlluniau, oherwydd eu bod yn tanseilio'r sianel trwy leihau ei chynulleidfa bosibl hyd yn oed cyn iddi ddechrau darlledu. Mynegodd Syr Goronwy Daniel ei anfodlonrwydd â'r sefyllfa: 'As a new service having to establish itself and compete for viewers with the four existing networks, S4C would not happily accept being placed in an inferior position which undermined its ability to compete on an equal footing.'[31] Yn sicr gwrandawodd Whitelaw ar y dadleuon hyn gan iddo ar yr unfed awr ar ddeg, yn yr wythnos cyn i S4C ddechrau darlledu, wrthod y bleidlais a drefnwyd gan Rediffusion gan honni nad oedd yn arolwg dilys na dibynadwy am nad oedd gwir natur S4C wedi ei hesbonio i'r cwsmeriaid cyn pleidleisio. Honnwyd mai dewis rhwng sianel 'Gymraeg' a sianel 'Saesneg' a roddid i'r gwyliwr heb sôn y byddai mwyafrif rhaglenni Saesneg C4 yn cael eu darlledu ar S4C hefyd, ac na fyddai unrhyw raglenni Cymraeg bellach ar sianeli'r BBC na HTV ychwaith wedi'r newid. Barnwyd nad oedd y bleidlais yn un ddilys a cyhoeddodd Whitelaw nad oedd am weddnewid y canllawiau ar sail tystiolaeth annibynadwy ac anwadal.[32]

Wedi dryllio gobeithion Rediffusion a nifer o'i gwsmeriaid, yn yr oriau cyn i'r sianel ddechrau darlledu mynegwyd anfodlonrwydd y cwsmeriaid â'r cwmni ei hun wrth iddynt gyhoeddi i'r wasg fod 'cannoedd' o gwsmeriaid wedi cysylltu â hwy i gwyno am benderfyniad 'cythreulig' yr Ysgrifennydd Cartref.[33] Dangosai'r galwadau hyn nad oedd symud y rhaglenni Cymraeg oddi ar y BBC a HTV a'u clystyru ar un sianel wedi tawelu'r teimladau cryf a gaed ymysg y gynulleidfa ddi-Gymraeg. Ym marn y garfan honno o'r gynulleidfa yr oeddent yn parhau i fod ar eu colled gan y cânt eu hamddifadu o rai o raglenni C4 a'r rhaglenni a gâi eu darlledu yn cael eu dangos y tu allan i'r oriau brig.

Y mateb y gwylwyr

Yn dilyn ffigurau gwylio addawol yr wythnos gyntaf, fe ddaeth y cwymp anochel yn yr ail wythnos a bu'n rhaid i'r sianel ddechrau dadansoddi'n fanylach batrymau gwylio'r gynulleidfa a fu, am gyfnod byr, mor frwd. Yn ôl ffigurau BARB ar gyfer ail wythnos ddarlledu'r sianel yr oedd 5 y cant yn llai o bobl yn gwylio'r rhaglenni Cymraeg, a'i chyfran o'r gynulleidfa wedi disgyn 2 y cant o 12 i 10 y cant. Yr oedd y newid yn ffigurau'r rhaglenni Cymraeg yn llawer llai syfrdanol na'r cwymp a gaed yn y ffigurau cyfatebol ar gyfer rhaglenni C4 ar S4C. Yn ffigurau BARB yr un wythnos dangoswyd bod 35 y cant yn llai o bobl yn gwylio'r rhaglenni Saesneg ar S4C, gyda'r rhaglenni ar frig y siartiau gwylio yn disgyn o oddeutu 180,000 i 120,000 o wylwyr, cwymp a adlewyrchwyd yn y patrymau gwylio ledled Prydain. Yr oedd cyfran C4 o'r gynulleidfa Brydeinig wedi disgyn o 6 i 5 y cant, a oedd yn siomedig i'w swyddogion a hwythau wedi datgan eu dymuniad y byddai'r sianel yn denu un o bob deg o'r gynulleidfa bosibl.[34] Yr oedd cwymp fel hyn yn anochel i'r ddwy sianel, a hynny gan fod ffigurau'r wythnos agoriadol, er yn galonogol, yn ffigurau afreal a gofnodai ddarllediadau unigryw. Byddai wythnosau agoriadol yn denu gwylwyr na fyddai'n dewis gwylio'r sianel fel rhan o'u patrymau gwylio arferol, ond a wyliai ddarllediadau agoriadol oherwydd chwilfrydedd naturiol. Nid yw'n briodol felly cymharu ffigurau gwylio wythnos gyntaf y sianel â'r ystadegau a gyhoeddid ar gyfer yr wythnosau a ganlyn.

Disgyn ymhellach a wnaeth ffigurau gwylio'r sianel yn dilyn yr wythnosau a'r misoedd agoriadol. Cafwyd mis Rhagfyr braidd yn siomedig o'i gymharu â'r wythnosau agoriadol,[35] er i'r sianel fwynhau cyfnod llwyddiannus iawn ar ddydd Nadolig gyda thair o raglenni mwyaf poblogaidd yr wythnos wedi eu darlledu dros yr ŵyl.[36] Tyfodd y ffigurau gydol Ionawr a Chwefror gan ddychwelyd at lefel yn agos at gyfartaledd gwylwyr y mis cyntaf llwyddiannus, ac erbyn mis Mawrth yr oedd cyfartaledd y gwylwyr a wyliai'r pum rhaglen fwyaf poblogaidd wedi cyrraedd 120,000.[37] Gellid esbonio'r twf oherwydd y cynnydd tymhorol mewn ffigurau gwylio yn ystod y gaeaf gan fod nifer yr oriau o olau dydd yn is. Gellid hefyd honni y byddai arlwy ddeniadol y Nadolig cyntaf wedi denu rhai gwylwyr yn ôl wedi'r cwymp cynnar. Ysywaeth, bu cwymp sydyn yn ystod Ebrill i 98,000 ac yna leihad sylweddol pellach ym Mai i gyfartaledd o 64,000 o wylwyr i raglenni mwyaf poblogaidd y sianel.[38] Wedi cyhoeddi'r ffigurau hyn cafwyd trafodaeth onest ymysg aelodau'r awdurdod am y rhesymau dros y cwymp, gyda darogan bod cyfnod y llewyrch cychwynnol ar ben.

Gwrthodwyd y syniad fod nosweithiau goleuach yr haf yn llwyr esbonio'r dirywiad, a phriodolwyd y gostyngiad gan un aelod, mewn sylwadau diflewyn-ar-dafod, i'r dirywiad yn safon y rhaglenni a ddarlledwyd, ac mai prin oedd y rhaglenni a oedd yn ei ddenu ef i wylio hyd yn oed.[39] Os nad oedd y sianel yn llwyddo i ddenu aelodau ei awdurdod ei hun i wylio, yna yr oedd problem sylweddol yn wynebu'r staff.

Yr oedd hi'n amlwg i'r cwymp yn y ffigurau gwylio beri pryder sylweddol i'r awdurdod wrth i'r cadeirydd lunio adroddiad manwl yn dadansoddi'r dirywiad a gaed ar draws holl gategorïau'r ffigurau gwylio. Ceir dadansoddiad o'r lleihad a welwyd rhwng ffigurau gwylio'r pum mis cyntaf o ddarlledu a ffigurau Mai 1983, yn enwedig yr amser a dreuliai gwylwyr yn gwylio rhaglenni S4C, a ddisgynnodd o 98 munud yr wythnos i 60 munud yr wythnos.[40] Caed cwymp cyffredinol ar draws y sianeli teledu i gyd, gyda lleihad o oddeutu 14 y cant yn yr amser gwylio, ystadegyn a ddengys bod cwymp yn nifer yr oriau gwylio yn nodweddiadol o batrymau gwylio yn gyffredinol yr adeg hon o'r flwyddyn. Ond yr oedd y cwymp yn ffigurau S4C yn 38 y cant, ac felly yr oedd hi'n amlwg fod tuedd yr awdurdod i feddwl nad oriau machlud yr haul oedd yr unig ffactor a effeithiai ar ffigurau'r sianel yn gywir.[41] Yr oedd y dirywiad mewn rhai agweddau yn llai dramatig, gyda'r gyfran o'r gwylwyr posibl wedi disgyn o 8 i 6 y cant rhwng mis Mawrth a mis Mai, ffigwr a oedd yn parhau yn uwch nag un C4 a oedd bellach wedi disgyn i 4 y cant ac wedi aros yno'n gyson gydol y misoedd cyntaf o ddarlledu. Ond yr oedd ffigwr S4C bellach yn is na ffigurau BBC2 a oedd wedi dringo i 16 y cant ym mis Ebrill, a disgyn yn ôl i 9 y cant fis yn ddiweddarach.[42] Dangosodd dadansoddiad dyddiol o'r ffigurau mai yn ystod y penwythnosau y collai'r sianel ei gwylwyr fwyaf, gan ddangos nad oedd darpariaeth y sianel dros y Sul, rhaglenni megis *Twyllo'r Teulu, Madam Sera, Antur, Yr Awr Fawr* na hyd yn oed *SuperTed* na *Wil Cwac Cwac*, yn llwyddo i ddenu'r gwylwyr oddi wrth y ddarpariaeth gyfarwydd a gaed ar ITV a'r BBC.[43]

Casglwyd bod nifer o wersi i'w dysgu o'r ffigurau hyn, gyda'r golygydd rhaglenni'n nodi fod nifer o elfennau ac agweddau y gellid eu haddasu a'u newid ar gyfer y dyfodol. Yn anffodus i'r sianel, er hynny, nid oedd hi'n bosibl gwneud unrhyw newidiadau sylweddol i'r amserlen er mwyn ymateb i'r ffigurau gwylio gwael a chryfhau'r ddarpariaeth trwy gynnwys rhaglenni a fyddai'n debygol o apelio at y gwylwyr, gan fod yr amserlen wedi ei phennu'n gadarn hyd ddechrau Awst 1983. O ganlyniad dim ond pedair wythnos o amserlen yr haf y gellid ei haddasu er mwyn ceisio adfer ychydig ar y ffigurau gwylio, cyn y byddai'r amserlen a ystyriwyd yn un gref ar gyfer yr hydref yn dechrau. Yma fe welir tystiolaeth o natur anhyblyg sianel deledu ar y pryd, hyd yn oed sianel gymharol fechan, gan ei bod bron yn amhosibl gwneud newidiadau sylweddol i amserlenni ar fyr rybudd. Dengys hefyd pa mor anodd oedd ymateb i dueddiadau gwylwyr pan ddeuai'r rheini i'r amlwg.

Er yr honnai S4C yn gyhoeddus mewn datganiadau i'r wasg ac yn yr adroddiad blynyddol mai'r newid ym mhatrwm gwylio cynulleidfaoedd yr haf a oedd yn gyfrifol am y dirywiad gan roi gogwydd cadarnhaol i'r ffigurau, yn fewnol yr oedd y dadansoddiad unwaith yn rhagor yn llawer mwy agored a chignoeth.[44] Cydnabuwyd bod amserlen Ebrill wedi bod yn siomedig a bod y sianel wedi colli nifer o gyfresi poblogaidd wrth i'r rheiny ddod i ben, heb unrhyw gyfresi tebyg i'w dilyn, a beirniadwyd y sianel yn gyhoeddus am iddi ddechrau ailddarlledu cynnwys mor fuan yn ei hanes.[45] Cofia Chris Grace hefyd fod stoc wrth gefn y sianel o raglenni Cymraeg wedi ei dihysbyddu'n llwyr erbyn gwanwyn 1983; yr oedd y stoc yn isel gan mai dim ond ychydig dros flwyddyn o amser cynhyrchu a fu cyn i'r sianel ddechrau darlledu, ac oherwydd yr anghydfod hirhoedlog â HTV, yr oedd y stoc yn is na'r gofyn.[46] Fe geid yma hefyd dystiolaeth o ddiffyg hyder swyddogion y sianel yn ei chynhyrchwyr gan iddi gomisiynu nifer o gyfresi byrion yn hytrach na chyfresi hirach a fyddai'n cynnal diddordeb ei gwylwyr a sicrhau ffigurau gwylio cymharol gyson wrth i'r tymhorau fynd rhagddynt. Yr oedd S4C hefyd wedi darlledu'r goreuon i gyd yn ystod y misoedd cynnar er mwyn creu ymateb a denu gwylwyr; erbyn gwanwyn 1983 felly yr oedd y sianel yn dechrau crafu gwaelod y gasgen raglenni.

Nid oedd yr ymgyrch gyhoeddusrwydd wedi ei chynnal i'r un graddau ychwaith wedi ymdrech aruthrol y misoedd cyntaf: roedd staff bychan y sianel wedi llwyr ymlâdd wedi'r gaeaf cyntaf, ond, yn wahanol i'r amserlen, yr oedd hon yn sefyllfa y gellid ei haddasu ar fyr rybudd gan fuddsoddi rhagor o arian ac amser mewn cyhoeddusrwydd i geisio adennill cyfran o'r gynulleidfa dros fisoedd yr haf.[47] Awgrymwyd hefyd gan Euryn Ogwen Williams fod llwyddiant yr wythnosau cynnar wedi cael effaith negyddol yn hytrach na chadarnhaol ar staff y sianel ac ar y gwylwyr: 'We became over confident and assumed audience loyalty while the audience felt it no longer had an obligation to view if there was anything else that interested them.'[48] Dysgwyd gwersi caled yn gynnar yn hanes y sianel, yn benodol nad oedd modd cymryd teyrngarwch unrhyw gynulleidfa yn ganiataol, a bod hyd yn oed y gwylwyr cyfrwng Cymraeg mwyaf ffyddlon yn debygol o droi at sianel arall pan nad oedd yr arlwy ar S4C yn apelio atynt.

Er i'r ffigurau gwylio beri poen meddwl, un o argymhellion yr adran raglenni oedd na ddylid gorymateb na mynd i banig wrth eu hystyried. Ceid amheuaeth hefyd a oedd y ffigurau a ddeuai gan BARB yn ddibynadwy, amheuaeth a oedd mewn gwirionedd wedi bodoli ers ail wythnos ddarlledu'r sianel. Yr oedd y rhaglen *Y Mab Darogan* wedi derbyn ffigurau gwylio isel iawn, ond wedi cael adborth llafar gwych.[49] Yr oedd yr anghysondeb tybiedig wedi arwain at ddamcaniaethu ymysg swyddogion y sianel.[50] Amheuid bod y rhaglen wedi bod yn 'anlwcus' wrth iddi fethu â denu'r unigolion a oedd â blychau cyfrif BARB i'w gwylio, ac felly bod y ffigurau gwylio yn gamarweiniol o isel.[51] Tyfodd yr egin hwn o amheuaeth yng nghysondeb a chywirdeb y ffigurau, ac erbyn diwedd 1983 yr oedd y sianel wedi gofyn i sefydliad ymchwil arall, Research and Marketing Wales and the West Limited, i ymchwilio i'r ffigurau 'anghredadwy' yr oedd y sianel yn eu derbyn gan BARB.[52] Yr hyn a ysgogodd y sianel i fynnu dadansoddiad pellach o'r ffigurau oedd yr anghysondeb cynyddol a gaed rhwng nifer y gwylwyr a'r nifer o gartrefi a oedd yn gwylio rhaglen benodol. Enghraifft o'r anghysondeb hwn oedd y ffigurau a dderbyniwyd ar gyfer nos Wener, 18 Tachwedd 1983, lle honnodd BARB fod 65,000 o unigolion wedi gwylio *Pobol y Cwm* a hynny mewn 73,000 o gartrefi, ffigurau a oedd yn gwbl amhosibl eu deall na'u hesbonio. Ysgogodd yr ystadegyn hwn i un darlledwr gellwair: 'It seems as if Welsh dogs, left alone in houses in the evening, are turning on the set for a spot of light relaxation.'[53] Yr oedd derbyn ffigurau fel hyn yn gwneud i staff S4C gwestiynu'r ffigurau eraill, yn enwedig gan fod ffigurau cyfatebol y flwyddyn flaenorol yn dangos cynulleidfaoedd a oedd yn ddwbl maint y rhai a gyfrifwyd ar gyfer yr un wythnos a'r union amser yn yr amserlen ar gyfer 1983. Yr oedd y gofid a'r amheuaeth hyn yn gwbl ddealladwy, yn enwedig gan fod ffigurau'r pum rhaglen uchaf yn cael eu cyhoeddi yn y wasg, a'r pryder amlwg y gellid eu defnyddio er mwyn cymharu cost y sianel gyda nifer ei gwylwyr. Yr oedd y pryder hwn yn un y gellid ei gyfiawnhau gan fod y wasg yn dangos diddordeb mawr yn y ffigurau gwylio a'r gost fesul pen, a cheid ambell gyhoeddiad yn proffwydo diddymu'r sianel yn sgil y ffigurau gwylio cymharol isel, megis erthygl Tim Jones yn y *Times* a gyhoeddodd: 'Recent celebrations of the first anniversary of S4C, the Welsh language television channel, turned into something of a wake.'[54]

Priodolwyd anghysondeb ffigurau BARB yn rhannol i'r ffaith fod y sampl o gartrefi a ddefnyddiwyd ganddynt er mwyn ffurfio'r ystadegau yn fach.[55] Yr oedd 220 o gartrefi yn rhan o'r sampl gyda 120 o'r rheiny yn gartrefi lle ceid hanner trigolion y tŷ yn siarad Cymraeg a'r 100 a oedd yn weddill yn gartrefi di-Gymraeg neu lle yr oedd siaradwyr Cymraeg yn y lleiafrif. Er mwyn amcangyfrif y ffigurau ar gyfer Cymru gyfan byddai'r ffigurau hyn yn cael eu cyfuno ar gymhareb o 19 i 81, gan mai 19 y cant o boblogaeth Cymru'r cyfnod a siaradai Gymraeg.[56] Ond nid y rhaniad Cymraeg/di-Gymraeg oedd y broblem: un o'r prif drafferthion gyda'r model hwn oedd bod y defnydd o sampl bychan i gyfrifo canran fechan o wylwyr yn creu cyfeiliornad sylweddol yn y ffigurau gwylio, yn enwedig wrth ystyried ffigurau un rhaglen.[57] Gallai ffigwr gwylio o 60,000 o wylwyr yn ôl y dull hwn o gyfrifo gyfeirio mewn gwirionedd at unrhyw ffigwr rhwng 42,000 a 78,000, a ystyrid yn amrediad eang iawn. Ffactor arall oedd bod dadansoddiad manylach o'r ffigurau yn dangos bod modd priodoli'r diryw iad sylweddol bron yn gyfan gwbl i batrymau gwylio'r 100 o gartrefi di-Gymraeg neu a oedd â lleiafrif o siaradwyr Cymraeg. Ymddengys felly fod nifer o'r cartrefi hynny wedi gwylio'r sianel yn ystod ei misoedd cyntaf, ond flwyddyn yn ddiweddarach prin iawn oedd y gwylwyr hynny, a chan fod patrymau gwylio'r 100 cartref yma yn cael eu lluosi â 81, i gynrychioli mwyafrif poblogaeth Cymru, yr oedd y newid yn y ffigurau o un flwyddyn i'r llall yn afresymol o uchel.[58]

Nodwedd bellach a oedd yn meithrin drwgdybiaeth ynglŷn â'r ffigurau gwylio oedd y darlun o lwyddiant y sianel a gaed o'r ffigurau a gyhoeddwyd gan y Gwasanaeth Ymateb Cynulleidfa (Audience Appreciation Service), gwasanaeth a ddarparwyd ar gyfer BARB gan Adran Ymchwil Darlledu'r BBC.[59] Yn achos S4C, patrwm gwaith yr ymchwil hwn oedd holi sampl o 720 o Gymry Cymraeg bob tri mis i raddio'r rhaglenni yr oeddent wedi eu gwylio.[60] O'u cymharu â ffigurau gwylio BARB, yr oedd y ffigurau gwerthfawrogiad hyn wedi aros yn uchel, ac yr oeddent yn gyson uwch na'r ffigurau cyfatebol a gesglid gan y Gwasanaeth Ymateb Cynulleidfa ar gyfer y sianeli poblogaidd eraill.[61] Er enghraifft, o ystyried ffigurau'r rhaglen *Newyddion Saith* dros gyfnod tri adroddiad blynyddol, gwelid bod y ffigurau gwerthfawrogiad wedi dechrau'n uchel yn y pum mis cyntaf o ddarlledu gyda sgôr o 80, yna yn ystod 1983–4 derbyniodd y rhaglen sgôr o 76, cyn dringo yn ôl i 79 yn ystod 1984–5. Gwelwyd patrwm tebyg gyda'r opera sebon *Pobol y Cwm*, a ddechreuodd â sgôr uchel o 83 cyn disgyn i 82 yn 1983–4 ac yna ddringo yn ôl a churo marc y pum mis agoriadol yn 1984–5 gyda 87.[62] O gymharu y ffigurau hyn â'r sianeli eraill yr oedd rhaglenni newyddion a materion cyfoes y BBC, ITV a C4 ar gyfartaledd yn derbyn sgôr o 74.5, ac fel y nodwyd eisoes yr oedd ffigurau S4C ar gyfer ei bwletin newyddion yn ystod yr un cyfnod ychydig yn uwch.[63] Yn achos cyfresi a dramâu cyfres yr oedd cyfartaledd y BBC, ITV a C4 oddeutu 73, tra oedd *Pobol y Cwm* yn yr

5. Dau o gymeriadau mwyaf poblogaidd *Pobol y Cwm*,
Harri Parri (Charles Williams) a Jacob Ellis (Dillwyn Owen)
(Llun: trwy ganiatâd BBC Cymru)

un cyfnod wedi derbyn y sgôr sylweddol uwch o 82. Yr oedd gwerthfawrogiad y gynulleidfa Gymraeg o'r rhaglenni Cymraeg, felly, yn llawer uwch na gwerthfawrogiad cynulleidfaoedd o raglenni Saesneg y sianeli eraill. Ymddengys y ceid deuoliaeth felly wrth wraidd y cysyniad o lwyddiant S4C, sef bod y rhaglenni a ddarlledid ganddi yn llwyddo i blesio'r gynulleidfa darged, ond gyda'r boddhad hwnnw yr oedd yn rhaid dygymod â'r ffaith mai nifer fechan o bobl a oedd yn gwylio'r arlwy ddifyr a diddorol a deledwyd. Yr oedd arlwy S4C felly yn llwyddo i fod yn boblogaidd ond yn ymddangosiadol amhoblogaidd ar yr un pryd.

Oherwydd yr anghysondeb hwn, pwysigrwydd gwleidyddol sicrhau ffigurau gwylio iach a'r teimlad a gaed ymysg swyddogion y sianel fod y cyhoedd a'r wasg yn talu sylw anghymesur i'r ffigurau gwylio a gyhoeddwyd, aethpwyd ati i drafod gyda BARB ac Audits of Great Britain (AGB), y sefydliad a oedd yn darparu'r gwasanaeth mesur cynulleidfa ar gyfer BARB, a ellid llunio patrwm newydd o gasglu a chyhoeddi gwybodaeth am gynulleidfa S4C.[64] Penllanw'r trafodaethau hyn oedd newid y ffordd yr oedd y ffigurau a gasglwyd gan BARB yn cael eu cyhoeddi, sef trwy gynnig dadansoddiad manylach o batrymau gwylio'r panel o gartrefi Cymraeg law yn llaw â'r ffigurau.[65] Ymddengys bod y diffiniad o aelwyd Gymraeg wedi ei gryfhau hefyd i gynnwys manylion am lefel dealltwriaeth aelodau o'r teulu, er mwyn sicrhau bod y cartrefi o fewn y sampl yn llwyddo i roi darlun llawer mwy dibynadwy i'w ddadansoddi. Cyfyngwyd y sampl bellach i: '[g]artrefi yng Nghymru a all dderbyn S4C a lle y mae 50% neu fwy o'r unigolion yn y cartref yn deall Cymraeg yn ddigon da i fedru dilyn sgwrs naill ai yn y gwaith neu rhwng ffrindiau a pherthnasau'.[66] Gweithredwyd y patrwm newydd hwn o 9 Rhagfyr 1984 ymlaen, ac o fewn deufis yr oedd y cyfarwyddwr yn canu clodydd y system newydd gan ei bod yn darparu ffigurau llawer mwy sefydlog, teg a pherthnasol i'r sianel.[67] Gan nad oedd y patrwm hwn wedi bod yn weithredol am flwyddyn gron, ni chafwyd dadansoddiad manwl o'r ffigurau yn adroddiad blynyddol 1984–5, ond fe gafwyd rhagflas o'r ffigurau newydd a gynigiai ddarlun cadarnhaol iawn o deyrngarwch cynulleidfaoedd Cymraeg i'r sianel.[68] Nodwyd bod 79.2 y cant o'r boblogaeth Gymraeg yn gwylio S4C bob wythnos, ffigwr a oedd yn llawer uwch na'r 69.3 y cant o boblogaeth ddwyieithog Cymru a oedd yn gwylio BBC2 bob wythnos.[69] Yr oedd y ffigurau newydd hefyd yn datgan bod gwylwyr Cymraeg, ar gyfartaledd, yn gwylio pedair awr a deuddeg munud o raglenni S4C yr wythnos o gymharu â llai na thair awr yr wythnos yr oedd gwylwyr yng Nghymru yn eu treulio yn gwylio BBC2.[70] Yr oedd y dull newydd o gyflwyno'r wybodaeth yn llawer mwy buddiol i S4C, gan sicrhau bod modd i'r sianel gyflwyno darlun llawer mwy cadarnhaol o boblogrwydd y sianel i'r cyhoedd ac i'r llywodraeth, darlun a oedd yn cyd-fynd yn llawer gwell â'r ffigurau gwerthfawrogiad ac yn adlewyrchu'n gywirach yr ymateb gwerthfawrogol a brwdfrydig a gaed gan y gynulleidfa mewn digwyddiadau a gwyliau cyhoeddus ledled Cymru.

Ailystyried ac addasu

Nid patrymau mesur a chyhoeddi ffigurau gwylio oedd yr unig elfen o'r gwasanaeth a addaswyd er mwyn ceisio gwella a chynyddu poblogrwydd y sianel yn llygad y cyhoedd a'r wasg. Gydol y cyfnod prawf bu'r sianel yn newid ac addasu nifer o agweddau ar y gwasanaeth er mwyn ceisio'i wella a sicrhau cynulleidfa deilwng ar gyfer y rhaglenni a gynhyrchwyd. Un o'r elfennau a addaswyd oedd patrwm yr amserlen, neu'n fwy penodol lleoliad y rhaglenni Cymraeg o'i mewn. Oherwydd dirywiad sylweddol yn ffigurau gwylio'r rhaglenni Cymraeg yn ystod haf cyntaf y sianel yn 1983, penderfynwyd bod addasu'r amserlen yn un modd o ymdrin â'r ffigurau gwylio isel.

Yn wreiddiol yr oedd rhaglenni Cymraeg yn cael eu rhannu'n dri bloc darlledu o ddydd Llun i ddydd Gwener, yn hytrach na'u plethu am yn ail gyda rhaglenni Saesneg. Yr hyn a deledwyd felly oedd rhaglenni plant meithrin ac ysgolion yn dechrau am ddau o'r gloch y prynhawn am oddeutu hanner can munud gyda rhaglenni megis *Ffalabalam*, *Ffenestri* a *Hwnt ac Yma* yn rhan o'r ddarpariaeth. Yna byddai'r *Clwb* yn lansio'r 40 munud nesaf o raglenni Cymraeg o ddiddordeb i'r ifanc am oddeutu ugain munud i bump, cyn trosglwyddo i ddarlledu rhaglenni Saesneg megis *The Munsters*, *Battlestar Gallactica*, *Countdown* neu *Brookside* cyn i'r bloc gyda'r nos ddechrau ychydig cyn saith yr hwyr gyda'r eitem i ddysgwyr *Gair yn ei Bryd* ac yna'r rhaglen newyddion feunyddiol. Byddai'r darllediadau Cymraeg yn parhau tan naw yr hwyr neu hanner awr wedi naw ar ambell noson, a llenwid oriau'r hwyrnos â rhaglenni Saesneg megis ffilmiau *Film on Four*. Yr oedd patrwm y penwythnos ychydig yn wahanol gyda'r rhaglenni Cymraeg ar ddydd Sadwrn yn dechrau ar ddiwedd y prynhawn, oddeutu hanner awr wedi pedwar, ac yn parhau hyd ddeg o'r gloch y nos, neu ychydig yn hwyrach, gan ddarparu bloc sylweddol o raglenni ar gyfer yr aelwyd Gymraeg. Yr oedd amserlen y Sul yn debyg i'r patrwm wythnosol gydag ambell bwt Cymraeg megis y tywydd Cymraeg i ffermwyr a'r rhaglen *Sbec ar S4C* yn ystod y prynhawn a rhaglenni'r hwyr yn dechrau am chwarter wedi pump ac yn dod i ben oddeutu hanner awr wedi naw.[71] Profodd yr amserlen wreiddiol hon yn llwyddiannus iawn i'r sianel yn ystod ei misoedd agoriadol, ac felly fe barhawyd â'r patrwm o flociau darlledu Cymraeg ar gyfer ail aeaf y sianel. Ond ar gyfer haf 1984 rhoddwyd amserlen newydd ar brawf, a fyddai'n torri ar y patrwm o raglenni Cymraeg yn llenwi'r oriau brig. Yr hyn a awgrymwyd oedd y byddai rhaglenni Cymraeg yn parhau i agor yr oriau brig rhwng saith yr hwyr ac wyth o'r gloch, ond yna am wyth o'r gloch ar nos Lun, Mawrth,

Iau a Gwener bwriedid trosglwyddo i ddarlledu awr o raglenni Saesneg, cyn dychwelyd i ddarlledu rhaglenni Cymraeg rhwng naw a deg o'r gloch.⁷² Nid dyma'r tro cyntaf yr oedd y sianel wedi darlledu rhaglenni Saesneg yn ystod y bloc Cymraeg yn yr oriau brig; gwnaed hynny o reidrwydd am rai wythnosau yn ystod gwanwyn 1983 pan oedd stoc rhaglenni Cymraeg y sianel wedi ei ddihysbyddu'n llwyr.⁷³ Ymddangosai'r syniad o rannu'r bloc Cymraeg yn un rhesymegol, gan y byddai darlledu'r rhaglenni Cymraeg yn hwyrach yn sicrhau bod darpariaeth Gymraeg ar gael i'r gynulleidfa wedi iddi ddychwelyd i'r tŷ ar ôl treulio amser yn mwynhau tymor yr haf. Yr oedd y patrwm hefyd yn ateb gofynion rhai aelodau o'r gynulleidfa a fu'n gohebu â'r sianel i fynegi pryder ynglŷn â'r polisi o ddarlledu rhaglenni Cymraeg yn ystod yr oriau brig a hynny gan y byddai'r arlwy yn gwrthdaro â nifer o ddigwyddiadau celfyddydol, cymdeithasol a chrefyddol megis y seiat, y cylch llenyddol a Merched y Wawr.⁷⁴ Ymddengys nad oedd yr awdurdod yn gwbl hyderus yn y cynllun newydd, a nododd un aelod ei fod yn dymuno gweld y bloc di-dor yn parhau, gan gynnig y gellid ceisio ateb y broblem trwy ei ddechrau'n hwyrach am hanner awr wedi saith y nos. Ond casglwyd yn y pen draw nad oedd hyn yn bosibl oherwydd ymrwymiad y sianel i ddarlledu'r newyddion am saith o'r gloch.⁷⁵

Er bod y syniad yn ymddangos yn un synhwyrol, gellid honni bod rhannu'r bloc darlledu Cymraeg yn gwrthdaro â'r hyn a nodai'r Ddeddf Darlledu a oedd yn rhan o gyfrifoldeb y sianel, sef clustnodi'r rhan helaethaf o'r oriau brig i ddarlledu rhaglenni Cymraeg. Gellid dadlau bod clustnodi un o'r oriau brig mwyaf blaenllaw i raglenni Saesneg yn mynd yn erbyn egwyddor ac ysbryd y ddeddf. Gellid honni hefyd fod gosod rhaglenni Saesneg yng nghanol yr oriau brig yn darparu consesiwn i wylwyr di-Gymraeg y sianel a oedd wedi bod yn cwyno am amseriad y rhaglenni Saesneg, a hynny ar draul y rhaglenni Cymraeg. Yn bennaf oll, gosodai'r patrwm gynsail peryglus ar gyfer amseriad rhaglenni Saesneg, gan osod y sianel ar dir ansad. O ddadansoddi geiriad y Ddeddf, sy'n nodi: 'the programme schedules shall be drawn up so as to secure that the programmes broadcast on the Fourth Channel in Wales between the hours of 6.30 p.m. and 10.00 p.m. consist mainly of programmes in Welsh', gwelir nad oedd y newid arfaethedig yn torri unrhyw reolau a glustnodwyd ganddi, gan na fynnwyd bod yn rhaid i'r oriau brig gael eu llenwi'n llwyr gan raglenni Cymraeg.⁷⁶ Cyn y newid patrwm hwn nid oedd y sianel yn llwyddo i lenwi'r oriau brig yn gyfan gwbl â chynnwys Cymraeg, gan y byddai gwneud hynny wedi llyncu'r cwota rhaglenni i gyd, ar draul y rhaglenni plant ac ysgolion. Gweithredu ac addasu ei harlwy o fewn y terfynau yr oedd y sianel felly, gan geisio dod o hyd i'r ateb mwyaf rhesymol ar gyfer y trafferthion a wynebid wrth geisio denu cynulleidfaoedd teilwng yn ystod yr haf. Yr oedd hwn yn berygl gwirioneddol, er hynny, gan ei fod yn agor cil y drws i ddadleuon dros amseru gwell i raglenni Saesneg, yn enwedig o ystyried y nifer o gwynion a dderbyniai'r sianel yn uniongyrchol dros y ffôn neu drwy lythyr gan wylwyr di-Gymraeg yn cwyno am amseriad rhaglenni C4.

Perygl arall a wynebid yn sgil y cynllun hwn oedd y tebygrwydd y gallai leihau'r gynulleidfa ymhellach yn hytrach na'i chynyddu. Gallai rhannu'r bloc Cymraeg arwain at golli'r gwylwyr hynny a ymunai â'r rhaglenni Cymraeg am saith o'r gloch, ond a fyddai'n troi at sianel arall pan fyddai rhaglen Saesneg am wyth o'r gloch, gan eu colli i'r sianeli eraill am weddill y noson. Er hyn, gweithredwyd y cynllun yn ffurfiol yn nhymor yr haf 1984, ond ni dderbyniwyd unrhyw gwynion gan wylwyr.[77] Yr oedd hyn yn ymateb calonogol o ystyried parodrwydd gwylwyr i gysylltu â'r sianel i ganmol a chwyno am faterion eraill megis chwaeth ac iaith aflednais. Wedi'r amheuon cychwynnol, awgrymodd un aelod o'r awdurdod y gallai'r amserlen newydd fod yn llawer mwy addas ar gyfer annog gwylio mewn cartrefi amlieithog. Ond amheuai aelod arall mai newid arwynebol yn unig oedd yr amseru gan ei fod yn pryderu llawer mwy am safon y rhaglenni na'u lleoliad o fewn yr amserlen.[78] Gan fod y sianel yn y broses o weddnewid y ffordd y cesglid a chyhoeddid ffigurau gwylio, nid oes modd mesur llwyddiant y newid hwn yn natur yr amserlen mewn modd ystadegol. Un mesur o lwyddiant y patrwm newydd yw'r ffaith na ddychwelodd y sianel at ddarlledu bloc cwbl ddi-dor yn yr hydref. Yn hytrach defnyddiwyd y patrwm yr arbrofwyd ag ef yn ystod yr haf ar gyfer nosweithiau Llun a Mawrth, fel y gellid darlledu rhaglenni Cymraeg a oedd yn fwy addas i'w teledu yn hwyrach gyda'r nos ar y nosweithiau hynny.[79]

Yr oedd aelodau'r awdurdod yn rhannu eu sylwadau ar raglenni'r sianel ymron ym mhob cyfarfod, ac fel yr awgrymwyd eisoes, bu ambell aelod o'r awdurdod yn barod iawn i gyhoeddi nad oedd yn gwbl hapus â'r arlwy a welid ar S4C. Yn achlysurol hefyd yr oedd swyddogion a'r awdurdod yn dod at ei gilydd am gyfarfodydd estynedig lle byddai trafodaethau ynglŷn â'r polisi rhaglenni a chomisiynu.[80] Yn y drafodaeth gyntaf o'i bath wedi i'r sianel ddechrau darlledu, ym Mai 1983, amlygwyd nad oedd y swyddogion yn gorffwys ar eu rhwyfau gan iddynt ofyn i'r awdurdod drafod a oedd y sianel yn llwyddo i ddefnyddio'r adnoddau a'r dalent a oedd ar gael iddi yn y modd mwyaf effeithiol ac i'w llawn botensial, sylwadau sy'n arwydd o reolaeth dda, ac a ddengys bod chwilio parhaus am le i wella a gwneud gwell defnydd o'u hadnoddau cymharol brin.[81] Ystyriwyd hefyd a oedd y sianel yn llwyddo i ymdeimlo â llais y genedl. Holwyd a oedd y ffaith ei bod yn cael ei chyfri'n sefydliad cenedlaethol wedi arwain at greu gagendor rhyngddi a'i chynulleidfa, bod y statws swyddogol hwnnw ym marn y gynulleidfa wedi creu ymdeimlad nad oedd y sianel yn perthyn i'r gynulleidfa bellach ac na ellid dylanwadu ar ei gweithgareddau.[82] Yr oedd hyn yn broblematig i'r sianel a hynny oherwydd yr ymdrech sylweddol a fu i geisio sicrhau ymdeimlad cartrefol a chlyd er mwyn ceisio denu a sicrhau teyrngarwch y gynulleidfa Gymraeg.

Ymateb yr awdurdod i'r meysydd trafod hyn oedd trafod rhinweddau nifer o *genres* penodol a'r diffygion a gaed o fewn y gwasanaeth. Casglwyd nad oedd digon o raglenni swmpus o sylwedd deallusol wedi eu creu. Yr awgrym yma oedd bod yr agwedd hon o'r gwasanaeth wedi ei hesgeuluso yn yr ymdrech i ddarparu rhaglenni diddan a fyddai'n denu cynulleidfaoedd mwy i'r sianel.[83] Barnwyd hefyd fod rhaglenni crefyddol da a'r doniau i'w cynhyrchu yn brin, a phenderfynwyd nad oedd ateb y gofyn hwn â chanu cynulleidfaol yn ddigonol, er gwaethaf poblogrwydd y rhaglenni hynny. Agwedd sylfaenol arall o'r gwasanaeth y bu trafod arni'n rheolaidd oedd ansawdd ac arddull cyflwyno'r sianel. Yr oedd aelodau'r awdurdod yn feirniadol iawn o'r cyflwyno a hynny oherwydd 'bod y cysylltu rhwng rhaglenni ar brydiau yn annerbyniol o amaturaidd, a safon y llefaru Saesneg yn anfoddhaol'.[84] Yr oedd modd cyfiawnhau'r trafferthion cynnar a gaed wrth gysylltu a sgwrsio rhwng rhaglenni trwy gyfeirio at amseru ansicr ac amrywiol rhaglenni C4 a'r diffyg hysbysebion oherwydd streic undeb Equity. Yr oedd yr amgylchiadau hyn wedi creu sefyllfa anodd lle disgwylid i'r cyflwynwyr lenwi bylchau hwy na'r disgwyl trwy fynd ati i lenwi'r amser heb sgript a thrwy sgwrsio yn fyrfyfyr. Arweiniodd hyn hefyd at amseru anwadal y rhaglenni gyda nifer yn dechrau o flaen eu hamser neu'n hwyr, mater a oedd yn cynddeiriogi'r gwylwyr Cymraeg a di-Gymraeg yn ddieithriad.[85] A chan fod y sianel wedi cyflogi dwy gyflwynwraig ifanc a newydd i'r gwaith er mwyn sicrhau wynebau newydd yr oedd anghysondebau o'r fath yn peri trafferthion cychwynnol, anawsterau yr oedd y staff rhaglenni'n hyderus a fyddai'n lleihau wrth i'r ddwy fagu rhagor o brofiad a hyder yn eu sgiliau cyflwyno.[86] Yr oedd peth ansicrwydd hefyd am yr arddull gyflwyno a fabwysiadwyd gan y sianel, a hynny gan fod yr awdurdod yn pryderu y gallai cyflwyno cynnes a chartrefol ymddangos yn amaturaidd ei naws ar brydiau, gan gydnabod fod ffin denau iawn rhwng y ddau.[87] Yr oedd Pwyllgor Cymreig yr ADA a Chyngor Darlledu'r BBC o'r un farn hefyd gyda'r cyngor darlledu yn nodi bod angen i gyflwynwyr fod yn brofiadol a soffistigedig iawn o ran techneg er mwyn ymddangos yn gartrefol ac agosatoch ar y sgrin.[88] Mynegwyd safbwynt tebyg iawn yn *Barn*: 'Cyflwynwyr gor-glên, gor-groesawus, nawddoglyd braidd. Gwell gennyf gwrteisi dymunol ond hyd braich. S4C neu beidio, *peth* ydy'r teledu, nid cymydog ar yr aelwyd. Mynnaf yr hawl i gau eu ceg nhw a fo heb deimlo'n euog [sic].'[89] Wedi'r holl feirniadu teimlwyd i'r cyflwynwyr golli'r elfen o bersonoliaeth ac o ganlyniad erbyn diwedd 1983, teimlid y dylid ceisio ailgyflwyno'r berthynas anffurfiol gyda'r gynulleidfa, gan ddangos pa mor anodd oedd cyrraedd y man canol a fyddai'n plesio pawb.[90] Er y sylwadau negyddol a gaed, yr oedd natur y cyflwyno anffurfiol yn un o nodweddion unigryw'r sianel gan nad oedd unrhyw gynsail yn y byd darlledu Prydeinig. Gellid ei gymharu â'r arddull a ddefnyddiwyd gan raglenni brecwast TV-am a *Breakfast* ar y BBC a lansiwyd ym misoedd cyntaf 1983, ond S4C oedd y cyntaf i'w fabwysiadu i'r graddau hyn ar deledu Prydeinig, a bu'r sianel yn arddel y patrwm hwn o gyflwyno gydol y cyfnod prawf a thu hwnt.[91]

Derbyniodd y gwasanaeth newyddion driniaeth debyg. Yr oedd S4C yn awyddus i'r rhaglen newyddion Gymraeg ddarparu gwasanaeth cynhwysfawr a chyflawn gan sicrhau nad oedd rhaid i wylwyr Cymraeg droi at ddarparwyr eraill am eu newyddion. Er mwyn darparu'r gwasanaeth cyflawn, byddai disgwyl i'r rhaglen gynnwys cymysgedd o newyddion Cymreig, Prydeinig a rhyngwladol, gan sicrhau y gallai'r Cymry dderbyn holl newyddion pwysig y dydd yn eu mamiaith. Cytunwyd ar y strategaeth hon rhwng y BBC a S4C, ond ni fu'r genedl yr un mor frwdfrydig. Ym mis Ionawr 1983, nodwyd gan rai o aelodau'r awdurdod fod nifer o blith eu cydnabod wedi mynegi cwynion am brinder eitemau lleol ar y rhaglen *Newyddion Saith*.[92] Parhau wnaeth yr anfodlonrwydd gyda'r gwasanaeth newyddion gydol 1983, gyda'r gwylwyr a'r awdurdod yn pryderu am safon y straeon lleol ar y gwasanaeth newydd.[93] Yr oedd y cwynion yn canolbwyntio ar y diffyg cydbwysedd rhwng newyddion rhyngwladol a newyddion Cymreig. Bernid nad oedd y newyddion lleol a ddarlledwyd yn ddigon manwl, a'u bod, o bosibl, yn llai manwl na'r hyn a gaed ar y rhaglenni newyddion rhanbarthol Saesneg.[94] Dyma sylwadau a ategwyd mewn cyfres o lythyrau at S4C gan Aelod Seneddol Llafur Caerfyrddin, Dr Roger Thomas, a fynegodd ei siom fod y ddarpariaeth newyddion yn disgyn rhwng dwy stôl a'i fod yn dymuno gweld y rhaglen newyddion yn dychwelyd at y patrwm a welwyd yn y dyddiau cyn bodolaeth S4C:

> criticising most severely the totally inadequate and inappropriate way in which the fourth Welsh channel is failing its viewing audience in its coverage of what is going on in Wales.

> The half hour programme on weekdays and fifteen minutes on a Saturday covers in a... less acceptable manner events of importance and interest in Wales as compared with the days when 'Y Dydd' and 'Heddiw' were in direct competition. Then of course we had a certain degree of duplication, but at least... events from all corners of Wales were adequately covered and presented.
>
> We need a return to that state of affairs with a half – hour presentation of News of Wales in Welsh rather than News in Welsh.[95]

Credwyd fod y gynulleidfa Gymraeg ar ei cholled gyda'r gwasanaeth newydd, gan fod y Cymry di-Gymraeg yn parhau i dderbyn hanner awr o ddeunydd lleol ei natur ar y BBC ac ar HTV tra oedd y gynulleidfa Gymraeg, a oedd wedi hen arfer â derbyn rhaglenni newyddion a chylchgrawn a ganolbwyntiai ar ddigwyddiadau lleol ac o ddiddordeb i Gymru, bellach yn derbyn cyfran lawer yn llai o'r eitemau hyn.[96] Cwyn gyffredin arall, a leisiwyd mewn llythyr gan Dafydd Wigley at y sianel, oedd bod y sianel yn darparu potes eildwym i'w gwylwyr o ddelweddau a straeon a drosglwyddwyd ar y newyddion Saesneg heb unrhyw ddadansoddiad newydd o safbwynt Cymreig. Priodolai Dafydd Wigley'r gwendidau a'r diffygion i'r ffaith nad oedd cystadleuaeth bellach rhwng y BBC a HTV o safbwynt newyddion Cymraeg:

> mae yna golled sylweddol ar ôl i'r egwyddor o gystadleuaeth wrth ddarparu newyddion rhwng y BBC a HTV ac yn bersonol caf yr argraff fod ochr y BBC yn teimlo y gallant orffwys ar eu rhwyfau gan nad oes dim i'w cadw ar flaenau eu traed.[97]

Ymatebodd S4C gan esbonio bod dyblygu deunydd gweledol yn elfen angenrheidiol o'r gwasanaeth er mwyn sicrhau bod y gwasanaeth yn ymdrin â materion rhyngwladol a chenedlaethol. Nid oedd modd cyfiawnhau anfon criw camera arbennig i bellafoedd byd er mwyn ffilmio deunydd a delweddau yn arbennig ar gyfer *Newyddion Saith* pan oedd criw yno eisoes yn darparu gwasanaeth ar gyfer rhaglenni newyddion eraill y gorfforaeth. Yr oedd defnyddio'r gwasanaeth hwnnw'n gwneud adrodd ar ddigwyddiadau rhyngwladol â llais Cymraeg a safbwynt Cymreig yn bosibl, ac yn gost-effeithiol. Nodwyd yn ogystal nad oedd yr honiadau yn gwbl gywir, oherwydd bod gan y BBC ohebwyr Cymraeg, megis Dewi Llwyd, yn adrodd ar ddigwyddiadau cenedlaethol o San Steffan gan roi gogwydd Cymreig i'w hadroddiadau. Er i'r llythyr amddiffyn y gwasanaeth yn chwyrn, cytunodd Owen Edwards â'r Aelod Seneddol fod colled ar ôl y gystadleuaeth a fu rhwng HTV a'r BBC, ond bod rhesymau dilys dros beidio atgyfodi'r gystadleuaeth honno:

Rwy'n deall yn iawn y pwynt a wnewch ynglŷn â cholli elfen o gystadleuaeth rhwng adrannau newyddion y BBC a HTV, ynghyd â'r ystyriaeth o gael mwy nag un ffynhonnell o newyddion Cymraeg er mwyn osgoi peryglon monopoli yn y maes hwn. Rhaid cofio, pan roedd y gystadleuaeth hyn yn bod, i lawer o'r gwylwyr gwyno bod hyn yn arwain at ddyblygu afradus rhwng cynnwys *Y Dydd* ac *Heddiw*.[98]

Yn ddiddorol iawn, mae llythyrau Dafydd Wigley a Roger Thomas, yn eu hymwybyddiaeth o'r dyblygu deunydd a geid rhwng y rhaglenni newyddion Saesneg a *Newyddion Saith*, yn amlygu patrwm gwylio yr ymddengys nad ystyriwyd wrth lunio'r strategaeth ar gyfer y gwasanaeth Cymraeg. Diau yr anwybyddwyd y posibilrwydd o batrwm gwylio lle yr oedd cynulleidfaoedd Cymraeg yn parhau i droi at y rhaglenni newyddion Saesneg am eu dogn o newyddion cenedlaethol a rhyngwladol am chwech o'r gloch cyn troi at yr arlwy Gymraeg. Canlyniad hyn, yng ngeiriau'r Dr Roger Thomas oedd, 'fod y gwylwyr hyn eisoes yn gyfarwydd â'r eitemau o'r tu allan i Gymru a gyflwynir ar "Newyddion Saith"'.[99] Yr awgrym a geir yma felly oedd mai troi at *Newyddion Saith* am eu newyddion lleol yr oedd y gynulleidfa Gymraeg yn hytrach nag er mwyn caffael newyddion rhyngwladol a chenedlaethol. Yr oedd y Cymry Cymraeg yn parhau'n deyrngar i'r rhaglenni newyddion Prydeinig a oedd wedi eu sefydlu ym mhatrymau gwylio'r gynulleidfa Gymreig ers degawdau. Yr oedd brwydr sylweddol felly gan S4C a'r BBC i geisio perswadio'r gynulleidfa Gymraeg i weddnewid ei phatrymau gwylio a throi at *Newyddion Saith* am eu holl anghenion newyddiadurol.

Wrth dafoli'r sylwadau uchod, daeth swyddogion Cyngor Darlledu'r BBC ac Awdurdod S4C i'r casgliad fod gwylwyr yn gwneud cymhariaeth rhwng y gwasanaeth Cymraeg a Saesneg gan y câi *Newyddion Saith* ei ddarlledu yn fuan ar ôl *Wales Today*, a chan fod disgwyliadau ymysg y gynulleidfa y byddai'r ddwy raglen yn trin a thrafod deunydd tebyg, credid bod y rhaglen newyddion Gymraeg ar ei cholled.[100] Yr awgrym a geir o'r sylw hwn, felly, oedd y dylid addasu amseriad y rhaglen gan un ai ei darlledu mewn cystadleuaeth â *Wales Today* neu ei darlledu'n gynharach neu'n hwyrach yn y nos. Er bod yr awgrym yn un synhwyrol, yr oedd nifer o resymau ymarferol a oedd yn pennu mai am saith o'r gloch yr hwyr y darlledid *Newyddion Saith*. Byddai'n amhosib ei darlledu ar yr un pryd â *Wales Today* a hynny gan fod y ddwy raglen yn defnyddio llawer o'r un adnoddau technegol. At hynny, yr oedd cael gwasanaeth newyddion a oedd yn dechrau am saith o fudd i S4C, gan ei fod yn dynodi dechrau'r rhaglenni Cymraeg yn amserlen y sianel. Byddai darlledu'r rhaglen yn gynharach yn golygu y byddai'n rhaid cael bwlch Saesneg mwy yn ystod y ddarpariaeth

Gwireddu'r Arbrawf 143

Gymraeg, neu byddai'n rhaid i'r rhaglenni Cymraeg ddod i ben ynghynt. Gellid awgrymu y dylai'r sianel newydd fod wedi ystyried addasu ei strategaeth newyddion trwy sicrhau bod mwy o newyddion lleol yn cael eu cynnwys yn y rhaglen, yn enwedig o ystyried bod yr anfodlonrwydd yn dechrau arwain at leihad yn ffigurau gwylio'r sianel.[101] Ond yn ystod y cyfnod hwn yr oedd cred ymysg penaethiaid S4C a'r BBC fod y strategaeth ganolog o ddarparu gwasanaeth newyddion cynhwysfawr yn gywir.[102] Mynegodd Geraint Stanley Jones, er enghraifft, mewn cyfarfod ar y cyd rhwng y cyngor darlledu ac Awdurdod S4C, fod y cysyniad gwreiddiol o ddarparu gwasanaeth newyddion cenedlaethol a rhyngwladol yn 'vital to the concept of S4C'.[103] Oherwydd y gred ddiysgog hon, dyfalbarhaodd y BBC a S4C gyda'r ethos o ddarparu rhaglen newyddion gynhwysfawr, aml-haenog. Ac o ystyried y gwasanaeth newyddion a ddarperir ar y sianel heddiw, fwy na 30 blynedd yn ddiweddarach, fe ellir cyfiawnhau agweddau cadarn y swyddogion, gan fod y patrwm hwnnw o adrodd am ddigwyddiadau'r dydd, boed y rheini'n lleol, yn genedlaethol neu'n rhyngwladol, wedi ennill ei blwyf a goroesi hyd heddiw.

Agwedd arall o'r gwasanaeth a oedd yn destun beirniadaeth oedd y diffyg yn y ddarpariaeth ar gyfer carfanau amrywiol, yn enwedig dysgwyr.[104] Yr oedd y sianel yn ymwybodol bod nifer o bobl wedi mynd ati i ddysgu'r iaith oherwydd dyfodiad y sianel, ond oherwydd cyfuniad o benderfyniadau polisi a thrafferthion technegol nid oedd S4C wedi llwyddo i ddiwallu eu hanghenion.[105] Y rhaglen *Gair yn ei Bryd*, rhaglen ychydig funudau o hyd a gaed ar ddechrau'r bloc darlledu cyn *Newyddion Saith*, oedd yr unig ddarpariaeth ar gyfer y garfan hon o'r gynulleidfa.[106] Yr oedd rheolwyr y sianel o'r farn mai cyfrifoldeb HTV a'r BBC oedd darparu rhaglenni ar gyfer dysgwyr a hynny o fewn eu hamserlenni eu hunain. Yr oedd S4C yn gwahaniaethu rhwng gallu ieithyddol y gwahanol ddysgwyr: credid mai HTV a'r BBC ddylai ddarparu'r gwasanaeth ar gyfer dysgwyr dibrofiad, ac mai swyddogaeth S4C oedd darparu cynnwys ar gyfer y dysgwyr hynny a oedd yn 'croesi'r bont' ac angen hwb bychan er mwyn mwynhau'r cynnwys Cymraeg ar y sianel.[107] Yr oedd y sianel yn amau doethineb darlledu rhaglenni i ddysgwyr newydd o fewn y 22 awr, gan y byddai hynny'n lleihau'r nifer o oriau a ddarlledwyd ar gyfer y siaradwyr rhugl. Cyfaddawd posibl oedd y bwriad i geisio ailddarlledu nifer o raglenni gyda thechnoleg is-deitlo, er nad oedd hynny yn ateb yr angen am raglenni addas a pherthnasol i ddysgwyr.[108] Mae'r agwedd hon yn dangos mai diffiniad cyfyng iawn o Gymry Cymraeg a arddelwyd gan y sianel yn ei blynyddoedd cynnar. Drwy gydol cyfnod paratoi'r sianel arddelwyd y cysyniad o 'Mrs Jones, Llanrug' gan Owen Edwards yn enwedig, fel llaw-fer er mwyn cyfeirio at y gynulleidfa Gymraeg yr oedd y sianel am sicrhau ei bod yn apelio ati.[109] Yn un o'i amryfal anerchiadau i gymdeithasau a sefydliadau ledled Cymru yn ystod misoedd cynnar ei swydd aeth y cyfarwyddwr ymhellach trwy geisio diffinio pwy oedd y Cymro Cyffredin, ac felly'r gynulleidfa darged:

> falle ei bod hi'n haws ceisio dweud be <u>na</u> ydy' o. Dydy o ddim yn debyg i fod yn darllen papur Cymraeg, ag eithrio papur bro, dydy o ddim yn debyg i fod yn gapelwr neu eglwyswr, ac mewn capel ac Ysgol Sul yr oedd y rhan fwyaf o'r dysgu darllen Cymraeg, dydy o ddim yn debyg o fod yn teimlo'n gry' am yr iaith, dydy o ddim yn debyg o fod yn ifanc – mae cyfartaledd llawer uwch o'r boblogaeth Gymraeg yn hen nac o'r boblogaeth yn gyffredinol – mae ei Gymraeg, ysywaeth, yn debyg o fod yn fratiog, dydy o ddim yn deall geiriau mawr Cymraeg bydde'n 'i ddieithrio, ac mae o wedi'i gyflyru i dderbyn ei adloniant trwy gyfrwng y Saesneg, ac mae fwy na thebyg o leiaf un aelod o'r tŷ lle mae'n byw yn ddi-Gymraeg.[110]

Nid oedd dysgwyr yn rhan o'r ddelwedd honno, er bod y di-Gymraeg yn ymddangos yn y diffiniad. Yr oedd problem sylfaenol gyda'r agwedd mai cyfrifoldeb y darlledwyr Cymreig eraill oedd darparu arlwy ar gyfer dysgwyr cwbl newydd, a hynny gan nad oedd yn cydnabod y tensiynau y gellid eu gweld yn ailgodi ymysg y gynulleidfa ddi-Gymraeg. Pe byddai HTV a'r BBC yn darlledu rhaglenni Cymraeg yn ystod eu hamserlen, hyd yn oed petai'r rhaglenni hynny wedi eu hanelu at y Cymry di-Gymraeg, byddai'r anfodlonrwydd cyfarwydd yn ailymddangos a hynny oherwydd y disgwyl ymysg y gynulleidfa hon fod rhaglenni Cymraeg wedi eu diarddel am byth oddi ar y prif sianeli. Mynegwyd pryderon gan Bwyllgor Cymreig yr ADA y gallai'r rhaglenni hyn atgyfodi nifer o'r teimladau cas a leddfwyd trwy sefydlu S4C.[111] Yr oedd dysgwyr yn disgyn rhwng dwy stôl a thri darlledwr felly, gyda phob un yn honni mai cyfrifoldeb y llall oedd darlledu rhaglenni ar eu cyfer. Diddymwyd *Gair yn ei Bryd* o'r amserlen ar ddechrau 1984, gyda bwriad i lenwi'r gofod â rhaglen galendr gyffredinol a fyddai'n addas ar gyfer y gynulleidfa gyfan, yn hytrach na rhaglen newydd i ddysgwyr.[112] Ni chafwyd trafodaethau sylweddol fe ymddengys ar y ddarpariaeth i ddysgwyr tan y cyfarfod rhwng Cyngor Darlledu Cymru'r BBC a S4C ym Mawrth 1984.[113] Yno caed newid sylweddol yn yr agwedd gan fod y BBC wedi bod yn trafod â Chyd-Bwyllgor Addysg Cymru, a gwnaed addewid i sicrhau darpariaeth ar gyfer dysgwyr Cymraeg.[114] Canlyniad y trafodaethau hyn oedd tro pedol sylweddol yn agwedd y sianel tuag at raglenni i ddysgwyr. Gwyrdrowyd y polisi gwreiddiol a darlledwyd rhaglen i ddysgwyr, sef *Sioe Siarad*, yn Chwefror a Mawrth

1985.[115] Daeth cyfaddawd hefyd o du'r BBC, gan i'r rhaglen gael ei hailddarlledu yn ystod yr un wythnos ar BBC Wales, gan geisio sicrhau bod y ddarpariaeth ar gael i gynulleidfa ehangach.[116] Darlledwyd ail gyfres o *Sioe Siarad* yn 1985–6, er nad oedd y gyfres gyntaf wedi denu cynulleidfa sylweddol, ymrwymiad sy'n dangos bod agwedd y sianel i'r garfan hon wedi newid yn llwyr yn ystod ei blynyddoedd yn darlledu. Ategir hyn hefyd gan y sylwadau a geir yn adroddiad blynyddol 1985–6:

> Bu datblygiad mawr yn y ddarpariaeth i ddysgwyr yn ystod y flwyddyn... Sylweddolwyd mai man cyswllt â'r iaith yn anad dim yw S4C ac wrth gyflawni'r prif nod o wasanaethu'r Cymry Cymraeg 'roedd nifer o raglenni o ddefnydd i ddysgwyr ar wahanol lefelau.[117]

Mater arall yn ymwneud ag iaith ac a fu'n denu sylw'r awdurdod a'r swyddogion ers dyddiau cynnar y darlledu oedd y defnydd o Saesneg a gaed mewn rhaglenni Cymraeg.[118] Yr oedd angen i unrhyw ganllawiau a roddid i'r cynhyrchwyr sicrhau bod ganddynt y rhyddid golygyddol i benderfynu pa gywair iaith fyddai'n gweddu i'r rhaglenni dan sylw. Ond pwysleisiwyd 'bod cynhyrchwyr i gadw mewn cof mai hanfod y rhaglen oedd ei bod yn Gymraeg a bod yn rhaid bod cyfiawnhad clir yng nghyswllt cynnwys y rhaglen cyn defnyddio cyfweliadau Saesneg'.[119] Ymddengys bod rhaglenni wedi eu darlledu yn ystod y mis cyntaf nad oedd wedi glynu wrth yr egwyddor hon, a derbyniwyd 11 o gwynion gan y cyhoedd am y gorddefnydd o Saesneg yn *Elinor yn Ewrob* a rhaglenni eraill nid annhebyg megis *Now a Fi yn Nashville*.[120] Roedd y cynnwys Saesneg yn gymharol uchel yn y rhaglenni hyn gan eu bod yn ymwneud â theithio i wledydd tramor lle roedd Saesneg yn iaith gyffredin. Trosleisio unrhyw gyfweliadau i'r Gymraeg fyddai'r ateb gan ddilyn y patrwm a sefydlwyd gan raglen agoriadol y sianel wrth iddi drosleisio lleisiau Bjorn Borg ac eraill. Un rhaglen a ysgogodd fwy o ymateb negyddol ar y mater hwn, a lle byddai trosleisio wedi bod yn gwbl anymarferol ac annymunol, oedd y ddrama dditectif *Bowen a'i Bartner* a gynhyrchwyd gan y BBC.[121] Yr oedd y rhaglen yn trin a thrafod bywyd heddweision a throseddwyr yn y brifddinas, ac er mwyn darparu darlun credadwy o'r byd hwnnw defnyddiwyd cyfuniad o Gymraeg a Saesneg yn y sgript. Cafwyd ymateb chwyrn i'r rhaglen mewn cyfarfod cyhoeddus yng Nghaerfyrddin ym Mawrth 1985 ac anfonwyd llythyrau at S4C a'r BBC gan Wynfford James ar ran Cymdeithas yr Iaith yn gofyn i'r ddau sefydliad am eu polisi ar y mater.[122] Yr ymateb a gafwyd gan y BBC, ac a gadarnhawyd gan S4C, oedd nad oedd rheolau cadarn ar y defnydd o Saesneg mewn rhaglenni

Cymraeg, ac nad oedd y sefydliadau yn dymuno gosod rheolau haearnaidd yn enwedig ym maes cynyrchiadau dramatig. Teimlid bod cynhyrchwyr a sgriptwyr yn llawn ymwybodol o'r angen i ddefnyddio cyn lleied â phosib o Saesneg o fewn cynyrchiadau Cymraeg. Yn yr un drafodaeth pwysleisiodd cadeirydd S4C nad oedd holl wylwyr y sianel yr un mor rhugl â'i gilydd, a bod disgwyl i'r sianel geisio apelio at amrediad eang o wylwyr er mwyn llwyddo yn ei chyfrifoldebau.[123] Trwy geisio apelio at gynulleidfa iau ac ehangach a chreu portread dilys a chredadwy o fyd y brifddinas yr oedd y sianel yn derbyn cwynion rif y gwlith gan y gynulleidfa graidd, nad oedd am weld y gwasanaeth yn cael ei lygru gan fratiaith a'r gorddefnydd o Saesneg.

Derbyniwyd ambell lythyr hefyd yn achwyn am safon y Gymraeg mewn amryw o raglenni megis y ddrama *Coleg*, bratiaith ar *Newyddion Saith* ac ansawdd yr iaith a'r defnydd o idiomau Saesneg gan rai o gyflwynwyr y sianel.[124] Yr oedd rhai gwylwyr yn ystyried mai rôl S4C oedd cynnal safonau a dyrchafu'r iaith Gymraeg yn hytrach nag adlewyrchu patrymau iaith naturiol a bod mor gynhwysol â phosib trwy ddefnyddio iaith a fyddai'n ddealladwy i garfanau ehangach o'r gymdeithas Gymraeg. Er hyn, yr oedd cywirdeb yn parhau'n sylfaen i'r gwasanaeth, fel y dengys ymateb Owen Edwards i gŵyn gan wyliwr am ddefnydd un cyflwynydd o'r idiom Saesneg 'marw allan', gan iddo sicrhau'r gwyliwr y byddai'n mynnu bod defnydd o'r ymadrodd yn diflannu o sgriptiau'r uned gyflwyno.[125]

Wedi'r brys aruthrol i sicrhau bod y sianel yn barod i ddechrau darlledu yn ddiffael ar 1 Tachwedd 1982, ni fu amser i swyddogion, staff nac awdurdod y sianel gymryd hoe. Cofia'r staff eu bod wedi llwyr ymlâdd, ond parhai'r sianel Gymraeg i gyflwyno sialensiau i'r swyddogion ymdrin â hwy a'u datrys. Wedi'r trafod a'r cynllunio, yr oedd y cyfnod darlledu yn gyfle i weld a oedd yr amserlen, y rhaglenni, y cyflwynwyr a'r elfennau eraill i gyd yn gweithio. Mewn sawl achos bu'n rhaid addasu, ailystyried ac ailweithio'r cynlluniau gwreiddiol; mewn achosion eraill bu dyfalbarhau â rhai egwyddorion, hyd yn oed wrth i'r gynulleidfa fynegi ei hanfodlonrwydd, yn ffyddiog ac yn hyderus y byddai'r gynulleidfa yn ymgyfarwyddo gyda'r anghyfarwydd ac yn newid ei safbwynt ymhen amser. Ni allai'r sianel aros yn ei hunfan: gydag arolwg y Swyddfa Gartref ar y gorwel, yr oedd hi'n angenrheidiol er mwyn ei pharhad i'r swyddogion a'r awdurdod ymateb i'r ffigurau gwylio a gwrando ar sylwadau'r gynulleidfa ac addasu'r gwasanaeth er gwell.

Nodiadau

1. Gwahoddwyd yr Athro Huw Morris-Jones, aelod gwreiddiol yr ADA ar yr awdurdod, yn ôl i wylio ffrwyth yr ymdrechion.
2. Yr oedd llinell arbennig wedi ei darparu rhwng S4C a'r ADA yn Llundain, er mwyn i aelodau'r wasg, unigolion o'r diwydiant ac Aelodau Seneddol wylio'r darllediad cyntaf. Ond esblygodd y digwyddiad o fod yn fater o gwrteisi a ffordd o ddenu cyhoeddusrwydd yn dderbyniad swyddogol a fynnai bresenoldeb aelodau o'r awdurdod a hynny yn rhannol oherwydd i Nicholas Edwards, Ysgrifennydd Gwladol Cymru, benderfynu gwylio'r noson agoriadol o Lundain. Er yr anghyfleustra cychwynnol barnwyd i'r digwyddiad fod yn llwyddiant gan y rhai a fu'n bresennol. Casgliad Sianel Pedwar Cymru (CS4C), *Cofnodion nawfed cyfarfod ar hugain Awdurdod Sianel Pedwar Cymru*, 1 Hydref 1982, t. 3; CS4C, *Cofnodion degfed cyfarfod ar hugain Awdurdod Sianel Pedwar Cymru*, 5 Tachwedd 1982, t. 1; CS4C, *Adroddiad y Cyfarwyddwr i'r Awdurdod (Papur 14.82/4)* – *Papur Atodol i Agenda degfed cyfarfod ar hugain Awdurdod Sianel Pedwar Cymru*, 5 Tachwedd 1982, t. 2; cyfweliad yr awdur gyda Chris Grace, Caerdydd, 29 Tachwedd 2010.
3. CS4C, *Croeso i S4C* (Cynhyrchiad mewnol, S4C, 1 Tachwedd 1982). Mae copi o'r rhaglen yng nghasgliad Archif Genedlaethol Sgrîn a Sain Cymru.
4. CS4C, *Croeso i S4C*.
5. CS4C, *Croeso i S4C*. Nid oedd cyfres *SuperTed* i ddechrau yn swyddogol tan Ebrill 1983, ond penderfynwyd ei bod yn bwysig cynnwys rhagflas o'r gyfres a oedd wedi derbyn y sylw mwyaf yn y wasg ac yn y deunyddiau hyrwyddo. Gweler, er enghraifft, Mario Basini, 'A Star is Born', *Western Mail – Wales Supplement*, 30 Tachwedd 1982, 22.
6. Jeremy Isaacs, *Storm over Four – A Personal Account* (London, 1989), t. 48.
7. *Croeso i S4C*.
8. Cyflwynwyd eu cyfarchion yn eu mamiaith a'u trosleisio i'r Gymraeg, gyda Miss World yn yngan rhai geiriau yn y Gymraeg ar ddiwedd ei chyfarchiad. Gwelir S4C yn mabwysiadu'r patrwm y dymunai weld y cynhyrchwyr yn ei ddefnyddio wrth gyfweld unigolion di-Gymraeg, er mwyn osgoi'r defnydd o'r iaith gyffredin, sef Saesneg. Yr unig gysylltiad tebygol rhwng S4C a Bjorn Borg oedd mai cwmni Mark McCormak, International Management Group (IMG), oedd cynrychiolwyr y chwaraewr tenis, ac is-gwmni IMG oedd yn hyrwyddo rhaglenni S4C i'w gwerthu dramor.
9. *Croeso i S4C*.
10. Clive Betts, 'Channel 4 hopes arts, films will reach one in 10', *Western Mail*, 6 Hydref 1982, 9.
11. James Lewis, 'Superted's mission to leap TV language gap', *The Guardian*, 3 Tachwedd 1982.
12. Clive Betts, 'Croeso i S4C – but not from the valleys', *Western Mail*, 2 Tachwedd 1982, 1.

13. Yr oedd yr undeb yn mynnu tâl uwch i'w aelodau ac wedi mynnu bod pob cangen o aelodau'r BBC yn cynnal cyfarfodydd yn ystod oriau gwaith ar 1 Tachwedd 1982 er mwyn tarfu ar weithgareddau'r ystafell newyddion. Pleidleisiodd aelodau BBC Cymru i beidio â tharfu ar ddigwyddiad mor bwysig. Clive Betts, 'Pay disputes will hit tonight's S4C launch', *Western Mail*, 1 Tachwedd 1982, 1; Betts, 'Croeso i S4C – but not from the valleys', 1.
14. Dienw, '10 Channel TV Guide', *Western Mail*, 1 Tachwedd 1982, 2.
15. Edward Morgan, 'Teledu Cymru', *Y Faner*, 25 Tachwedd 1982.
16. Hysbyseb S4C, *Western Mail*, 1 Tachwedd 1982, 6.
17. Dienw, '10 Channel TV Guide', 2.
18. Betts, 'Pay disputes will hit tonight's S4C launch', 1; David Hewson, 'Disputes threaten start of Channel Four', *The Times*, 7 Hydref 1982, 1; David Hewson, 'Channel 4 dispute talks break down', *The Times*, 30 Hydref 1982, 1.
19. Betts, 'Croeso i S4C – but not from the valleys', 1.
20. Betts, 'Pay disputes will hit tonight's S4C launch', 1; Betts, 'Croeso i S4C – but not from the valleys', 1; Lewis, 'Superted's mission to leap TV language gap'.
21. CS4C, *Cofnodion degfed cyfarfod ar hugain Awdurdod Sianel Pedwar Cymru*, t. 3.
22. Dienw, 'Twelve per cent watched S4C in first week', *The Free Press*, 26 Tachwedd 1982.
23. Derbyniwyd dau lythyr yn cwyno am y rhaglen *Hapnod*.
24. CS4C, *Cofnodion degfed cyfarfod ar hugain Awdurdod Sianel Pedwar Cymru*, t. 2.
25. Betts, 'Croeso i S4C – but not from the valleys', 1.
26. Yn 1980 yr oedd 170,000 o dai yng Nghymru yn derbyn gwasanaeth cebl masnachol, sef 20 y cant o gartrefi Cymru, ffigwr sylweddol uwch na'r gyfran gyfatebol prydeinig o 8.5 y cant. Erbyn dechrau'r 1980au, credid y gallai 90 y cant o'r cartrefi hyn dderbyn gwasanaeth teledu trwy erial arferol, ond eu bod yn parhau yn driw i gebl gan fod mwy o ddewis sianeli. Gallai nifer o wasanaethau cebl gario pedwar gwasanaeth ac yn y dyddiau cyn sefydlu S4C a C4 roeddent yn darlledu un o'r gwasanaethau lleol cyfagos o Loegr. *Second Report from the Committee on Welsh Affairs – Broadcasting in the Welsh Language and the Implications for Welsh and Non-Welsh Speaking Viewers and Listeners, Volume I – Report and Proceedings* (London, 1981), t. lvii.
27. Yr oedd 100,000 o'r 170,000 o gartrefi a dderbyniai wasanaethau cebl ar systemau pedair sianel. Yr oedd hi'n bosibl ymestyn y systemau hyn i gario mwy o sianeli ond yr oedd hon yn broses ddrudfawr. *Second Report from the Committee on Welsh Affairs – Vol I*, t. lviii.
28. *Second Report from the Committee on Welsh Affairs – Broadcasting in the Welsh Language and the Implications for Welsh and Non-Welsh Speaking Viewers and Listeners, Volume II – Minutes of Evidence and Appendices* (London, 1981), t. 622.
29. Yr ardaloedd lle trefnwyd pleidlais oedd Abertyleri, Bargoed, de Bargoed,

Deri, Merthyr Tudful, Trecelyn, Casnewydd, Pontlotyn, Pontypŵl, Treforys, Abertawe, Caerffili, Llangeinwyr, Maesteg, Pontypridd a'r Rhondda. David Hughes, 'Channel 4 cable vote is vetoed by Whitelaw', *Western Mail*, 29 Hydref 1982, 1.
30. Betts, 'Croeso i S4C – but not from the valleys', 1.
31. Clive Betts, 'Cable TV threat to S4C', *Western Mail*, 22 Ionawr 1982.
32. Hughes, 'Channel 4 cable vote is vetoed by Whitelaw', 1.
33. Betts, 'Croeso i S4C – but not from the valleys', 1.
34. Clive Betts, 'Good news and bad for S4C in ratings', *Western Mail*, 24 Tachwedd 1982; Echo Reporter, 'It's a big switch-off for S4C in English', *South Wales Echo*, 23 Tachwedd 1982; dienw, 'S4C drops in viewing figures', *South Wales Evening Post*, 24 Tachwedd 1982; Garry Gibbs, 'Praise for S4C – and more tune in than for BBC2', *North Wales Weekly News*, 2 Rhagfyr 1982.
35. James Price, 'A welcome in the hillsides for TV 4', *Daily Star*, 14 Ionawr 1982.
36. Emyr Williams, 'Ar Ddec S4C', *Cambrian News*, 31 Rhagfyr 1982; dienw, 'Christmas "delight" for S4C', *South Wales Echo*, 11 Ionawr 1983; James Lewis, 'Welsh ratings beat Channel 4 and BBC 2', *The Guardian*, 17 Ionawr 1983. Nid oedd Iorwerth Roberts o'r *Daily Post* yr un mor frwdfrydig yn ei ddadansoddiad o amserlenni'r Nadolig: Iorwerth Roberts, 'A poor view', *Daily Post*, 23 Rhagfyr 1982.
37. Jan Morris, 'A Channel 4 that works...' *Sunday Times*, 9 Ionawr 1983; Lewis, 'Welsh ratings beat Channel 4 and BBC2'; Brenda Maddox, 'One-up to Wales', *The Listener*, 20 Ionawr 1983; Alwyn Roberts, 'Methiant "Channel 4" – dyfodol S4C', *Y Faner*, 21 Ionawr 1983, 11.
38. Clive Betts, 'Plunge in viewing of S4C a cash threat', *Western Mail*, 15 Mehefin 1983. Mae'r ffigwr a gyhoeddwyd gan y *Western Mail* ar gyfer mis Mai yn uwch na'r ffigwr a nodir gan yr awdurdod ar ddirywiad y ffigurau gwylio, sef 57,000. Gweler CS4C, *The deterioration in S4C's ratings since its initial five months of operation (Papur 7.83(5))*, Papur atodol i *Agenda deunawfed cyfarfod ar hugain Awdurdod Sianel Pedwar Cymru*, 1 Gorffennaf 1983. Gweler trafodaeth bellach ar y cwymp yn ffigurau gwylio S4C yn yr erthyglau canlynol: dienw, 'S4C is hit by big turn-off', *Television Weekly*, 24 Mehefin 1983; dienw, 'Welsh TV hits sun snag', *The Guardian*, 27 Mehefin 1983; Clive Betts, 'Stale news "hits S4C figures"', *Western Mail*, 29 Mehefin 1983; Derek Hooper, 'Viewing figures shock for S4C', *South Wales Echo*, 28 Mehefin 1984.
39. CS4C, *Cofnodion ail gyfarfod ar bymtheg ar hugain Awdurdod Sianel Pedwar Cymru*, 3 Mehefin 1983, t. 3.
40. CS4C, *The deterioration in S4C's ratings since its initial five months of operation (Papur 7.83(5))*, t. 6.
41. CS4C, *The deterioration in S4C's ratings since its initial five months of operation (Papur 7.83(5))*, t. 1.
42. Gellid priodoli'r twf aruthrol yng nghyfran BBC2 o'r gynulleidfa i'r

darllediad o ornestau Pencampwriaeth snwcer y byd yn y Crucible yn Sheffield yn ystod yr oriau brig.
43. CS4C, *The deterioration in S4C's ratings since its initial five months of operation (Papur 7.83(5))*, t. 3.
44. Clive Betts, 'S4C confident despite low share of Welsh market', *Western Mail*, 12 Gorffennaf 1983; dienw, 'Hyder yn nyfodol S4C', *Y Cymro*, 12 Gorffennaf 1983; Ivor Wynne Jones, 'S4C suffers summer switch-off', *Daily Post*, 12 Gorffennaf 1983.
45. Yn ystod Mawrth a dechrau Ebrill 1983 daeth cyfresi megis *Elinor*, *Cefn Gwlad*, *Yng Nghwmni* a *Rhaglen Hywel Gwynfryn* i ben. Caed cwynion am ailddarlledu yn Meinir Ffransis, 'Angen cyfres i'n dal a'n denu', *Y Cymro*, 3 Mai 1983, 2; Annes Glyn, '"Repeats" yn troi yn fwrn', *Y Faner*, 16 Medi 1983, 21.
46. Cyfweliad yr awdur gyda Chris Grace, Caerdydd, 29 Tachwedd 2010. Gellid esbonio'r diffyg stoc hefyd gan fod llai o gynhyrchu yn ystod misoedd y gaeaf oherwydd y tywydd, diffyg golau a.y.y.b. a oedd yn arwain at ddiffyg darpariaeth newydd ar y sgrin yn y gwanwyn a'r haf.
47. CS4C, *The deterioration in S4C's ratings since its initial five months of operation (Papur 7.83(5))*, t. 4.
48. CS4C, *The deterioration in S4C's ratings since its initial five months of operation (Papur 7.83(5))*, t. 4.
49. Adborth ar lafar oedd hwn a oedd wedi ei fynegi wrth aelodau yr awdurdod trwy eu ffrinidau a'u cydnabod.
50. Yr oedd nifer o enghreifftiau eraill hefyd: bu pryder am ffigurau *Pobol y Cwm* wrth i'r nifer gwylwyr ddisgyn gan 46 y cant o 220,000 i 119,000 mewn tair wythnos, er i nifer y cartrefi aros yn gymharol gyson. Clive Betts, 'S4C drop in viewers reveals muddle in ratings', *Western Mail*, 6 Ionawr 1983, 1; Echo Reporter, 'Ratings probed at S4C', *South Wales Echo*, 6 Ionawr 1983; dienw, 'S4C figures "correct"', *South Wales Evening Post*, 7 Ionawr 1983; Clive Betts, 'Battle looms on ratings', *Western Mail*, 9 Ionawr 1983.
51. Betts, 'Good news and bad for S4C in ratings'.
52. CS4C, *Adroddiad y Cyfarwyddwr i'r Awdurdod (Papur 12.83(4)) – papur atodol i Agenda trydydd cyfarfod a deugain Awdurdod Sianel Pedwar Cymru*, 1–2 Rhagfyr 1983, t. 2.
53. Clive Betts, 'Viewing figures puzzle for S4C', *Western Mail*, 5 Rhagfyr 1983.
54. Jane Harbord, 'Can even Superted save S4C?', *Television Weekly*, 22 Gorffennaf 1983, 7; James Tucker, 'Hidden Welsh TV bill', *Sunday Times*, 13 Tachwedd 1983; DH, 'S4C "Most Costly TV in Britain"', *Broadcast*, 18 Tachwedd 1983; Tim Jones, 'Will the Welsh keep their TV channel?', *The Times*, 19 Tachwedd 1983; Clive Betts, 'Magazine says S4C is UK's dearest TV', *Western Mail*, 30 Ionawr 1985.
55. CS4C, *S4C's Audience – papur atodol i Agenda pumed cyfarfod a deugain Awdurdod Sianel Pedwar Cymru*, 10 Chwefror 1984.

56. Awdurdod Sianel Pedwar Cymru, *Adroddiad Blynyddol a Chyfrifon, 1982–83* (Caerdydd, 1983), t. 9.
57. CS4C, *S4C's Audience*, t. 1.
58. Awdurdod Sianel Pedwar Cymru, *Adroddiad Blynyddol a Chyfrifon, 1983–84* (Caerdydd, 1984), t. 10.
59. Awdurdod Sianel Pedwar Cymru, *Adroddiad Blynyddol a Chyfrifon, 1982–83*, t. 10.
60. Awdurdod Sianel Pedwar Cymru, *Adroddiad Blynyddol a Chyfrifon, 1983–84*, t. 9.
61. Awdurdod Sianel Pedwar Cymru, *Adroddiad Blynyddol a Chyfrifon, 1982–83*, t. 10; Awdurdod Sianel Pedwar Cymru, *Adroddiad Blynyddol a Chyfrifon, 1983–84*, t. 10; Awdurdod Sianel Pedwar Cymru, *Adroddiad Blynyddol a Chyfrifon, 1984–85* (Caerdydd, 1985), t. 12.
62. Awdurdod Sianel Pedwar Cymru, *Adroddiad Blynyddol a Chyfrifon, 1982–83*, t. 34; Awdurdod Sianel Pedwar Cymru, *Adroddiad Blynyddol a Chyfrifon, 1983–84*, t. 37; Awdurdod Sianel Pedwar Cymru, *Adroddiad Blynyddol a Chyfrifon, 1984–85*, t. 40.
63. Awdurdod Sianel Pedwar Cymru, *Adroddiad Blynyddol a Chyfrifon, 1983–84*, t. 37. Dadansoddiad o ymateb y gynulleidfa i nifer o wythnosau yn 1983 oedd y ffigurau hyn.
64. CS4C, *Nodiadau ar chweched cyfarfod Pwyllgor Cymreig yr Awdurdod Darlledu Annibynnol i Drafod Rhaglenni 'Annibynnol' S4C*, 30 Mawrth 1984, t. 2; CS4C, *Cofnodion chweched cyfarfod a deugain Awdurdod Sianel Pedwar Cymru*, 9 Mawrth 1984, t. 2; Clive Betts, 'S4C bid to sort out who watches', *Western Mail*, 9 July 1984; dienw, 'S4C solution "en-route"', *Television Weekly*, 10 Awst 1984.
65. CS4C, *Adroddiad y Cyfarwyddwr i'r Awdurdod – Papur atodol i Agenda cyfarfod hanner cant a saith Awdurdod Sianel Pedwar Cymru*, 7–8 Chwefror 1985, tt. 1–2; Awdurdod Sianel Pedwar Cymru, *Adroddiad Blynyddol a Chyfrifon, 1984–85*, t. 11.
66. Awdurdod Sianel Pedwar Cymru, *Adroddiad Blynyddol a Chyfrifon, 1984–85*, t. 11.
67. CS4C, *Adroddiad y Cyfarwyddwr i'r Awdurdod – Papur atodol i Agenda cyfarfod hanner cant a saith Awdurdod Sianel Pedwar Cymru*, tt. 1–2.
68. Awdurdod Sianel Pedwar Cymru, *Adroddiad Blynyddol a Chyfrifon, 1984–85*, t. 12.
69. Awdurdod Sianel Pedwar Cymru, *Adroddiad Blynyddol a Chyfrifon, 1984–85*, t. 12.
70. Awdurdod Sianel Pedwar Cymru, *Adroddiad Blynyddol a Chyfrifon, 1984–85*, t. 12. Yr oedd y ffigwr cyfatebol ar gyfer C4 yn ddwy awr ac ugain munud, ond ni chyhoeddwyd y ffigurau ar gyfer BBC1 a ITV. Diau y gwnaed hynny er mwyn osgoi creu darlun llai trawiadol o ganlyniadau S4C yn y cyd-destun hwn.
71. Dienw, 'TV Guide', *Western Mail*, 2–6 Tachwedd 1982.
72. CS4C, *Cofnodion pumed cyfarfod a deugain Awdurdod Sianel Pedwar Cymru*,

10 Chwefror 1984, t. 1. Gwnaed eithriad ar nos Fercher er mwyn ei gwneud yn bosibl darlledu ffilm nodwedd Saesneg rhwng naw ac un ar ddeg y nos.
73. Cyfweliad yr awdur gyda Chris Grace, Caerdydd, 29 Tachwedd 2010.
74. CS4C, llythyr oddi wrth wyliwr o Lanrug at Owen Edwards, 29 Mai 1981.
75. CS4C, *Cofnodion pumed cyfarfod a deugain Awdurdod Sianel Pedwar Cymru*, t. 1.
76. *Broadcasting Act 1981 – Chapter 68* (London, 1981), t. 49.
77. Dienw, 'S4C woos the viewers with reshuffle of schedules', *Western Mail*, 13 Ebrill 1984; dienw, 'English programmes a part of Spring schedule', *Television Weekly*, 20 Ebrill 1984.
78. CS4C, *Cofnodion nawfed cyfarfod a deugain Awdurdod Sianel Pedwar Cymru*, 7–8 Mehefin 1984, t. 3.
79. CS4C, *Cofnodion cyfarfod hanner cant Awdurdod Sianel Pedwar Cymru*, 13 Gorffennaf 1984, t. 5.
80. Yn amlach na pheidio trafodwyd y materion hyn yn ystod cyfarfodydd a drefnwyd dros ddeuddydd, gan sicrhau bod materion rhaglenni yn derbyn chwarae teg yng nghanol yr holl faterion eraill y byddai disgwyl i'r awdurdod ymwneud â hwy. CS4C, *Troi'r misoedd yn flynyddoedd – Papur atodol i Agenda unfed cyfarfod ar bymtheg ar hugain Awdurdod Sianel Pedwar Cymru*, 5–6 Mai 1983; CS4C, *Y Sector Annibynnol – pwyso a mesur (Papur 10.83(6)) – Papur atodol i Agenda unfed cyfarfod a deugain Awdurdod Sianel Pedwar Cymru*, 7 Hydref 1983.
81. CS4C, *Troi'r misoedd yn flynyddoedd*, t. 1.
82. CS4C, *Troi'r misoedd yn flynyddoedd*, t. 2.
83. CS4C, *Cofnodion unfed cyfarfod ar bymtheg ar hugain Awdurdod Sianel Pedwar Cymru*, 5–6 Mai 1983, t. 3.
84. CS4C, *Cofnodion deuddegfed cyfarfod ar hugain Awdurdod Sianel Pedwar Cymru*, 13 Ionawr 1983, t. 3.
85. Awdurdod Sianel Pedwar Cymru, *Adroddiad Blynyddol a Chyfrifon, 1982–83*, t. 7.
86. CS4C, *Minutes of the first joint meeting between the Broadcasting Council of Wales and members of Sianel Pedwar Cymru*, 18 Mawrth 1983, t. 4; Edward Morgan, 'Teledu Cymru', *Y Faner*, 3 Rhagfyr 1982.
87. CS4C, *Cofnodion trydydd cyfarfod ar ddeg ar hugain Awdurdod Sianel Pedwar Cymru*, 4 Chwefror 1983, t. 2.
88. CS4C, *Nodiadau ar ail gyfarfod Pwyllgor Cymreig yr ADA i drafod rhaglenni 'annibynnol' S4C*, 11 Mawrth 1983, tt. 4–5; CS4C, *Minutes of the first joint meeting between the Broadcasting Council of Wales and members of Sianel Pedwar Cymru*, t. 4.
89. Dienw, 'Argraffiadau Cyntaf S4C – Y Da a'r Drwg', *Barn*, Rhagfyr 1982/Ionawr 1983.
90. CS4C, *Cofnodion trydydd cyfarfod a deugain Awdurdod Sianel Pedwar Cymru*, 1–2 Rhagfyr 1983, t. 3.
91. Elfen nodweddiadol arall o gyflwyno S4C oedd ffyddlondeb y sianel i'r cysyniad o gyflogi wynebau ifanc a newydd i'r tîm cyflwyno gyda Nia

Ceidiog, Siân Lloyd a Gary Nicholas yn ymuno â Siân Thomas a Robin Jones yn ystod y blynyddoedd dan sylw. Gadawodd Rowena Jones-Thomas ym mis Chwefror 1984 i ddilyn trywydd gwahanol trwy weithio fel ymchwilydd gydag adran adloniant ysgafn a phlant HTV; CS4C, *Adroddiad y Cyfarwyddwr i'r Awdurdod (Papur 2.84 (4)) – Papur atodol i Agenda pumed cyfarfod a deugain Awdurdod Sianel Pedwar Cymru*, 10 Chwefror 1984, t. 1.

92. CS4C, *Cofnodion deuddegfed cyfarfod ar hugain Awdurdod Sianel Pedwar Cymru*, t. 3. Mynegwyd sylwadau tebyg yn y wasg hefyd: gw. Glyn Evans, 'Dirywiad y Gwasanaeth Newyddion Cymraeg', *Y Cymro*, 14 Rhagfyr 1982; dienw, '"Dim Digon o Sylw" i Newyddion Cymru', *Y Cymro*, 4 Ionawr 1983; Clive Betts, 'S4C's news under fire from Welsh-speakers', *Western Mail*, 3 Chwefror 1983; dienw, 'What about S4C news of Wales, asks MP', *Western Mail*, 4 Chwefror 1983.

93. CS4C, *Cofnodion trydydd cyfarfod ar ddeg ar hugain Awdurdod Sianel Pedwar Cymru*, t. 2; CS4C, *Minutes of the first joint meeting between the Broadcasting Council of Wales and members of Sianel Pedwar Cymru*, t. 4; CS4C, *Adroddiad y Cyfarwyddwr (Papur 8.83(4)) – Papur atodol i agenda pedwerydd cyfarfod ar bymtheg ar hugain Awdurdod Sianel Pedwar Cymru*, 5 Awst 1983, t. 1.

94. CS4C, *Cofnodion trydydd cyfarfod ar ddeg ar hugain Awdurdod Sianel Pedwar Cymru*, t. 2.

95. CS4C, llythyr oddi wrth Dr Roger Thomas at Owen Edwards, Chwefror 1983. Gweler hefyd llythyr oddi wrth Owen Edwards at Dr Roger Thomas, 7 Chwefror 1983 a llythyr oddi wrth Dr Roger Thomas at Owen Edwards, 10 Chwefror 1983.

96. Derbyniwyd cwyn gan Gyngor Gwynedd hefyd am y diffyg sylw i lywodraeth leol ar *Newyddion Saith*. Gweler CS4C, *Adroddiad y Cyfarwyddwr i'r Awdurdod (Papur 9.83(5)) – Papur Atodol i Agenda deugeinfed cyfarfod Awdurdod Sianel Pedwar Cymru*, 9 Medi 1983.

97. CS4C, llythyr oddi wrth Dafydd Wigley, A.S., at Owen Edwards, 6 Gorffennaf 1983.

98. CS4C, llythyr oddi wrth Owen Edwards at Dafydd Wigley, 8 Gorffennaf 1983.

99. CS4C, llythyr oddi wrth Dr Roger Thomas at Owen Edwards, 10 Chwefror 1983, t. 1; Eleri Rogers, 'Ysu am glecs cymdogol', *Y Cymro*, 25 Ionawr 1983.

100. CS4C, *Minutes of the first joint meeting between the Broadcasting Council of Wales and members of Sianel Pedwar Cymru*, tt. 3–4.

101. CS4C, *Cofnodion unfed cyfarfod a deugain Awdurdod Sianel Pedwar Cymru*, 7 Hydref 1983, t. 2.

102. Cytunai rhai gwylwyr â'r strategaeth er y cwynion: gw. E. Dyfed, 'Gadewch inni drin y byd yn Gymraeg', *Y Cymro*, 1 Chwefror 1983.

103. CS4C, *Cofnodion yr ail gyfarfod ar y cyd rhwng y Cyngor ac aelodau o Sianel Pedwar Cymru*, 21 Hydref 1983, tt. 1–4. Er bod cytuno ar strategaeth, yr oedd ffigurau gwylio isel ac anfodlonrwydd y gynulleidfa yn creu

tensiwn rhwng staff y BBC a S4C. Yr oedd S4C yn mynnu gweld gwellhad yn safon y rhaglen, ond teimlai swyddogion y BBC yn amddiffynnol ohoni, gan nad oeddent yn cytuno â'r feirniadaeth.
104. CS4C, *Cofnodion unfed cyfarfod ar bymtheg ar hugain Awdurdod Sianel Pedwar Cymru*,t. 3; Trefor Jones et al., 'Llythyr agored at Owen Edwards S4C', *Y Faner*, 22 Mai 1984.
105. CS4C, *Troi'r misoedd yn flynyddoedd*, t. 2.
106. CS4C, *Adroddiad y Cyfarwyddwr i'r Awdurdod (Papur 15.82(4))* – Papur atodol i Agenda unfed cyfarfod ar ddeg ar hugain Awdurdod Sianel Pedwar Cymru, 3 Rhagfyr 1982, t. 1.
107. Yr oedd *Gair yn ei Bryd* felly'n addas iawn ar gyfer y polisi hwn; CS4C, *Nodiadau ar ail gyfarfod Pwyllgor Cymreig yr ADA i drafod rhaglenni 'annibynnol' S4C*, t. 4.
108. CS4C, *Adroddiad y Cyfarwyddwr i'r Awdurdod (Papur 15.82(4))*, t. 1.
109. Cyfweliad yr awdur gydag Euryn Ogwen Williams, Caerdydd, 26 Ionawr 2007.
110. CS4C, *Anerchiad i Arolygwyr, Prifathrawon a Phenaethiaid Adrannau Ysgolion Uwchradd Cymraeg yn Aberystwyth*, 1 Gorffennaf 1981, t. 6.
111. CS4C, *Nodiadau ar drydydd cyfarfod Pwyllgor Cymreig yr ADA i drafod rhaglenni 'annibynnol' S4C*, 22 Ebrill 1983, tt. 5–6.
112. CS4C, *Strategaeth Rhaglenni – Papur atodol i Agenda trydydd cyfarfod a deugain Awdurdod Sianel Pedwar Cymru*, 1–2 Rhagfyr 1983, t. 3.
113. CS4C, *Minutes of the third joint BCW/S4C meeting*, 16 Mawrth 1984.
114. CS4C, *Minutes of the third joint BCW/S4C meeting*, t. 6. Er yr addewid hwn, mynegwyd amheuon ynglŷn â rôl darlledwyr ym maes dysgu Cymraeg. Holwyd ai darparu ysgogiad i fynychu cyrsiau oedd nod rhaglen deledu, neu ddarparu cwrs cyflawn.
115. Awdurdod Sianel Pedwar Cymru, *Adroddiad Blynyddol a Chyfrifon, 1984–85*, t. 8. Yr oedd *Sioe Siarad* yn rhoi gwersi Cymraeg llawer mwy ffurfiol trwy ddarlunio sefyllfaoedd pob dydd a sut i ddefnyddio'r Gymraeg ynddynt, yn wahanol i *Gair yn ei Bryd* a gyfeiriai at eiriau anodd eu deall yn arlwy'r noson honno. At hynny, byddai deunyddiau cefnogol ar gael i gyd-fynd â'r gwersi ynghyd â deunydd atodol yn *Sbec*; CS4C, *Nodiadau ar wythfed cyfarfod Pwyllgor Cymreig Awdurdod Darlledu Annibynnol i drafod rhaglenni 'annibynnol' S4C*, 2 Tachwedd 1984, t. 4; Dienw, 'Cyfle i'r dysgwyr siarad', *Y Cymro*, 12 Mawrth 1985, 2.
116. Awdurdod Sianel Pedwar Cymru, *Adroddiad Blynyddol a Chyfrifon, 1984–85*, t. 8. At hynny, cynhyrchwyd tâp fideo o'r cwrs a llyfryn i gyd-fynd â'r darllediadau gan adain fasnachol S4C, Mentrau, a'u gwerthu i'r cyhoedd am bris o £26.50; CS4C, *Draft minutes of the twenty-sixth directors' meeting of Mentrau Cyf*, 10 Ebrill 1985, t. 89.
117. Awdurdod Sianel Pedwar Cymru, *Adroddiad Blynyddol a Chyfrifon, 1985–86* (Caerdydd, 1986), t. 16.
118. E. Dyfed, 'Difwyno'r "dorth" gyda'r iaith fain', *Y Cymro*, 18 Ionawr 1983.
119. CS4C, *Cofnodion unfed cyfarfod ar ddeg ar hugain Awdurdod Sianel Pedwar*

Cymru, 3 Rhagfyr 1982, t. 2. Gan mai cyfweliadau y cyfeirir atynt yn y drafodaeth hon, ymddengys y bu'r awdurdod yn cyfeirio at newyddion, a rhaglenni ffeithiol eu natur, yn hytrach na dramâu. Cofia Euryn Ogwen Williams hefyd y bu rhai trafferthion cychwynnol i'r perwyl hwn gyda'r rhaglenni ffeithiol. Cyfweliad yr awdur gydag Euryn Ogwen Williams, Caerdydd, 23 Chwefror 2007.

120. CS4C, *Sylwadau ar y gwasanaeth, Tachwedd 27 1982 – Ionawr 3 1983 – Papur atodol i Agenda ail gyfarfod ar ddeg ar hugain Awdurdod Sianel Pedwar Cymru*, 13 Ionawr 1983; CS4C, *Sylwadau ar y gwasanaeth, Ebrill 5 – Mai 3 1983 – Papur atodol i Agenda unfed cyfarfod ar bymtheg ar hugain Awdurdod Sianel Pedwar Cymru*, 5–6 Mai 1983; Wynfford James, 'Cyfweliad Saesneg gwasaidd', *Y Faner*, 18 Mawrth 1983.

121. Nid oedd yr holl ymateb i'r gyfres yn negyddol nac yn gwynfannus: Eric Wyn, 'Adloniant ysgafn Cymru yn symud gyda'r oes', *Y Faner*, 1 Mawrth 1985, 21; Glyn Môn Jones, 'In Downtown Cardiff', *Western Mail*, 2 Mawrth 1983.

122. CS4C, *Minutes of the joint meeting between the Broadcasting Council of Wales and members of Sianel Pedwar Cymru*, 15 Mawrth 1985, t. 2.

123. CS4C, *Minutes of the joint meeting between the Broadcasting Council of Wales and members of Sianel Pedwar Cymru*, 15 Mawrth 1985, t. 3.

124. CS4C, *Sylwadau ar y gwasanaeth, Ionawr 4 1983 – Ionawr 27 1983 – Papur atodol i Agenda trydydd cyfarfod ar ddeg ar hugain Awdurdod Sianel Pedwar Cymru*, 4 Chwefror 1983; CS4C, *Sylwadau ar y gwasanaeth, Mawrth 1 – Ebrill '83 – Papur Atodol i Agenda pumed cyfarfod ar ddeg ar hugain Awdurdod Sianel Pedwar Cymru*, 8 Ebrill 1983. CS4C, llythyr oddi wrth wyliwr o Ruthun at Owen Edwards, Gŵyl Fai 1986; Iwan Edgar, 'Gormod o 'Mericianrwtsh Melltigedig ar y Sianel', *Y Faner*, Chwefror 1984, 12.

125. CS4C, llythyr oddi wrth Owen Edwards at wyliwr o Ruthun, 16 Mai 1986.

4

Mentrau Ariannol – Sicrhau Telerau Teg ac Ehangu i Feysydd Newydd

I sicrhau llwyddiant a pharhad S4C, yr oedd yn rhaid i'r sianel a'i swyddogion fynd ati i greu argraff, nid yn unig ar y gynulleidfa Gymraeg ond hefyd ar wleidyddion San Steffan a fyddai'n penderfynu'n derfynol ar ei dyfodol. Yr oedd angen gwneud S4C yn elfen anhepgor o'r tirlun darlledu Cymraeg ac yn rhan hollbwysig o dirlun diwylliannol ac economaidd Cymru. Gwyddai swyddogion ac Awdurdod S4C am yr angen i'r sianel wneud mwy na chomisiynu rhaglenni er mwyn sicrhau ei dyfodol a chreu'r argraff angenrheidiol, a gweithredwyd strategaeth a fyddai'n gwreiddio'r sianel yn ddwfn yng ngwead Cymru. I wireddu'r cynlluniau uchelgeisiol, ac er mwyn sicrhau y gallai'r sianel barhau i ddarparu elfennau craidd y gwasanaeth, yr oedd angen cadarnhau arian teilwng yn flynyddol gan yr Awdurdod Darlledu Annibynnol (ADA) a rhwydwaith ITV. Bwriad y bennod hon felly yw olrhain a dadansoddi trafodaethau ariannol y sianel â'r ADA a'r gweithgareddau economaidd ychwanegol y bu S4C yn ymwneud â hwy ac a fu'n gymaint rhan o lwyddiant cyfnod prawf y sianel.

Ceisiadau ariannol a'r ADA

O sawl safbwynt ystyriwyd y fformiwla ariannu a sefydlwyd yn wreiddiol ar gyfer Channel 4 (C4), ac a addaswyd er mwyn ymgorffori costau ychwanegol S4C, yn un hynod effeithiol a llwyddiannus. Roedd yn cynnig sicrwydd i'r ddwy sianel y byddai arian ar gael ar ei chyfer doed a ddelo, gan gadarnhau nad oedd rheidrwydd arnynt i ennill y cynulleidfaoedd mwyaf posibl er mwyn apelio at yr hysbysebwyr. Rhoed rhyddid felly i S4C a C4 gomisiynu ac amserlennu rhaglenni a fyddai'n apelio at eu cynulleidfaoedd yn hytrach na chwmnïau cynnyrch masnachol. Ond, nid oedd y patrwm ariannu yn cynnig sicrwydd y derbynnid yr arian y gofynnid amdano bob blwyddyn, ac i'r perwyl hwnnw bu sicrhau cyllid digonol i'r sianel yn ymdrech gyson i'r swyddogion a'r awdurdod. Yr oedd angen sicrhau arian boddhaol er mwyn cynnal y gwasanaeth a'r safon uchel a osodwyd yn y misoedd cynnar, ac er mwyn sicrhau'r gwelliannau a'r addasiadau angenrheidiol i'r gwasanaeth. Ar gyfer y 18 mis o baratoi a'r pum mis cyntaf o ddarlledu, cytunwyd ar ffigwr o £20 miliwn gyda'r ADA er mwyn sicrhau seiliau cadarn i'r sianel. Er i'r swm hwnnw gael ei glustnodi ar gyfer gweithgareddau costus sefydlu strwythurau ac adeiladwaith y sianel ynghyd â stoc o raglenni, byddai angen gwarantu symiau cyfatebol os nad uwch ar gyfer y blynyddoedd dilynol er mwyn parhau gyda'r patrwm comisiynu a fabwysiadwyd. Bu'n rhaid dechrau'r trafodaethau ar gyfer y flwyddyn 1983 rai misoedd cyn i'r sianel fynd ar yr awyr; ac yn ystod Mehefin 1982 daeth yn amlwg nad oedd hi'n sicr y byddai S4C yn derbyn yn flynyddol y swm o arian y gwnaed cais amdano.[1] Anfonwyd cais am £25.7 miliwn gan y sianel i'r ADA, ond derbyniwyd gohebiaeth y byddai'r ffigwr yn debygol o fod yn llai, oddeutu £24 miliwn.[2] Erfyniodd S4C am ragor o arian, gan nodi mai £24.5 miliwn oedd y lleiafswm y gellid ymdopi ag ef heb effaith andwyol ar y gwasanaeth.[3] Daeth cadarnhad ddiwedd Tachwedd 1982 y byddai £24.6 miliwn wedi ei glustnodi ar eu cyfer.[4] Byddai £6 miliwn o'r swm hwnnw yn cael ei gyfrif tuag at dri mis olaf y flwyddyn ariannol 1982-3 ac felly yn rhan o'r £20 miliwn a gytunwyd rhwng y ddau awdurdod.[5] O ganlyniad £18.6 miliwn a fyddai'n weddill er mwyn cynnal y gwasanaeth hyd ddiwedd y flwyddyn galendr. Caed cydnabyddiaeth gan yr ADA y byddai'r sianel Gymraeg yn debygol o fod yn siomedig gyda'r incwm, gan nad oedd yn gadael llawer o le i'r sianel wneud unrhyw gamgymeriadau gwariant neu gomisiynu. Roedd gwallau o'r fath yn ddigon tebygol o ystyried pa mor ifanc oedd y sianel a'r enghreifftiau a gaed o orwario yn ystod ei blwyddyn gomisiynu gyntaf gyda *Madam Wen* a *SuperTed*. Er y siom bu'n rhaid cydnabod nad oedd modd gwasgu rhagor o arian o goffrau cwmnïau ITV, gan fod y swm o £123 miliwn y llwyddwyd i'w gasglu o arian hysbysebu'r cwmnïau annibynnol yn 18 y cant o Net Advertising Revenue (NAR), sef ar lefel uchaf y cytundeb a arwyddwyd yn ôl yn 1981.[6] Yr oedd y cyfanswm a gasglwyd gan gwmnïau ITV filiwn yn llai na'r hyn y gobeithid amdano, ac o'r gwahaniaeth rhwng cais S4C a'r swm a ddyfarnwyd iddi gan yr ADA, gellid honni mai o gyllideb y sianel Gymraeg yn unig y daeth yr arbedion, tra cynigiwyd y swm cyfan a ymgeisiwyd amdano i C4. Ond byddai hyn yn mynd yn erbyn y rheol anffurfiol a sefydlwyd ar ddechrau hanes y ddwy sianel y byddai S4C yn derbyn 20 y cant o'r arian a gasglwyd, gyda C4 yn derbyn y gweddill. Mae'r dystiolaeth o du C4 hefyd yn dangos nad oedd hi'n bosib i'r ADA gynnig arian digonol iddi ychwaith, gan i'r bwrdd rheoli anfon cais am £123 miliwn ym Mehefin 1982 a derbyn £98.4 miliwn, bron i £28 miliwn yn llai na'r gofyn.[7] Gellid deall sylwadau John Whitney yn ei lythyr at Owen Edwards, felly, pan nododd: 'The problem was simply that, within an overall figure of £123m, Members did not feel able to squeeze Channel 4 any harder.'[8] Dangosir tystiolaeth o ymrwymiad yr ADA i lwyddiant S4C yn y trafodaethau hyn, gan na welid gwasgu cyllideb S4C yn ormodol er mwyn diwallu anghenion C4. Glynwyd wrth y cytundeb anffurfiol gan sicrhau bod S4C yn derbyn 20 y cant o'r arian a oedd ar gael hyd yn oed pan oedd arian yn dynn.

Yr oedd canlyniadau sylweddol i'r sianel o dderbyn llai na'r gofyn, yn enwedig i'r cynhyrchwyr annibynnol. Byddai tipyn yn llai o arian i'w wario ar gynyrchiadau annibynnol, gydag amcan mai dim ond £7.1 miliwn a fyddai ar gael ar eu cyfer o'i gymharu â'r £9 miliwn yn ystod y flwyddyn ariannol gyntaf.[9] Cyllideb y cynhyrchwyr annibynnol oedd yr unig elfen hyblyg yng nghyllideb y sianel a hynny gan fod y cytundeb rhaglenni gyda HTV yn anhyblyg, a'r ffaith fod y gwariant ar elfennau cyfundrefnol S4C yn gymharol fychan.[10] O ganlyniad, byddai rhai cwmnïau ar eu colled; rhagwelwyd y byddai rhai o'r cwmnïau Saesneg y troes y sianel atynt yn ystod y flwyddyn gyntaf yn diflannu, cwmnïau megis Opix Films o Lundain a gynhyrchodd raglenni Cymraeg yn serennu Max Boyce ac un o ffilmiau cynnar y sianel, *Owain Glyndŵr*, a Jack Bellamy Productions o Fryste a fu'n cynhyrchu rhaglenni coginio *Blas o'r Gorffennol*.[11] Ond ni chaewyd y drws yn gyfan gwbl ar gynhyrchwyr annibynnol o'r tu allan i Gymru yn 1983 gan i'r sianel barhau i gomisiynu rhaglenni gan gwmnïau Wyvern Television o Swindon, Imago Films o Clevendon a chomisiynwyd cynhyrchwyr newydd i'r sianel o'r tu allan i Gymru hefyd sef Bumper Films o Weston-Super-Mare a Red Rooster Films o Lundain.[12] Nid cwmnïau y tu hwnt i glawdd Offa yn unig fu ar eu colled y flwyddyn honno. Ni dderbyniodd y Bwrdd Ffilmiau ragor o gomisiynau yn dilyn trafferthion enbyd *Madam Wen* a lleihawyd nifer comisiynau Na-Nog oherwydd trafferthion mewnol. Yr oedd y lleihad yn debygol o gael effaith andwyol ar y cwmnïau a oedd yn darparu adnoddau atodol i'r diwydiant hefyd, cwmnïau megis Tegset a oedd yn adeiladu setiau i gynyrchiadau. Byddai eraill ar eu hennill, gan y byddai'n ysgogiad i'r cynhyrchwyr wneud mwy â llai o arian, a'r newid cyntaf tebygol fyddai'r newid o ffilm i fideo. Rhagwelwyd felly y byddai uned allanol fideo Barcud ag Eco, y cwmni cymhathu sain, ar eu hennill gan y byddai mwy o gynhyrchwyr am ddefnyddio yr adnoddau fideo a gynigid gan y cwmnïau hyn.[13]

Yr oedd swyddogion y sianel ac aelodau'r awdurod yn ofni y gallai pethau waethygu y flwyddyn ganlynol oherwydd y byddai canolfan ddarlledu newydd HTV yng Nghroes Cwrlwys yn barod i ddechrau cynhyrchu rhaglenni. Goblygiadau hyn i S4C oedd y byddai'r sianel bellach yn derbyn 9 awr yr wythnos yn hytrach na 7 awr a thri chwarter gan y darlledwr.[14] Ond yr oedd yr ADA wedi rhagrybuddio'r sianel yn ystod y trafodaethau am gyllideb 1983 na fyddai'n bosibl iddo ariannu'r cynnydd yn oriau HTV a chadw'r nifer o oriau a gomisiynwyd gan y cynhyrchwyr annibynnol yn gyson, gan y byddai hynny'n gynnydd llawer mwy na chwyddiant.[15] Er hyn, yr oedd yr awdurdod a'i swyddogion yn awyddus i beidio cosbi'r cynhyrchwyr annibynnol oherwydd y cytundeb anhyblyg a luniwyd rhwng S4C a HTV. O ystyried i'r cynhyrchwyr annibynnol ddod i'r adwy a darparu mwy na'r disgwyl gwreiddiol o gynyrchiadau ac ymateb mor gadarnhaol i'r her a osodwyd iddynt yr oedd y sianel yn awyddus i fod yn deyrngar. I'r perwyl hwnnw, felly, trefnwyd cyfarfod rhwng cadeirydd S4C a chadeirydd yr ADA, yr Arglwydd Thomson, ac ymbiliwyd am ragor o arian ac ystyriaeth arbennig wrth glustnodi cyllideb 1984–5, gan fod amcangyfrifon mewnol y sianel yn rhagweld y byddai angen £2.5 miliwn yn ychwanegol er mwyn prynu'r oriau newydd oddi wrth HTV.[16] Er yr erfyn taer, yr oedd yr Arglwydd Thomson yn ddiysgog a nododd nad oedd tystiolaeth y gellid darparu rhagor o arian i S4C ar gyfer 1984 a hynny gan fod y rhagolygon ar gyfer arian hysbysebu teledu masnachol yn isel. Rhagwelai y byddai cwmnïau ITV yn dymuno gweld y gyfran o NAR a fyddai'n ddyledus ganddynt i'r ADA yn disgyn yn nes at y lleiafswm, sef 14 y cant, yn hytrach na'r 18 y cant a delid yn ddiweddar, gan fod y cwmnïau yn siomedig gyda'r gyfran o'r arian y llwyddwyd i'w adennill o'r buddsoddiad gwreiddiol yn rhwydwaith y bedwaredd sianel.[17] Yr oeddent wedi gobeithio llwyddo i adennill 80 y cant o'r buddsoddiad, ond mewn gwirionedd dim ond 20 y cant ohono a gaed yn ôl.[18] Yr oedd hi'n argoeli'n wael felly ar gyfer incwm S4C yn 1984.

Erbyn Ebrill yr oedd rhagolygon incwm hysbysebu ITV yn well na'r ofnau gwreiddiol.[19] Ac felly lluniwyd cais gan S4C am £29,258,563, cais a oedd dros £4 miliwn yn fwy na'r arian a dderbyniwyd gan yr ADA yn 1983–4 ond a oedd yn cynnwys £2.4 miliwn ar gyfer yr awr a chwarter ychwanegol o raglenni a ddeuai gan HTV o Orffennaf 1984 ymlaen ynghyd â lefel dderbyniol o chwyddiant.[20] Daeth neges fod cwmnïau ITV yn rhagweld cynnydd o 15 y cant yn eu harian hysbysebu.[21] Byddai 18 y cant o NAR felly yn debygol o gynhyrchu £140 miliwn o incwm ar gyfer y bedwaredd sianel, gydag 20 y cant S4C yn dod i £28 miliwn, £1.2 miliwn yn llai na'r gofyn, er bod Syr Goronwy Daniel mewn gohebiaeth â chadeirydd yr ADA wedi nodi y gallai'r sianel dderbyn £28.5 miliwn 'fel yr isafswm lleiaf posibl'.²² Nododd aelod yr ADA ar Awdurdod S4C, Gwilym Peregrine, i'r ADA drafod anghenion arbennig y sianel Gymraeg yn y flwyddyn i ddod, gan nodi dyfodiad Croes Cwrlwys, y ffaith y byddai ymestyn ar yr oriau Cymraeg a gynhyrchid gan HTV a'r '[dd]yletswydd foesol i gynnal y Cynhyrchwyr Annibynnol Cymreig'.²³ Mae'n ddadlennol fod S4C a'r ADA yn ystyried bod darparu arian digonol i'r cynhyrchwyr annibynnol yn gyfrifoldeb moesol, a dengys bwysigrwydd y sector hon i'r sianel Gymraeg. Gwelir o'r sylwadau hyn y teyrngarwch a gaed rhwng S4C a'i chynhyrchwyr annibynnol, ac yn amlach na pheidio yr oedd eu cynyrchiadau yn dangos bod y sianel yn gwbl gywir i ymddiried ynddynt.

Y sector annibynnol oedd yn debygol o ddioddef fwyaf o'r diffyg yng nghyllideb debygol y sianel unwaith yn rhagor. Anfonwyd llythyr gan Syr Goronwy Daniel at yr Arglwydd Thomson yn esbonio'n glir pam yr oedd staff S4C yn amharod i weld lleihad pellach yn yr arian a oedd ar gael i gynhyrchu rhaglenni gyda'r cwmnïau annibynnol. Nododd Cadeirydd Awdurdod S4C fod y cynhyrchwyr annibynnol yn hanfodol gan eu bod yn darparu rhaglenni o safon a oedd yn ennill gwobrau gan sicrhau enw da i'r sianel, yn hawlio eu lle yn y siart wythnosol o'r pum rhaglen fwyaf poblogaidd ar S4C, ac yn derbyn ymateb ffafriol yn yr arolygon gwerthfawrogiad cynulleidfa a hynny i gyd am bris llai na'r rhaglenni a brynwyd gan HTV.²⁴ Dadleuodd yn blaen y gallai lleihad pellach yn 1984-5 fod yn niweidiol i'r sianel, gan fod y strategaeth a weithredwyd eisoes er mwyn ymdopi â'r diffyg yng nghyllideb 1983-4 wedi lleihau'r stoc o raglenni wrth gefn a chynyddu'r lefel o ailddangos rhaglenni.²⁵ Nodwyd yn blaen na ellid amsugno'r diffyg unwaith eto heb niweidio'r gwasanaeth a ddarparwyd i'r gynulleidfa. Pe ceid gwasgu pellach byddai'n rhaid i'r sianel gwtogi'r gwariant eto gyda'r cwmnïau annibynnol a oedd wedi darparu gwasanaeth teg a theilwng. Fel hyn y ceisiodd Syr Goronwy Daniel ddarbwyllo'r ADA o effaith andwyol toriadau o'r fath: 'Significant further cuts... if made, will fall on companies who have given us good value for money and are located in Welsh rural and coal and steel industrial areas where their loss would be a serious blow.'²⁶ Ceir yma ymgais i bigo cydwybod aelodau'r ADA, gan y byddai'r aelodau yn llwyr ymwybodol o drafferthion economaidd yr ardaloedd diwydiannol gan ddatgan, yn gam neu'n gymwys, y byddai colli'r cwmnïau cynhyrchu yn niweidio ymhellach yr ardaloedd a oedd yn dioddef yn sgil polisïau Thatcher. I gloi'r llythyr ceir un ymbiliad olaf ar synnwyr tegwch yr Arglwydd Thomson, y byddai amddifadu'r sianel o'r cyfle i ddefnyddio'r cynnydd o awr a chwarter yn narpariaeth HTV i gynyddu'r nifer o raglenni Cymraeg yn creu cymhariaeth anffafriol iawn gyda C4 a oedd wedi cynnyddu'n sylweddol yr oriau Saesneg ers dyddiau'r cynllunio yn 1981.[27] Yr oedd C4 wedi llwyddo i ddarlledu oddeutu hanner cant o oriau yr wythnos ers ei noson agoriadol a oedd yn sylweddol uwch na'r 35 awr y bwriedid eu darlledu yn wreiddiol. O'i gymharu yr oedd S4C wedi darlledu 22 awr yr wythnos ar gyfartaledd o raglenni Cymraeg, nifer oriau a oedd yn parhau yn is na gofynion gwreiddiol y gwrthdystwyr a ddaliai mai 25 awr oedd y lleiafswm derbyniol er mwyn darparu gwasanaeth cyflawn yn y Gymraeg. Yr oedd rheidrwydd felly i'r gwasanaeth fanteisio ar y cynnydd yn narpariaeth HTV er mwyn diwallu anghenion a gofynion y gynulleidfa Gymraeg.

Er i Awdurdod S4C ganolbwyntio ar effaith andwyol y diffyg ariannol ar y cwmnïau annibynnol fe geir tystiolaeth y byddai HTV yn ogystal ar ei cholled mewn sefyllfa o'r fath. Ar 28 Medi 1983 anfonwyd llythyr at HTV, yn unol â gofynion y cytundeb rhaglenni, yn hysbysu'r cwmni o'r tebygolrwydd y byddai diffyg arian gan y sianel, a hynny'n ddiffyg digon sylweddol i warantu lleihau'r arian a fyddai ar gael i HTV gynhyrchu rhaglenni i S4C.[28] Rhagwelwyd y byddai lleihad o oddeutu £175,000 wedi i'r stiwdio newydd yng Nghroes Cwrlwys agor ei drysau, gan olygu y byddai'n rhaid ystyried diddymu nifer o raglenni gan gynnwys un rhaglen materion cyfoes tramor hanner awr, dwy raglen sgwrsio dri chwarter awr, deg o raglenni chwarter awr ar gyfer plant meithrin ac un bennod hanner awr o ddrama gyfres ac ambell raglen arall fyddai'n creu colled o 7 awr i gyd.[29] Effaith hyn fyddai gorfodi'r sianel i gynyddu unwaith yn rhagor nifer yr ailddangosiadau o raglenni Cymraeg er mwyn sicrhau ei bod yn cyrraedd ei chyfanswm oriau wythnosol, gan leihau ymhellach y ddarpariaeth newydd i'r gynulleidfa, a fyddai'n anochel yn arwain at leihad, unwaith yn rhagor, yn y ffigurau gwylio.

Yn anffodus ni chynyddwyd y ffigwr o £28 miliwn pan ddaeth cadarnhad o gyllideb 1984–5, er i incwm hysbysebu cwmnïau ITV fod yn 'fywiog'. Penderfynodd yr ADA beidio â mynnu'r 18 y cant o NAR, gan hawlio 17.5 y cant yn ei le. Penderfynwyd hefyd beidio â chyflwyno'r £146 miliwn yn ei grynswth i goffrau'r bedwaredd sianel, gan hawlio £7 miliwn o'r cyfanswm hwnnw er mwyn ad-dalu dyled cwmnïau ITV i'r ADA ar raddfa gyflymach.[30] Er bod y ffigwr yn siomedig, yr oedd cyfanswm S4C yn uwch na'r 20 y cant arferol, gan ddringo fymryn yn uwch i gyrraedd 20.14 y cant, gan adael 79.86 y cant, neu £111 miliwn, i C4.[31] Bu trafodaeth frwd ymysg aelodau'r awdurdod am y priod ddull o ymateb i'r cynnig ariannol, a chafwyd trafodaeth a ddylid apelio i'r Ysgrifennydd Cartref, cam posibl o dan y Ddeddf Darlledu.³² Penderfynwyd na ellid cyfiawnhau apêl a hynny gan nad oedd y gwahaniaeth rhwng y cynnig a wnaed a'r swm y ceisiwyd amdano yn ddigon i gyfiawnhau'r ddadl bod yr incwm yn tanseilio'r gwasanaeth. Er hynny, nid oedd yr awdurdod am dderbyn y swm yn gwbl dawel, gan yr ofnid y byddai hynny'n rhoi'r argraff fod yr awdurdod yn gofyn am fwy o arian nag oedd mewn gwirionedd ei angen, ac y byddai'r sianel yn derbyn triniaeth debyg pan ddeuai'n amser trafod cyllideb y flwyddyn ganlynol.³³ Bwydwyd felly ambell ddyfyniad i'r wasg Gymreig yn nodi pa mor siomedig oedd y sianel nad oedd yr ADA wedi darparu'r £500,000 ychwanegol ar gyfer y ddarpariaeth.³⁴ Diau y llwyddodd y negeseuon hyn i sicrhau bod gan y sianel gydymdeimlad y gynulleidfa Gymreig. Yr oedd y negeseuon hefyd yn fodd i ffrwyno disgwyliadau'r gynulleidfa, gan eu paratoi o bosibl am ragor o ailddangosiadau a thwf llai na'r disgwyl yn y ddarpariaeth.

Yn sgil y diffyg cyllidol penderfynwyd yn nhymor yr hydref 1983 edrych eto ar y patrwm o weithio gyda'r cynhyrchwyr annibynnol er mwyn gweld a ellid gwneud y broses yn fwy effeithiol a sicrhau mwy o raglenni am yr arian a oedd ar gael i'w wario. Yr oedd y patrwm comisiynu a ffurfiwyd yn ystod y misoedd cyntaf yn gymharol lac ac anffurfiol, ac fel rheol os oedd cynhyrchydd yn cynnig syniad da a oedd yn werth ei gynhyrchu, byddai comisiwn yn dilyn yn fuan wedyn. Dyma strategaeth a arweiniodd at gomisiynu rhaglenni gan 46 o gwmnïau ac unigolion gwahanol yn ystod dwy flynedd gyntaf y sianel. O'r 46 cwmni, yr oedd 22 ohonynt wedi derbyn comisiwn yn 1982–3 ac yn 1983–4. Ni dderbyniodd 12 cwmni a dderbyniodd gomisiwn yn ystod y flwyddyn gyntaf fwy o gomisiynau yn yr ail flwyddyn, a comisiynwyd naw cwmni newydd na dderbyniwyd rhaglen ganddynt cyn hynny yn ystod yr ail flwyddyn.³⁵ Mae 46 yn ffigwr sylweddol i staff comisiynu bychan y sianel ymwneud ag ef, a'r hyn a wnâi'r baich ar staff S4C hyd yn oed yn fwy oedd yr amrediad eang o strwythurau mewnol a phatrymau gweinyddu ymysg y 46 cwmni.³⁶ Nid oedd strwythurau yr un cwmni yn debyg i'w gilydd, er hynny gellid eu dosbarthu i dri categori eithaf penodol, sef cwmnïau un-person, cwmnïau hunangynhaliol a chwmnïau bychain lle prynid pob arbenigrwydd i mewn pan oedd cynhyrchiad ar waith.³⁷ Yr oedd pedwar llinyn mesur a ddefnyddid gan S4C a fyddai, petai'r cwmnïau yn eu bodloni, yn golygu bod y cwmnïau ar sylfaen gadarn ac y gellid ymddiried ynddynt i raddau helaeth i gynhyrchu rhaglenni safonol, ar amser ac o fewn y gyllideb a bennwyd. Y categorïau hyn oedd: 'i) fflach greadigol, ac ansawdd rhaglen; ii) medrusrwydd ymarferol i gyflawni'r gwaith; iii) trefnusrwydd gweinyddol a chyfreithiol a iv) rheolaeth ariannol effeithiol'. Er bod y rhain yn safonau eithaf cyffredin a disgwyliedig, ymddengys mai nifer fechan o gwmnïau a oedd yn llwyddo i gyrraedd y ddelfryd hon ym marn y sianel gyda rhai cynhyrchwyr yn rhagori yn achos rhai o'r elfennau yn unig.[38] Yr awgrym clir a geir gan y cydnabyddiaeth hon yw bod lefel uchel o anogaeth a chymorth yn cael ei chynnig i relyw y cynhyrchwyr nad oedd yn cyrraedd y pedwar.

Pam felly yr oedd staff rhaglenni S4C, os oedd gweithio â'r cynhyrchwyr annibynnol yn amlach na pheidio yn llafurus, yn parhau i frwydro er mwyn gweithio gyda'r cwmnïau hyn? Ymddengys mai oherwydd ymdrech ac agwedd gwbl ddiflino y cynhyrchwyr, a'u parodrwydd i weithio mewn amgylchiadau anodd er mwyn darparu cynnwys difyr a deniadol, a sicrhaodd diwydrwydd y sianel ar eu rhan. Fe geir ymdeimlad o deyrngarwch rhwng staff rhaglenni'r sianel a'r cynhyrchwyr annibynnol, a hynny oherwydd y ffordd y bu i'r sector newydd hon ymateb yn frwd i'r alwad:

> Y gwir yw y byddai'r rhan fwyaf ohonynt yn cael bywydau esmwythach a brasach o fewn y ddwy gyfundrefn ddarlledu fawr, ond maent yn dewis gweithio oriau meithion yn ddi-rwgnach er mwyn cael gwireddu eu syniadau eu hunain er lles S4C.[39]

Ond, oherwydd y pryderon am gyllideb 1984 yr oedd hi'n anorfod y byddai'r swyddogion yn ailystyried y berthynas, ac addasu'r ymwneud â'i darparwyr. Doedd dim modd gwneud yr arbedion yn unig drwy ochel rhag comisiynu cynyrchiadau uchelgeisiol, a chyflwyno mesurau i sicrhau trefniant ariannol tynn ac atal enghreifftiau o orwario.[40] Yr oedd angen ystyried gweithredu mewn modd llawer mwy dramatig, a'r hyn a argymhellwyd oedd cynnig gwahanol lefelau o gynhaliaeth i gwmnïau yn ddibynnol ar eu natur a'u gallu.[41] Daethpwyd i'r casgliad nad oedd modd i'r sianel ddarparu cynhaliaeth blwyddyn i bob cwmni. Fe ystyriwyd a ddylid gwneud bywyd yn hawdd i'r staff rhaglenni, trwy benderfynu faint o gwmnïau y gellid yn rhesymol eu cynnal gyda'r arian a dderbynnid gan yr ADA a thorri cysylltiad â'r gweddill, gan leihau'r nifer o gwmnïau yn sylweddol. Er apêl symlrwydd cynllun o'r fath, fe'i gwrthodwyd oherwydd y teimlid y gallai fod yn andwyol i'r gwasanaeth ac yn niweidiol i'r brwdfrydedd di-ben-draw a fodolai ymysg y cynhyrchwyr annibynnol. Gallai penderfyniad o'r fath dorri'r ysbryd a chwalu enaid y sector, sef yr elfennau creiddiol a edmygid gan staff S4C: 'Camgymeriad fyddai trefn haearnaidd felly, gallai arwain at bylu'r fflam pe baem yn sefydlogi gormod ar y drefn, ac yn sicr gallasai fod perygl mawr o lithro i rigol esmwyth. Cryfder y sector annibynnol yw'r hyblygrwydd.'[42] Deil yn amlwg o'r sylwadau hyn fod cystadleuaeth yn rhan hanfodol o'r ysbryd heintus, ac yr oedd pryder sylweddol a dealladwy y byddai lleihau'r gystadleuaeth yn effeithio ar natur y syniadau a safon y cynyrchiadau. Ond, doedd dim cefnogaeth i'r dewis arall a geid ym mhegwn pellaf y ddadl honno ychwaith, sef i rannu'r arian yn hafal rhwng pawb. Ni fyddai cynllun o'r fath yn ystyried y gwahaniaethau amlwg ac arwyddocaol o ran gallu a chreadigrwydd rhwng y cwmnïau. Penderfynwyd, yn hytrach, ar gynllun lle rhennid y sector yn dri chategori gwahanol gan gynnig cymorth a chynhaliaeth wahanol yn ddibynnol ar y categori. Y categori cyntaf oedd y cwmnïau a ystyrid yn fwyaf 'cadarn', ac iddynt bwriedid cynnig cynhaliaeth blwyddyn a fyddai'n galluogi i'r cwmnïau ddatblygu, paratoi a chynllunio o flaen llaw, yn hytrach na byw o gomisiwn i gomisiwn heb unrhyw sicrwydd incwm. Ystyrid mai'r rhain oedd asgwrn cefn a 'chnewyllyn' y sianel, ond nid cwmnïau mawrion mohonynt i gyd, er bod y cynhyrchwyr hynny a lwyddai i gyflawni'r meini prawf a osodwyd gan y sianel yn rhan o'r grŵp. Teimlid y byddai cymorth ariannol cyson yn galluogi datblygu a chyflogi arbenigedd mewn meysydd gweinyddol ac ariannol er mwyn sicrhau fod yr agweddau hynny yn cefnogi yn hytrach na thanseilio eu gwaith.[43] Ond doedd dim sicrwydd y byddai'r cwmnïau yn aros yn y categori, oni bai i'w syniadau barhau i blesio a chreu rhaglenni difyr a deniadol i'r gynulleidfa Gymraeg. Yr oedd abwyd deniadol felly i'r cynhyrchwyr a gynhwysid yn y rhestr, a gwobr sylweddol pe gellid parhau i gyflwyno a chynhyrchu rhaglenni safonol.

Yr ail gategori a ffurfiwyd oedd ar gyfer y cwmnïau a ystyrid yn 'ddiddrwg, didda', ac iddynt hwy bwriedid cynnig cynhaliaeth rannol. Y cynhyrchwyr a gynhwysid yn y categori hwn oedd y cwmnïau lle teimlid mai dim ond un cynhyrchiad mawr neu gyfres y gellid ei ddisgwyl ganddynt bob blwyddyn: 'Ffolineb fyddai eu cynnal am weddill y flwyddyn yn unig er mwyn eu cadw mewn busnes i gael y gyfres rydym ei hangen.'[44] A chan nad oedd sefyllfa ariannol S4C yn galluogi cynnig cynhaliaeth ehangach byddai'n rhaid bod yn gwbl onest â'r cwmnïau am eu perthynas a'u statws o fewn y patrwm comisiynu, i sicrhau nad oeddent yn cael camargraff ac yn gobeithio y gellid cael rhagor o gomisiynau.[45] Er mai dyma'r cam nesaf naturiol y system a ddyfeisiwyd, hwn oedd y categori mwyaf problematig, gan ei fod yn gosod cwmnïau mewn man canol ansefydlog. Nid oedd y comisiwn gan S4C yn ddigon i'w cynnal am flwyddyn gron, ac os nad oedd modd cael gwaith neu gomisiwn gan ddarlledwyr eraill, byddai'n amhosibl i'r cwmnïau gynnal swyddfa a chyfundrefn weinyddol. Cydnabuwyd y byddai hyn yn arwain at nifer o'r cwmnïau yn cau eu swyddfeydd am ran o'r flwyddyn pan nad oedd gwaith, gan golli'r arbenigedd gweinyddol a fagwyd, ac y byddai eraill yn penderfynu nad oedd modd iddynt oroesi gyda chynhaliaeth rannol o'r fath.[46] Er nad colli a lleihau nifer y cwmnïau oedd prif amcan yr adolygiad, yr oedd yn un o'r canlyniadau anochel y byddai'n rhaid i'r sianel ddygymod ag ef, yn enwedig o ystyried y diffyg ariannol a oedd yn ei hwynebu.

Y trydydd categori oedd y cwmnïau 'un rhaglen'.[47] Ni fwriedid cynnig unrhyw gynhaliaeth o gwbl i'r cynhyrchwyr a berthynai i'r categori hwn y tu hwnt i'r cynhyrchiad a oedd wedi ei gomisiynu. Ond, ystyrid y byddai'r grŵp hwn yn bwysig iawn i hyblygrwydd ac amrywiaeth yr amserlen. Byddai'r cynhyrchwyr hyn yn cynnig amrediad o syniadau gwahanol a fyddai'n cydweddu i ddarpariaeth y cynhyrchwyr annibynnol mwy sefydlog, megis ffilmiau achlysurol neu raglenni chwaraeon arbenigol. Yr oedd y cynllun yn dilyn patrwm a oedd yn adlais o'r modd y defnyddiwyd y cynhyrchwyr annibynnol i ddarparu'r amrywiaeth i'r amserlen ym misoedd cynnar comisiynu'r sianel.

Erbyn 1984, felly, yr oedd cynlluniau yn yr arfaeth a fyddai'n chwyldroi y ffordd yr oedd y staff comisiynu yn ymwneud â'r cwmnïau annibynnol, gan roi strwythur gadarn i'r sector newydd a fu'n gymharol ddistrwythur yn ei blynyddoedd cynnar. Yr oedd model hyblyg o'r fath wedi sicrhau amrywiaeth eang pan oedd digon o arian i sicrhau rhaglenni a stoc wrth gefn, ond mewn cyfnod o gyfyngder ariannol, yr oedd yn rhaid aberthu'r amrywiaeth eang er mwyn sicrhau nad oedd y sianel yn byw yn uwch na'i stad. Ac yr oedd pethau'n argoeli'n dda i'r cynllun newydd wedi trafodaethau cychwynnol gyda'r cwmnïau a fyddai'n derbyn cynhaliaeth lawn, gan y rhagwelid y byddai modd cynhyrchu 270 awr o raglenni am yr un arian ag a ddefnyddiwyd i gynhyrchu 221 o oriau wrth ddefnyddio'r hen batrwm llai ffurfiol o drafod a chomisiynu rhaglenni unigol.[48] Yr oedd gwerth sylweddol felly i ailstrwythuro'r sector annibynnol, er nad oedd y cynllun newydd yn debygol o gael ei fabwysiadu'n gwbl ddirwgnach.

Nid dyma yr unig addasiad i batrwm comisiynu'r cynhyrchwyr annibynnol, gan y dechreuwyd comisiynu cyfresi hirach o raglenni poblogaidd hefyd.[49] Yn nyddiau cynnar comisiynu'r sianel, arbrofwyd gyda nifer o raglenni gwahanol trwy gomisiynu cyfresi byr o bedair neu chwe phennod wrth geisio dod o hyd i raglenni a fyddai'n apelio at y gynulleidfa.[50] Gwnaed hyn gan nad oedd sicrwydd o lwyddiant y rhaglenni gan eu bod yn cael eu cynhyrchu gan unigolion a chwmnïau nad oedd â chefndir neu â phrofiad o gynhyrchu rhaglenni y tu allan i systemau rheoli'r darlledwyr mwy. Ond wedi i'r rhaglenni brofi eu poblogrwydd gyda'r gynulleidfa, gellid comisiynu cyfresi hwy a oedd yn sicrhau gwell gwerth am arian, gan fod comisiynu 12 pennod yn ffordd lawer rhatach o sicrhau chwe awr o deledu na chyfuniad o dair neu bedair cyfres wahanol. Yn bwysicach na hynny, yr oedd patrwm gwylio'r gynulleidfa wedi dangos bod gwylwyr yn mwynhau cyfresi hir, ac yn dangos teyrngarwch i raglenni sefydlog a oedd yn rhan o'r amserlen wythnosol.[51] Caed newidiadau arwyddocaol i berthynas S4C â'r cynhyrchwyr annibynnol, felly, oherwydd ansicrwydd ariannol 1984–5.

Dechreuodd trafodaethau'r flwyddyn ariannol 1985–6 mewn modd digon tebyg i'r flwyddyn flaenorol. Cyflwynwyd cais gan S4C a oedd yn gofyn am £31.858 miliwn. Dyma gynnydd o bron i £4 miliwn y gellid ei briodoli i flwyddyn gyfan o gyfran ychwanegol HTV, cael y cynhyrchwyr annibynnol i lenwi'r bylchau na lenwid gan y BBC a HTV, y gost o gael shifft ychwanegol o dechnegwyr i ymdopi â'r cynnydd yn oriau darlledu C4, a chwyddiant ac effaith hynny ar gyflogau staff y sianel.[52] Ym Medi 1984 daeth amcan mai £31 miliwn fyddai'r gyllideb ar gyfer 1985–6, bron i £900,000 yn llai na'r gofyn a'r llythyr yn nodi nad cyfrifoldeb yr ADA oedd achub y sianel o'i chytundeb gyda HTV.[53] Dywedodd un aelod o'r awdurdod iddo glywed sylwadau tebyg ymysg rhai aelodau o bwyllgor cenedlaethol yr ADA a gredai 'mai mater i S4C ac nid i'r ADA oedd y cytundeb â HTV, ar y sail bod S4C wedi cytuno i hwnnw o'i wirfodd'.[54] Cyflwynwyd ffigwr diwygiedig gan S4C o £31.5 miliwn a gwnaed cais gan yr awdurdod i'w swyddogion baratoi papurau a thrafodaethau mewnol er mwyn ystyried strategaethau pe bai'r sianel yn derbyn llai na'r disgwyl o incwm am y drydedd flwyddyn yn olynol.[55] Cydnabuwyd yn yr adroddiadau y byddai toriadau yn hanfodol mewn sawl agwedd o'r gwasanaeth pe byddai'r incwm yn is na'r gofyn, gyda darpariaeth y cynhyrchwyr annibynnol yn derbyn y sylw mwyaf unwaith yn rhagor.[56] Aed mor bell hefyd ag ystyried a ddylid lleihau'r nifer o oriau Cymraeg a ddarlledid bob wythnos er mwyn ymdopi â'r lleihad yn y gyllideb, er nad oedd hwn yn ddewis a apeliai at awdur y ddogfen, yn enwedig o ystyried y cynnydd cyson yn oriau C4.[57] Er mwyn gwireddu'r agwedd hon heb ddinistrio'r amrywiaeth rhaglenni yn gyfan gwbl, byddai'n rhaid ceisio achub cyfresi drama a dramâu dogfen rhag y toriadau, ac felly cwtogi rhaglenni megis cwisiau a rhaglenni sgwrsio. Ond gan nad oedd y rhaglenni hyn yn cael eu cynhyrchu'n aml iawn gan y cynhyrchwyr annibynnol, y rhaglenni y byddai'n rhaid eu cwtogi oedd rhaglenni dogfen. Gan fod rhaglenni dogfen yn gymharol resymol i'w cynhyrchu byddai'n rhaid torri nifer helaeth ohonynt er mwyn gwneud unrhyw arbediad gwerth chweil. Byddai angen torri wyth awr o raglenni dogfen er mwyn sicrhau arbediad o £200,000, tolc sylweddol yn yr oriau darlledu ac mewn darpariaeth ddifyr a deniadol i'r gynulleidfa am swm digon tila o arian yng nghyd-destun cyllid y sianel.[58] Dewis arall a ystyriwyd oedd diddymu'r cynlluniau i gynyddu'r nifer o oriau darlledu rhaglenni C4 a fyddai'n arbed oddeutu £180,000 i'r sianel. Ond trwy beidio â phrynu'r offer angenrheidiol a chyflogi shifft ychwanegol o staff technegol i drosglwyddo'r rhaglenni, byddai S4C yn amddifadu cynulleidfa ddi-Gymraeg o bron traean y rhaglenni Saesneg a ddarlledwyd ar C4, sef oddeutu 24 awr yr wythnos yn hytrach na'r 16 awr y bwriedid iddynt eu colli.[59] Byddai gweithred o'r fath yn debygol o gynddeiriogi'r gynulleidfa ddi-Gymraeg ymhellach gan gynyddu'r ohebiaeth a dderbynnid eisoes gan wylwyr yn cwyno nad oedd S4C yn darlledu digon o raglenni C4. Yr oedd amheuon sylweddol ymysg aelodau'r awdurdod a fyddai cam o'r fath yn mynd yn erbyn y Ddeddf Darlledu ac yn gyfreithiol bosibl.[60] Dengys y trafodaethau hyn y parhai'r tensiwn rhwng y gynulleidfa Gymraeg a di-Gymraeg yn flaenllaw ymhlith ystyriaethau'r awdurdod. Priodolir hynny yn ddi-os i'r adolygiad a oedd ar y gorwel gan nad oedd yr awdurdod am weld aildanio'r teimladau cas hynny fisoedd yn unig cyn yr adolygiad ac ar ôl llwyddiant ysgubol y sianel i leihau'n arw y tensiynau hynny.

Y dewis olaf a ystyriwyd oedd cael gwared yn gyfan gwbl ar *Sbec*. Yr oedd yr awdurdod wedi trafod dyfodol y cylchgrawn hwn amryw o weithiau wedi ei lansiad yn Hydref 1982, a hynny gan fod ei gostau cynhyrchu yn uchel, oddeutu £446,031 yn 1983–4. Er y costau uchel, teimlid fod y cylchgrawn rhaglenni yn cyfrannu'n sylweddol at lwyddiant y sianel, gan greu ymdeimlad o hyder ymysg y gynulleidfa oherwydd ei ddiwyg proffesiynol a'i drafodaeth eang o raglenni'r sianel.[61] Yr oedd ymchwil a drefnwyd gan BARB a holiaduron a ddosbarthwyd ar faes yr Eisteddfod Genedlaethol yn 1983 yn dangos fod mwy na chwarter o wylwyr Cymraeg y sianel yn troi at y cylchgrawn yn rheolaidd. Dangoswyd hefyd fod cysylltiad uniongyrchol rhwng darllen *Sbec* a lefel uchel o wylio rhaglenni Cymraeg, gan brofi bod gwerth sylweddol i'r cyhoeddiad, ond yr oedd diffyg apêl y cylchgrawn i hysbysebwyr yn boen meddwl. Penderfynwyd arbed y cylchgrawn, gan nad oedd ei ddiddymu yn arbed symiau sylweddol i'r sianel.[62] Ond yr oedd egwyddor bwysicach i'w hystyried, yn bwysicach bron nag arian, sef, a fyddai gwylwyr yn dod o hyd i'r rhaglenni a gynhyrchid ac yn cael eu denu i wylio o gofio cyn lleied o wybodaeth a gynhwysid yn y papurau dyddiol a'r *Radio Times* am raglenni Cymraeg S4C.[63]

Er yr holl bryderu a'r gwaith rhagbaratoawl a wnaed bu'r llafur a'r gofidio yn ofer. Ym Mawrth 1985 derbyniwyd cadarnhad mai £31.9 miliwn fyddai'r gyllideb, rhai miloedd yn uwch na'r gofyn gwreiddiol.[64] Derbyniodd y sianel yr hyn a ystyriai yn arian teilwng yng ngolau ei chynlluniau am y tro cyntaf ers cais cyntaf yr awdurdod i'r ADA yn 1981. Er bod y swm a dderbyniwyd yn deilwng ac yn fwy na'r gofyn, yr oedd ychydig yn llai na'r 20 y cant arferol o'r gacen ariannol gan fod C4 wedi derbyn 80.2 y cant.[65] Er y newyddion da a gafwyd, yr oedd un aelod o'r awdurdod yn argyhoeddedig y byddai'r ITCA yn mynd ati i gryfhau ei achos ar gyfer y gyfres nesaf o drafodaethau, ac y byddai'n parhau'n frwydr gyson i sicrhau arian digonol i'r sianel, a phenderfynwyd o'r herwydd roi peth o'r cyllid hwn o'r neilltu er mwyn ceisio diogelu'r sianel pe wynebai unrhyw ddiffyg.[66]

Mentro i dir newydd

Nid oedd modd i'r sianel ddibynnu'n llwyr ar arian yr ADA i sicrhau cyllid digonol ar gyfer y sector annibynnol gydol y tair blynedd ddarlledu, felly bu'n rhaid i staff y sianel ystyried a darganfod ffyrdd eraill dyfeisgar o ariannu cynnwys safonol. Un elfen y gellid manteisio arni oedd mai S4C oedd perchennog hawliau'r rhaglenni a gynhyrchwyd gan y cwmnïau annibynnol. Galluogai hynny i'r sianel werthu ei rhaglenni i'w dangos ar sianeli ac mewn gwledydd eraill a sicrhau ffynhonnell arian ychwanegol. Penllanw'r polisi hwn oedd ffurfio'r is-gwmni Mentrau a fyddai'n gweithredu o dan adain S4C ac, ymysg gorchwylion eraill, yn gofalu am yr agwedd hon o weithgaredd y sianel.[67] Yng nghanol y trafodaethau dyrys gyda'r ADA am gyllideb 1983-4, cafwyd awgrym uchelgeisiol gan un o swyddogion y sianel mai Mentrau yn unig a allai sicrhau cyllideb deilwng i'r sianel bellach: 'rhaid ymroi o ddifrif i ddatblygu'r Cwmni Mentrau fel yr unig ffordd ymarferol o gael arian digonol yn y dyfodol'.[68]

Nid egwyddor a ddyfeisiwyd mewn ymateb i ddiffygion ariannol a thrafodaethau anodd gyda'r ADA oedd y cynllun hwn, ond yn hytrach penderfyniad a wnaed mewn cyfnod wedi i'r sianel dderbyn swm teilwng yn ei 18 mis o baratoi. Flwyddyn cyn i'r sianel ddechrau darlledu, wedi prin chwe mis o gomisiynu a thrafodaethau gyda'r cynhyrchwyr annibynnol, yr oedd Euryn Ogwen Williams a Chris Grace wedi dechrau ystyried gwerth a photensial marchnata a masnachu rhaglenni'r cynhyrchwyr annibynnol. Adroddwyd yn Nhachwedd 1981: 'Mae'n ffordd ddi-gost o greu ymwybyddiaeth yng Nghymru a thramor o fodolaeth y sianel.'[69] Ystyrid fod gwerth marchnata sylweddol i broses o'r fath, ac nid oedd unrhyw gostau gwirioneddol yn ymwneud â'r gweithgaredd gan y bwriedid defnyddio asiantaeth a fyddai'n derbyn canran o unrhyw werthiant yn hytrach na staff y sianel i werthu'r rhaglenni. Yr oedd y rhaglenni wedi eu hariannu'n llawn yn barod, a doedd dim i'w golli o geisio creu ychydig o gyffro ynghylch y sianel a'i chynnwys ar lwyfan rhyngwladol. Gobeithid y byddai gweithgaredd o'r fath yn llwyddo nid yn unig i ledaenu enw S4C a sicrhau ymwybyddiaeth ehangach o fodolaeth a gweithgaredd y sianel, ond y gallai hefyd genhadu negeseuon cadarnhaol am y Gymru fodern a'r Gymraeg i weddill y byd.[70] Aed felly i Cannes yn Ebrill 1982, gan ddangos rhaglenni ar stondin yr asiantaeth Trans World International (TWI), is-gwmni teledu'r cwmni International Management Group (IMG), sef cwmni cynrychioli sêr ac unigolion llewyrchus o fyd chwaraeon Mark McCormack.[71] Yr oedd gobeithion Euryn Ogwen Williams a Chris Grace ynghylch yr ymateb i'r rhaglenni yn uchel ac yn dangos eu hyder yn y rhaglenni a gomisiynwyd wrth iddynt nodi yn Nhachwedd 1981: 'Byddai'n gyhoeddusrwydd arbennig o dda pe gallem werthu ambell raglen i wledydd tramor cyn mynd ar yr awyr!'[72]

Sylweddolwyd yn fuan na fyddai pob rhaglen a gynhyrchid gan y sianel yn addas i'w marchnata a'i gwerthu i ddarlledwyr rhyngwladol. Nid oedd rhaglenni adloniant ysgafn na rhaglenni cerddoriaeth yn debygol o drosglwyddo yn hwylus i gynulleidfaoedd tramor gan fod y rhaglenni hyn yn ddibynnol ar bersonoliaethau ac enwogion a oedd yn adnabyddus yng ngwlad eu cynhyrchu. Ar y llaw arall, yr oedd dramâu a rhaglenni dogfen y gellid eu cynhyrchu yn ddwyieithog gefn wrth gefn, eu dybio neu eu his-deitlo, yn trosglwyddo yn lled dda i farchnadoedd tramor yn ddibynnol ar eu themâu a safon eu cynhyrchu. Ond yr un *genre* a oedd fwyaf addas ar gyfer gwerthu mewn marchnadoedd teledu oedd animeiddio. Mae animeiddio yn gynnyrch delfrydol i'w werthu a'i apêl i ddarlledwyr yn eang gan nad yw'n dyddio'n gyflym. Mae rhwyddineb y broses o drosleisio i ieithoedd eraill a'r ffaith nad yw'r trosleisio hwnnw yn oramlwg i'r gwylwyr yn sicrhau nad oes cyfyngiad ar y nifer o wledydd y gellir gwerthu iddynt.[73] Mae animeiddio hefyd yn ffurf sy'n apelio at gynulleidfaoedd amrywiol o bob oed, gan fod y cynyrchiadau yn aml yn llawn cymeriadau cofiadwy a straeon llawn ffantasi sy'n bwydo'r dychymyg. Oherwydd hyder sylweddol staff S4C yn safon yr animeiddio a gynhyrchid gan gwmni Siriol a manteision cynhenid y *genre*, credai Chris Grace y gallai *SuperTed* dyfu yn ffenomen ymhen dwy flynedd.[74]

Profwyd bod ffydd a hyder y sianel yn yr arth arbennig hon yn deilwng. Er i'r sianel hyrwyddo 19 rhaglen yn ei thaflen werthu yn Cannes, cynyrchiadau megis *Wil Cwac Cwac, Hanner Dwsin, Yr Euog a Ffy, Antur, Dawnsionara* ac *Y Bêl Hirgron, SuperTed* oedd y rhaglen a ddenodd y sylw i gyd.[75] Cafwyd canmoliaeth i safon yr animeiddio, a datganodd Chris Grace wrth y *Western Mail* yn llawn hyder: 'The comments in Cannes were that Superted is true quality animation superior to much coming out of the United States and Japan. Those are the only countries apart from Britain, producing animation, and their cartoons look cheap.'[76] Dychwelwyd i Gymru gydag ymrwymiad gan 30 gwlad i brynu a darlledu'r cartŵn, a mynegiant o ddiddordeb gan bum gwlad arall, ar sail arddangosiad o lai na munud o'r gyfres.[77] Yr oedd hyn yn llwyddiant sylweddol i'r sianel ar sawl lefel. Sicrhaodd, yn gyntaf oll, ymwybyddiaeth eang ohoni ar lwyfan rhyngwladol, a hynny bron naw mis cyn iddi ddechrau darlledu. Yn nhermau'r gwerthu yr oedd *SuperTed* wedi llwyddo i sicrhau cysylltiadau ledled y byd i swyddogion y sianel a oedd yn argoeli'n dda i'w chynnyrch ehangach ac wedi sicrhau ffrwd incwm newydd ac annibynnol.[78] Mae'r brys sylweddol a gafwyd i sicrhau bod 45 eiliad o *SuperTed* yn barod i'w ddangos yn Cannes i gynrychiolwyr darlledwyr byd-eang yn cadarnhau argyhoeddiad staff S4C y gallai'r gyfres hon ddod â bri sylweddol i'r sianel. Mae'r diddordeb a'r brwdfrydedd gan ddarlledwyr o bob cwr o'r byd, o Seland Newydd i Sweden ac o Nigeria i Hong Kong,[79] a diddordeb a sbardunwyd gan gyn lleied o dystiolaeth o'r cynnwys, yn dyst pellach o apêl a photensial y gyfres ac o ddawn Siriol wrth animeiddio a phennu clip da i'w arddangos.[80]

Yn ystod 1982 dechreuodd S4C ymhel â gweithgareddau eraill a fyddai'n dod â rhagor o arian i'r sianel. Yn Ionawr 1982, mynegodd staff eu pryder bod tua £500,000 o arian y sianel yn diflannu y tu hwnt i ffiniau Cymru wrth i'r cynhyrchwyr annibynnol ddefnyddio unedau a chwmnïau golygu fideo yn Llundain er mwyn cwblhau eu rhaglenni.[81] Gan nad oedd cwmni adnoddau masnachol wedi ei ffurfio yng Nghymru, bu'n ysgogiad i Euryn Ogwen Williams gyflwyno syniad gerbron yr awdurdod y dylid buddsoddi peth o'r £2 miliwn a fyddai'n weddill gan y sianel o'r arian a dderbyniwyd yn 1981-2 i fuddsoddi mewn gweithgareddau a oedd yn gysylltiedig â'r gwasanaeth teledu a gyflwynid gan y sianel. Cynigwyd y dylid sefydlu cwmni o dan adain S4C er mwyn sicrhau bod yr arian cynhyrchu hwnnw yn cael ei wario yng Nghymru, a hefyd er mwyn ceisio cystadlu â'r gwasanaeth a oedd ar gael yn Llundain.[82] Yr oedd pryder hefyd fod y gwasanaethau ôl-gynhyrchu a sefydlwyd yng Nghymru eisoes, megis y theatr dybio Eco, yn dioddef oherwydd bod cwmnïau annibynnol Cymreig yn teithio i Lundain er mwyn cwblhau holl elfennau ôl-gynhyrchu eu rhaglenni o dan yr un to.[83] Mewn egwyddor yr oedd hwn yn syniad diffuant a fyddai'n rhoi cryn fudd i'r diwydiant cynhyrchu annibynnol Cymreig, ynghyd â sicrhau bod ffrwyth gwariant y sianel yn cael effaith economaidd gadarnhaol yng Nghymru. Gellir dadlau, serch hynny, ai lle'r sianel oedd ymyrryd ag agweddau a chyfleoedd y gellid disgwyl i gwmnïau masnachol eraill fanteisio arnynt.⁸⁴ Caed trafod o'r fath yn fewnol wrth i staff y sianel annog yr awdurdod i ddod i benderfyniad brys ar faterion gwasanaethau technegol gan y tybid y byddai cwmni arall yn mentro i'r un maes o fewn chwe mis.⁸⁵

Gellid cyhuddo'r sianel o weithredu mewn modd annheg felly, oherwydd iddynt ddefnyddio eu safle fel darlledwr, a'r wybodaeth freintiedig a oedd ganddynt, er mwyn achub y blaen ar unrhyw gystadleuwyr mewn maes na ellid ei ystyried yn brif flaenoriaeth ar gyfer ei gweithgaredd na'i buddsoddiad. Byddai gan wasanaeth o'r fath a luniwyd gan ddarlledwr fantais annheg mewn sefyllfa gystadleuol oherwydd ei gysylltiadau clòs gyda'r sector annibynnol a fyddai'n defnyddio'r gwasanaeth hwn, pe bai cwmni arall yn ffurfio i ymgymryd â'r un gwaith. Ar y llaw arall, yr oedd buddsoddiad yn yr adnoddau hyn at ddefnydd y cynhyrchwyr annibynnol yn galluogi'r sianel i feithrin arbenigedd a chreu swyddi arbenigol technegol yng Nghymru, yn hytrach na dibynnu ar gwmnïau y tu hwnt i'r ffin. Byddai sefydlu canolfan olygu safonol yng Nghymru yn golygu y gallai swyddogion comisiynu'r sianel fod ar gael i ddarparu cyngor pe dymunid hynny wrth i gynhyrchwyr gwblhau eu cynyrchiadau. Oherwydd y manteision hyn a chan nad oedd sicrwydd y byddai cwmni annibynnol yn sefydlu'r adnoddau, penderfynwyd y dylai'r agwedd dechnegol fod yn un o feysydd gwaith yr is-gwmni newydd, Mentrau. Sefydlwyd felly ganolfan adnoddau golygu Mentrau yn y Gyfnewidfa Lo yn Sgŵar Mount Stuart, Bae Caerdydd ym Medi 1983 er mwyn diwallu anghenion technegol cynhyrchwyr annibynnol Cymru.⁸⁶

Erbyn Mawrth 1982 yr oedd strategaeth gynhwysfawr ar weithgareddau atodol wedi ei datblygu, a nodai'n glir y gred y gallai'r arian a fuddsoddwyd yn rhaglenni'r cynhyrchwyr annibynnol sicrhau gwerth ehangach i economi Cymru.⁸⁷ Cydnabu fod gwerth sylweddol i'r buddsoddiad eisoes gan ei fod yn ariannu cynnwys ar gyfer y sianel, yn talu cyflogau'r gwneuthurwyr ac yn darparu gwaith ar gyfer nifer arwyddocaol o wasanaethau atodol megis adnoddau Barcud a Tegset. Ond credid y gellid sbarduno diwydiant arall gyda'r rhaglenni a gynhyrchid, yn enwedig y cyfresi animeiddiedig a oedd yn hudo darlledwyr rhyngwladol. Rhagwelwyd y gellid datblygu gweithgaredd cynhyrchu nwyddau sylweddol i gyd-fynd â'r cyfresi, gan geisio efelychu llwyddiant y *Muppets* a'r gyfres *Mr. Men* yn yr 1970au ynghyd â llwyddiant aruthrol nwyddau Mistar Urdd a fu'n hwb i'r mudiad ieuenctid yn ystod yr un degawd.⁸⁸ Yn hanesyddol ymgymerwyd â gweithgaredd cynhyrchu nwyddau o'r fath yn y siroedd hynny a ffiniai â dinas Llundain, siroedd megis Caint, Swydd Buckingham, Essex a Swydd Hertford. Ond yr oedd swyddogion y sianel yn argyhoeddedig y gellid datblygu diwydiant cynhyrchu nwyddau sylweddol yng Nghymru, gyda chymorth gan Awdurdod Datblygu Cymru a Bwrdd Datblygu Cymru Wledig ynghyd ag arbenigedd Wynne Melville Jones, dyfeisydd Mistar Urdd a oedd bellach wedi ffurfio'r cwmni Strata ac wedi derbyn cytundeb gan S4C i ymwneud â thrwyddedau nwyddau amrywiol.[89] Roedd creu cysylltiadau rhwng S4C a diwydiannau y tu hwnt i'r byd darlledu yn fanteisiol iawn i'r sianel: 'The aim in its wider dimension has been to integrate S4C in the affairs and social fabric of Wales.'[90] Yn sicr gwelid y byddai gwarantu bod S4C a'i gweithgareddau yn datblygu'n rhan anhepgor o wead economaidd Cymru yn un ffordd o sicrhau ei pharhad.[91] Ym marn Euryn Ogwen Williams, yr oedd hon yn un o strategaethau'r cadeirydd, Goronwy Daniel, o sicrhau bodolaeth y sianel yn dilyn ei thair blwyddyn brawf.[92]

Yr oedd y cynllun hwn yn hynod uchelgeisiol, ond rai misoedd yn ddiweddarach, wedi seminarau ledled Cymru er mwyn denu sylw diwydianwyr bychain at botensial cynhyrchu nwyddau, dechreuodd ddwyn ffrwyth. Erbyn mis Mai 1982, crëwyd 40 o swyddi mewn ffatri ym Mhont-y-pŵl lle cynhyrchid eirth meddal ar lun *SuperTed*, gydag archebion wedi cyrraedd o ben draw'r byd, a 24,000 o eirth wedi eu harchebu o Awstralia yn hwb i'r swyddi.[93] Ynghyd â'r gweithgaredd ym Mhont-y-pŵl, yr oedd cwmni Gwersfa Cyf. o Gastell Newydd Emlyn yn cynhyrchu nwyddau addysgol i gyd-fynd â'r gyfres ac wedi cynhyrchu siart mesur taldra *SuperTed*.[94] Erbyn Gorffennaf 1982 yr oedd 13 cwmni wedi ymrwymo i drwydded i gynhyrchu nwyddau *SuperTed*, ac yr oedd y

6. *SuperTed*, llwyddiant mawr ymweliad cyntaf
S4C â MIP TV yn Cannes
(Llun: trwy ganiatâd S4C)

sianel yn disgwyl derbyn prototeip o nwyddau *SuperTed* a *Wil Cwac Cwac* gan 29 cwmni o Gymru.[95] Erbyn Ionawr 1984, cwta ddwy flynedd yn ddiweddarach, yr oedd 52 o gwmnïau ym Mhrydain yn cynhyrchu 170 o nwyddau gwahanol yn gysylltiedig â *SuperTed*, 20 ohonynt yng Nghymru, ac yr oedd yr arth hefyd yn cael ei defnyddio er mwyn hyrwyddo Cymru dramor gan y Bwrdd Croeso a Bwrdd Datblygu Cymru.[96]

Yr oedd y gweithgareddau ymylol hyn wedi tyfu'n aruthrol mewn cyfnod byr iawn, ac felly ym Medi 1982 sefydlwyd is-gwmni cyfyngedig, a arddelai'r enw 'Mentrau Sianel 4 Cymru Cyf.', er mwyn rheoli'r agweddau masnachol hyn o weithgaredd y sianel.[97] Byddai'r cysylltiadau rhwng S4C a'r is-gwmni hwn yn glòs iawn, gan mai Owen Edwards fyddai cyfarwyddwr y cwmni newydd, a Michael Tucker, ysgrifennydd yr awdurdod, fyddai ysgrifennydd y cwmni.[98] Yr oedd y berthynas agos hon yn anhepgor, er bod gwaith yr is-gwmni mewn egwyddor yn mynd y tu hwnt i gyfrifoldebau craidd y sianel yn ôl Deddf Darlledu 1981. Doedd dim modd i'r gwaith gael ei weithredu gan sefydliad cwbl annibynnol, a hynny oherwydd mai cyfrifoldeb staff y sianel oedd trafod telerau gyda chynhyrchwyr unigol. Doedd dim modd gwahanu'r gweithgaredd yn llwyr felly oddi wrth gyfrifoldebau'r sianel, ac o'r herwydd byddai gwaith yr is-gwmni'n cael ei blethu'n glòs gyda phriod waith yr awdurdod.[99] Er y brwdfrydedd ceid rhai amheuon ymhlith swyddogion yr ADA a oedd hi'n briodol defnyddio'r arian a ddeuai o goffrau cwmnïau ITV, trwy law'r ADA, ar gyfer gweithgareddau ymylol. Barn yr ADA oedd mai ar gyfer cynhyrchu rhaglenni a chostau rhedeg y sianel y dylid defnyddio'r miliynau a gyflwynwyd i'r sianel bob blwyddyn.[100] Oherwydd yr amheuaeth o du'r ADA, penderfynwyd nad oedd hi'n briodol ymrwymo symiau sylweddol o arian yn y cwmni cyn cael sicrwydd y gallai wneud elw. Yn sgil hyn ceisiodd y sianel ddarganfod grantiau neu sicrhau benthyciadau er mwyn sefydlu'r cwmni. Ond cymhlethwyd y broses o sicrhau benthyciad banc gan nad oedd yr ADA yn dymuno gweld S4C yn ymrwymo i warantu dyledion Mentrau Cyf. gyda'r arian blynyddol a ddeuai o goffrau rhwydwaith cwmnïau ITV.[101] Yr oedd hi'n broses anos sicrhau arian ar gyfer y buddsoddiad cychwynnol a fyddai o gymorth wrth geisio sefydlu'r cwmni.

Er y trafferthion cychwynnol yn sgil ffurfio Mentrau Cyf., yr oedd y gweithgareddau a fyddai yn y pen draw yn trosglwyddo i'r cwmni newydd yn mynd rhagddynt yn hynod hwylus. Ym Mawrth 1983, ymwelodd Euryn Ogwen Williams a Chris Grace â'r darlledwr Gwyddelig RTÉ ar daith werthu uniongyrchol gyntaf Mentrau Cyf.[102] Cafwyd ymateb calonogol gan y darlledwr, a chanmoliaeth i safon uchel y cynyrchiadau a'r actio. Adlewyrchwyd y ganmoliaeth hon yn y nifer o raglenni a brynwyd gan RTÉ, gyda swyddogion S4C yn dychwelyd i Gymru gydag ymrwymiad i brynu 11 rhaglen neu gyfres ar raddfa o £600 yr awr, neu oddeutu £10,000 am y cyfan.[103] Prynwyd rhai o raglenni mwyaf llwyddiannus y flwyddyn gyntaf sef *Joni Jones, Almanac, Torth o Fara, Madam Wen, Owain Glyndŵr* ac ymrwymwyd yn ogystal i brynu cyfres gyntaf ac ail gyfres *SuperTed* a *Wil Cwac Cwac*.[104] Cafwyd ail ymweliad ffyniannus iawn â Cannes hefyd, er iddo godi rhai materion dyrys iawn i'r awdurdod ynglŷn â'r egwyddor o werthu rhaglenni i Dde Affrica.[105]

Yn fuan ar ôl sefydlu Mentrau Cyf., daeth yn amlwg fod y cwmni yn awyddus i ychwanegu pedwerydd gweithgaredd at yr hyn a wnâi yn barod, a hynny trwy fentro i fyd cyhoeddi. Yr oedd y sianel wedi bod yn trafod gyda Christopher Talfan Davies y posibilrwydd o brynu'r cyhoeddwr Hughes a'i Fab, gwasg weithredol hynaf Cymru, a oedd yn berchen ar hawliau cyhoeddi *Llyfr Mawr y Plant*, lle ceid straeon yr hwyaden ddireidus Wil Cwac Cwac ynghyd ag anturiaethau'r llwynog Siôn Blewyn Coch, a chatalog helaeth o ganeuon, alawon a cherddoriaeth.[106] Credid y byddai prynu cwmni cyhoeddi yn galluogi'r sianel i fanteisio ar y cyfleon cyhoeddi a ddeilliai o rai o raglenni poblogaidd y sianel.[107] Credid bod cyhoeddi yn cysylltu'n daclus â'r gweithgareddau cynhyrchu nwyddau. Prynwyd Hughes a'i Fab gan Mentrau Cyf. am £35,593 ac aethpwyd ati i gymryd yr awenau yn llwyr o Fehefin 1983.[108] Llyfrau plant yn gysylltiedig â chyfresi animeiddiedig poblogaidd y sianel oedd y rhan helaeth o gyhoeddiadau Hughes a'i Fab o dan adain S4C yn y ddwy flwyddyn gyntaf. Cyhoeddwyd wyth o lyfrau *SuperTed, Llyfr Mawr Wil Cwac Cwac, Hoff Straeon SuperTed* a *Llyfr Cwis Clwb S4C*.[109] Cyhoeddwyd hefyd lyfrau yn ymwneud â'r cyfresi *Almanac* ac *Iesu Ddoe a Heddiw* ynghyd â llyfrau poced yn gysylltiedig â'r cyfresi *Deryn, Pobol y Cwm* a *Bowen a'i Bartner*, a oedd, yn ôl adroddiad blynyddol y sianel y flwyddyn honno yn 'gyfle i gyflwyno arddull gyffredinol newydd i gyhoeddiadau Hughes a chreu delwedd newydd gyffrous ar gyfer y cwmni'.[110] Yr oedd rheidrwydd i'r cwmni arbrofi ag arddulliau a syniadau newydd a fyddai'n denu darllenwyr a hynny gan fod Hughes a'i Fab, er ei gysylltiad â S4C, yn wynebu yr un her ag unrhyw gyhoeddwr Cymraeg arall, sef cynnal y busnes a gwneud elw trwy gyhoeddi yn y Gymraeg. Yr oedd cyfarwyddwyr y cwmni yn siomedig na dderbyniwyd y cymorth y gobeithid ei gael gan Gyngor Llyfrau Cymru a hynny oherwydd bod y cyngor yn ystyried y dylai llyfrau'r cyhoeddwr dderbyn cymhorthdal sylweddol gan y sianel.[111] Oherwydd y trafferthion hyn, gorfu i'r cyhoeddwr ystyried eto sut i ddosbarthu cynnyrch er mwyn sicrhau elw.

Arbrofwyd trwy werthu blwyddlyfr *Wil Cwac Cwac* yn uniongyrchol gan S4C er mwyn lleihau'r costau, ac yn 1984 ac 1985 gwerthwyd un o lyfrau *SuperTed* trwy'r Mudiad Ysgolion Meithrin yn unig, a llwyddwyd i werthu 4,500 o gopïau mewn deufis.[112] Nid oedd y cynlluniau arbrofol hyn yn plesio pawb gan i nifer o lyfrwerthwyr ddatgan yn gyhoeddus eu hanfodlonrwydd nad oedd modd iddynt fanteisio ar boblogrwydd y cymeriadau trwy werthu'r llyfrau yn eu siopau. Cyhoeddwyd bod S4C yn torri egwyddor sylfaenol cyhoeddi llyfrau trwy werthu yn uniongyrchol, a bod nifer o gwsmeriaid yn colli'r cyfle i brynu'r llyfrau gan nad oeddent ar gael yn eu siopau lleol.[113]

Bu *SuperTed* yn sbardun felly i nifer o weithgareddau ehangach S4C. Bu hefyd yn gatalydd i ffurfio partneriaeth a fyddai'n sicrhau ariannu'r ail a'r drydedd gyfres o anturiaethau'r arth arbennig. Yr oedd llwyddiant aruthrol *SuperTed* yn y farchnad deledu ryngwladol, a gartref gan y gwerthwyd y gyfres i'r BBC, yn golygu bod angen mynd ati i gynhyrchu mwy nag un gyfres o raglenni, ond gan fod cost eu cynhyrchu yn uchel, yr oedd angen cymorth ar S4C er mwyn gwireddu hynny.[114] Yr oedd llwyddiant y gyfres hefyd wedi gwneud *SuperTed* yn ddeniadol i fuddsoddwyr allanol a allai ragweld y gellid gwneud arian sylweddol pe aed i bartneriaeth â S4C i gynhyrchu rhagor o gyfresi. Un o'r cwmnïau hynny oedd is-gwmni pensiwn y Bwrdd Glo, CIN Industrial Investments, a fuddsoddai mewn diwydiannau Prydeinig, ac aethpwyd ati i ffurfio cwmni ar y cyd rhwng S4C a CIN a'i alw yn Telin.[115] Yr oedd gan CIN brofiad ym maes ffilm gan i'r cwmni gyfrannu at gyllideb nifer o gynyrchiadau arobryn megis *Chariots of Fire* (Hudson, 1981), *Ghandi* (Attenborough, 1982) ac *Educating Rita* (Gilbert, 1983).[116] Byddai Telin, felly, yn cynhyrchu ac yn manteisio ar hawliau *SuperTed* gyda Mentrau yn meddu ar 60 y cant o'r cyfranddaliadau a CIN yn hawlio 40 y cant, a'r ddau sefydliad yn mynnu dau gyfarwyddwr yr un ar fwrdd rheoli'r cwmni.[117] Ymddengys bod yr awdurdod wedi cael gofynion cydweithio CIN yn feichus, ond oherwydd brys y sianel i ddechrau cynhyrchu'r gyfres nesaf o *SuperTed* a chynnal y momentwm aruthrol a oedd y tu ôl i'r cynhyrchiad, ni fu amser i chwilio am bartneriaid eraill, yn enwedig ar ôl treulio cryn amser yn trafod a gwyntyllu telerau gyda CIN.[118] Er bod gofynion y bartneriaeth yn drwm ar Mentrau, yr oedd y manteision i S4C yn sylweddol, a hynny gan fod y bartneriaeth hon yn galluogi'r sianel i brynu cyfresi Cymraeg newydd *SuperTed* am bris rhesymol iawn o ystyried y buddsoddiad sylweddol a wnaed yn y gyfres gyntaf.[119] Byddai S4C yn prynu'r ail a'r drydedd gyfres gan Telin am ffracsiwn o'r costau cynhyrchu gan sicrhau arbediad sylweddol a gwarant y byddai swyddogion y sianel yn rhan o'r penderfyniadau golygyddol. Ceid yma y gorau o'r ddau fyd i'r sianel.[120] Heb y buddsoddiad allanol hwn mae'n annhebygol y gallai S4C gyfiawnhau gwariant sylweddol ar gyfresi animeiddiedig drudfawr a safonol nad oedd yn llenwi nifer helaeth o oriau, ac y gallai diwydiant animeiddio ifanc Cymru ddiflannu dros nos.[121] Yr oedd cynhyrchu mwy o gyfresi yn allweddol hefyd er mwyn sicrhau gwerthiant pellach o *SuperTed* dramor.

Llwyddiant mwyaf y gyfres *SuperTed* yn y cyfnod hwn oedd i'r gyfres gyntaf a'r ail gael eu gwerthu gan Mentrau i sianel cebl Disney yn America.[122] Cyhoeddwyd manylion y gwerthiant ar 12 Ionawr 1984, a mynegwyd diddordeb sylweddol yn y ddêl gan y wasg genedlaethol a rhanbarthol wrth i adroddiadau rif y gwlith ymddangos yn y wasg drannoeth y cyhoeddiad gyda phenawdau megis 'Walt's boyo bear!'; 'SuperTed Takes On America' a 'Ted's a Star'.[123] Yr oedd y cytundeb hwn yn bluen aruthrol yn het y sianel, gan mai *SuperTed* oedd y gyfres animeiddiedig gyntaf o Brydain i sianel gebl Disney ei darlledu i'r gynulleidfa Americanaidd. Ynghyd â hawliau darlledu, yr oedd y cytundeb â Disney yn golygu y gallai Disney ddosbarthu'r gyfres yng ngogledd America ar gasetiau fideo, camp arall gan mai dim ond pedair ffilm nas cynhyrchwyd gan Disney a ddosbarthwyd gan y stiwdio cyn yr 1980au.[124] Llwyddwyd nid yn unig i ddenu sylw'r wasg boblogaidd, ond cafwyd hefyd gynnig cynnar-yn-y-dydd yn Nhŷ'r Cyffredin gan yr Aelod Seneddol Rhyddfrydol Geraint Howells, yn llongyfarch S4C ar ei llwyddiant yn gwerthu *SuperTed* i Disney, a hefyd ar ei phartneriaeth gyda CIN. Meddai:

> this House congratulates S4C, the Welsh fourth channel, for succeeding in selling their 'Superted' all-Welsh animation series to a television company in the United States of America, and for securing additional investment in the production of the series from the National Coal Board Pension Fund; believes that these gestures of confidence in the potential of Welsh language programmes will secure the future of the animation industry based in Cardiff, and will provide new business opportunities for Welsh manufacturing companies making goods linked with the series; and wishes S4C well for their future achievements.[125]

Bu ymateb brwd o du cynhyrchwyr nwyddau yn yr UDA hefyd wrth i'r cyhoeddwr Random House a'r cynhyrchydd teganau Dakin ymgymryd â thrwyddedau i gynhyrchu nwyddau cysylltiedig â'r cyfresi gyda'r un brwdfrydedd ag a welwyd gan gwmnïau Cymreig a Phrydeinig, a fyddai'n sicrhau bod delwedd *SuperTed* yn treiddio i farchnad eang yr UDA. O ystyried bwriad Dakin i gynhyrchu 3 neu 4 miliwn o eirth i'w gwerthu yn 1985, yr oedd hyder y cwmnïau nwyddau Americanaidd ym mhotensial y cynnyrch yn sylweddol.[126] Yr oedd y cwmnïau cardiau cyfarch Hallmark ac American Greetings hefyd yn cystadlu am yr hawliau i ail-greu delwedd y cymeriadau ar eu cardiau.[127] Yr oedd diddordeb Disney wedi agor nifer o farchnadoedd a ffrydiau incwm newydd i Telin a Mentrau, ac yr oedd gobaith ymysg staff y cwmnïau hyn a S4C y byddai'r gweithgaredd hwn yn yr UDA yn arwain at ddarlledu'r gyfres ar un o brif rwydweithiau teledu America gan sicrhau cynulleidfa ehangach i'r gyfres a'i chymeriadau.[128]

Er y brwdfrydedd a'r sylw cychwynnol o du'r wasg Brydeinig yng ngwerthiant *SuperTed* i America, a llwyddiant yn ogystal i'r animeiddwyr wrth i'r gyfres ennill y wobr arian yng Ngŵyl Ffilm a Theledu Efrog Newydd, bu peth oedi cyn i'r gyfres ymddangos ar y sgrin mewn cartrefi Americanaidd.[129] Bu blwyddyn gron rhwng dyddiad cyhoeddi'r cytundeb i werthu'r cyfresi i Disney a'r dyddiad darlledu ar gyfer y gyfres gyntaf.[130] Yr oedd hyn yn peri problem ariannol i'r cwmni Telin, a hynny gan fod arian gwerthiant nwyddau yn arafach yn cyrraedd y coffrau nag a amcanwyd yn y cynlluniau gwreiddiol, ac yn ei atal rhag buddsoddi ymhellach neu dalu am gostau angenrheidiol.[131] Arweiniodd y problemau llif arian hyn at drafodaethau gyda chwmnïau megis Forward Trust a Kleinwort Benson ynglŷn â gwerthu hawliau Telin yn *SuperTed* iddynt ac yna eu prydlesu'n ôl er mwyn ceisio rhyddhau rhagor o arian ar gyfer gweithgareddau'r cwmni, a hynny gan fod S4C a Mentrau yn amharod i fuddsoddi ymhellach yn Telin.[132] Er y trafferthion hyn, pan ddangoswyd y gyfres gan sianel gebl Disney, fe'i marchnatwyd yn frwd a thrafodwyd y posibiliadau y gallai Disney brynu hawliau'r gyfres mewn nifer o ieithoedd eraill hefyd megis Almaeneg, Ffrangeg ac Iseldireg.[133] Bu'n llwyddiant sylweddol ar gasetiau fideo hefyd wrth i Disney werthu 26,000 o gopïau mewn tri mis, a hynny cyn mynd ati i leisio'r cyfresi ag acenion Americanaidd.[134] Erbyn diwedd y flwyddyn ariannol 1985–6 yr oedd cyfresi *SuperTed* wedi eu gwerthu i 50 o wledydd ledled y byd, gan gynnwys 10 o wledydd America Ladin, India, Dubai, Seland Newydd, Corea a nifer o wledydd Ewrop megis Norwy a Ffrainc. Llwyddodd gwerthiant *SuperTed* i Disney, ynghyd â'r holl werthiannau eraill, gwerthiant y nwyddau a'r cyhoeddusrwydd cadarnhaol aruthrol a ddaeth yn ei sgil i sicrhau lle *SuperTed* fel ffrwyth gwaith mwyaf cynhyrchiol y sianel. At hynny, cynhyrchwyd sioe gerdd gyda'r teitl *SuperTed and the Comet of the Spooks* a gyfarwyddwyd gan Victor Spinetti, a lwyfannwyd yng Nghaerdydd yng ngaeaf 1985, ac a deithiodd ledled Prydain gydol haf 1986. Bu'r cymeriadau hefyd yn rhan annatod o nifer o ymgyrchoedd diogelwch wrth i'r Swyddfa Gymreig eu defnyddio ar gyfer yr ymgyrch Diogelwch ar yr Heolydd gyda'r ffilm fer *Stay Safe with SuperTed* a'r heddlu yn eu defnyddio er mwyn hyrwyddo'r slogan *Say No to a Stranger*.[135]

Cyfres a fu yng nghysgod *SuperTed* yn ddiamau oedd *Wil Cwac Cwac*, a gynhyrchid hefyd gan Siriol, ond cyfres ydoedd, gellid dadlau, a fu yn fwy llwyddiannus ar sawl agwedd. Er mai dim ond 16 o wledydd a brynodd yr animeiddiad yn ystod y cyfnod prawf o'i chymharu â'r 50 a brynodd *SuperTed* yn yr un cyfnod, yr oedd gan *Wil Cwac Cwac* ei llwyddiannau ei hun.[136] Gwerthwyd rhai penodau o'r gyfres gyntaf i orsaf deledu yn Rwsia yn 1985, gorchest anhygoel o ystyried nad oedd rhaglenni teledu Ewropeaidd i'w gweld ar setiau teledu'r wlad.[137] Gwerthwyd *Wil Cwac Cwac* i sianel gebl yn America hefyd, sef US Cable, ond gan i'r gwerthiant hwn ddod flwyddyn ar ôl gwerthiant ysgubol *SuperTed*, ni chafwyd yr un sylw.[138] Ni welwyd yr un brwdfrydedd o du gwneuthurwyr nwyddau America gyda'r gyfres hon, gan ychwanegu at ei statws is yn y cof cyhoeddus. Profodd *Wil Cwac Cwac* yn llwyddiant sylweddol ym Mhrydain, llwyddodd y fersiwn Saesneg i gyrraedd y siart 100 uchaf o raglenni Prydain gan gyrraedd rhif 90, yr unig raglen a gomisiynwyd gan S4C i wneud hynny yn ystod y cyfnod prawf.[139] Yr oedd ffigurau gwylio'r gyfres yn llawer uwch nag unrhyw raglen arall a gomisiynwyd gan S4C ac a ddarlledid gan un o'r rhwydweithiau cenedlaethol, hyd yn oed *SuperTed*. Llwyddai *SuperTed* i ddenu oddeutu 3 miliwn o wylwyr, tra llwyddai *Wil Cwac Cwac* i ddenu hyd at 5.61 miliwn o wylwyr, ffigwr a oedd yn uchel iawn ar gyfer rhaglen blant ac unrhyw raglen a ddarlledid yn yr un rhicyn darlledu rhwng 16.15 a 16.20 ar ddiwedd y prynhawn.[140] Gellid o bosibl esbonio ffigurau gwylio a chynulleidfa selog *Wil Cwac Cwac* gan i ITV ddarlledu'r gyfres bob dydd am yn agos i fis yng ngaeaf 1984. Gallai'r plant felly wylio anturiaethau'r hwyaden ddrygionus bob dydd o'r wythnos, gan adeiladu cynulleidfa selog dros gyfnod cymharol fyr.

Ar wahân i lwyddiannau amlwg a blaenllaw *SuperTed*, o safbwynt ariannol, ni fu Mentrau yn gwbl lwyddiannus yn ystod ei flynyddoedd cyntaf. Er gwaethaf yr holl weithgaredd, ofnid i'r cwmni wneud colled sylweddol yn ei flwyddyn gyntaf, gyda pherfformiad yr uned dechnegol yn siomedig wedi iddi wneud llai o incwm na'r hyn a ddisgwylid. Ond llwyddodd y cwmni i wneud elw cymharol fychan yn 1984–5 o £35,678 ac yna £74,558 yn 1985–6.[141] Nid oedd Mentrau wedi llwyddo i wneud yr hyn a obeithiwyd yn wreiddiol gan swyddogion ac aelodau Awdurdod S4C, sef darparu achubiaeth ariannol i'r sianel mewn cyfnodau tywyll. Ond gellid diffinio llwyddiant yn hytrach yn nhermau'r enw da a sicrhawyd i'r sianel yn rhyngwladol. Llwyddodd ymweliadau proffidiol â Cannes bob

7. Dafydd Hywel (Alun) a Reginald Matthias (Dick) mewn golygfa
o ffilm Karl Francis, *Yr Alcoholig Llon*
(Llun: trwy ganiatâd S4C)

blwyddyn i sicrhau bod rhaglenni a gynhyrchwyd yn y Gymraeg ar gyfer cynulleidfa leiafrifol yn cael eu darlledu ledled y byd, gan ddarparu delweddau o Gymru mewn gwledydd megis Awstralia, yr Eidal, Groeg a Tsiecoslofacia.[142] Nid *SuperTed* oedd unig lwyddiant y fenter hon, er i'r berthynas â Disney roi hwb i statws y sianel yn y marchnadoedd teledu, gyda thystiolaeth amlwg o hynny yn y flwyddyn wedi cyhoeddi'r cytundeb pan gaed yr hyn a elwid yn 'Disney Effect' ym marchnad 1984, pan werthwyd gwerth £130,000 o raglenni.[143] Yr oedd nifer o raglenni llwyddiannus eraill, na dderbyniodd yr un cyhoeddusrwydd gan y wasg, rhaglenni megis *Mentro! Mentro!*, a werthwyd i 25 gwlad gan gynnwys yr Unol Daleithiau erbyn canol 1985.[144] Bu gwerthiant rhaglenni S4C mor llwyddiannus nes bod cyfanswm ei gwerthiant blynyddol ar gyfer 1984–5, sef £900,000 yn fwy na chyfanswm gwerthiant pum cwmni mwyaf rhwydwaith ITV ar gyfer yr un flwyddyn.[145] Llwyddwyd i hawlio lle i nifer helaeth o raglenni Cymraeg ar y rhwydweithiau Prydeinig hefyd, gwerthwyd cyfanswm o 70 o raglenni yn ystod y cyfnod prawf, megis y gyfres *Joni Jones* i BBC2 a'r gyfres animeiddiedig *Hanner Dwsin* i Central TV i'w ddarlledu ar rwydwaith ITV ar foreau Sadwrn.[146] Llwyddwyd i berswadio C4 i darlledu cyfres o ddramâu Cymraeg wedi eu his-deitlo, gydag *Aderyn Papur* (Bayley, 1983), *Wil Six* (Turner, 1985), *Yr Alcoholig Llon* (Francis, 1985) ac *Nid ar Redeg* (Clayton, 1984) yn rhan o'r casgliad arbennig hwnnw.[147] Ymddengys bod gan swyddogion C4 gryn ymddiriedaeth a hyder yn safon ac apêl y cynnwys gan iddi ddarlledu *Wil Six* ar ddiwrnod Nadolig 1985.[148] Caed llwyddiannau sylweddol felly o weithgareddau Mentrau, gan brofi i'r sector ddarlledu yng Nghymru a thu hwnt fod gwerth a photensial i raglenni Cymreig a Chymraeg a gynhyrchwyd gan gwmnïau cymharol fychan ar lwyfan rhyngwladol, ac y gellid cystadlu a denu sylw darlledwyr amlycaf y byd. Heblaw am alluogi'r sianel i ariannu cyfresi animeiddio safonol a chynnal yr egin ddiwydiant hwnnw, ni lwyddodd y fenter hon i warantu sicrwydd ariannol i'r sector annibynnol yn unol â'r gobeithion gwreiddiol. Ni wnaed elw digonol er mwyn bwydo symiau sylweddol yn ôl i S4C i'w buddsoddi yn y cynhyrchwyr annibynnol, a hynny yn rhannol gan nad oedd digon o raglenni a chyfresi gwahanol i'w gwerthu er mwyn gwneud arian mawr.[149] Byddai angen ystyried eto, felly, ffyrdd eraill o arbed neu godi arian er mwyn sicrhau ffyniant y diwydiant hwnnw.

Nodweddir cyfnod prawf S4C gan batrwm o fentro i dir newydd, o fanteisio ar y deunyddiau a gynhyrchid ar gyfer y sianel a'u troi yn asedau a fyddai'n sicrhau cyhoeddusrwydd hanfodol ac enw da i'r sianel gartref ac ar lwyfan rhyngwladol. Arweiniodd ysbryd mentrus a blaengar amryw swyddogion y sianel i feysydd newydd wrth iddi fuddsoddi a phlannu ei gwreiddiau economaidd yn ddwfn yn nhir Cymru. Ni fu pob menter yn llwyddiannus yn y tymor hir, ond yn ystod y cyfnod prawf bu'r gweithgareddau yn fodd i ddenu sylw'r wasg Brydeinig a'r gwleidyddion i sianel fechan wrth iddi hyrwyddo ei hun a sicrhau enw da i Gymru dramor. Nodweddir y cyfnod prawf hefyd gan gyfnod o bwyso am arian teilwng gan yr ADA, arian a oedd yn galluogi'r sianel i barhau gyda'r gweithgareddau hyn ynghyd â'i phriod waith, o gomisiynu a darlledu rhaglenni.

Nodiadau

1. Casgliad Sianel Pedwar Cymru (CS4C), *Cofnodion pumed cyfarfod ar hugain Awdurdod Sianel Pedwar Cymru*, 28–9 Mehefin 1982, t. 3.
2. CS4C, *Cofnodion pumed cyfarfod ar hugain Awdurdod Sianel Pedwar Cymru*, t. 3. Yr oedd yr ADA yn hysbysu'r sianel o'i hincwm tebygol, cyn cadarnhau'r ffigwr rai misoedd yn ddiweddarach. Os nad oedd y sianel yn hapus yr oedd y broses hon yn rhoi cyfle iddi apelio i'r ADA ac yna i'r Ysgrifennydd Cartref pe bai'r swm yn annerbyniol o isel.
3. CS4C, llythyr oddi wrth John Whitney at Owen Edwards, 25 Tachwedd 1982, t. 1.

4. CS4C, llythyr oddi wrth John Whitney at Owen Edwards, 25 Tachwedd 1982, t. 1. Clive Betts, 'S4C gives pledge on service as grant cut', *Western Mail*, 23 Rhagfyr 1982; Ivor Wynne Jones, 'Cash curb blow for growth of Welsh TV', *Daily Post*, 29 Rhagfyr 1982; dienw, 'ITV to pay £98m for 4, £24m for S4C, plus £15m', *The Stage and Television Today*, 30 Rhagfyr 1982.
5. CS4C, llythyr oddi wrth John Whitney at Owen Edwards, 25 Tachwedd 1982, t. 1. Yn ystod blynyddoedd cyntaf y sianel yr oedd patrymau cyfrifo'r incwm ar gyfer S4C a C4 yn ddyrys. Byddai'r ADA yn cyfrifo cyfraniad 15 cwmni rhwydwaith ITV tuag at y bedwaredd sianel ar sail gwerth blwyddyn galendr o arian hysbysebu, er bod S4C a C4 eu hunain yn gweithredu ac yn paratoi eu cyfrifon yn ôl blwyddyn ariannol. Mae hyn yn golygu y cyfeirir at ffigurau incwm gwahanol yn ddibynnol ar y dogfennau dan sylw ac at y math o flwyddyn y cyfeirir ati, gan greu patrwm ychydig yn ddryslyd. Defnyddiwyd y patrwm hwn am y tro olaf yn 1983; symudwyd i'r patrwm blwyddyn ariannol o 1984–5. Er bod hyn mewn egwyddor yn gwneud synnwyr, yr oedd yn peri pryder i staff S4C oherwydd yr amserlen o nodi amcangyfrif o lefel incwm ym mis Medi, ac yna gadarnhau'r ffigwr terfynol ym mis Mawrth, wythnosau yn unig cyn i'r flwyddyn ariannol ddechrau; CS4C, llythyr oddi wrth Owen Edwards at Peter B. Rogers, 14 Mehefin 1983.
6. CS4C, llythyr oddi wrth John Whitney at Owen Edwards, 25 Tachwedd 1982, t. 1.
7. Paul Bonner, gyda Lesley Aston, *Independent Television in Britain, Volume 6 – New Developments in Independent Television, 1981–92: Channel 4, TV-am, Cable and Satellite* (Basingstoke, 2003), t. 96; Dienw, 'C4 snubs fixed – ITV companies liable for £123m', *Broadcast*, 13 Rhagfyr 1982, 5.
8. CS4C, llythyr oddi wrth John Whitney at Owen Edwards, 25 Ionawr 1982, t. 1.
9. CS4C, *Amcangyfrifon 1983/84 (Papur 15.82(8)) – Papur atodol i Agenda unfed cyfarfod ar ddeg ar hugain Awdurdod Sianel Pedwar Cymru*, 3 Rhagfyr 1982, t. 2; Clive Betts, 'S4C programme-makers face squeeze', *Western Mail*, 7 Mawrth 1983.
10. Yr oedd y gwariant ar gostau cyfundrefnol oddeutu 10 y cant o'r gyllideb gyfan (10.4 y cant yn 1983–4 a 10.1 y cant yn 1984–5), a olygai fod bron i 90 y cant o'r arian yn cael ei wario'n uniongyrchol ar raglenni. Yr unig gyfnod yn y cyfnod prawf lle ceir gwyro o'r patrwm hwn oedd yn ystod cyfnod 1981–3 lle bu gwariant o 19.9 y cant ar gostau nad oedd yn ymwneud â rhaglenni, oherwydd gwariant sylweddol ar offer, adeiladau a'r ymgyrch farchnata cyn lansio'r gwasanaeth; CS4C, *S4C Income from ADA: 1981–85, Brief for Mr Peregrine for ADA meeting 7.9.83 – Papur atodol i Agenda deugeinfed cyfarfod Awdurdod Sianel Pedwar Cymru*, 9 Medi 1983, Appendix II.
11. CS4C, *Adroddiad i'r Awdurdod ar effaith cyllideb 1983/84 ar y Cynhyrchwyr Annibynnol – Papur atodol i Agenda ail gyfarfod ar ddeg ar hugain Awdurdod*

Sianel Pedwar Cymru, 13 Ionawr 1983. Clive Betts, 'S4C to drop English firms', Western Mail, 2 Ebrill 1982. Er i gwmni Jack Bellamy ddiflannu o restr y cynhyrchwyr annibynnol yn ail a thrydedd flwyddyn gynhyrchu'r sianel, derbyniodd gomisiwn pellach yn ystod 1985–6.

12. Awdurdod Sianel Pedwar Cymru, *Adroddiad Blynyddol a Chyfrifon Sianel Pedwar Cymru, 1983–4* (Caerdydd, 1984), t. 34. Red Rooster oedd cwmni Stephen Bayly a gyfarwyddodd *Joni Jones* ar gyfer Sgrin '82.
13. CS4C, *Adroddiad i'r Awdurdod ar effaith cyllideb 1983/84 ar y Cynhyrchwyr Annibynnol*.
14. Dienw, 'S4C needs £2–3m extra next year for HTV output', *The Stage and Television Today*, 31 Mawrth 1983.
15. CS4C, *Financial outlook for 1983–4 (Papur 15.82(7)) – Papur atodol i Agenda unfed cyfarfod ar ddeg ar hugain Awdurdod Sianel Pedwar Cymru*, 3 Rhagfyr 1982.
16. CS4C, llythyr oddi wrth Owen Edwards at Peter B. Rogers, 14 Mehefin 1983.
17. Yr oedd cwmnïau ITV wedi buddsoddi arian yn y bedwaredd sianel 15 mis cyn y gellid gwerthu unrhyw hysbysebion ar y sianeli hynny.
18. CS4C, *Cofnodion pedwerydd cyfarfod ar ddeg ar hugain Awdurdod Sianel Pedwar Cymru*, 4 Mawrth 1983, tt. 1–2.
19. CS4C, *Cofnodion pumed cyfarfod ar ddeg ar hugain Awdurdod Sianel Pedwar Cymru*, 8 Ebrill 1983, t. 1.
20. CS4C, llythyr oddi wrth Owen Edwards at Peter B. Rogers, Awst 1983.
21. CS4C, *Cofnodion pumed cyfarfod ar ddeg ar hugain Awdurdod Sianel Pedwar Cymru*, t. 1.
22. CS4C, *Cofnodion deugeinfed cyfarfod Awdurdod Sianel Pedwar Cymru*, 9 Medi 1983, t. 2. Doedd dim sicrwydd y byddai cwmnïau ITV yn talu 18 y cant o'u hincwm NAR i'r ADA, yn enwedig gan nad oeddent wedi llwyddo i adennill y swm disgwyliedig o'u buddsoddiad yn y bedwaredd sianel. Yr oedd hi'n debygol felly y gallent bwyso am dalu yn nes at 14 y cant o NAR, sef y lleiafswm derbyniol yn ôl eu cytundeb â'r ADA, a fyddai'n argoeli'n llawer gwaeth i S4C. Yn wir yn Awst 1983 bu gohebu di-flewyn-ar-dafod rhwng Owen Edwards a Paul Fox, cadeirydd yr Independent Television Companies Association (ITCA), oherwydd yr hyn a welai cyfarwyddwr S4C oedd ymgais cwmnïau ITV i lobïo er mwyn tynnu yn ôl o'r cytundeb i dalu am y bedwaredd sianel, a'u defnydd o newyddiadurwyr i wthio'u syniadau ac ymosod ar S4C. Gwrthod y cyhuddiadau yn chwyrn a wnaeth yr ITCA; er hynny, mae natur y llythyrau hyn yn dangos pa mor sensitif yr oedd y mater hwn i'r ddwy ochr; CS4C, llythyr oddi wrth Owen Edwards at Paul Fox, 8 Awst 1983; llythyr oddi wrth Paul Fox at Owen Edwards, 12 Awst 1983.
23. CS4C, *Cofnodion deugeinfed cyfarfod Awdurdod Sianel Pedwar Cymru, 9 Medi 1983*, t. 2.
24. CS4C, llythyr oddi wrth Syr Goronwy Daniel at yr Arglwydd Thomson, 31 Awst 1983, t. 1.

25. CS4C, llythyr oddi wrth Syr Goronwy Daniel at yr Arglwydd Thomson, 31 Awst 1983, t. 2.
26. CS4C, llythyr oddi wrth Syr Goronwy Daniel at yr Arglwydd Thomson, 31 Awst 1983, t. 2.
27. CS4C, llythyr oddi wrth Syr Goronwy Daniel at yr Arglwydd Thomson, 31 Awst 1983, t. 2.
28. CS4C, *Arian o'r ADA ym 1984/85 (Papur 10.83(5))* – Papur atodol i Agenda unfed cyfarfod a deugain Awdurdod Sianel Pedwar Cymru, 7 Hydref 1983, t. 2.
29. CS4C, llythyr oddi wrth Euryn Ogwen Williams at Tim Knowles, rheolwr gyfarwyddwr cynorthwyol HTV, 29 Medi 1983.
30. CS4C, llythyr oddi wrth John Whitney at Owen Edwards, 19 Ionawr 1984; Raymond Snoddy, 'Fourth channels to get £139m', *Financial Times*, 21 Ionawr 1984.
31. CS4C, *Adroddiad y Cyfarwyddwr i'r Awdurdod (Papur 3.85(4))* – Papur atodol i Agenda cyfarfod hanner cant a thri Awdurdod Sianel Pedwar Cymru, 8 Mawrth 1985.
32. CS4C, *Cofnodion pumed cyfarfod a deugain Awdurdod Sianel Pedwar Cymru*, 10 Chwefror 1984, t. 4.
33. CS4C, *Amcangyfrifon 1984/5 a 1985/6, Nodyn gan y Cyfarwyddwr (Papur 2.84(6))* – Papur atodol i Agenda pumed cyfarfod a deugain Awdurdod Sianel Pedwar Cymru, 10 Chwefror 1984.
34. Derek Hopper, 'S4C's cash bid rejected', *South Wales Echo*, 20 Ionawr 1984; Clive Betts, 'S4C to get a £28m budget', *Western Mail*, 21 Ionawr 1984; Dienw, '£28 miliwn i'r sianel', *Y Cymro*, 24 Ionawr 1984.
35. CS4C, *Y Sector Annibynnol – pwyso a mesur (Papur 10.83(6))* – Papur atodol i Agenda unfed cyfarfod a deugain Awdurdod Sianel Pedwar Cymru, 7 Hydref 1983, t. 1.
36. Dim ond pedwar aelod o staff a oedd yn ymwneud â chomisiynu a goruchwylio'r cynhyrchu yn ystod 1983–4, sef: Euryn Ogwen Williams, golygydd rhaglenni; Emlyn Davies, prif gomisiynydd rhaglenni; Dilwyn Jones, comisiynydd rhaglenni; ac un weinyddwraig. Roedd hwn yn staff bychan iawn o ystyried bod comisiynwyr/goruchwylwyr gwahanol ar gyfer pob *genre* unigol ar staff darlledwyr eraill ar ddechrau'r 1980au.
37. CS4C, *Y Sector Annibynnol – pwyso a mesur*, t. 1.
38. CS4C, *Y Sector Annibynnol – pwyso a mesur*, t. 1.
39. CS4C, *Y Sector Annibynnol – pwyso a mesur*, t. 2.
40. Yr oedd y sianel wedi cyflwyno mesurau er mwyn sicrhau bod y cynhyrchwyr annibynnol yn gwbl ymwybodol o bwysigrwydd rheolaeth ariannol dynn, drwy fynd yn erbyn confensiwn y diwydiant o gynnwys cronfa ariannol wrth gefn ar gyfer costau a threuliau annisgwyl fel rhan o gyllideb pob comisiwn. Yn hytrach, teimlwyd y byddai peidio â chynnwys yr elfen hon yn 'tanlinellu'r angen am reolaeth dynn'. Canlyniad polisi o'r fath oedd fod y gorwario'n gallu ymddangos yn waeth, ac o bosibl yn llawer mwy cyffredin, gan nad oedd unrhyw arian

wrth gefn er mwyn ymdopi â digwyddiadau a newidiadau na ellid eu rheoli; CS4C, *Y Sector Annibynnol – pwyso a mesur*, t. 3.
41. CS4C, *Y Sector Annibynnol – pwyso a mesur*, tt. 3–9.
42. CS4C, *Y Sector Annibynnol – pwyso a mesur*, t. 4.
43. CS4C, *Y Sector Annibynnol – pwyso a mesur*, t. 4.
44. CS4C, *Y Sector Annibynnol – pwyso a mesur*, t. 4.
45. CS4C, *Y Sector Annibynnol – pwyso a mesur*, t. 4.
46. CS4C, *Y Sector Annibynnol – pwyso a mesur*, tt. 4–5.
47. CS4C, *Y Sector Annibynnol – pwyso a mesur*, t. 5.
48. CS4C, *Cofnodion seithfed cyfarfod a deugain Awdurdod Sianel Pedwar Cymru*, 5–6 Ebrill 1984, t. 2. Yr oedd hi'n debygol y byddai'r ffigwr hwnnw o 270 awr yn gostwng wedi i'r syniadau a drafodwyd gyda'r cwmnïau gael eu costio'n llawn, ond hyd yn oed wedi'r broses honno, yr oedd y cynnydd arfaethedig yn parhau yn un sylweddol. Ymddengys na lwyddodd y sianel i gynyddu oriau'r cynhyrchwyr annibynnol rhwng 1984–5, nac yn 1985–6 i'r graddau y gobeithid yn wreiddiol, gan mai 184 o oriau a gynhyrchid ganddynt yn 1984–5 a gynyddodd i 206 awr a 30 munud y flwyddyn ariannol ganlynol. Ni leihaodd cost rhaglenni'r cynhyrchwyr annibynnol ar gyfartaledd fesul awr gan mai £38,459 oedd cost yr awr yn 1984–5 a gynyddodd i £43,176 y flwyddyn ganlynol. Awdurdod Sianel Pedwar Cymru, *Adroddiad Blynyddol a Chyfrifon, 1984–85* (Caerdydd, 1985), t. 6; Awdurdod Sianel Pedwar Cymru, *Adroddiad Blynyddol a Chyfrifon, 1985–86* (Caerdydd, 1986), t. 25.
49. CS4C, *Y Sector Annibynnol – pwyso a mesur*, t. 9.
50. CS4C, *Y Sector Annibynnol – pwyso a mesur*, t. 9.
51. CS4C, *Y Sector Annibynnol – pwyso a mesur*, t. 9.
52. CS4C, *Cofnodion cyfarfod hanner cant Awdurdod Sianel Pedwar Cymru*, 13 Gorffennaf 1984, t. 3.
53. CS4C, llythyr oddi wrth Peter B. Rogers at Owen Edwards, 20 Medi 1984, t. 1; Clive Betts, 'S4C's budget too low, says chief', *Western Mail*, 9 Tachwedd 1984.
54. CS4C, *Cofnodion cyfarfod sh Awdurdod Sianel Pedwar Cymru*, 12 Hydref 1984, t. 1.
55. CS4C, *Cofnodion cyfarfod hanner cant a phump Awdurdod Sianel Pedwar Cymru*, 6–7 Rhagfyr 1984, t. 4.
56. CS4C, *The effect of funding S4C below £31.857m in 1985/6 (Papur 2.85(8)) – Papur atodol i Agenda cyfarfod hanner cant a saith Awdurdod Sianel Pedwar Cymru*, 7–8 Chwefror 1985.
57. CS4C, *The effect of funding S4C below £31.857m in 1985/6*.
58. CS4C, *The effect of funding S4C below £31.857m in 1985/6*.
59. CS4C, *The effect of funding S4C below £31.857m in 1985/6*, t. 3.
60. CS4C, *Cofnodion cyfarfod hanner cant a saith Awdurdod Sianel Pedwar Cymru*, t. 5.
61. CS4C, *Dyfodol SBEC (Papur 5.84(8)) – Papur atodol i Agenda wythfed cyfarfod a deugain Awdurdod Sianel Pedwar Cymru*, 11 Mai 1984, t. 1.

62. Dim ond arbediad o £210,000 y gellid ei gael yn 1984–5 pe penderfynid ei ddiddymu.
63. CS4C, *The effect of funding S4C below £31.857m in 1985/6*, t. 3.
64. CS4C, *Cofnodion cyfarfod hanner cant a thri Awdurdod Sianel Pedwar Cymru*, t. 2; dienw, 'S4C gets the cash it wants to carry out growth plans', *Western Mail*, 23 Chwefror 1985; dienw, 'Newyddion da i S4C', *Y Cymro*, 26 Chwefror 1985.
65. CS4C, *Adroddiad y Cyfarwyddwr i'r Awdurdod (Papur 3.85(4))*.
66. CS4C, *Cofnodion cyfarfod hanner cant a thri Awdurdod Sianel Pedwar Cymru*, t. 2.
67. Awdurdod Sianel Pedwar Cymru, *Adroddiad Blynyddol a Chyfrifon, 1982–83* (Caerdydd, 1983), t. 8.
68. CS4C, *Amcangyfrifon 1983/84 (Papur 15.82(8))*, t. 1.
69. CS4C, *Blwyddyn i fynd – Adroddiad yr Adran Raglenni (Papur 15.81(2)) – Papur atodol i Agenda pymthegfed cyfarfod Awdurdod Sianel Pedwar Cymru*, 6 Tachwedd 1981, t. 4.
70. CS4C, *Adroddiad y Cyfarwyddwr i'r Awdurdod (Papur 2.82(4)) – Papur atodol i Agenda deunawfed cyfarfod Awdurdod Sianel Pedwar Cymru*, 5 Chwefror 1982, t. 2.
71. CS4C, *Adroddiad y Cyfarwyddwr i'r Awdurdod (Papur 2.82(4) – Papur atodol i Agenda deunawfed cyfarfod Awdurdod Sianel Pedwar Cymru*, t. 3; Robert Lloyd, 'Superted – S4C's bear-faced star', *South Wales Evening Post*, 19 Mawrth 1982; dienw, 'Gwerthu rhaglenni Cymraeg dramor', *Y Cymro*, 23 Mawrth 1982; dienw, 'Experience to market for independents', *The Stage and Television Today*, 1 Ebrill 1982; Ann Cooper, 'Welsh Channel 4 picks teddybear for campaign', *Marketing*, 25 Mawrth 1982; dienw, 'Gwerthu S4C i'r byd', *Herald Môn*, 30 Mawrth 1982. Hyrwyddwyd y rhaglenni o dan y teitl 'S4C International' a theithiodd tri aelod o staff y sianel i Cannes: Owen Edwards, Euryn Ogwen Williams a Chris Grace i gydweithio â Laurie Ward o TWI a fyddai'n hyrwyddo rhaglenni S4C ar ran y cwmni hwnnw. Cyfrifoldeb TWI oedd gwerthu a thrafod telerau, a chytunwyd ar gomisiwn o 25 y cant. Yr oedd defnyddio asiantaeth i wneud y gwaith hwn yn gwneud synnwyr yn y cyfnod cynnar, gan ei fod yn galluogi'r staff i ymwneud â gweithgareddau pwysicach megis sicrhau bod y sianel yn barod i ddechrau darlledu. Yr oedd hefyd yn galluogi'r sianel i arbrofi gyda gwerthu rhaglenni heb wneud ymrwymiad tymor hir cyn gwybod beth fyddai'r ymateb.
72. CS4C, *Blwyddyn i fynd – Adroddiad yr Adran Raglenni (Papur 15.81(2))*, t. 4.
73. Yr oedd cynhyrchu yn y Gymraeg yn gyntaf yn gwneud y broses o drosleisio yn haws, gan fod y sgriptiau Cymraeg yn eiriog gan sicrhau bod digon o ofod i osod trosleisiau yn gymharol ddidrafferth. Cyfweliad yr awdur gyda Chris Grace, Caerdydd, 29 Tachwedd 2010.
74. CS4C, *Merchandising and S4C (Papur 4.82(8)) – Papur atodol i Agenda ugeinfed cyfarfod Awdurdod Sianel Pedwar Cymru*, 21–2 Mawrth 1982, t. 2.
75. CS4C, *Y Darnau'n Disgyn i'w Lle – Papur atodol i Agenda ugeinfed cyfarfod*

Awdurdod Sianel Pedwar Cymru, 21–2 Mawrth 1982, Atodiad 5; dienw, 'Superted yn concro'r byd!', *Y Cymro*, 4 Mai 1982. Y rhaglenni eraill a hyrwyddwyd ynghyd â'r chwe rhaglen a enwyd oedd *Joni Jones, Storïau Serch, Celtic Folk Club, Ar Log, Ar Log, Almanac, Pawenau wrth y Porth, Y Cyswllt Cymreig, Max Boyce yn America, Madam Wen, O Efrog Newydd i Landdona* a *Kilimanjaro*.

76. Clive Betts, 'Superted set to make millions', *Western Mail*, 30 Ebrill 1982.
77. CS4C, *Adroddiad y Cyfarwyddwr i'r Awdurdod (Papur 6.82(4))* – Papur atodol i agenda ail gyfarfod ar hugain Awdurdod Sianel Pedwar Cymru, 7 Mai 1982, t. 2.
78. CS4C, *Materion Rhaglenni i'w Trafod (Papur 8.82(9))* – Papur atodol i Agenda pedwerydd cyfarfod ar hugain Awdurdod Sianel Pedwar Cymru, 25 Mai 1982, Atodiad II.
79. Rhai o'r gwledydd eraill a ymrwymodd i brynu'r cyfresi oedd Awstralia, Cenia, Israel, Ffrainc, Portiwgal, Y Ffindir, Chile, Columbia, Venezuela, Gwlad Thai a Maleisia. Betts, 'Superted set to make millions'; Barry Jones, 'Superted beams out on worldwide TV', *Daily Post*, 5 Mai 1982.
80. Cofia Robin Lyons fod Mike Young yn feistr corn ar hunan-hyrwyddo, medr a oedd yn allweddol yn y cyd-destun hwn. Cyfweliad yr awdur gyda Robin Lyons, Caerdydd, 15 Hydref 2010.
81. CS4C, *Datblygiadau i S4C* – Papur atodol i Agenda ail gyfarfod ar bymtheg Awdurdod Sianel Pedwar Cymru, 8 Ionawr 1982, t. 1.
82. CS4C, *Datblygiadau i S4C*, t. 1.
83. CS4C, *Mentrau S4C, Interim Report (Papur 1.83(7))* – Papur atodol i Agenda ail gyfarfod ar ddeg ar hugain Awdurdod Sianel Pedwar Cymru, 13 Ionawr 1983.
84. Mae hwn yn safbwynt a arddelir gan Chris Grace bellach: datganodd o edrych yn ôl y teimlai fod hon yn weithgaredd 'od' i'r sianel ymwneud â hi. Cyfweliad yr awdur gyda Chris Grace, Caerdydd, 29 Tachwedd 2010.
85. CS4C, *Mentrau S4C, Interim report (Papur 1.83(7))*.
86. Dienw, 'Television bring new industry to the Coal Exchange in Cardiff', *Contact Cardiff*, Tachwedd/Rhagfyr 1983.
87. CS4C, *Merchandising and S4C (Papur 4.82(8))*, t. 1.
88. CS4C, *Merchandising and S4C*, t. 1; Wynne Melville Jones, *Y Fi a Mistar Urdd a'r Cwmni Da* (Talybont, 2010); dienw, 'Super Ted – and S4C – dream of Muppet millions', *Western Mail*, 21 Ebrill 1982; dienw, 'Superted: big spin-off potential for Wales', *Western Mail Quarterly Ecomonic Review*, 14 Gorffennaf 1982.
89. Dienw, 'Cynhyrchu nwyddau S4C', *Y Cymro*, 23 Mawrth 1982.
90. CS4C, *S4C Byd Eang – Materion Rhaglenni i'w Trafod (Papur 8.82(9))*, Atodiad II.
91. Dienw, 'Ted to the rescue of slump-hit region', *Television Weekly*, 19 Ionawr 1983.
92. Cyfweliad yr awdur gydag Euryn Ogwen Williams, Caerdydd, 24 Ebrill 2007.

93. Christopher Grace, 'Success story of Superted', *Western Mail*, 13 Mai 1982. Rhagwelwyd bod yr archeb hon o Awstralia yn werth £100,000.
94. CS4C, *Materion Rhaglenni i'w Trafod (Papur 8.82(9))*, Atodiad II; dienw, 'Tyfu yn sgil y posteri', *Y Cymro*, 8 Mehefin 1982.
95. CS4C, *Adroddiad y Cyfarwyddwr (Papur 10.82(4))* – Papur atodol i Agenda chweched cyfarfod ar hugain, Awdurdod Sianel Pedwar Cymru, 15 Gorffennaf 1982.
96. Dienw, 'Superted set to take U.S. by storm', *Daily Post*, 13 Ionawr 1984; Awdurdod Sianel Pedwar Cymru, *Adroddiad Blynyddol a Chyfrifon, 1984–85*, t. 13.
97. Golygydd, 'S4C yn lledaenu ei hadenydd gyda gyda "Mentrau"', *Y Faner*, 15 Gorffennaf 1983; Clive Betts, 'S4C Memtrau [sic] facility', *Broadcast*, 18 Gorffennaf 1983.
98. CS4C, *Cofnodion wythfed cyfarfod ar hugain Awdurdod Sianel Pedwar Cymru*, 3 Medi 1982, t. 1. Yn ariannol, mewn egwyddor, byddai S4C yn derbyn rhandaliadau gan Mentrau pe bai yn gwneud elw digonol i'w talu. Cyfweliad yr awdur gyda Chris Grace, Caerdydd, 29 Tachwedd 2010.
99. CS4C, *Mentrau (Papur 15.82(9))* – Papur atodol i Agenda unfed cyfarfod ar ddeg ar hugain Awdurdod Sianel Pedwar Cymru, 3 Rhagfyr 1982. Er yr agosrwydd, cwmni ar wahân oedd Mentrau, byddai ganddo ei staff ei hun, byddai'n llunio cyfrifon annibynnol a byddai gan y cwmni gyfrifoldebau treth gwahanol i S4C, er mwyn sicrhau nad oedd y gweithgareddau masnachol yn cael effaith andwyol ar y sianel.
100. CS4C, *Cofnodion ail gyfarfod ar ddeg ar hugain Awdurdod Sianel Pedwar Cymru*, 13 Ionawr 1983, tt. 3–4.
101. CS4C, *Cofnodion pedwerydd cyfarfod ar ddeg ar hugain Awdurdod Sianel Pedwar Cymru*, t. 2; CS4C, *Cofnodion pumed cyfarfod ar ddeg ar hugain Awdurdod Sianel Pedwar Cymru*, t. 2.
102. Yno ymwelwyd â Bob Harpur, rheolwr caffaeliadau dwy sianel RTÉ yn Iwerddon. Credwyd y byddai barn swyddog RTÉ am safon y cynyrchiadau yn arwyddocaol a hynny gan yr ystyriwyd ef yn un o brynwyr doethaf Ewrop.
103. Dienw, 'Gwyddelod yn "dotio" at ein rhaglenni', *Y Cymro*, 15 Mawrth 1983; Dienw, 'S4C at MIP', *Broadcast*, 18 Ebrill 1983.
104. CS4C, *Taith Werthu Gyntaf Mentrau (Papur 4.83(11a))* – Papur atodol i Agenda pumed cyfarfod ar ddeg ar hugain Awdurdod Sianel Pedwar Cymru, 8 Ebrill 1983.
105. CS4C, *Cofnodion unfed cyfarfod ar bymtheg ar hugain Awdurdod Sianel Pedwar Cymru*, 5–6 Mai 1983, t. 4; CS4C, *Cofnodion seithfed cyfarfod ar ddeg ar hugain Awdurdod Sianel Pedwar Cymru*, 3 Mehefin 1983, t. 1; CS4C, *Cofnodion wythfed cyfarfod ar ddeg ar hugain Awdurdod Sianel Pedwar Cymru*, 1 Gorffennaf 1983, t. 1. Bu trafodaeth hir a chaled am nifer o fisoedd ynghylch yr egwyddor o werthu rhaglenni i Dde Affrica: nid oedd y sianel yn dymuno cael ei gweld fel sefydliad a oedd yn goddef trefn apartheid y wlad. Yr oedd y cadeirydd yn awyddus i beidio atal

swyddogion y sianel rhag gwerthu i unrhyw wlad. Nid yw hirhoedledd a chymhlethdod y drafodaeth yn cael ei hadlerwyrchu yn y cofnodion, ond mewn cyfweliadau, cofia nifer o swyddogion y sianel a'r awdurdod mai hwn oedd un o'r prif feysydd anghytuno yn y cyfnod prawf. Ni chafwyd penderfyniad terfynol ar y mater: penderfynwyd aros tan y ceid cais i brynu gan ddarlledwr o Dde Affrica cyn dychwelyd at y drafodaeth.

106. Jennie Thomas a J. O. Williams, *Llyfr Mawr y Plant* (Wrecsam, 1931); Jennie Thomas a J. O. Williams, *Llyfr Mawr y Plant – ail argraffiad* (Wrecsam, 1974).
107. Awdurdod Sianel Pedwar Cymru, *Adroddiad Blynyddol a Chyfrifon, 1983–84*, t. 12.
108. Awdurdod Sianel Pedwar Cymru, *Adroddiad Blynyddol a Chyfrifon, 1983–84*, t. 21; Awdurdod Sianel Pedwar Cymru, *Adroddiad Blynyddol a Chyfrifon, 1984–85*, t. 14; dienw, 'S4C publishes', *Western Mail*, 4 Awst 1983.
109. Awdurdod Sianel Pedwar Cymru, *Adroddiad Blynyddol a Chyfrifon, 1984–85*, t. 14.
110. Awdurdod Sianel Pedwar Cymru, *Adroddiad Blynyddol a Chyfrifon, 1985–86*, t. 22.
111. CS4C, *Minutes of the twenty-ninth Directors Meeting of Mentrau Cyf*, 11 Gorffennaf 1985, tt. 104–5.
112. Awdurdod Sianel Pedwar Cymru, *Adroddiad Blynyddol a Chyfrifon, 1984–85*, t. 14.
113. Eurig Wyn, 'S4C a Hughes a'i Fab yn torri egwyddor sylfaenol cyhoeddi', *Y Faner*, 3 Tachwedd 1984; Anwen Parri, 'Ergyd arall i'r Llyfrwerthwyr', *Y Faner*, 30 Tachwedd 1984. Nid Hughes a'i Fab oedd yr unig gyhoeddwr i werthu yn uniongyrchol; bu Gwasg Gomer yn gwerthu llyfr Moc Morgan trwy glybiau pysgota yn ystod yr un flwyddyn.
114. Dienw, 'BBC 1 to screen English Superted', *South Wales Echo*, 2 Rhagfyr 1982; dienw, 'Superted to BBC', *Broadcast*, 6 Rhagfyr 1982; dienw, 'Siwpyrted yn creu jobsys', *Sulyn*, 12 Rhagfyr 1982; Western Mail Reporter, 'Superted – Welsh ambassador', *Western Mail*, 27 Ebrill 1983; Roger Laing, 'Superted the star of Cannes', *Daily Post*, 28 Ebrill 1983; Phil Reiley, 'Big audience bid by Welsh bear', *South Wales Evening Post*, 23 Medi 1983; dienw, 'Baddies sent packing', *Exeter Express and Echo*, 24 Medi 1983; Alan Road, 'The bear facts', *The Observer*, 25 Medi 1983.
115. Yn wreiddiol bwriadwyd galw'r cwmni cyfun newydd yn S4CIN Productions LTD, ond erbyn dechrau 1984, a ffurfioli'r cwmni fe'i henwyd yn Telin sef cyfuniad o'r geiriau 'television' a 'investment'; CS4C, *Papur 10.83(10c) – Papur Atodol i Agenda unfed cyfarfod a deugain Awdurdod Sianel Pedwar Cymru*, 7 Hydref 1983; CS4C, *Adroddiad y Cyfarwyddwr i'r Awdurdod (Papur 1.84(4)) – Papur atodol i Agenda pedwerydd cyfarfod a deugain Awdurdod Sianel Pedwar Cymru*, 6 Ionawr 1984, t. 1; Clive Betts, 'Miners' money helps pay for new S4C SuperTed show', *Western Mail*, 20 Ionawr 1984; Tim Jones, 'Coal fund invests in SuperTed', *The Times*, 20 Ionawr 1984; dienw, 'Hwb i Superted gan y Glowyr', *Y Cymro*, 24 Ionawr

1984; dienw, 'NCB pensions fund Superted', *Broadcast*, 20 Ionawr 1984.
116. Diana Frampton, 'CIN backing boosts S4C and SuperTed', *Television Weekly*, 27 Ionawr 1984. CIN oedd perchennog y cwmni cynhyrchu Acorn Productions, yr oedd hefyd yn berchen ar 30 y cant o'r cwmni Goldcrest; CS4C, *Report: Proposed Joint Venture Company, and Funding of 'SuperTed' – Papur atodol i Agenda deugeinfed cyfarfod Awdurdod Sianel Pedwar Cymru*, 9 Medi 1983.
117. CS4C, *Report: Proposed Joint Venture Company, and Funding of 'SuperTed'*. Er mai Mentrau oedd yn meddu ar y mwyafrif o gyfranddaliadau cyffredin y cwmni cyfun, yr oedd y ddau sefydliad yn rhannu'r blaengyfrannau'n hafal. Yr oedd CIN yn awyddus i sicrhau na fyddai Mentrau, fel y cwmni a oedd yn berchen ar y mwyafrif o'r cyfranddaliadau, yn defnyddio elw Telin er mwyn ariannu cynyrchiadau a phrosiectau nad oedd CIN yn hapus â hwy, felly, ychwanegwyd amrywiol gymalau a fyddai'n amddiffyn CIN yn erthyglau'r cwmni.
118. CS4C, *Report: Proposed Joint Venture Company, and Funding of 'SuperTed'*.
119. CS4C, *Cofnodion degfed cyfarfod ar hugain Awdurdod Sianel Pedwar Cymru*, 5 Tachwedd 1982, t. 5.
120. Credai swyddogion S4C hefyd fod ariannu *SuperTed* yn llawn trwy ffynonellau allanol yn cynnal cynhyrchu cyfresi pellach o *Wil Cwac Cwac* a hynny gan eu bod yn cael eu cynhyrchu ar yr un pryd gan yr un stiwdio, gan rannu'r un costau gweinyddol. CS4C, *Cofnodion degfed cyfarfod ar hugain Awdurdod Sianel Pedwar Cymru*, t. 5.
121. Yn 1985–6 bu i Telin fuddsoddi mewn cyfres animeiddiedig stop-symud, *Sam Tân* a gynhyrchwyd gan gwmni Bumper, gan ddangos ymhellach bod S4C yn hynod ddibynnol ar ffynonellau allanol er mwyn parhau i gomisiynu cyfresi animeiddiedig safonol; Awdurdod Sianel Pedwar Cymru, *Adroddiad Blynyddol a Chyfrifon, 1985–86*, t. 22.
122. Yr oedd y cytundeb â Disney yn rhoi'r dewis iddynt brynu cyfresi dilynol hefyd. DH, 'SuperTed! Saviour of S4C?', *Broadcast*, 13 Ionawr 1984. Tybid mai Mentrau fu'n gyfrifol am y trafodaethau a'r gwerthiant i Disney ac nid Telin, gan na chyhoeddwyd sefydlu'r cwmni cyfun tan ddiwedd Ionawr 1984. Ar ôl hynny, fodd bynnag, Telin fyddai'n ymwneud â'r darlledwyr a'r cwmnïau nwyddau.
123. Dienw, 'SuperTed is sold to Disney Channel', *The Stage and Television Today*, 9 Ionawr 1984; dienw, 'Walt's boyo bear!', *The Sun*, 13 Ionawr 1984; dienw, 'SuperTed Takes on America', *Eastern Daily Press*, 13 Ionawr 1984; dienw, 'Ted's a Star', *Daily Star*, 13 Ionawr 1984; dienw, 'Superted signs-up', *Greenock Telegraph*, 13 Ionawr 1984; dienw, 'Superted joins the Disney big time', *Shropshire Star*, 13 Ionawr 1984; dienw, 'It's... Superted!', *Worcester Evening News*, 13 Ionawr 1984; dienw, 'Magic Welsh bear links-up with Mickey Mouse', *Wolverhampton Express & Star*, 13 Ionawr 1984; dienw, 'Disney sign up "Superted"', *The Scotsman*, 13 Ionawr 1984; dienw, 'Little Welsh bear hits big time', *South Wales Evening Post*, 13 Ionawr 1984; Clive Betts, 'Superted set to star on American TV', *Western Mail*, 13 Ionawr 1984;

dienw, 'Superted set to take U.S. by storm'; Carla Dobson, 'Welsh teddy bear scores a first in Disney deal', *The Daily Telegraph*, 13 Ionawr 1984; Paul Hoyland, 'Superted conquers world of Disney', *The Guardian*, 13 Ionawr 1984; dienw; 'Disney buys Welsh TV cartoon', *The Times*, 13 Ionawr 1984; Robin Reeves, 'Welsh TV sells its SuperTed to Disney', *The Financial Times*, 13 Ionawr 1984; dienw, 'Superted! Saviour of S4C?', *Broadcast*, 13 Ionawr 1984; Derek Hooper, 'What a coup for Wales!', *South Wales Echo*, 14 Ionawr 1984; dienw, 'Superted off to America', *Sheffield Morning Telegraph*, 14 Ionawr 1984; dienw, 'Disney airing for "SuperTed"', *Screen International*, 14 Ionawr 1984; dienw, 'Superted yn Los Angeles', *Y Cymro*, 17 Ionawr 1984; dienw, 'SuperTed is sold to Disney Channel', *The Stage*, 19 Ionawr 1984; Diana Frampton, 'Crimefighter SuperTed swooping on Stateside', *Television Weekly*, 20 Ionawr 1984.

124. Dienw, 'Superted set to take U.S. by storm'.
125. Houses of Parliament, Order Paper – Tuesday 24 January 1984, 408. Arwyddwyd y cynnig gan 29 Aelod Seneddol, gyda 17 Aelod yn cynrychioli etholaethau yng Nghymru. Cafwyd cynrychiolaeth drawsbleidiol hefyd wrth i 12 aelod Llafur, wyth o'r Ceidwadwyr, chwech o'r Rhyddfrydwr, un Aelod o'r SNP a dau aelod o Blaid Cymru arwyddo ac ymuno â'r cynnig i longyfarch y sianel. CS4C, *Adroddiad y Cyfarwyddwr i'r Awdurdod (Papur 2.84(4))*, t. 1; dienw, 'Commons praise for Superted', *Cambrian News*, 3 Chwefror 1984.
126. CS4C, *Minutes of the fifteenth Directors' Meeting of Mentrau Cyf – Papur atodol i Agenda nawfed cyfarfod a deugain Awdurdod Sianel Pedwar Cymru*, 7–8 Mehefin 1984, t. 2.
127. CS4C, *Minutes of the sixteenth Directors' Meeting of Mentrau Cyf – Papur atodol i Agenda cyfarfod hanner cant Awdurdod Sianel Pedwar Cymru*, 13 Gorffennaf 1984.
128. Dienw, 'Ted's a Star'.
129. CS4C, *Cofnodion cyfarfod hanner cant a phedwar Awdurdod Sianel Pedwar Cymru*, 9 Tachwedd 1984, t. 3.
130. CS4C, *Minutes of the eighteenth Directors' Meeting of Mentrau Cyf – Papur atodol i Agenda cyfarfod hanner cant a dau Awdurdod Sianel Pedwar Cymru*, 14 Medi 1984. Steve Schneider, 'An Extraordinary Teddy Bear Joins the Disney Family', *The New York Times*, 3 Chwefror 1985. Ymddengys nad oedd yr oedi hwn allan o'r cyffredin gan fod peth oedi'n naturiol am fod amserlenni darlledwyr yn cael eu paratoi fisoedd lawer o flaen llaw.
131. CS4C, *Minutes of the fourteenth Directors' Meeting of Mentrau Cyf – Papur atodol i Agenda nawfed cyfarfod a deugain Awdurdod Sianel Pedwar Cymru*, 7–8 Mehefin 1984.
132. CS4C, *Cofnodion cyfarfod hanner cant ag un Awdurdod Sianel Pedwar Cymru*, 10 Awst 1984.
133. CS4C, *Minutes of the twenty-fourth Directors' Meeting of Mentrau Cyf – Papur atodol i Agenda cyfarfod hanner cant ag wyth Awdurdod Sianel Pedwar Cymru*, 8 Mawrth 1985, t. 81.

134. CS4C, *Draft Minutes of the twenty-eighth Directors' Meeting of Mentrau Cyf – Papur atodol i Agenda trydydd cyfarfod a thrigain Awdurdod Sianel Pedwar Cymru*, 11–12 Gorffennaf 1985, t. 99; bu gwerthiant yr un mor syfrdanol ym Mhrydain wrth i Guild Home Video werthu 2,200 o gasetiau fideo mewn tair wythnos yn 1983 a oedd yn record newydd i'r cwmni, ac yna 3,000 o gopïau mewn deufis ar ddiwedd 1984; CS4C, *Minutes of the tenth Directors' meeting of Mentrau Cyf – Papur atodol i Agenda trydydd cyfarfod a deugain Awdurdod Sianel Pedwar Cymru*, 1–2 Rhagfyr 1983; CS4C, *Draft Minutes of the twenty-second Directors' Meeting of Mentrau Cyf – Papur atodol i Agenda cyfarfod hanner cant a chwech Awdurdod Sianel Pedwar Cymru*, 10 Ionawr 1985.
135. Awdurdod Sianel Pedwar Cymru, *Adroddiad Blynyddol a Chyfrifon, 1985–86*, t. 21.
136. CS4C, *Draft Minutes of the twenty-sixth Directors' Meeting of Mentrau Cyf*, 10 Ebrill 1985.
137. Clive Betts, 'Wil Cwac Cwac goes Muscovite', *Western Mail*, 5 Mawrth 1985.
138. CS4C, *Draft Minutes of the twenty-third Directors' Meeting of Mentrau Cyf*, 7–8 Chwefror 1985. Gwerthwyd *Wil Cwac Cwac* i'r Children's Channel ar rwydwaith cebl Prydain hefyd yn 1985; CS4C, *Draft Minutes of the thirty-first Directors' Meeting of Mentrau Cyf – Papur atodol i agenda seithfed cyfarfod a thrigain Awdurdod Sianel Pedwar Cymru*, 7–8 Tachwedd 1985.
139. CS4C, *Cofnodion cyfarfod hanner cant a chwech Awdurdod Sianel Pedwar Cymru*, 10 Ionawr 1985, t. 4.
140. CS4C, *Draft Minutes of the twenty-third Directors' Meeting of Mentrau Cyf*.
141. Awdurdod Sianel Pedwar Cymru, *Adroddiad Blynyddol a Chyfrifon, 1984–85*, t. 12; Awdurdod Sianel Pedwar Cymru, *Adroddiad Blynyddol a Chyfrifon, 1985–86*, t. 19.
142. CS4C, *Adroddiad y Cyfarwyddwr i'r Awdurdod – Papur atodol i Agenda wythfed cyfarfod a deugain Awdurdod Sianel Pedwar Cymru*, 11 Mai 1984. Erbyn 1985 roedd y swyddogion yn dechrau pryderu am addasrwydd nifer o'r rhaglenni a gynhyrchid i'w gwerthu mewn marchnadoedd tramor, ac nad oedd y catalog gwerthu yn tyfu. I geisio lleddfu'r broblem ymddengys i'r sianel ystyried cyd-gynhyrchu cyfresi animeiddiedig gyda darlledwyr eraill megis Yorkshire Television, TVS a'r BBC er mwyn cynnal eu statws yn y marchnadoedd teledu; CS4C, *Minutes of the twenty-ninth Directors' Meeting of Mentrau Cyf*.
143. CS4C, *Adroddiad y Cyfarwyddwr i'r Awdurdod – Papur atodol i Agenda wythfed cyfarfod a deugain Awdurdod Sianel Pedwar Cymru*.
144. CS4C, *Minutes of the twenty-ninth Directors' Meeting of Mentrau Cyf*. Ailenwyd y gyfres yn *Pushing the Limits* ac yn *Risking it All* ar gyfer y cynulleidfaoedd Saesneg eu hiaith.
145. CS4C, *Minutes of the thirtieth Directors' Meeting of Mentrau Cyf – Papur atodol i Agenda chweched cyfarfod a thrigain Awdurdod Sianel Pedwar Cymru*, 10–11 Hydref 1985. Yr oedd gwerthiant Channel 4, er hynny, yn yr un

cyfnod yn ddwbl y gwerthiant a welwyd gan S4C, sef £1.8 miliwn.
146. CS4C, *Minutes of the fifteenth Directors' Meeting of Mentrau Cyf*; CS4C, *Draft Minutes of the twenty-third Directors' meeting of Mentrau Cyf – Papur atodol i Agenda cyfarfod hanner cant a saith Awdurdod Sianel Pedwar Cymru*, 7–8 Chwefror 1985.
147. CS4C, *Minutes of the twenty-ninth Directors' Meeting of Mentrau Cyf*.
148. CS4C, *Draft Minutes of the thirty-first Directors' meeting of Mentrau Cyf*.
149. Cyfweliad yr awdur gyda Chris Grace, Caerdydd, 29 Tachwedd 2010.

5

Adolygu'r Sianel – Arolygon Barn ac Archwiliad y Swyddfa Gartref

Ganwyd S4C o dan y chwyddwydr cyhoeddus gyda disgwyliadau sylweddol arni o ran yr hyn y gallai ei ddarparu ar gyfer y gynulleidfa, a rhai aelodau o'r sector darlledu Cymreig yn amau yn gryf a ellid cynnal sianel Gymraeg o dan reolaeth awdurdod newydd. Oherwydd y disgwyliadau a'r amheuon hynny bwriwyd golwg feirniadol ar ei chyrhaeddiad gydol y cyfnod prawf. Ond ar ddiwedd 1985 tasg adolygiad swyddogol y Swyddfa Gartref oedd cloriannu'r arbrawf a phenderfynu a fu'r fenter yn llwyddiant ai peidio. Yr oedd yr adolygiad disgwyliedig hwnnw yn holi a haeddai'r sianel barhau i ddarlledu i'r gynulleidfa Gymraeg, neu a ddylid dychwelyd at gynllun gwreiddiol y llywodraeth o ddarlledu rhaglenni Cymraeg ar ddwy sianel. Ond nid hwn oedd yr unig adolygiad a geisiodd gloriannu llwyddiannau a methiannau y sianel a'i dylanwad ar batrymau gwylio'r gynulleidfa Gymreig. Yr oedd nifer o sefydliadau eraill megis Cymdeithas yr Iaith, Cyngor Defnyddwyr Cymru a HTV wedi llunio neu gomisiynu adroddiadau ac ymchwil fanwl arni. Yn ystod y blynyddoedd darlledu hefyd derbyniodd y sianel nifer o lythyrau a galwadau ffôn yn uniongyrchol gan y cyhoedd a oedd yn darparu darlun rhannol o ymateb y gynulleidfa i'r arlwy. Yr oedd yr ymchwil a'r ohebiaeth hon yn allweddol i dystiolaeth y sianel wrth i'r Swyddfa Gartref lunio ei hadroddiad tynghedlawn. Nod y bennod hon felly yw olrhain a dadansoddi'r ohebiaeth, yr arolygon barn ac yn bennaf y dystiolaeth a anfonwyd gan amryfal sefydliadau i'r Swyddfa Gartref fel rhan o'r adolygiad swyddogol er mwyn cloriannu'r agweddau tuag at y bedwaredd sianel yng Nghymru ar ddiwedd 1985.

Ymateb y gynulleidfa

Y modd mwyaf uniongyrchol a dadlennol o ddarganfod a oedd y sianel yn llwyddo i blesio neu gynddeiriogi ei chynulleidfa oedd y llythyrau a'r galwadau ffôn a dderbyniai'r sianel. Heb os, y mater a oedd yn dân ar groen y mwyafrif o'r gwylwyr a ohebai â'r sianel oedd ailamseru rhaglenni Channel 4 (C4). Yr oedd y rhyddid allweddol a gyflwynwyd i S4C i ailddarlledu rhaglenni C4 ar adegau a fyddai'n gyfleus i'r amserlen yn golygu bod modd iddi ddangos y rhaglenni mwyaf atyniadol, ond ar amseroedd llai cyfleus, megis yn hwyr y nos neu yn ystod y dydd. Er nad oedd hyn yn ateb delfrydol, yr oedd yn golygu bod modd i'r gwylwyr yng Nghymru wylio'r mwyafrif o raglenni C4 petaen nhw'n dymuno gwneud hynny. Yr oedd canlyniadau negyddol i'r penderfyniad hefyd ac un o'r rhai mwyaf oedd nad oedd modd i S4C fanteisio ar waith marchnata C4 a gyhoeddai amseroedd darlledu ei rhaglenni yn y wasg ac yn y *TV Times*. Yn wir, byddai'r cyhoeddusrwydd a dderbyniai rhaglenni C4 yn creu mwy o ddryswch yng Nghymru wrth i wylwyr ddisgwyl gweld rhaglenni ar yr amseroedd a hysbysebwyd. Ond byddai'n rhaid aros diwrnod neu ddau cyn eu darlledu yng Nghymru, os o gwbl, gan nad oedd modd adleoli pob rhaglen a ddarlledid gan C4. Yr oedd rhai gwylwyr hefyd yn gynddeiriog nad oedd modd gwylio rhaglenni C4 yn ystod yr oriau brig, megis un gwyliwr o'r Bala a ddatganodd:

> You do screen some of the more important Channel 4 programmes, though unhappily at unfortunate times. I am writing to urge that you screen more of the serious programmes (i.e. not the mere entertainment items) and put them out at the time Channel 4 viewers see them, so that we keep up to date. Chanel [sic] Four timings seem to me more practical than yours![1]

Fel y gwelir o'r llythyr hwn, nid yr amseru yn unig a oedd yn peri trafferthion. Yr oedd rhai gwylwyr yn amlwg yn anhapus gyda'r detholiad o raglenni C4 a ddarlledid ar S4C, gan edliw'r ffaith nad oedd rhagor o raglenni difrifddwys yn rhan o'r amserlen. Yr oedd dethol rhaglenni adloniadol C4 yn gwneud synnwyr i S4C, gan mai sianel boblogaidd a geisiai apelio at y mwyafrif oedd S4C, yn hytrach na sianel a geisiai apelio at gynulleidfaoedd arbenigol, ac felly yr oedd y cynnwys mwy poblogaidd, megis *Treasure Hunt*, yn gweddu'n well i ddelwedd ehangach y sianel. Fodd bynnag, pan fyddai S4C yn darlledu rhywfaint o gynnwys beiddgar ac arloesol C4, yr oedd natur y rhaglenni yn peri rhai trafferthion. Yr oedd naws heriol rhai o'r rhaglenni a ysgogodd y papurau tabloid, megis *The Sun*, i fedyddio'r sianel yn 'Channel swore', yn ennyn ymateb cryf.[2] Dengys y dyfyniadau canlynol o lythyrau gwylwyr y math o ymateb a dderbyniwyd:

complete and utter disgust at the film 'SEBASTIAN' (sic)... If this is a sample of the sort of material you intend showing in the future I certainly will not be tuning in.

S4C seems to be run by social anarchists... If this is the contribution this vandal-run channel is going to make to Welsh culture then that culture has been put in mortal danger on that account.[3]

Yn achlysurol felly byddai S4C yn penderfynu hepgor rhaglenni a ystyrid yn anaddas i'w darlledu i'r gynulleidfa yng Nghymru. Ond nid am resymau chwaeth yn unig y byddai S4C yn penderfynu peidio darlledu rhai o raglenni C4. Weithiau byddai cyfyngiadau'r amserlen yn golygu nad oedd modd darlledu rhai rhaglenni. Y rhaglenni a fyddai'n dueddol o gael eu hepgor fyddai ffilmiau, operâu a chwaraeon a hynny yn fwy na dim oherwydd eu hyd.[4] Gan fod S4C yn ceisio ailddarlledu cymaint â phosibl o'r rhaglenni er mwyn cadw'r gynulleidfa ddi-Gymraeg yn hapus, yr oedd hi'n anodd cyfiawnhau darlledu ffilm ddwy awr lle gellid darlledu dwy, os nad pedair, rhaglen arall yn yr un slot.

Erbyn 1983 yr oedd S4C yn llwyddo i ail-leoli y rhan helaethaf o raglenni C4, gyda dim ond 10 awr yr wythnos yn cael eu hepgor. Ond aeth cyrraedd y lefelau hyn yn fwyfwy anodd wrth i C4 ymestyn ei horiau darlledu. Cyplyswyd hyn gyda'r ffaith fod S4C yn llwyddo i ddarlledu, ar gyfartaledd, dros 24 awr o gynnwys Cymraeg bob wythnos erbyn 1985, dwy awr yn fwy na'r hyn a bennwyd yn y ddeddf. Yr oedd y cynnydd hwn nid yn unig yn golygu ei bod hi'n mynd yn anos i S4C ailddarlledu cyfran mor uchel o raglenni Saesneg, gan felly beryglu cynddeiriogi'r gynulleidfa ddi-Gymraeg, ond yr oedd hefyd yn creu trafferthion i adran dechnegol y sianel. Bob tro y byddai C4 yn ymestyn ei horiau, byddai angen i S4C gyflogi shifft newydd o dechnegwyr er mwyn ymdopi â'r oriau a'r gwaith ychwanegol.[5] Gosodai hyn yn ei dro ragor o bwysau ar goffrau'r sianel.

Yr oedd y teimlad fod S4C yn amddifadu ac yn gwneud cam â'r gynulleidfa ddi-Gymraeg wedi bodoli ers dyddiau cynnar y sianel, fel y gwelwyd gyda phleidlais y darparwr cebl Rediffusion ymysg ei gwsmeriaid i geisio sicrhau mai C4 ac nid S4C a ddarlledid ar ei systemau. Ond dwysawyd y teimladau hynny wrth i wasanaeth C4 ymestyn a datblygu i gynnwys rhai rhaglenni arbenigol a oedd yn denu cynulleidfaoedd brwd a llafar. Yr enghraifft amlycaf oedd pan etifeddodd C4 gytundeb rasio ceffylau ITV gan ddarlledu'r rasys yn fyw ar y sianel o ddiwedd mis Mawrth 1984 ymlaen.[6] Yr oedd hyn yn creu trafferthion mawr, yn enwedig gan fod S4C wedi sefydlu patrwm o ddarlledu rhaglenni meithrin poblogaidd a rhaglenni ysgolion yn ystod y prynhawniau, patrwm yr oedd hi'n anodd ei newid ar fyr rybudd heb beryglu colli'r gynulleidfa bwysig hon yn llwyr. Gwnaed penderfyniad y byddai S4C yn ymuno â'r rhaglen rasio yn fyw ar ôl i'r rhaglenni meithrin ddod i ben. Golygai hyn y byddai gwylwyr yng Nghymru yn colli ras gyntaf y rhaglen ar adegau, ac fe ysgogodd hyn lefel gymharol uchel o gwynion. Derbyniwyd nifer uchel o gwynion ar 23 Ebrill 1985 pan fethodd S4C ag ymuno â'r rhaglen mewn pryd i weld y Dywysoges Anne yn marchogaeth mewn ras arbennig. O ddarllen cofnodion ar yr ohebiaeth, mae'n amlwg y bu cyfuniad o golli ras a cholli cyfle i weld aelod o'r teulu brenhinol yn ormod i sawl gwyliwr wrth iddynt ddefnyddio iaith anweddus i fynegi eu hanfodlonrwydd wrth staff S4C. Meddai adroddiad Ebrill 1985: 'Pe bawn i'n geffyl neu'n aelod o'r teulu brenhinol buasai gennyf gywilydd o iaith anweddus ac agweddau anghwrtais rhai o'm cefnogwyr selog!'[7]

Yr oedd yr ychwanegiad poblogaidd hwn at amserlen C4 yn gallu bod yn fwrn fel y cyfaddefodd Owen Edwards mewn ymateb i gŵyn am amseru'r rhaglenni rasio ar S4C yn 1986: 'I must admit that placing horse racing on S4C has probably caused us more headaches than any other type of programming.'[8] Yr oedd yr ychwanegiadau hyn yn aildanio rhai o'r teimladau anghynnes a welwyd yn y dyddiau cyn S4C. Derbyniwyd llythyrau yn cwyno am yr 'inordinate amount of Welsh that is being shown on your channel'.[9] Wrth ddolennu bodolaeth S4C a C4 felly gellid cyhuddo'r llywodraeth o beidio ag ystyried yn ddigon manwl pa fath o raglenni y bwriadai C4 eu cynhyrchu. Trwy ofyn i C4 ddenu arian hysbysebwyr, gan fod disgwyl iddi o fewn tair blynedd fod yn adennill ei chostau i gwmnïau ITV a oedd yn talu amdani, diystyrodd y llywodraeth yr effaith a geid ar S4C.[10] Oherwydd hyn ni allai'r holl raglenni gael eu hanelu at gynulleidfaoedd bach iawn, gan na fyddai'r hysbysebwyr yn fodlon talu'r premiwm am y gofod. Yn ogystal â darlledu rhaglenni arbenigol byddai'n rhaid i raglenni C4 ddenu a dal sylw cynulleidfa ehangach. A dyna y llwyddodd y sianel i'w wneud gyda rhaglenni megis *Treasure Hunt*, *Brookside* a'r cyfresi a brynwyd o'r Unol Daleithiau megis *Cheers* a *Hill Street Blues*. Ond nid gwylwyr o Loegr a'r Alban yn unig yr oedd C4 yn eu denu gydag arlwy fel hyn ond gwylwyr o Gymru hefyd. A phan fyddai'r rhaglenni hyn yn cael eu dangos ar amseroedd anghyfleus y tu hwnt i'r oriau brig, ysgogid teimladau cas tuag at S4C ac fe dderbynnid cwynion gan y gynulleidfa.

Ni ellid diffinio'r holl lythyrau gan wylwyr di-Gymraeg y sianel fel rhai cwynfannus; ceir tystiolaeth hefyd fod gwylwyr yn gwylio S4C nid yn unig am y rhaglenni a ddarperid gan C4 ond gan eu bod yn mwynhau'r ddarpariaeth Gymraeg ar y sianel. Yr oedd hi'n amlwg fod y cysyniad o rwydo a chadw rhai o'r gwylwyr di-Gymraeg a wyliai'r rhaglenni Saesneg ar gyfer yr arlwy Gymraeg yn lled effeithiol, ac yn lleihau'r pryderon am osod rhaglenni Cymraeg mewn geto. Ymhlith y sylwadau cefnogol a chadarnhaol a dderbyniwyd caed:

> I have been so impressed with the such modern and frendlie [sic] outlook of S4C's Welsh speaking programs [sic]
>
> writing to express my enjoyment of so much on S4C – especially undiluted Welsh.
>
> The series of excellent choral concerts that you have had on a Sunday evening have been wonderful, and we have enjoyed them greatly.[11]

Fel y disgwylid gyda sianel a geisiai ddiwallu sawl cynulleidfa, nid oedd modd plesio pob carfan, a phrofodd ceisio plesio Aelodau Seneddol yr un mor ddyrys. Yr oedd rhai aelodau seneddol yn hapus iawn i glodfori llwyddiannau'r sianel Gymraeg, drwy noddi digwyddiadau gan y sianel yn Nhŷ'r Cyffredin ac arwyddo cynigion cynnar-yn-y-dydd yn cymeradwyo S4C.[12] Caed ambell aelod, er hynny, nad oedd yn argyhoeddedig o lwyddiant a chyfraniad y sianel, ac un o'r lleisiau hynny oedd Tom Hooson, A.S. Ceidwadol Brycheiniog a Maesyfed. Mynegodd ef yn gyhoeddus ei anfodlonrwydd â gweithgaredd S4C gyda chwestiwn i'r Ysgrifennydd Cartref ynglŷn â'r symiau o arian a wariai'r sianel ar lobïo er mwyn sicrhau ei chyllid blynyddol.[13] Yr oedd yn amlwg na lwyddodd S4C i argyhoeddi'r aelod seneddol o rinweddau sianel ar wahân i'r Gymraeg; yn wir, yn groes i agweddau nifer, yr oedd ei ddaliadau ar y mater yn gwbl ddiwyro:

> my problem is that I am deeply convinced that a segregated channel is misconceived, and I really am not open to conversation at this point. I argued against a ghetto channel on Second Reading, and everything that has happened since has confirmed my original view.[14]

Mae'r sylwadau yn dangos bod rhai unigolion nad oedd modd dwyn perswâd arnynt, a hynny oherwydd cryfder eu teimladau a'u cred yn rhinweddau'r system ddwy sianel.

Arolygon barn

Yn ychwanegol at y ffigurau gwylio wythnosol a ddarperid gan y Broadcasters' Audience Research Board (BARB) a ffigurau'r Gwasanaeth Ymateb Cynulleidfa a ddarperid bob tri mis, un o'r arolygon barn cyntaf a holodd gwestiynau ynglŷn ag ymateb y gynulleidfa i S4C oedd arolwg a gomisiynwyd gan HTV ym Mawrth 1983.[15] Nid arolwg a ganolbwyntiai ar ddatblygiad S4C oedd hwn ond arolwg cyffredinol o safbwyntiau gwleidyddol y Cymry gan holi rhai cwestiynau penodol am ddarlledu. Dengys yr adroddiad mai dim ond 22 y cant o'r 994 o unigolion a holwyd a oedd wedi gwylio rhaglenni Cymraeg ar y sianel yn ystod y saith diwrnod a aeth heibio. Ond wrth ddefnyddio hidlwr ieithyddol ar y ffigurau, yr oedd 65 y cant o'r siaradwyr Cymraeg rhugl wedi gwylio rhaglenni Cymraeg yn yr wythnos a aeth heibio.[16] Ffigwr cadarnhaol, gellid dadlau, er y dylid nodi y cynhaliwyd yr arolwg yn ystod misoedd cynnar cymharol lewyrchus 1983. Holwyd hefyd a oedd yr unigolion wedi gwylio unrhyw raglenni Saesneg ar y sianel. Ymddengys i 48 y cant o'r holl unigolion wneud hynny, gyda'r ffigwr yn uwch ymhlith y siaradwyr Cymraeg rhugl, sef 52 y cant.[17] Amlygodd yr arolwg duedd rhai siaradwyr Cymraeg rhugl i aros gyda S4C wrth iddi drosglwyddo o ddarlledu rhaglenni Cymraeg i raglenni Saesneg. Yr oedd darpariaeth ehangach y sianel yn apelio at y gynulleidfa Gymraeg, fe ymddengys, ac yr oedd hi'n amlwg fod y cysyniad o rwydo o un rhaglen i'r nesaf yn gweithio, ond yn bennaf o blaid y rhaglenni Saesneg, gwaetha'r modd.

Holodd yr arolwg hefyd am farn unigolion ar batrwm darlledu newydd Cymru ar ôl yr aildrefnu a dyfodiad S4C. Holwyd: 'Considering all four channels, do you think the reorganisation of television broadcasting in Wales has improved television, has made it worse, or has made no difference?' Wrth ystyried ymateb pob unigolyn, heb ystyried y gwahaniaethau ieithyddol rhyngddynt, nodwyd gan 38 y cant eu bod yn credu bod yr aildrefnu wedi gwella teledu yng Nghymru, nodwyd gan 43 y cant nad oedd unrhyw wahaniaeth wedi'r newid, ac yr oedd 9 y cant o'r farn fod y sefyllfa yn waeth.[18] Drwy ddefnyddio'r hidlwr ieithyddol, yr oedd gwahaniaeth sylweddol yn y farn a gofnodwyd gan y siaradwyr Cymraeg rhugl, gyda 61 y cant yn credu bod teledu yng Nghymru wedi gwella ers dyfodiad S4C. Yr oedd 30 y cant er hynny yn credu na chafwyd newid, a 5 y cant o'r farn fod pethau'n waeth.[19] Ymddengys felly nad oedd S4C wedi llwyddo i ddarbwyllo holl aelodau'r gynulleidfa Gymraeg o fanteision y patrwm un sianel, nac wedi llwyddo i drosglwyddo'r neges am y cynnydd yn nifer yr oriau Cymraeg o 15 awr i'r 22 awr a gaed bellach. Roedd y canran bychan o Gymry Cymraeg a oedd yn argyhoeddedig bod teledu yn waeth ers dyfodiad S4C yn dangos nad oedd y garfan fechan o unigolion a wrthwynebai trosglwyddo rhaglenni Cymraeg i geto Cymraeg wedi newid eu hagwedd wedi misoedd cyntaf darlledu'r sianel. Gellid dadlau hefyd fod rhai gwylwyr wedi eu siomi gan y sianel a'r arlwy wedi'r holl obeithion ac wedi aros cyhyd amdani, a gallai eraill fod yn anhapus â'r strategaeth o gynhyrchu arlwy boblogaidd ac anelu at gynulleidfaoedd mawr a arddelwyd gan y sianel yn ei chyfnod prawf.

Cafwyd pwyslais gwahanol i'r adroddiad a luniwyd gan grŵp cyfryngau torfol Cymdeithas yr Iaith yn 1984. Er ei bod hefyd wedi holi unigolion am eu patrymau gwylio, byrdwn yr arolwg oedd holi 'a oedd S4C yn cael y "feedback" sy'n angenrheidiol er mwyn rhedeg sianel teledu [sic] effeithiol sy'n ateb gofynion y bobl yng Nghymru'.[20] Nod Cymdeithas yr Iaith wrth lunio'r arolwg oedd perswadio'r sianel i sefydlu'r hyn a elwid gan y Gymdeithas yn 'banelau darlledu rhanbarthol' er mwyn cael ymateb uniongyrchol y gwylwyr i'r hyn a ddarlledid ganddi. Credai'r Gymdeithas mai ymateb y gwylwyr oedd yr adborth pwysicaf y gallai'r sianel ei dderbyn, gan y credid mai dyma'r unig ffordd y gallai'r sianel sicrhau ei bod yn rhoi i'r gwylwyr yr hyn yr oeddent yn ei ddymuno gan greu sianel 'y mae'r Cymry am, ac yn hoff o wylio yn lle sianel a rhaglenni y mae'r Cymry yn gwylio oherwydd maent yn credu fod dyletswydd arnynt i'w gwylio'.[21] Yr oedd Cymdeithas yr Iaith yn ensynio, er na ddarparwyd tystiolaeth gadarn i gefnogi'r safbwynt, nad oedd darpariaeth y sianel yn llwyddo i ddenu gwylwyr o'u gwirfodd ond oherwydd eu cyfrifoldeb fel Cymry Cymraeg i gefnogi sianel y brwydrwyd drosti cyhyd. Llwyddodd yr adroddiad hefyd i bwysleisio'r angen am sefydlu pwyllgorau gwylwyr ledled Cymru.[22] Ond nid S4C oedd yr unig ddarparwr a feirniadwyd gan y Gymdeithas am ei ddiffyg ymgynghori gyda'i wylwyr. Yng nghyfarfod cyffredinol Cymdeithas yr Iaith yn 1983, beirniadwyd BBC Radio Cymru am beidio ceisio cyngor ei gwrandawyr wrth lunio polisïau rhaglenni. Gan y beirniadwyd y ddau ddarlledwr cyhoeddus, dengys nad oedd ymgynghori yn weithred a oedd yn naturiol i'r darlledwyr, gan eu bod wedi hen arfer gosod a diffinio beth a ystyrid yn gynnwys da y byddai'r gynulleidfa yn ei fwynhau, heb gyfraniad helaeth i'r drafodaeth gan y gynulleidfa.

Er y feirniadaeth hon yr oedd y rhan helaeth o ddarganfyddiadau yr arolwg yn gadarnhaol. Ymatebodd 42 y cant eu bod yn gwylio'r sianel yn rheolaidd, gyda 38 y cant yn nodi eu bod yn gwylio yn 'lled aml', a dim ond 8 y cant yn cofnodi nad oeddent yn gwylio'r sianel o gwbl.[23] Credai 65 y cant fod rhaglenni Cymraeg yn cael eu darlledu ar amseroedd cyfleus ar y sianel, gydag 19 y cant yn anghytuno. Er yr ymddengys y ceid cadarnhad bod patrwm amserlen y sianel yn gweddu i fywydau'r mwyafrif o'i gwylwyr, roedd 65 y cant o'r rhai a holwyd o'r farn nad oedd digon o raglenni Cymraeg yn cael eu darlledu.[24]

Holwyd cwestiynau penodol hefyd am rai *genres* o raglenni, ac er mwyn ymateb i'r sylwadau chwyrn a fynegwyd gan wylwyr a gwleidyddion am natur a chynnwys rhaglen newyddion y sianel, ceisiwyd barn y gynulleidfa ar yr amser a roddwyd o fewn y rhaglen i newyddion 'tramor', 'Prydeinig' a 'Chymraeg'.[25] Teimlai 54 y cant o'r ymatebwyr fod y sylw a roddwyd i newyddion tramor yn 'iawn' gyda 15 y cant yn nodi bod gormod ac 8 y cant yn dymuno gweld rhagor. Cafwyd ymateb digon tebyg ar gyfer y newyddion Prydeinig, gyda 46 y cant yn teimlo bod y sylw yn ddigonol, ond y tro hwn yr oedd y nifer a gredai fod gormod yn sylweddol uwch ar 28 y cant, gyda lleiafrif bychan iawn o 2 y cant a oedd am weld ychwaneg o newyddion o Brydain. Wrth drafod newyddion 'Cymraeg' caed ymateb ychydig yn fwy amwys. Teimlai 34 y cant fod y sylw yn foddhaol, yr oedd 43 y cant yn dyheu am ragor, tra mai dim ond 8 y cant a deimlai fod gormodedd o sylw i faterion o Gymru. Caed darlun cymysg felly. Nid oedd yr arolwg yn cadarnhau'r feirniadaeth lem gan Aelodau Seneddol ac eraill, nac yn dangos yn ddiwyro mai rhaglen newyddion a ganolbwyntiai ar faterion Cymreig a ddeisyfai'r gynulleidfa. Ond nid oedd ychwaith yn llwyr gyfiawnhau strategaeth y sianel o ddarparu rhaglen newyddion amrywiol a chynhwysfawr yn y Gymraeg gyda llai o bwyslais ar y lleol. Er mwyn gwireddu dymuniadau'r mwyafrif o'r gwylwyr a holwyd, diau y byddai angen rhaglen hirach er mwyn sicrhau bod lle i gynyddu'r sylw a roed i faterion Cymreig a pharhau i gynnal y cynnwys rhyngwladol a Phrydeinig. Argymhelliad Cymdeithas yr Iaith oedd adrodd y newyddion Prydeinig a thramor gydag 'agwedd Gymreig i'r stori yn lle agwedd Brydeinig'.[26] Yr oedd y datganiad hwn yn anwybyddu'r ffaith fod y rhaglen eisoes yn arddel y strategaeth hon gydag adroddiadau y gohebydd Dewi Llwyd o San Steffan. Ond dengys fod angen defnydd helaethach o'r patrwm i ddiwallu disgwyliadau Cymdeithas yr Iaith.

Ceisiwyd barn y gynulleidfa hefyd ar raglenni materion cyfoes, gyda mwyafrif bychan yn hapus â'r nifer ohonynt a geid ar y sianel. Wrth ystyried dramâu cyfres yr oedd 43 y cant yn dymuno gweld rhagor o gyfresi, tra oedd 35 y cant o'r farn bod digon ohonynt. Ond dim ond 31 y cant a gredai fod safon y cyfresi hyn yn dda, gyda 40 y cant yn nodi mai derbyniol yn unig oedd y safon. Mae'r ystadegyn hwn yn rhannol esbonio pam nad oedd canran mwy o'r gwylwyr yn dymuno gweld rhagor o gyfresi drama, a hynny gan nad oeddent yn teimlo eu bod yn ddigon safonol i gyfiawnhau hynny. Yr oedd yr agwedd tuag at ffilmiau a dramâu unigol, ar y llaw arall, yn llawer mwy cadarnhaol, wrth i 65 y cant nodi eu bod am weld mwy ohonynt. Gellid priodoli hynny i'r ffaith y credid bod y rhaglenni hyn yn safonol, wrth i 67 y cant fynegi'r safbwynt hwnnw. Yr oedd yr agwedd hon yn amddiffyn a chyfiawnhau'r patrwm a sefydlwyd o neilltuo peth arian ar gyfer cynyrchiadau unigol mawr, gan eu bod yn creu argraff sylweddol ar y gynulleidfa. Er diffygion ystadegol a natur anghynrychioladol sampl arolwg Cymdeithas yr Iaith, cafwyd cadarnhad fod y sianel yn llwyddo ar y cyfan i blesio ei chynulleidfa darged er bod lle sylweddol i wella. Awgrymwyd hefyd fod diffygion ymgynghori a thrafod gyda'r gynulleidfa yn strwythurau'r sianel, mater a fyddai'n destun astudiaeth bellach gan Gyngor Defnyddwyr Cymru yn 1985.

Comisiynwyd gwaith ymchwil gan S4C hefyd yn ystod y cyfnod prawf gan gwmni Research and Marketing Wales and the West Limited. Deilliodd yr angen am ymchwil ychwanegol ar ôl i'r sianel dderbyn cyfres o ffigurau amheus gan BARB ar ddiwedd 1983. Rhoddwyd i'r archwiliad bedwar nod, sef darganfod gwerthfawrogiad y gynulleidfa o raglenni'r sianel, dadansoddi anian y gynulleidfa Gymraeg, darganfod y rhesymau dros y newidiadau ym mhatrymau gwylio'r gynulleidfa, a cheisio barn y gynulleidfa wedi ychydig dros flwyddyn o ddarlledu ar fater crynhoi rhaglenni Cymraeg ar un sianel yn hytrach na'u gwasgaru ar draws dwy neu fwy o sianeli.[27] Gobaith S4C oedd y byddai'r arolwg hwn yn darganfod patrymau nad oedd BARB ac Audits of Great Britain (AGB) yn llwyddo i'w canfod yn eu ffigurau. Gobeithid hefyd y byddai'r wybodaeth a gesglid yn yr adroddiad dan y teitl *Gwylio a Gwrando yng Nghymru* o ddefnydd sylweddol wrth i'r sianel baratoi ar gyfer adolygiad tyngedfennol y Swyddfa Gartref ar ddiwedd 1985. Meddai Owen Edwards wrth gyfiawnhau'r astudiaeth i'r awdurdod: 'Teimlaf ei bod yn wleidyddol bwysig i wneud yr ymchwil ychwanegol hwn, yn arbennig a ninnau o fewn rhyw 18 mis i'r adeg y bydd yr adolygiad i S4C yn dechrau hel gwybodaeth'.[28]

Holwyd 1007 o Gymry Cymraeg a feddai ar allu 'i ddilyn sgwrs rhwng cyfeillion a pherthnasau neu yn [y] gwaith' a 526 o Gymry di-Gymraeg a atebodd 'na' i'r datganiad uchod.[29] Llwyddodd yr ymchwil i ddarganfod ffigurau calonogol iawn, wrth i fwy nag un o bob dau o'r Cymry Cymraeg, 54 y cant, nodi eu bod yn gwylio'r sianel yn feunyddiol. Cynyddodd y ffigwr hwnnw yn sylweddol wrth asesu faint o'r Cymry Cymraeg a oedd yn gwylio'r sianel yn wythnosol, gyda 91 y cant ohonynt yn cydnabod hynny. Yr oedd y rhain yn ffigurau cadarnhaol iawn a oedd yn dangos fod S4C yn llwyddo i gyrraedd mwyafrif llethol ei chynulleidfa darged a bod y gynulleidfa yn gwylio'i rhaglenni yn wythnosol. Yr oedd y canran hwn yn gosod y sianel yn y trydydd safle o ran ei phoblogrwydd ymhlith y Cymry Cymraeg.[30] Ond ymysg y Cymry di-Gymraeg, S4C oedd y sianel a apeliai leiaf atynt, gyda dim ond 42 y cant yn troi ati mewn wythnos.[31] Mae hyn yn awgrymu sawl esboniad. Gellid dadlau nad oedd cynnwys C4 yn apelio at fwy na hanner y gwylwyr di-Gymraeg yng Nghymru, neu fod amser darlledu'r rhaglenni Saesneg y tu hwnt i'r oriau brig yn golygu nad oedd y gynulleidfa yn eu gwylio, neu yn olaf fod pobl yn ystyried S4C yn sianel Gymraeg ac felly yn ymwrthod yn llwyr â hi. Cadarnheir yr agwedd olaf hon gan ddarganfyddiadau'r cwestiwn a holodd beth, yn nhyb yr ymatebwyr, oedd canran y rhaglenni Cymraeg a geid ar y sianel. Nododd bron hanner yr ymatebwyr di-Gymraeg, 47 y cant, eu cred fod mwy na hanner cynnwys y sianel yn Gymraeg.[32] Yr oedd hi'n amlwg felly na lwyddwyd i drosglwyddo'r neges yn gwbl lwyddiannus fod mwyafrif llethol rhaglenni C4 yn cael eu hailddarlledu ar y bedwaredd sianel yng Nghymru, ac mai rhaglenni Saesneg oedd y mwyafrif arni.

Dangoswyd perthynas glir rhwng lefel gallu ieithyddol (neu'r hyn a ystyriai'r ymatebwyr oedd eu gallu ieithyddol) a pha mor aml yr oedd gwylwyr yn troi at S4C. Yr oedd y gwylwyr a ystyriai eu hunain yn siaradwyr rhugl yn llawer mwy tebygol o wylio'r sianel yn feunyddiol, gyda 48 y cant yn honni eu bod yn gwneud hynny. Disgynnai'r ffigwr yn syfrdanol ymysg y siaradwyr cymharol dda, gan mai dim ond 14 y cant a nododd eu bod y gwylio'r sianel yn ddyddiol, gan ddisgyn ymhellach ymysg y garfan a ystyriai mai ychydig iawn o Gymraeg a oedd ganddi, a hynny i 7 y cant.[33] Yr oedd y ffigurau yr un mor drawiadol ar gyfer patrymau wythnosol y gwylwyr. Dangosid yn glir felly i'r sianel ei chael hi'n anodd denu gwylwyr cyson a rheolaidd nad oeddent yn gwbl hyderus yn y Gymraeg, gan leihau'r gynulleidfa debygol yn sylweddol.[34] Mae'r ffigurau hyn yn cadarnhau'r agwedd a leisiwyd ar noson agoriadol y sianel mewn *vox pops* yn y rhaglen groeso, wrth i un o drigolion Gwynedd ddatgan, yn y Gymraeg, nad oedd hi'n bwriadu gwylio'r sianel oherwydd ei chred na fyddai'n deall y Gymraeg a ddefnyddid arni.[35] Credai carfan o'r gynulleidfa fod y sianel yn darlledu rhaglenni a oedd yn arddel Cymraeg rhy safonol a fyddai y tu hwnt i'w dealltwriaeth, gan rwystro eu mwynhad o raglenni penodol. Er i'r sianel geisio sicrhau ei bod yn defnyddio ieithwedd gyfarwydd a chymharol anffurfiol yn ei chyflwyno, ni lwyddwyd i argyhoeddi rhannau sylweddol o'r gynulleidfa ddihyder o berthnasedd ac apêl y rhaglenni. Gellid dyfalu hefyd, oherwydd cynnal yr arolwg hwn 16 mis ar ôl lansiad y sianel, fod rhai o'r gwylwyr dihyder hyn wedi troi at raglenni Cymraeg, ac wedi cael eu dychryn neu eu siomi gan natur yr iaith a ddefnyddid, ac felly mai dim ond yn achlysurol, os o gwbl, yr oeddent yn troi at y sianel bellach. Beth bynnag fo'r rheswm, a pha mor ddisgwyliedig bynnag oedd y patrymau hyn, yr oedd tuedd gwylwyr cymharol ddihyder eu Cymraeg i osgoi y sianel yn agwedd a oedd yn peri pryder ac yn creu poen meddwl wrth geisio troedio'r llwybr anodd hwnnw rhwng defnydd o iaith safonol a choeth a oedd yn dieithrio carfan sylweddol o'r gynulleidfa ac iaith anffurfiol bob dydd a allai beri i garfan yr un mor sylweddol droi ei chefn ar y sianel. Ni ellid datrys y tyndra hwn yn hawdd, ac yn ddiau y mae'n her y mae'r sianel yn parhau i ymrafael â hi.

Ffaith arall a ddatguddiwyd gan yr astudiaeth oedd bod bodolaeth y sianel wedi annog y Cymry Cymraeg i wylio mwy o raglenni Cymraeg, gyda 34 y cant yn nodi eu bod yn gwylio mwy ohonynt yn Chwefror 1984 nag yr oeddent flwyddyn ynghynt.[36] Gellid priodoli hynny'n rhannol i'r twf a fu yn y nifer o oriau Cymraeg a ddarlledid bellach. Yr oedd hyn hefyd wedi arwain at fwy o ddewis ac amrywiaeth i'r gwylwyr, a theimlai canran sylweddol fod safon y rhaglenni wedi gwella a bod hyn yn cymhell y gynulleidfa i wylio mwy o raglenni'r sianel.[37] Ond yn arwyddocaol, yr oedd bodolaeth S4C yn ei gwneud hi'n haws canfod y rhaglenni Cymraeg. Gan fod patrwm clir a chyson o ddarlledu rhaglenni Cymraeg yn ystod yr oriau brig, nid oedd angen pori trwy'r sianeli nac astudio'r *TV Times* neu'r *Radio Times* yn fanwl bellach er mwyn dod o hyd iddynt.[38] Yn wir, credai 67 y cant o'r Cymry Cymraeg ei bod hi'n haws dod o hyd i'r rhaglenni y dymunent eu gwylio ers i'r rhaglenni Cymraeg gael eu crynhoi ar un sianel. Cytunai 54 y cant o'r Cymry di-Gymraeg hefyd gyda'r datganiad hwnnw, gan ddangos yn glir fod oddeutu hanner y gynulleidfa ddi-Gymraeg wedi ystyried presenoldeb rhaglenni Cymraeg ar brif sianeli'r BBC a HTV yn drafferthus wrth geisio darganfod rhaglenni Saesneg penodol.

Holwyd hefyd rai cwestiynau am farn y gynulleidfa ynghylch elfennau penodol o wasanaeth a rhaglenni S4C. Un ffigwr a barodd beth syndod, o gofio'r ymateb anffafriol cynnar a gafwyd, oedd y credai 65 y cant o'r Cymry Cymraeg fod natur y cyflwyno yn hynod broffesiynol.[39] Ymddengys i natur anffurfiol y cyflwyno ennill ei phlwyf gyda'r rhan helaeth o'r gynulleidfa erbyn 1984 a bod y patrwm anghyfarwydd a ddefnyddiwyd am y tro cyntaf gan y sianel Gymraeg yn 1982 bellach wedi ei dderbyn.[40]

Ond nid oedd ystadegau eraill mor ffafriol. Cadarnhaodd yr arolwg y farn nad oedd digon o newyddion am Gymru i'w gael ar y sianel (55 y cant), gyda'r ymatebwyr dros 45 oed yn llawer mwy tebygol o gytuno gyda'r datganiad ac yn gweld colli'r eitemau mwy lleol eu natur.[41] Cafwyd argraff debyg gan ganlyniadau ymholiad pellach am safon agweddau gwahanol o'r gwasanaeth newyddion, gyda dim ond 11 y cant o'r farn fod newyddion am eu hardal hwy yn dda iawn, 38 y cant o'r farn eu bod yn gymharol dda, ond 34 y cant yn nodi bod y gwasanaeth lleol yn wael neu hyd yn oed yn hynod wael.[42] Cafwyd tystiolaeth gadarn yma a ddangosai nad oedd y sianel wedi llwyddo i ddiwallu angen nac archwaeth y gynulleidfa Gymraeg am newyddion am eu cymunedau a'u hardaloedd hwy. Dengys yr adroddiad hefyd nad trigolion un ardal yn arbennig a deimlai i'r gwasanaeth cenedlaethol eu hesgeuluso hwy: nodwyd gan yr awduron fod anesmwythyd ynglŷn â hyn ym mhob ardal a dangos bod y strategaeth newyddion wedi methu gyda'r gynulleidfa yng Nghymru benbaladr.[43]

Er hynny parhai'r gynulleidfa i wylio'r rhaglen yn gymharol aml, gan y gwyliai 35 y cant o'r gynulleidfa Gymraeg *Newyddion Saith* bedair neu bum gwaith yr wythnos.[44] Yr oedd y ffigwr hwn ychydig yn uwch pe ystyrid patrymau gwylio'r gwylwyr hynny a oedd dros 45 oed yn unig. Gwylwyr mwyaf cyson *Newyddion Saith* oedd gwylwyr 75 oed a hŷn, gyda 45 y cant ohonynt yn gwylio'r rhaglen bedair neu bum gwaith yr wythnos.[45] Er bod y ffigurau yn is ar gyfer gwylwyr iau, nid oeddent mor isel ag y disgwylid, gan fod 59 y cant o'r gwylwyr rhwng 16 a 24 mlwydd oed yn gwylio'r newyddion Cymraeg un waith neu fwy yr wythnos, a 26 y cant o'r un garfan yn gwylio'r rhaglen bedair neu bum gwaith yr wythnos. Ynghyd â'r ystadegau addawol hyn, honnai 59 y cant o'r rheiny a wyliai'r rhaglen fod ei chynnwys yn ddiddorol, boed hynny yn 'eithriadol ddiddorol' neu'n 'ddiddorol iawn'.[46] Neges gymysg a roddwyd felly i S4C, gan fod *Newyddion Saith* yn llwyddo i apelio at y gynulleidfa ar ei gwedd bresennol, ond bod bwlch yn parhau yn y ddarpariaeth. Ymhen rhai blynyddoedd llwyddwyd i ateb y gofyn hwn wrth i'r sianel gomisiynu a darlledu rhaglenni cylchgrawn megis *Hel Straeon, Heno* ac *Wedi 7* a lwyddai i fodloni peth o archwaeth y gynulleidfa am gynnwys lleol a roddai sylw i ddigwyddiadau yn eu pentrefi, eu trefi a'u dinasoedd hwy.[47]

Rhaglen arall a dafolwyd mewn manylder oedd *Y Byd ar Bedwar*. Yr oedd nifer gwylwyr y rhaglen hon ychydig yn is na'r niferoedd a geid ar gyfer *Newyddion Saith*. Ymddengys mai dim ond 28 y cant o'r siaradwyr Cymraeg a oedd yn gwylio *Y Byd ar Bedwar* yn wythnosol, a 51 y cant yn ei gwylio o leiaf unwaith y mis. Er hynny, yr oedd bodlonrwydd y gynulleidfa gyda'r cynnwys yn uwch na'r hyn a gaed yn achos *Newyddion Saith*, gan i 68 y cant o'r gwylwyr nodi i'r rhaglen fod yn 'eithriadol ddifyr' neu'n 'ddifyr iawn'.[48] Yr oedd darpariaeth materion cyfoes y sianel yn llwyddo i blesio'r gynulleidfa, ond er natur gadarnhaol y ffigurau ar gyfer *Newyddion Saith* ac *Y Byd ar Bedwar*, yr oedd un rhaglen a oedd yn rhagori arnynt, sef opera sebon y sianel, *Pobol y Cwm*. *Pobol y Cwm* oedd y rhaglen a lwyddodd i ddenu'r ganmoliaeth fwyaf gan yr ymatebwyr gan i 78 y cant o'r rheiny a wyliai'r gyfres nodi ei bod yn 'eithriadol ddifyr' neu'n 'ddifyr iawn'.[49] Mae lle i honni mai'r boddhad amlwg hwn a esboniai'r galw clir ymhlith yr ymatebwyr am ragor o gyfresi drama ac operâu sebon gan mai'r *genre* hwn a ymddangosai ar frig y rhestr o 13 *genre* yr hoffai'r ymatebwyr weld mwy ohonynt.[50] Yr oedd 78 y cant o'r ymatebwyr yn chwilio am ragor o gynnwys ffuglennol gan ddangos bod archwaeth sylweddol ymysg y gynulleidfa Gymraeg am gynnwys dramatig. Yr hyn a drawodd awduron yr adroddiad oedd cyn lleied o'r ymatebwyr a nododd eu bod yn dymuno gweld rhagor o raglenni gyda ffocws Cymreig megis cerddoriaeth werin (12 y cant), cyngherddau Cymraeg (7 y cant), hanes diwylliannol Cymreig (4 y cant) a sioeau cerdd Cymraeg (3 y cant). Mae'r ymateb hwn yn amlygu dau ateb posibl: un ai bod y sianel wedi llwyddo i ddarparu digon o raglenni tebyg a oedd yn diwallu angen y gynulleidfa neu nad oedd archwaeth y gynulleidfa Gymraeg am raglenni yn ymdrin â hanes Cymru a'r Celtiaid a cherddoriaeth werin mor helaeth ag y tybid gan y cynhyrchwyr a'r comisiynwyr. Codwyd y mater gan un o aelodau'r awdurdod yn ystod cyfarfod i drafod polisi rhaglenni pan holodd: 'a oedd y Cymry cyffredin mewn gwirionedd yn diddori cymaint ym mhethau Celtaidd ag a awgrymwyd gan bwysau rhaglenni ar S4C'.[51]

Er yr ymateb ffafriol, rhoes yr arolwg rybudd nad oedd modd i swyddogion y sianel orffwys ar eu rhwyfau. Cadarnhawyd ofnau'r sianel am *Sbec*, wrth i'r ffigurau ddangos bod 61 y cant o'r Cymry Cymraeg wedi nodi nad oeddent erioed wedi edrych ar y cylchgrawn, a datganodd y Cymry Cymraeg a'r di-Gymraeg fel ei gilydd y dylai S4C wneud mwy i gefnogi dysgwyr Cymraeg.[52] Yn ôl yr arolwg hwn hefyd yr oedd bron hanner y Cymry Cymraeg, 49 y cant, yn credu bod lle i'r sianel wella ei darpariaeth. Dangosodd dadansoddiad pellach o'r unigolion a honnai hynny mai dynion oedd yn fwyaf anfodlon gyda'r ddarpariaeth ac nid merched, gan fod 54 y cant o ddynion a 46 y cant o ferched am weld gwelliannau.[53] Ond ni chafwyd unrhyw gonsensws sylweddol ynglŷn â'r hyn y gellid ei weithredu er mwyn gwella'r ddarpariaeth. Awgrymwyd dros ugain agwedd o'r gwasanaeth y gellid eu haddasu er mwyn eu gwella, gyda rhagor o Gymraeg ac amrywiaeth rhaglenni yn derbyn y cydsyniad mwyaf.[54] Ynghyd â'r agweddau hynny, crybwyllwyd meysydd mor amrywiol â chynnwys llai o regi, darlledu llai o hen ffilmiau, sicrhau cyflwyno mwy proffesiynol, defnyddio amrywiaeth ehangach o actorion a chynnwys llai o acenion rhanbarthol, i'w haddasu hefyd.[55] Dengys y diffyg consensws a'r amrywiaeth sylweddol o welliannau a gynigwyd pa mor anodd oedd plesio pob carfan o'r gynulleidfa Gymraeg gan y cafwyd o'i mewn amryfal ddisgwyliadau a safbwyntiau ynglŷn â rhinweddau a ffaeleddau'r sianel.

Agwedd ddifyr a amlygwyd gan yr arolwg wrth iddo geisio dirnad agweddau'r ymatebwyr at y Gymraeg a'i thwf neu ei thranc yng Nghymru ac yn eu hardaloedd hwy, oedd bod y mwyafrif o ymatebwyr, yn Gymry Cymraeg ac yn ddi-Gymraeg, yn credu bod y defnydd o'r Gymraeg ar gynnydd yng Nghymru yn gyffredinol. Er hynny, pan holwyd am eu safbwyntiau ar y defnydd o'r Gymraeg yn eu hardaloedd hwy, yr oeddent o'r farn fod y defnydd yno yn dirywio.[56] Cafwyd darlun camarweiniol o ffyniant yr iaith felly, gan fod S4C yn creu'r argraff fod y defnydd o'r Gymraeg ar gynnydd ar draws Cymru oherwydd amlygrwydd yr iaith yn ei hamserlenni, ond mewn gwirionedd yr oedd hi ar drai yn y cymunedau. Dadleuir felly bod bodolaeth y sianel yn creu camargraff o hynt yr iaith, gan ei bod yn rhoi darlun i'r boblogaeth ei bod yn gymharol lewyrchus, a bod hyn yn ei dro yn rhoi ymdeimlad o sicrwydd ffug i'r Cymry Cymraeg, gan arwain at bylu'r ymdrechion i achub yr iaith. Gellid dadlau hefyd fod hyn yn dystiolaeth bellach bod pryderon Gwynfor Evans wedi ail dro pedol y llywodraeth yn cael eu gwireddu a bod y tân a fu ym moliau nifer o'r ymgyrchwyr wedi diffodd ar ôl ennill y frwydr ddarlledu hanesyddol. A oedd y sianel felly wrth geisio 'achub yr iaith' a sicrhau lle teilwng iddi ar y teledu a chreu gwasanaeth cynhwysfawr yn cyfrannu at ei thranc? Mae'n amhosibl profi unrhyw un o'r datganiadau hyn, gan fod cynifer o ffactorau yn effeithio ar dwf a dirywiad yr iaith, o'r cynnydd mewn ysgolion cyfrwng Cymraeg i'r dylifiad o fewnfudwyr di-Gymraeg i ardaloedd Cymreig. Yr oedd yr holl elfennau hyn wedi eu hymblethu yn ei gilydd, ac o'r herwydd ni ellid gosod y bai na'r clod wrth ddrws unrhyw sefydliad nac unrhyw bolisi wrth geisio darganfod eu heffaith ar yr iaith. Un datblygiad o blith nifer oedd sianel Gymraeg, felly, a geisiai annog defnydd ehangach o'r Gymraeg a chreu delwedd gyfoes a chyffrous i'r iaith.

Pa mor ddifyr bynnag oedd y manylion a'r arlliwiau o batrymau gwylio cynulleidfaoedd Cymreig a Chymraeg a ddarganfuwyd yn yr arolwg hwn, y darganfyddiad pwysicaf oedd agwedd y Cymry Cymraeg a'r di-Gymraeg tuag at y patrwm o ddarlledu Cymraeg ar un sianel. Derbyniwyd cadarnhad boddhaol iawn fod y patrwm hwn yn bodloni y gynulleidfa yng Nghymru, wrth i 77 y cant o'r Cymry Cymraeg nodi mai ar un sianel yn unig y dylid darlledu rhaglenni Cymraeg, ac 88 y cant o'r di-Gymraeg yn cytuno â'r un datganiad.[57] O gymryd sampl yr arolwg fel llinyn mesur ar gyfer y gynulleidfa yn gyffredinol, yr oedd mwyafrif helaeth y gynulleidfa yng Nghymru o blaid y patrwm darlledu cyfredol, felly, gyda'r Cymry di-Gymraeg yn llawer hapusach ac yn argyhoeddedig nad oeddent am ddychwelyd i'r hen batrwm o sawl sianel ddwyieithog. Nid oedd y Cymry Cymraeg yr un mor unfryd, fel y buont yn ystod y frwydr i sicrhau chwarae teg i'r Gymraeg yn y tirlun darlledu Prydeinig gydol yr 1970au. Nid oedd bodolaeth y sianel wedi llwyddo i argyhoeddi'r garfan a bryderai'n ddirfawr am dynged yr iaith mewn geto ieithyddol. Yr oedd carfan o'r Cymry Cymraeg yn parhau i arddel yr un safbwyntiau y dylid darlledu rhaglenni Cymraeg ar draws nifer o sianeli er mwyn i'r di-Gymraeg ddod i gysylltiad â'r Gymraeg ac er mwyn i bob sianel deledu yng Nghymru adlewyrchu amrywiaeth a phatrwm ieithyddol y wlad.

Adolygiad y Swyddfa Gartref

Cafwyd, felly, ystadegau a fyddai o gymorth wrth i'r sianel geisio dwyn perswâd ar swyddogion y Swyddfa Gartref a allai, mewn egwyddor, ddod â'r sianel i ben wedi'r adolygiad swyddogol. Dechreuwyd trafodaethau agoriadol rhwng S4C â swyddogion y Swyddfa Gartref yng nghanol 1984, ac erbyn Tachwedd 1984 yr oedd y sianel wedi derbyn cadarnhad 'fod y Swyddfa Gartref am wireddu'r addewid i gynnal adolygiad o S4C â chyn lleied o ffwdan a phosib'.[58] Ymddengys nad oedd y Swyddfa Gartref am fynd allan o'i ffordd i geisio dangos nad oedd y sianel yn llwyddo i wireddu'r addewidion na'r gobeithion gwreiddiol. Yn hytrach y darlun a geir o gofnodion Awdurdod S4C yw bod swyddogion y Swyddfa Gartref yn awyddus i sicrhau adolygiad pwrpasol a fyddai'n cadarnhau statws a safle digamsyniol S4C yn nhirlun darlledu Cymru, agwedd a gadarnheir gan adroddiad o gyfarfod a gynhaliwyd fis yn ddiweddarach rhwng swyddogion y sianel a Quentin Thomas a Christopher Scoble o Adran Ddarlledu'r Swyddfa Gartref, lle nodir: 'Credai [Owen Edwards] mai'r agwedd a amlygwyd oedd gresynu bod ymrwymiad nad ellir [sic] mo'i osgoi i gynnal adolygiad, oherwydd y boddhad cyffredinol â'r drefn bresennol.'[59] Er yr ymateb cadarnhaol a chysurlon hwn, nid oedd swyddogion yr awdurdod yn gwbl esmwyth eu meddyliau â'r adolygiad, gan i'r drafodaeth ehangach geisio dadelfennu a oedd y sianel wedi dehongli'r cymal am ddarlledu rhaglenni C4 o boptu'r rhaglenni Cymraeg yn y modd cywir, gyda rhai'n pryderu y gellid cosbi'r sianel pe dangosid nad oedd y sianel wedi dilyn gofynion y Ddeddf Darlledu.[60]

Derbyniwyd llythyr yn cadarnhau manylion yr adolygiad gan Quentin Thomas ar 26 Mawrth 1985, ac ynddo caed argraff bellach o hyder y Swyddfa Gartref yn y gwaith a wnâi S4C. Nodwyd na chafwyd galw cyhoeddus sylweddol am ddiddymu'r sianel, ffactor a fyddai'n fygythiad mawr i oroesiad y sianel. Meddai Thomas yn ei lythyr:

> In the 1980 debates, the Home Secretary also said that before reaching any decision on revision to a two-channel solution, the Government would

have to be satisfied that there was widespread demand for change and that such a change would be in the interest of Wales as a whole and of the Welsh language... no such widespread public demand has become apparent in the past two years.[61]

Gan na fu galw cyhoeddus sylweddol am ddiddymu'r sianel, un syniad a ystyriwyd gan y Swyddfa Gartref, ac a gynigwyd fel dewis i'r sianel, oedd cynnal adolygiad mewnol yn y Swyddfa Gartref a fyddai'n ceisio tystiolaeth ysgrifenedig gyfyngedig gan y sefydliadau darlledu, ac a fyddai'n osgoi adolygiad ac ymgynghoriad cyhoeddus ehangach.[62] Er mor atyniadol oedd y llwybr hwn i S4C, daeth yr awdurdod i'r casgliad nad oedd cyfyngu'r dystiolaeth i sefydliadau darlledu yn dderbyniol ac y dylid cynnig cyfle a gwahoddiad cyffredinol i unrhyw gorff a oedd yn dymuno bwrw sylw ar y sianel i wneud hynny.[63] Diau yr ystyriai aelodau'r awdurdod fod S4C yn sefydliad a berthynai i'r gymdeithas Gymreig ehangach ac nid i'r byd darlledu yn unig. Cynigwyd gan y cadeirydd y gallai'r Swyddfa Gymreig lunio rhestr o sefydliadau perthnasol y gallai'r adolygiad gysylltu â hwy er mwyn gwahodd tystiolaeth. Ond yr oedd o leiaf ddau aelod o'r awdurdod yn argyhoeddedig na fyddai'n briodol gosod cyfyngiad o'r fath ar yr adolygiad hwn, ac y dylid gadael i unrhyw un a ddymunai fynegi barn. Er na chofnodir sylwadau i'r perwyl hwn, gellid cynnig mai'r hyn a boenai'r aelodau oedd y posibilrwydd yr amheuid dilysrwydd unrhyw adolygiad pe na bai'n gwbl agored. Petai'r adolygiad wedi ei gyfyngu i sefydliadau 'cyfeillgar' yn unig, fe ellid cyhuddo'r sianel a'r Swyddfa Gartref o arwain canlyniad yr adolygiad. Mynnid sicrhau na ellid edliw bodolaeth y sianel na chwestiynu dilysrwydd yr adolygiad tyngedfennol a chyfreithiol hwn. Derbyniodd y Swyddfa Gartref ddymuniad yr awdurdod a deallwyd mai: 'cynnal adolygiad mor ddi-ffwdan a syml â phosib oedd y gobaith, tra'n gwireddu'r addewid i roi cyfle i draethu barn gan bawb a ddymunai'.[64] Cyhoeddwyd felly ar 23 Awst 1985, mewn datganiad newyddion gan y Swyddfa Gartref, fod Giles Shaw, gweinidog gwladol y Swyddfa Gartref, yn gwahodd sylwadau gan sefydliadau darlledu ac unrhyw grwpiau ac unigolion eraill o Gymru a oedd ag unrhyw sylwadau i'w datgan ar fater y bedwaredd sianel.[65]

Un sefydliad y tu allan i'r byd darlledu a oedd yn dymuno cyfrannu at yr adolygiad oedd Cyngor Defnyddwyr Cymru (CDC), a hynny gan ei fod wedi llunio prosiect ymchwil a oedd yn ceisio darganfod pa mor atebol oedd S4C i'w chynulleidfa. Bwriad y cyngor oedd defnyddio'r ymchwil er mwyn ffurfio a bwydo ei dystiolaeth i'r Swyddfa Gartref.[66] Yr hyn a luniwyd oedd dogfen a elwid yn *Watching S4C: the case for consumer representation for the Fourth Channel in Wales*.[67] Yn y cyflwyniad i'r ddogfen ceir yr argraff nad oedd CDC yn gwbl hyderus o fwriad y Swyddfa Gartref gyda'r adolygiad, gan y nodwyd: 'WCC believes that it is appropriate at this time to look not only at the desirability of the single channel solution, but also to consider the operation and performance of S4C.'[68] Roedd y CDC yn pryderu y byddai'r adolygiad yn canolbwyntio ar egwyddor y bedwaredd sianel yn hytrach nag adolygu'n wrthrychol y penderfyniadau a'r strategaethau a weithredwyd gan S4C. Dyma bryder, gellid dadlau o edrych yn ôl dros yr ohebiaeth rhwng y Swyddfa Gartref a swyddogion y sianel, a oedd yn ddilys.

O'r cychwyn cyntaf, nododd CDC ei fod yn llwyr gefnogi'r patrwm un sianel ar gyfer darpariaeth Gymraeg ac y dylai S4C gael sêl bendith y llywodraeth i barhau fel sefydliad parhaol yn nhirlun darlledu Cymru. Er hynny, nid oedd yn gwbl hapus gyda'r ffordd yr oedd y sianel yn ymwneud â'i gwylwyr wrth ganfasio a chanfod eu barn gan ei bod yn ddibynnol ar Gyngor Darlledu'r BBC a Phwyllgor Cymreig yr ADA am y gwaith hwn.[69] Yr hyn a boenai CDC oedd: 'Neither of these bodies has as its primary role a concern with S4C.'[70] Yr oedd teimlad y gallai anghenion gwylwyr S4C gael eu hesgeuluso gan y cynllun hwn, ac argymhelliad y CDC oedd y dylai'r sianel Gymraeg lunio'r hyn a elwid yn Bwyllgor Ymgynghori Defnyddwyr (Consumers' Consultative Committee).[71] Cylch gorchwyl y pwyllgor fyddai ystyried holl agweddau ar waith S4C, yn hytrach na dim ond y rhannau ohono a oedd yn berthnasol i'r BBC neu'r ADA. Er i CDC gyfaddef nad oedd unrhyw awdurdod teledu arall ym Mhrydain yn defnyddio pwyllgor o'r fath, yr oedd yn argyhoeddedig y dylai S4C wneud hynny er mwyn amddiffyn a chynnig llais i 'ddefnyddwyr' S4C.[72] Nodwyd gan yr adroddiad nad oedd y CDC yn ceisio dangos bod gwylwyr S4C angen mwy o ofal ac amddiffyniad na gwylwyr sianeli eraill. Ond eir ati i wrthddweud hyn trwy restru 11 rheswm pam yr oedd hi'n angenrheidiol i'r sianel sefydlu gweithgor o'r fath, a hynny ar fyrder. Un o'r rhesymau cyntaf dros ffurfio pwyllgor defnyddwyr oedd y ffaith fod S4C yn cynrychioli monopoli yng nghyd-destun teledu Cymraeg: 'it is the only supplier of Welsh language programmes and a selection of Channel Four UK output: hence it is a monopoly'.[73] Fe ellid dadlau nad oedd monopoli llwyr gan S4C dros ddarlledu Cymraeg: ystyrier, er enghraifft, y monopoli dros ddarlledu a gafwyd gan y BBC cyn dyfodiad ITV yn 1955. Yn achos S4C, cynhyrchwyd ei rhaglenni gan sawl ffynhonnell, a phrin iawn oedd yr eitemau a gynhyrchwyd yn fewnol. Yr oedd lleisiau niferus felly yn ymddangos ar donfeddi S4C, ac nid oedd grym S4C dros y rhaglenni a ddarlledwyd yn absoliwt yn enwedig pan gynhyrchid y rhaglenni hynny oddi mewn i gyfundrefnau darlledu eraill. Ond, gwir oedd dweud bod gan S4C fonopoli dros amseriad rhaglenni Cymraeg, hyd yn oed os nad oedd yr un monopoli ganddi dros y cynnwys.

Nododd CDC hefyd fod ei ymchwil wedi dangos y gellid gwneud mwy i ddiwallu anghenion rhai carfanau o gynulleidfa'r sianel, er enghraifft y di-Gymraeg a'r cynulleidfaoedd iau. Honnai'r cyngor y byddai sefydlu pwyllgor defnyddwyr cytbwys yn sicrhau bod llais i'r carfanau hyn wrth i'r sianel ddatblygu ac esblygu yn y dyfodol.[74] Credai'r cyngor hefyd nad oedd pwyllgorau cynghori cyffredinol, yr hyn a oedd yn draddodiadol i'r byd darlledu, yn sicrhau llais i'r defnyddwyr, ac mai'r patrwm yr anelid ato oedd yr hyn a fodolai ar gyfer y diwydiannau gwladol, megis iechyd. Nid oedd CDC ychwaith yn credu bod sefydlu'r Broadcasting Complaints Commission ar gyfer y diwydiant cyfan yn ôl Deddf Darlledu 1981 wedi ateb y gofyn ychwaith, gan y tybid bod rôl ehangach i'r pwyllgorau cynghori cyffredinol na delio â chwynion am raglenni penodol yn unig.

Pryderai'r cyngor hefyd y byddai'r sianel yn llai agored i safbwyntiau gwylwyr ar ôl i'r cyfnod prawf ddod i ben, gan na fyddai hi'n gwbl dyngedfennol iddi ymateb i sylwadau a barn ei chynulleidfa. Honnai'r cyngor mai cyfnod prawf y sianel a oedd wedi ei hysgogi i fod mor ymatebol â phosibl i safbwyntiau ei gwylwyr wrth iddi drefnu cyfres o gyfarfodydd cyhoeddus, darlledu'r rhaglen *Arolwg* a chomisiynu prosiectau ymchwil penodol. Yr oedd y cyngor yn pryderu y byddai'r cymhelliad hwnnw'n diflannu ar ôl i'r sianel gael ei sefydlu fel rhan barhaol o'r byd darlledu ac y byddai'r sianel yn llai cydwybodol wrth fynd ati i ganfasio barn ei chynulleidfa.[75] Yr oedd y cyngor o'r farn nad oedd y patrwm o ddefnyddio sefydliadau ymgynghori'r BBC a'r ADA yn glir i'r gynulleidfa. Credid nad oedd hi'n naturiol i'r gynulleidfa ystyried troi at y BBC na'r ADA os am drafod materion a oedd yn ymwneud ag S4C.[76] Yr oedd y CDC yn argyhoeddedig hefyd nad oedd cynnal cyfarfodydd cyhoeddus yn fodd effeithiol o ymwneud â'r cyhoedd neu 'ddefnyddwyr' y sianel. Yn sicr, gellir gweld rhinwedd i'r safbwynt gan nad oedd cyfarfodydd cyhoeddus yn llwyddo i ddenu cynulleidfa helaeth nac amrywiol, hyd yn oed yn achos sianel y bu ymgyrch ddihafal gan y cyhoedd i'w sicrhau. Yr oedd hi'n annhebygol fod y cyfarfodydd cyhoeddus hyn yn gynrychioliadol, gyda'r carfanau a ddynodwyd eisoes gan y cyngor a oedd yn cael eu hesgeuluso gan y sianel sef y di-Gymraeg a'r ifanc yn annhebyg o'u mynychu. Taerai'r cyngor y byddai cynrychiolwyr y carfanau gwahanol o'r gynulleidfa ar bwyllgor defnyddwyr yn sicr o fod yn fwy gweithgar a threiddgar na defnyddwyr unigol a fynychai gyfarfodydd cyhoeddus er mwyn gwthio dadleuon a diddordebau personol yn hytrach na dymuniadau'r gynulleidfa ehangach.

Aeth CDC ymlaen i nodi ei argyhoeddiad nad baich ychwanegol fyddai sefydlu pwyllgor o'r fath, ond y byddai'n: 'supportive both by helping S4C to be a popular, comprehensive and widely respected broadcasting service and increasing the effectiveness of its communications with consumers'.[77] Credai'r cyngor y dylai pwyllgor gwarchodol o'r fath, er mwyn sicrhau'r budd mwyaf ohono, ystyried materion polisi yn hytrach na chanolbwyntio ar gwynion am raglenni unigol. Y ddelfryd a osodwyd yn yr adroddiad oedd pwyllgor a fyddai'n trafod cydbwysedd ac amseriad rhaglenni Cymraeg a Saesneg, meini prawf dethol rhaglenni Saesneg C4, cynlluniau a chanllawiau cynhyrchu rhaglenni, prosesau ymdrin â chwynion a'r gwerth am arian a gynigiai S4C.[78] Er i'r cyngor nodi nad ei fwriad oedd trawsfeddiannu cyfrifoldebau statudol yr awdurdod, yr oedd y gorchwylion hyn yn ddiamheuaeth yn dwyn gweithgareddau y bu'r awdurdod yn ymwneud â hwy yn ystod pedair blynedd ei fodolaeth. Ond y gwahaniaeth mwyaf a geid rhwng yr awdurdod a chynlluniau CDC oedd y ddelfryd y byddai'n gyngor cynrychioliadol gan adlewyrchu'r amrywiaeth o unigolion a ystyriai eu hunain yn wylwyr S4C a hynny yn Gymry Cymraeg a di-Gymraeg. Yn y cyfnod dan sylw yr oedd Awdurdod S4C ymhell o fod yn gynrychioliadol yn nhermau oedran, rhywedd a natur ieithyddol, er ei fod yn gymharol gynrychioliadol mewn termau daearyddol. Yr oedd CDC wedi adnabod un man sylweddol wan yn arfogaeth yr awdurdod, felly, ac wedi llunio ymchwil ac adroddiad manwl a threiddgar y byddai'n anodd i S4C a'r Swyddfa Gartref eu diystyru.

Er i CDC honni i'r ymchwil ddangos bod nifer o sefydliadau yn cefnogi'r angen i S4C wneud mwy i gasglu gwybodaeth a barn am ei chynulleidfa, nid oedd y sefydliadau darlledu Cymreig yn cytuno â'r syniadau a arddelwyd gan yr adroddiad.[79] Mewn cyfarfod ar y cyd rhwng Cyngor Darlledu'r BBC ac Awdurdod S4C ar ddechrau prosiect ymchwil CDC, bu cynrychiolwyr y BBC yn amau gwerth pwyllgorau cynghori ffurfiol, gyda Gareth Price, pennaeth rhaglenni Cymru, yn llafar ei farn. Ymddengys iddo nodi: 'in his experience formal advisory committees were an ineffective way of achieving information about the audience; letters and phone calls were much more helpful, especially when taken together with efficient audience research'.[80] Credai Geraint Stanley Jones fod y patrwm a luniwyd gan S4C wedi dangos cydweithio rhyfeddol rhwng y sefydliadau darlledu yng Nghymru, a nododd nad oedd yn llwyr ddeall ysgogiad a rhesymau CDC dros godi'r mater hwn.[81] Yr oedd hyd yn oed W. John

Jones, aelod o'r Cyngor Darlledu a chyn-aelod o CDC, yn argyhoeddedig mai'r unig argymhelliad defnyddiol y gallai CDC ei wneud oedd cynnig bod strwythurau cwyno'r sianel yn gliriach ac yn gyfarwydd i'r cyhoedd.[82] Yr oedd D. E. Alun Jones, aelod arall o'r Cyngor Darlledu, yn credu:

> that S4C seemed to him to be under more public scrutiny proportionally than any other UK channel, to judge by the attention given to it in the Welsh press. In his opinion, there was no serious cause for concern on this issue.[83]

Cafwyd ymateb anffafriol o du'r ADA hefyd wrth iddo drafod dogfen ymgynghori CDC ym Medi 1985. Yn wahanol iawn i'r adroddiad terfynol, *Watching S4C*, yr oedd y ddogfen hon yn nodi nifer o gynigion a syniadau eraill ar wahân i'r pwyllgor ymgynghori defnyddwyr wrth geisio sicrhau bod lleisiau amrywiol y gynulleidfa i'w clywed gan S4C. Cynigiwyd, er enghraifft, y gallai'r BBC a'r ADA ffurfio is-bwyllgor a fyddai'n gallu ymwneud â rhaglenni S4C yn eu cyfanrwydd. Awgrymwyd hefyd y gellid gwahodd Pwyllgor Cymreig yr ADA i ddarparu cyngor i Awdurdod S4C ar holl raglenni'r sianel neu y gellid ffurfio un pwyllgor ymgynghorol newydd a fyddai'n cynghori holl sefydliadau darlledu Cymru, y BBC, HTV a S4C.[84] Er y gwerthfawrogodd Pwyllgor Cymreig yr ADA y ffydd a ddangoswyd yn y pwyllgor hwn drwy gynnig bod rôl iddo yn y gwaith, yr oedd yr aelodau yn gwbl argyhoeddedig nad oedd modd gweithredu unrhyw un o'r cynlluniau oherwydd y gwahaniaethau sylfaenol a gaed rhwng strwythurau a chylchoedd gorchwyl pwyllgorau'r ADA a'r BBC. Bu i'r ddogfen hefyd godi gwrychyn y pwyllgor oherwydd yr argraff a roddwyd ynddi fod yr ADA yn anwybyddu ymateb y defnyddwyr.[85] Datganodd Chris Jackson, un o aelodau'r pwyllgor, nad oedd yr adroddiad na'i safbwynt yn ddilys a hynny gan nad oedd ei osodiad sylfaenol, nad oedd aelodaeth pwyllgorau'r ADA a'r BBC yn gynrychioladol a hynny gan eu bod gan amlaf yn deillio o'r dosbarth canol, yn gywir. Credai hefyd eu bod hi'n llawer anoddach nag y tybiai'r CDC i sicrhau pwyllgorau cwbl gynrychioliadol.[86]

Bu natur fanwl adroddiad CDC yn ddigon i ysgogi'r Swyddfa Gartref i ystyried o ddifrif ei dystiolaeth a mynd ati i ymchwilio a llunio ymateb manwl i'r argymhellion.[87] Er hynny, yr oedd rhai amheuon fod cysyniad canolog CDC yn wallus, sef y gellid ymdrin â darlledu yn yr un modd ag unrhyw gynnyrch arall, ac na ellid trin y gynulleidfa fel defnyddwyr yn unig oherwydd ystyriaethau lles y cyhoedd a oedd yn rhan annatod o ddarlledu.[88] Nid oedd ymateb S4C ei hun ychwaith yn ffafriol i argymhellion CDC: teimlai rhai aelodau fod nifer o'r awgrymiadau yn dyblygu gwaith yn ddianghenraid a nodwyd yn nrafft ymateb y sianel i'r Swyddfa Gartref ei chred i'r CDC weld cyfle i sefydlu pwyllgor a fyddai'n gynsail i weddill y diwydiant, gan ddefnyddio S4C fel testun arbrawf.[89] Yr oedd Syr Goronwy Daniel yn bendant yn erbyn yr egwyddor, a chan ddatblygu'r safbwyntiau a fynegwyd gan Chris Jackson o Bwyllgor Cymreig yr ADA, nododd mai ateb 'elitaidd' – er y cydnabuwyd gan y cadeirydd bod angen gwneud mwy i ddenu'r di-Gymraeg i'r cyfarfodydd cyhoeddus – a gynigwyd gan y CDC. Ymddengys mai safbwynt Syr Goronwy Daniel oedd y byddai pwyllgor o'r fath yn llai cynrychioliadwy na'r cyfarfodydd cyhoeddus a drefnwyd gan y sianel eisoes. Yr oedd teimlad cryf hefyd ymysg aelodau'r awdurdod na ellid cyfiawnhau buddsoddi mewn swyddfa weinyddol ychwanegol er mwyn cynnal pwyllgor o'r fath.[90] Oherwydd y gwrthwynebiad sylweddol o du'r sefydliadau darlledu a'r amheuaeth sylfaenol ymysg swyddogion y Swyddfa Gartref, yr oedd hi'n annhebygol iawn y byddai argymhellion CDC yn cael eu gwireddu, ond yn sicr fe lwyddodd yr ymchwiliad i godi'r mater i frig agenda'r sefydliadau perthnasol, ac fe luniwyd cynlluniau gan S4C i ffurfio rhaglen o seminarau i drafod rhaglenni gyda'r gwylwyr, yr awdurdod a'r cynhyrchwyr.[91]

Ni cheir cyfeiriad uniongyrchol at ymchwil nac argymhellion CDC yn y dystiolaeth a luniwyd gan S4C ar gyfer y Swyddfa Gartref. Yn hytrach aeth y sianel ati i groniclo ei chyraeddiadau ers ei sefydlu gan ganolbwyntio, yn ôl y disgwyl, ar agweddau cadarnhaol a llwyddiannus y gwaith a wnaed ganddi.[92] Gwnaed defnydd o ffigurau gwylio, y gwaith ymchwil *Gwylio a Gwrando yng Nghymru*, cydnabyddiaeth ryngwladol aruthrol y sianel yn ystod ei blynyddoedd cynnar a'r rhestr gynyddol drawiadol o wobrau yr oedd rhaglenni'r sianel wedi eu casglu rhwng 1983 ac 1985.[93] Canolbwyntiwyd ar yr holl agweddau a ychwanegodd y sianel i'r tirlun darlledu Cymreig, gan bwysleisio bodolaeth *gwasanaeth* Cymraeg bellach yn hytrach na chlwstwr o raglenni annibynnol.[94] Pwysleisiwyd yr egni newydd a gaed oddi mewn i'r sector gynhyrchu yng Nghymru, gydag ehangu niferoedd y cynhyrchwyr annibynnol, y cwmnïau adnoddau a'r staff newydd a gyflogwyd gan y BBC a HTV yng Nghymru.[95] Honnwyd i'r egni hwn sicrhau nad oedd modd hawlio bellach nad oedd digon o dalent yn y Gymru Gymraeg i gynnal gwasanaeth annibynnol: 'The prophets of doom whose contention, before S4C started broadcasting, was that Wales lacked the necessary expertise and talent to sustain a high-quality programming service, have been proved embarrassingly wrong.'[96] Pwysleisiwyd hefyd yr ymdrech a wnaed gan y sianel i sicrhau nad oedd yr arian a ddeuai i'w choffrau yn cael ei wastraffu ar fiwrocratiaeth a staffio, a nodwyd bod 90 y cant o'r arian yn mynd yn uniongyrchol i brynu rhaglenni.[97] Ceir yma gyfeiriad cynnil at argymhellion CDC i sefydlu cyfundrefn ymgynghori newydd gan ychwanegu at y costau hyn. Ynghyd â sylwadau canmoliaethus, fe gaed datganiadau eraill a oedd yn llawer mwy diymhongar, yn nodi bod swyddogion y sianel yn llwyr ymwybodol o'r gwendidau a fodolai yn ei darpariaeth. Nodwyd bod angen rhagor o ddatblygiadau er mwyn sicrhau gwell gwasanaeth i ddysgwyr trwy baratoi darpariaeth arbenigol a chynyddu'r gwasanaeth is-deitlo, sylwadau sy'n dangos bod y sianel yn cydnabod na lwyddodd y strategaeth yn y maes hwn i daro deuddeg. Cyfeiriwyd hefyd at yr angen am ddarpariaeth ehangach ar gyfer pobl ifanc yn eu harddegau, gan awgrymu nad oedd wedi llwyddo, er gwaethaf rhaglenni megis *Coleg*, i sicrhau teyrngarwch y garfan hon o'r gynulleidfa.

Crynhoir tystiolaeth y sianel, gan gyfuno'r cadarnhaol gyda phwyslais ar gymhlethdod y dasg, a cheir brawddeg olaf a ddadlennai hyder y sianel yn ei pharhad:

> Providing a comprehensive television service for a bilingual nation is no easy task. S4C has tackled the problem with efficiency, flair and professionalism. The greatest compliment that it could receive is that the people of Wales now take it for granted. It has become part of the fabric of Welsh society. It is now poised to meet the challenges of the next decade.[98]

Yr oedd y sianel yn hyderus felly o ganlyniad yr adolygiad, ac yr oedd hynny yn gwbl ddealladwy yn dilyn yr ohebiaeth gadarnhaol a chalonogol a dderbyniwyd gan y Swyddfa Gartref. Ond er mwyn gwireddu dymuniadau'r ddau sefydliad, byddai'n rhaid derbyn tystiolaeth gadarnhaol gan amrywiaeth eang o sefydliadau Prydeinig, Cymreig ac unigolion er mwyn bod yn gwbl sicr o'i pharhad.

Yr oedd tystiolaeth yr ADA a Chyngor Darlledu Cymru'r BBC ill dau yn gefnogol iawn i'r sianel. Cymharol gyffredinol oedd tystiolaeth y BBC, a phwysleisiwyd llwyddiant aruthrol y cydweithio a gaed rhwng y BBC ac ITV i ffurfio a darparu gwasanaeth unedig Cymraeg gan barhau i gystadlu â'i gilydd mewn meysydd eraill.[99] Mae'r datganiad hwn, er yn clodfori llwyddiannau'r sianel, ychydig yn gamarweiniol gan ei fod yn anwybyddu cyfraniad S4C i sicrhau'r cydweithrediad rhwng y ddwy gyfundrefn. Nid trafod gyda'i gilydd yn unig yr oedd HTV a'r BBC mewn gwirionedd ond trafod â swyddogion ac Awdurdod S4C er mwyn sicrhau bod darpariaeth y ddwy ochr yn plethu i greu gwasanaeth unedig. Yr oedd penaethiaid y tair cyfundrefn, Owen Edwards, Geraint Stanley Jones a Ron Wordley yn cwrdd yn gymharol aml i drafod a chynllunio, ac oni bai am fodolaeth yr awdurdod newydd, y dyn canol annibynnol, byddai'r cydweithio hwnnw wedi bod yn anos ei gynnal.

Cyfeiriwyd hefyd yn nhystiolaeth y BBC at nifer o'r meysydd a fu'n feini tramgwydd i'r sianel gan roi gogwydd cadarnhaol a ffafriol i'r trafferthion hynny. Nodwyd, er enghraifft, ei bod yn llwyddiant nodedig fod i'r sianel gynulleidfa selog, ffyddlon a oedd yn cymharu'n ffafriol â'r gwasanaethau Prydeinig:

> the most popular programmes are proportionately just as successful as the most popular programmes on the main UK networks. This is a remarkable achievement when it is considered that the bulk of S4C's output is transmitted in peak hours in direct competition with the most successful programmes on the UK networks.[100]

Ond conglfaen y dystiolaeth a gaed gan y BBC oedd y gostyngiad sylweddol, os nad diflaniad, y cwynion a dderbyniwyd gan Gymry di-Gymraeg. Teimlid fod cynulleidfaoedd di-Gymraeg wedi dechrau dychwelyd i BBC1 Wales a HTV Wales yn hytrach na gwylio'r sianeli cyfatebol yng ngorllewin Lloegr. Yr oedd y cwmnïau cebl yn ogystal wedi dechrau diddymu sianeli Lloegr o'u darpariaeth i Gymru, gan sicrhau bod y Cymry di-Gymraeg yn mynd ati i wylio rhaglenni lleol am Gymru, gan adfer peth o'u Cymreictod. Ond rhybuddiwyd nad oedd modd esbonio'r newid hwn trwy chwilota am resymau y tu hwnt i fodolaeth S4C, megis aeddfedrwydd neu oddefgarwch newydd ymhlith y di-Gymraeg tuag at yr iaith. Caed tystiolaeth fod y teimladau cas yn parhau i fyrlymu o dan yr wyneb gan iddynt ffrwydro i'r golwg am gyfnod byr pan ddarlledwyd rhaglenni dysgu Cymraeg a dramâu Cymraeg megis *Penyberth* a *Marathon* gydag is-deitlau Saesneg ar BBC Wales yn ystod 1983 ac 1984.[101] Yr oedd cefnogaeth ac ymrwymiad y BBC i'r cynllun un sianel, felly, yn gwbl gadarn, ond fel y rhagwelwyd nid oedd tystiolaeth y gorfforaeth yn taro golwg feirniadol dros benderfyniadau a gweithgareddau S4C, gan ganolbwyntio'n hytrach ar y cysyniad o sianel ar wahân.

Yn wahanol iawn i'r BBC, a ffurfiodd un ddogfen ar ran y gorfforaeth yn ei chyfanrwydd, derbyniwyd tystiolaeth ar wahân gan nifer o'r sefydliadau a oedd yn ymwneud â ITV. Derbyniwyd tystiolaeth gan yr ADA yn ganolog, adroddiad gan Bwyllgor Cymreig yr ADA, dogfen gan HTV, ymateb gan yr ITCA, tystiolaeth ar y cyd oddi wrth Scottish Television a Grampian Television, a thystiolaeth yn yr un modd gan Thames Television a Yorkshire Television.[102] Ar frig tystiolaeth yr ADA yn ganolog cafwyd cyfaddefiad ei fod, ar ôl gwrthwynebu'r syniad o un sianel Gymraeg yn y blynyddoedd cyn 1981, wedi newid ei safbwynt, gan gydnabod bod y drefn newydd o fendith i'r ddwy garfan ieithyddol. Canolbwyntiwyd wedi hynny ar yr hyn a ystyrid yn gyfrifoldebau yr ADA yng nghyd-destun S4C sef ariannu, trosglwyddiad, cyfrifoldebau'r contractwr Cymreig (HTV) a rheolaeth hysbysebu.[103] Nodwyd â balchder lwyddiant ymdrechion peirianyddion yr ADA i sicrhau bod modd i 90 y cant o drigolion Cymru dderbyn darllediadau'r sianel ar ei noson agoriadol, a bod y ffigwr hwnnw bellach wedi codi i 96-7 y cant, gan gyfateb, fwy na heb, i gyrhaeddiad HTV.[104] Yr oedd materion ariannol yn boen meddwl i'r ADA, er hynny, ac fe nodwyd yn ddiflewyn-ar-dafod fod S4C yn ateb drud yn nhermau darlledu i'r trafferthion cymdeithasol a gwleidyddol a fu yng Nghymru yn ystod y 1960au a'r 1970au.[105] Yr oedd yr hyn a alwyd gan yr ADA yn ddirwasgiad mewn cyllid hysbysebu yn 1985 wedi cael effaith ar elw nifer o gwmnïau ITV. Golygai hyn fod nifer ohonynt yn parhau i gyfrannu cyfran o'u harian hysbysebu at gost cynnal C4 a S4C heb fod yn gymwys i'r lleihad mewn treth a gyflwynodd y llywodraeth Geidwadol yn 1981 er mwyn lleihau'r pwysau ariannol ychwanegol ar gwmnïau ITV yn wyneb sefydlu S4C.[106] Yr oedd gwallau sylweddol a difrifol yn y trefniant ariannol a sefydlwyd, gan mai'r cwmnïau lleiaf, megis Yorkshire Television, a oedd yn dioddef fwyaf yn y sefyllfa hon, a byddai'r amgylchiadau hyn, os nad oedd modd eu haddasu, yn arwain at deimladau llawer mwy anghynnes ymysg cwmnïau rhwydwaith ITV tuag at S4C.[107] At hyn, yr oedd yr ADA yn bryderus ynglŷn â dibyniaeth S4C ar C4, a pha mor ddibynnol oedd y cydweithio a'r berthynas iach rhyngddynt ar hyblygrwydd cyllid ITV. Rhagwelai'r ADA na fyddai cyllid ITV yn parhau yr un mor iach yn y dyfodol, a chredai y gallai'r brwydro tebygol am gyllid teg a fyddai'n dilyn unrhyw setliad annigonol greu rhwyg mewn perthynas a fu yn ystod y cyfnod prawf mor gyfeillgar a ffyniannus.[108] Yr awgrym clir oedd bod patrwm darlledu S4C wedi bod yn llwyddiannus ac wedi ffynnu pan oedd yr holl amgylchiadau, ac arian yn enwedig, yn ffafriol. Mynegwyd amheuon yr ADA a fyddai'r sianel yr un mor llewyrchus petai amgylchiadau ITV yn newid. Yr oedd llwyddiant y sianel a'r ffaith bod rhaglenni C4 ar gael yn rhad ac am ddim i'w darlledu ar y sianel yn llwyr ddibynnol ar y ffaith fod y sianel honno yn cael arian digonol gan yr ADA bob blwyddyn. Yr oedd yma arwydd y byddai'n rhaid i'r llywodraeth ailystyried patrwm ariannu'r ddwy bedwaredd sianel er mwyn sicrhau eu parhad, gan nad oedd y patrwm o ddibynnu ar ITV yn gynaliadwy yn y tymor hir.

Cafwyd tystiolaeth i'r perwyl hwnnw hefyd gan yr ITCA wrth iddo yntau ddatgelu gwallau a gwendidau'r patrwm ariannu. Yn flaenllaw ym meddwl yr ITCA roedd effaith unrhyw argymhellion y byddai Pwyllgor

Peacock yn eu gwneud yn 1986 ynglŷn â chyflwyno hysbysebion ar sianeli'r BBC.[109] Rhagwelai'r ITCA y byddai gweithred o'r fath yn arwain at leihau incwm hysbysebu cwmnïau ITV yn sylweddol ac y byddai hynny yn cael effaith andwyol ar yr arian a fyddai ar gael i gynnal y sianel Gymraeg.[110] Ystyriai'r ITCA hefyd, hyd yn oed pe na bai'r llywodraeth yn creu rhagor o gystadleuaeth am incwm hysbysebu, fod angen ailystyried y gyfran o'r dreth a roed i gwmnïau ITV am ddim, a hynny gan fod costau S4C yn llawer iawn uwch nag a ragwelwyd pan osodwyd lefel y cymorth ariannol yn ôl yn 1981.[111]

Mynegwyd pryderon tebyg am ariannu'r sianel yn nhystiolaeth Pwyllgor Cymreig yr ADA, ond cyflwynwyd mwy o sylwadau ar gyrhaeddiad y sianel yn ei dystiolaeth wrth iddo nodi sylwadau clodfawr megis: 'It has created a marriage of broadcasting skills, has successfully conserved resources and has effectively removed duplication of effort.'[112] Yr oedd y pwyllgor hefyd yn cymeradwyo'r hyn a ystyrid ganddo yn amrediad eang o raglenni, y patrwm cyflwyno a'r safon uchel gyffredinol a oedd i'r ddarpariaeth. At hynny, cafwyd cyfeiriad at gyfraniad y sianel i ffyniant yr iaith Gymraeg, mater a anwybyddwyd yn nhystiolaeth y prif sefydliadau darlledu eraill. Darparwyd dadansoddiad realistig o gyfraniad y sianel i barhad a thwf yr iaith, a hynny heb ddefnyddio rhethreg emosiynol : 'the service... augments the investment made by central and local government in bi-lingual education and in other spheres and that is of considerable value and assistance to the growing number of people of all ages currently learning Welsh'.[113] Nodwyd bod bodolaeth S4C wedi cael effaith arwyddocaol ar farchnad swyddi Cymru wrth i fodolaeth y sianel arwain at greu nifer o swyddi newydd oddi mewn i'r cyfundrefnau darlledu ac wrth i adnoddau technegol a chwmnïau annibynnol ymsefydlu mewn ardaloedd gwledig. Yr oedd y sianel wedi arwain at sefydlu sector ddarlledu a chynhyrchu ffyniannus yng Nghymru, rhywbeth na fyddai wedi digwydd i'r un graddau pe na bai rhaglenni Cymraeg wedi eu gosod ar sianel ar wahân.

Yr oedd y dystiolaeth a ddaeth gan HTV yn llawer mwy cymysg na'r hyn a fynegwyd gan y sefydliadau darlledu eraill. Yn unol â phatrwm Pwyllgor Cymreig yr ADA trafodwyd egwyddor a rhinweddau'r system un sianel ac adolygwyd yn feirniadol rai o weithgareddau S4C. Ymgeisiwyd hefyd i wrthbrofi'r honiadau fod y cytundeb rhaglenni yn ddrud i S4C ac yn rhoi elw rhagorol i HTV.[114] Nodwyd fod costau rhaglenni HTV yn cymharu'n ffafriol â chostau rhaglenni darparwyr eraill, a'u bod yn cyfateb, yn fras, i'r gost o'u cynhyrchu, gan geisio awgrymu nad oedd y cwmni yn gwneud unrhyw elw o gwbl, er bod y defnydd o'r gair 'broadly' yn plannu egin amheuaeth ym meddwl y darllenydd.[115] Aed ymhellach trwy ychwanegu: 'The contract is marginally viable and the advantageous commercial terms granted to S4C for political reasons would not be acceptable to HTV in any other aspect of our business.'[116]

Yn nhystiolaeth HTV hefyd fe gyhuddir sylwebyddion y byd darlledu o fod yn unllygeidiog wrth drafod llwyddiannau sefydliadau darlledu yng Nghymru:

> It is a popular element of broadcasting politics in Wales for the non-creators of jobs and wealth to academically exaggerate financial aspects of HTV's operation whilst nationistically [sic] lauding S4C exports which, like those of UK's Channel Four, are properly reflected in Report and Accounts as the reality that sales costs exceed sales income by significant margins. We find it difficult to challenge the commercial broadcasters' view that ITV funds subscribed to support a necessary bilingual broadcasting system within Wales, should be used to sustain a loss-making export public relations exercise.[117]

Mae'n amlwg o'r datganiad hwn fod dwy agwedd o weithgareddau rhyngwladol S4C wedi mynd dan groen HTV. Mae'n amlwg nad oedd cwmnïau ITV, a HTV yn eu plith, yn hapus iawn fod yr arian a gyfrannwyd ganddynt tuag at gynnal S4C yn cael ei ddefnyddio ar gyfer gweithgareddau a ystyrid yn ymylol, ac, ar ben hynny, nad oedd, yn nhyb HTV, yn llwyddo i wneud unrhyw elw, rhywbeth a oedd yn anathema i gwmnïau masnachol eu bryd.[118] Yr agwedd arall a oedd yn amlwg wedi cynddeiriogi HTV oedd y cyhoeddusrwydd cadarnhaol a roddid i S4C oherwydd y gweithgareddau hyn, pan nad oedd sylw cyffelyb yn cael ei roi i weithgareddau gwerthu tebyg gan HTV a oedd, yn ôl y ddogfen hon, yn llwyddo i gynnal HTV yn ystod y dirwasgiad arian hysbysebu yr oedd y cwmni yn ei wynebu.[119]

Wedi'r datganiadau ffyrnig hyn a gyfeiriai'n ddifrïol at yr hyn a ystyrid yn llwyddiannau S4C ac o gofio agwedd y cwmni tuag at y syniad o osod rhaglenni Cymraeg ar un sianel ar ddechrau'r 1980au, mae'r sylwadau sy'n cyfeirio at gostau gwasanaeth S4C yn peri peth syndod gan eu bod yn eu cyfiawnhau. Cadarnhawyd fod S4C yn darparu gwerth am arian yn nhermau darlledu o ystyried ei gost y pen, ac aed ati i geisio gwrthbrofi'r daliadau cyffredin mai dim ond 20 y cant o gynulleidfa Cymru a wasanaethid gan S4C. Hawliodd HTV fod S4C yn darparu gwasanaeth ar gyfer Cymru gyfan, gan fod y bedwaredd sianel yn gyfrwng i sicrhau bod modd i HTV Wales a BBC Wales ddiwallu anghenion yr 80 y cant o boblogaeth ddi-Gymraeg y wlad. Meddai: 'the cost of the S4C service is often mistakenly inflated by critics who ignore the size of the total viewing universe actually "serviced"'.[120] Aed ymlaen i gymharu costau arfaethedig y sianel fesul y pen gyda chost rhwydwaith ITV. Gan ddefnyddio'r egwyddor bod S4C yn gwasanaethu'r 2.5 miliwn o bobl a drigai yng Nghymru, nodir mai £13 y pen oedd cost y sianel, heb ystyried cost cynhyrchu rhaglenni'r BBC trwy'r drwydded. O'i gymharu yr oedd cost genedlaethol rhwydwaith ITV yn £17 fesul pen pob unigolyn ym Mhrydain Fawr.[121] Yr oedd datganiad HTV felly yn mynd ati i ddatgymalu'r haeriadau hynny mai S4C oedd y sianel ddrutaf y pen ym Mhrydain, os nad y byd, gan awgrymu fod S4C yn cymharu'n ffafriol iawn â sianeli eraill Prydain os nad yn rhatach na nhw. Nid yw datganiad HTV, fod gwasanaeth S4C yn diwallu anghenion y tu hwnt i'r gynulleidfa Gymraeg, yn ymestyn y ffeithiau nac yn ystumio'r darlun er mwyn ffugio delwedd well i S4C. Mae'r datganiad, mewn gwirionedd, yn unol â thystiolaeth nifer o sefydliadau eraill a oedd yn clodfori'r lleihad sylweddol mewn cwynion gan y gynulleidfa ddi-Gymraeg, ond mae'r datganiad hwn wedi ei fynegi mewn ffordd amgenach a oedd yn herio'r rhagdybiaethau a fodolai am y sianel. Yr oedd HTV unwaith yn rhagor, yn unol â'i ymddygiad yn ystod gweithgareddau'r Pwyllgor Dethol ar Faterion Cymreig pan gyflwynwyd ffigurau realistig a theilwng ar gyfer ariannu sianel ar wahân, yn llwyddo i gynnig cefnogaeth allweddol i'r sianel pan oedd hi fwyaf ei hangen.

Yn ei dystiolaeth, cyfeiriodd HTV at anhapusrwydd ac anfodlonrwydd rhai o'r cwmnïau darlledu rhanbarthol eraill, yn enwedig Grampian Television, Scottish Television ac Ulster Television gyda'r ffaith fod 20 y cant o'u cyfraniadau tuag at C4 yn mynd tuag at system ddarlledu a oedd yn gwasanaethu Cymru yn unig.[122] Anfonwyd tystiolaeth i'r perwyl hwnnw gan ddau o'r cwmnïau hynny, Grampian a Scottish, yn uniongyrchol at y Swyddfa Gartref.[123] Asgwrn y gynnen o safbwynt y darlledwyr rhanbarthol hyn oedd nad oedd datblygiad yn y sector annibynnol yn eu hardaloedd hwy wedi derbyn yr un graddau o fuddsoddiad na chyfle i ddatblygu, ac nad oedd yr arian a ddeilliai o goffrau darlledu yn yr Alban yn cael ei ddefnyddio er mwyn cynnal a chefnogi talent greadigol a chynhyrchu yno. Nid oedd yr arian a wariai C4 a chwmnïau ITV yr Alban ar gynyrchiadau annibynnol yn llwyddo i gyrraedd yr un lefel ag a oedd yn cael ei fuddsoddi gan S4C yng Nghymru. Er mwyn unioni'r annhegwch cynigiwyd y gellid cadw'r £1.915m y byddai Grampian a Scottish yn ei fuddsoddi yn S4C yn ystod 1985-6, gan gynnig hwb i sector annibynnol yr Alban a chynyddu'r nifer o raglenni a hanai o'r Alban ac a ddarlledid ar C4.[124] Yr oedd yr awduron yn awyddus i nodi nad oeddent yn gofyn am sianel ar wahân ar gyfer yr

Alban, a hynny gan nad oedd unrhyw alw am ddarpariaeth o'r fath. Er hynny, yr oeddent yn awyddus i weld doniau creadigol lleol yn cael eu meithrin, a sicrhau nad oedd yr Alban yn cael ei gadael ar ôl gan nad oedd ganddi ei sianel ei hun. Yr oedd y rhain yn bryderon teilwng ac yn un o wendidau'r system a ddyfeisiwyd gan y Swyddfa Gartref. Gellid dadlau mai cyfrifoldeb C4 oedd sicrhau buddsoddiad teilwng yn yr Alban o'i chyllideb gynhyrchu, ond mae'n amlwg na ellid sicrhau hynny i'r un graddau ag y gellid gydag S4C yng Nghymru. Yn yr un modd, nid oedd hi'n bosibl i S4C sicrhau mewn ffordd fympwyol fod pob ardal o Gymru yn derbyn ei chyfran deilwng o'r gyllideb gynhyrchu a hynny gan fod nifer o ffactorau eraill megis nifer cwmnïau, safon syniadau ac yn y blaen yn dylanwadu ar natur y dosraniad.

Yn ychwanegol at y 10 o sefydliadau darlledu a wahoddwyd i anfon tystiolaeth i'r Swyddfa Gartref derbyniwyd tystiolaeth gan ddau awdurdod lleol (Arfon a Dwyfor) a 42 o sefydliadau eraill. Amrywiai'r sefydliadau eraill hyn o ganghennau Merched y Wawr i Brifysgol Cymru, o Blaid Cymru i'r Bwrdd Croeso, a chynhwyswyd sefydliadau o'r byd darlledu Cymreig, megis TAC a Siriol.[125] Derbyniwyd hefyd ohebiaeth gan 82 o unigolion a oedd am fynegi eu barn am y sianel. Derbyniwyd tystiolaeth felly gan 136 o sefydliadau ac unigolion, gyda'r mwyafrif llethol ohonynt, sef 108, o blaid parhau gyda'r trefniadau presennol, a'r 28 a oedd yn weddill yn erbyn. O'r 28 o wrthwynebwyr, yr oedd 27 ohonynt yn unigolion, gyda dim ond un sefydliad yn gwrthwynebu'r patrwm darlledu, er nad yw dogfennau'r Swyddfa Gartref yn nodi pa sefydliad oedd hwnnw.[126] Yn adroddiad y Swyddfa Gartref rhestrwyd y 14 rheswm a fynegwyd gan y gwrthwynebwyr i'r drefn gyfredol. Yr oedd hanner y cwynion yn ymwneud ag amserlennu rhaglenni Saesneg C4 ar y sianel, tra oedd y gweddill, y llythyrau o blaid, yn galw am ragor o raglenni Cymraeg.[127] Nodwyd y gŵyn gyfarwydd mai yn ystod yr oriau brig yr oedd gwylwyr yn dymuno gwylio rhaglenni C4 ac nid ar amseroedd anghyfleus. Mynegwyd rhwystredigaeth rhai gwylwyr eu bod yn darllen adolygiadau papurau newydd am raglenni C4 cyn iddynt gael eu darlledu yng Nghymru, tra cythruddwyd eraill gan y ffaith nad oedd modd iddynt ymwneud â'r drafodaeth gyhoeddus am rai rhaglenni yn sgil y drefn. Cwynai eraill am benderfyniad William Whitelaw i anwybyddu pleidlais cwsmeriaid Rediffusion yn 1982, ac eraill eu bod yn gorfod talu pris llawn am drwydded deledu er eu cred eu bod yn cael eu hamddifadu o chwarter y ddarpariaeth Saesneg. Yr oedd rhai gwylwyr yn rhwystredig nad oedd rhai *genres* o raglenni C4 yn cael eu darlledu ar S4C, yn enwedig rhaglen newyddion estynedig unigryw'r sianel a'r ddarpariaeth materion cyfoes.

Cafwyd cwynion hefyd fod lleiafrifoedd ethnig yn cael eu hamddifadu yn llwyr o'r ddarpariaeth arbennig a geid ar eu cyfer ar C4. Trwy ddiwallu anghenion un lleiafrif, yr oedd grwpiau lleiafrifol eraill, dadleuid, yn dioddef. Nododd un achwynydd nad oedd grwpiau lleiafrifol eraill, megis yr 1.5 miliwn o Fwslemiaid ym Mhrydain, yn cael eu sianel eu hunain, gan holi pam yr oedd y Cymry Cymraeg yn haeddu triniaeth arbennig.[128]

Ynghyd â'r cwynion hyn, mynegwyd rhai safbwyntiau cyfarwydd megis pan nodwyd yn blaen fod S4C yn wastraff arian a hynny gan fod siaradwyr Cymraeg yn deall ac yn siarad Saesneg. Ond nid y di-Gymraeg oedd yr unig rai a fynegodd eu hanfodlonrwydd. Caed gwrthwynebiad fod hysbysebion Saesneg yn cael eu darlledu yn ystod rhaglenni Cymraeg, grwgnach am ddefnydd o ieithwedd ogleddol a oedd yn annealladwy i drigolion de Cymru, a chŵyn hefyd am safon amaturaidd rhaglenni Cymraeg. Atgyfodwyd hefyd y ddadl dros ddarlledu rhaglenni Cymraeg ar fwy nag un sianel a hynny gan ei fod yn annog pobl i ddysgu Cymraeg.[129] Yr oedd hi'n amlwg felly nad oedd S4C wedi llwyddo i berswadio pawb o'i rhinweddau, o safon ei rhaglenni na'i gallu i ail-leoli rhaglenni C4 mewn modd a oedd yn ateb gofynion pob aelod o'r gynulleidfa. Er y cwynion hyn parhai'r agweddau negyddol i fod yn y lleiafrif, ac yr oedd nifer o'r achwynwyr yn barod i gyfaddef bod y sefyllfa yn llawer gwell nag y bu, ac o'r herwydd ni wnaed difrod mawr i achos y sianel.[130]

Ar ôl derbyn yr holl dystiolaeth ffurfiwyd adroddiad byr gan y Swyddfa Gartref yn Nhachwedd 1985 yn cofnodi cyd-destun yr adolygiad, ac yn ailadrodd y safbwyntiau a fynegwyd iddi, heb fawr o ddadansoddiad ychwanegol. Gan na welwyd mynegi unrhyw faterion nad oedd yn hysbys eisoes i'r Swyddfa Gartref neu S4C ei hun, fe gasglwyd: 'The review has demonstrated beyond doubt the continued strong level of support for S4C amongst the Welsh-speaking population in Wales and has confirmed that there is little dissatisfaction amongst either Welsh or English speakers.'[131] Wrth gydnabod yr holl bryderon a fynegwyd gan amryw sefydliadau darlledu am fater ariannu'r sianel, cadarnhawyd y byddai'r Swyddfa Gartref yn cynnal adolygiad mewnol i'r agweddau hynny gan ddefnyddio'r dystiolaeth a'r safbwyntiau a fynegwyd fel man cychwyn ar gyfer y gwaith.[132] Esboniwyd i'r Swyddfa Gartref hepgor yn fwriadol faterion ariannol o'r adolygiad hwn, gan geisio osgoi drysu'r achos a chanolbwyntio'r dystiolaeth ar fater gwleidyddol dyfodol y sianel. Gan mai adolygiad o drefniant darlledu rhaglenni Cymraeg ar un sianel oedd maes gorchwyl y Swyddfa Gartref, erbyn 1985 yr oedd canlyniad yr adolygiad yn *fait accompli*. Hynny yw, yr oedd y sianel wedi ei gwreiddio yn rhan annatod o'r tirlun darlledu Cymreig ac wedi gwrthbrofi'r proffwydi gwae a oedd yn argyhoeddedig nad oedd modd i'r awdurdod a'r sianel newydd sefydlu a chynnal gwasanaeth cynhwysfawr yn y Gymraeg ar un sianel. O'r herwydd ni ellid dychmygu dod i gasgliad gwahanol o ystyried y lleihad aruthrol a fu yn yr anghydfod a'r llythyru gan y di-Gymraeg. Mae'n wir nad oedd yr adolygiad yn dadansoddi polisïau a strategaethau'r sianel am nad oedd yn ymwneud yn uniongyrchol â'r egwyddor sylfaenol honno. Ond gan nad oedd S4C wedi methu yn gyfan gwbl ar unrhyw agwedd o'i chyfrifoldebau o dan y Ddeddf Darlledu, ac mewn sawl maes megis gwerthiant rhyngwladol wedi llwyddo i gyflawni gweithgareddau na ellid eu rhagweld yn ôl yn 1980, teimlai swyddogion y Swyddfa Gartref nad oedd modd cyfiawnhau arolwg o'r fath. Penderfynwyd yn hytrach ar adolygiad cyflym a hwylus na fyddai'n ansefydlogi'r sector ddarlledu yng Nghymru drwy greu ansicrwydd ynghylch dyfodol S4C.

Ar 13 Rhagfyr 1985 cyhoeddwyd gerbron Tŷ'r Cyffredin barhad y sianel, a hynny heb fawr o seremoni gan mai ar ffurf ateb ysgrifenedig i gwestiwn Robert Harvey, A.S. Ceidwadol De-orllewin Clwyd y gwnaed hynny.[133] Awgryma hyn ddau beth: un ai fod aelodau seneddol wedi hen dderbyn bodolaeth y sianel a'i bod bellach yn rhan annatod o'r tirlun darlledu Prydeinig neu ei fod yn fater ymylol i'r rhan helaeth o aelodau'r Tŷ ac nad oedd digon o ddiddordeb ynddo i gyfiawnhau trafodaeth ehangach. Ynghyd â dynodi parhad y sianel, cyhoeddwyd y byddai tymor cadeirydd yr awdurdod, Syr Goronwy Daniel, yn cael ei ymestyn am dri mis ychwanegol, hyd ddiwedd Mawrth 1986, a chyhoeddwyd hefyd enw'r cadeirydd newydd a fyddai'n ymgymryd â'r dasg o lywio'r sianel tua'r 1990au. Y gŵr hwnnw fyddai John Howard Davies, CBE, dyn â chefndir ym myd addysg fel aelod o wasanaeth addysg y Gymanwlad yng ngogledd Nigeria, fel dirprwy gyfarwyddwr addysg yn sir Drefaldwyn a sir y Fflint, ac yna fel cyfarwyddwr addysg cyntaf Clwyd rhwng 1974 ac 1985. Yr oedd ganddo gysylltiadau celfyddydol hefyd fel aelod o gyngor y Llyfrgell Genedlaethol a Chymdeithas Gelfyddydau Gogledd Cymru.[134] Gellid disgwyl felly y byddai cefndir addysgol y cadeirydd newydd, o'i gymharu â chefndir economaidd ei ragflaenydd, yn rhoi ffocws newydd i'r sianel. Yr oedd Syr Goronwy Daniel wedi llwyddo i lywio'r sianel yn hynod lwyddiannus trwy ei chyfnod ffurfiannol, ac yn gymharol ddidrafferth trwy adolygiad tyngedfennol. A fyddai'r un cyfle i'r cadeirydd newydd osod ei stamp ei hun ar weithgareddau'r sianel? Yr oedd hi'n newid cyfnod felly wrth i'r sianel a'r awdurdod symud tuag at ei chweched blwyddyn a dechrau ail bennod yn ei hanes.

Nodiadau

1. Casgliad Sianel Pedwar Cymru (CS4C), llythyr gan wyliwr o'r Bala at The Programme Director Channel 4, 5 Tachwedd 1985. Anfonwyd y llythyr hwn i S4C, ond mae'r ffaith i'r awdur ei gyfeirio at 'Channel 4' yn dangos y diffyg dealltwriaeth a oedd yn parhau hyd yn oed ar ddiwedd y cyfnod prawf o'r gwahaniaeth rhwng y ddwy sianel.
2. Jeremy Isaacs, *Storm over Four: A Personal Account* (London, 1989), t. 51.
3. CS4C, llythyr gan wyliwr o Abertawe at Owen Edwards, 6 Rhagfyr 1985; CS4C, llythyr gan wyliwr o Bontypridd at Nicholas Edwards, 25 Tachwedd 1985.
4. CS4C, *Dadansoddiad Gohebiaeth Rhaglenni, Ionawr 1986 – Papur atodol i Agenda unfed cyfarfod ar ddeg a thrigain Awdurdod Sianel Pedwar Cymru*, 14 Chwefror 1986.
5. CS4C, *Cofnodion Cyfarfod hanner cant a naw Awdurdod Sianel Pedwar Cymru*, 12 Ebrill 1985, t. 4.
6. CS4C, *Adroddiad y Cyfarwyddwr i'r Awdurdod (Papur 2.84(4)) – Papur atodol i Agenda pumed cyfarfod a deugain Awdurdod Sianel Pedwar Cymru*, 10 Chwefror 1984, t. 2.
7. CS4C, *Dadansoddiad Gohebiaeth Rhaglenni – Papur atodol i Agenda trigeinfed cyfarfod Awdurdod Sianel Pedwar Cymru*, 10 Mai 1985, t. 2.
8. CS4C, llythyr oddi wrth Owen Edwards at wyliwr o Lanbradach, 19 Tachwedd 1986.
9. CS4C, llythyr gan wyliwr o Aberystwyth at Owen Edwards ac Ysgrifennydd Gwladol Cymru Nicholas Edwards, 27 Ionawr 1986.
10. Stephen Lambert, *Channel Four: Television with a Difference?* (London, 1982), t. 111.
11. CS4C, llythyr gan wyliwr o Abertawe at Owen Edwards, 7 Tachwedd 1985; CS4C, llythyr gan wyliwr o Gaerdydd at Owen Edwards, 2 Rhagfyr 1985; CS4C, llythyr gan wyliwr o Helsby at S4C, 14 Gorffennaf 1986.
12. Noddwyd te gan S4C i aelodau'r Tŷ gan Keith Best, A.S. Ceidwadol Ynys Môn ar 4 Mehefin 1984 a threfnwyd arddangosfa yn hyrwyddo gweithgaredd y sianel yn Nhŷ'r Cyffredin ar 7 Tachwedd 1984 a agorwyd gan Giles Shaw, gweinidog gwladol yn y Swyddfa Gartref ac A.S. Ceidwadol Pudsey. CS4C, *Adroddiad y Cyfarwyddwr i'r Awdurdod – Papur atodol i Agenda wythfed cyfarfod a deugain Awdurdod Sianel Pedwar Cymru*, 11 Mai 1984, t. 1.
13. CS4C, *Cwestiwn Tom Hooson i'r Ysgrifennydd Cartref – Papur atodol i Agenda wythfed cyfarfod a deugain Awdurdod Sianel Pedwar Cymru*, 11 Mai 1984. Yn ôl yr ymateb a luniwyd gan y Swyddfa Gartref, yr hyn a bryderai Tom Hooson oedd bod y sianel wedi gwahodd nifer o aelodau seneddol, ac yn benodol nifer o aelodau o'r Swyddfa Gartref a'r Swyddfa Gymreig, i ymweld â'r sianel, ac fe ddarperid lluniaeth. Saith aelod seneddol a fu ar ymweliad â'r sianel yn ystod 1983–4 a chwephunt y pen oedd cost y lluniaeth. Pryder yr aelod seneddol, fe ymddengys, oedd bod y sianel yn

gwario arian prin ar weithgareddau nad oedd yn ymwneud â darlledu gan geisio dwyn perswâd ar aelodau seneddol a sicrhau parhad y sianel, rhywbeth nad oedd yr A.S. hwn yn ei gefnogi.

14. CS4C, llythyr oddi wrth Tom Hooson at Owen Edwards, 26 Ebrill 1984; CS4C, llythyr oddi wrth Owen Edwards at Tom Hooson, 19 Ebrill 1984; CS4C, llythyr oddi wrth Glyn Tegai Hughes at Tom Hooson, 15 Mai 1984.
15. CS4C, 'HTV Poll, Principal Results' – *Papur atodol i Agenda pedwerydd cyfarfod ar ddeg ar hugain Awdurdod Sianel Pedwar Cymru*, 4 Mawrth 1983. Gwnaed gwaith maes yr arolwg gan Research and Marketing Wales and the West Limited ac fe'i dadansoddwyd gan Denis Balsom o Adran Gwyddor Gwleidyddol Coleg Prifysgol Cymru, Aberystwyth.
16. 'HTV Poll, Principal Results', t. 5. Nid yw'r adroddiad yn nodi union nifer y siaradwyr Cymraeg a holwyd fel rhan o'r sampl, ond oherwydd y datganiad canlynol, tybir bod 20 y cant o'r 994 yn gallu'r iaith: 'The sample is based upon interlocking quota sample derived from known population parameters of age, sex and social class.' 'HTV Poll, Principal Results', t. 1.
17. 'HTV Poll, Principal Results', t. 1.
18. 'HTV Poll, Principal Results', t. 1.
19. 'HTV Poll, Principal Results', t. 1.
20. CS4C, *Adroddiad Grŵp Cyfryngau Torfol Cymdeithas yr Iaith Gymraeg ar S.4.C. – Papur atodol i Agenda cyfarfod hanner cant a dau Awdurdod Sianel Pedwar Cymru*, 14 Medi 1984, t. 1.
21. *Adroddiad Grŵp Cyfryngau Torfol Cymdeithas yr Iaith Gymraeg ar S.4.C.*, t. 1. Mae'r ymdeimlad o ddyletswydd y cyfeiria Cymdeithas yr Iaith ato wedi diflannu bellach. Mae'r newydd-deb, y chwilfrydedd a'r pryder gwreiddiol am barhad y sianel wedi pylu, ac mae'r gynulleidfa Gymraeg yn cymryd y sianel yn gwbl ganiataol ac felly yn troi at y dewis eang o ddarpariaeth Saesneg a geir ar y sianeli eraill.
22. *Adroddiad Grŵp Cyfryngau Torfol Cymdeithas yr Iaith Gymraeg ar S.4.C.*, t. 3. Holwyd 1,200 o unigolion o bob sir yng Nghymru ar gyfer yr arolwg. Ond ni holwyd yr un faint o bobl ym mhob sir: holwyd 300 yng Ngwynedd a Dyfed, ond dim ond 100 o unigolion a holwyd yng Ngorllewin Morgannwg, De Morgannwg, Morgannwg Ganol, Powys, Clwyd a Gwent. Diau y detholwyd mwy o unigolion yng Ngwynedd a Dyfed er mwyn ceisio sicrhau sampl ddigonol o siaradwyr Cymraeg, ond ni cheir esboniad o'r union resymeg dros luniad y sampl yn yr adroddiad terfynol. Er ei wendidau, mae'n briodol cyfeirio at yr arolwg yn bennaf gan ei fod yn gofnod o safbwyntiau cynulleidfa graidd y sianel, ac i'r perwyl hwnnw yn darparu darlun o'u barn hwy am y sianel a'i harlwy.
23. Y mae'r categorïau a ddefnyddiwyd gan Gymdeithas yr Iaith yn amwys, ac nid oes diffiniadau yn yr adroddiad o'r hyn a olygir wrth 'rheolaidd', 'lled aml' na 'prin iawn'.
24. *Adroddiad Grŵp Cyfryngau Torfol Cymdeithas yr Iaith Gymraeg ar S.4.C.*, t. 2.
25. Yn y cyd-destun hwn credir bod 'Cymraeg' yn cyfeirio at newyddion am

Gymru a materion Cymreig, gan y byddai'r rhan helaeth o gynnwys y rhaglen *Newyddion Saith*, ac eithrio rhai cyfweliadau, i gyd yn y Gymraeg.

26. CS4C, *Adroddiad Grŵp Cyfryngau Torfol Cymdeithas yr Iaith Gymraeg ar S.4.C*, t. 4.
27. CS4C, *Cofnodion pedwerydd cyfarfod a deugain Awdurdod Sianel Pedwar Cymru*, 6 Ionawr 1984, t. 2.
28. CS4C, *Adroddiad y Cyfarwyddwr i'r Awdurdod (Papur 1.84(4)) – Papur atodol i agenda pedwerydd cyfarfod a deugain Awdurdod Sianel Pedwar Cymru*, 6 Ionawr 1984, t. 1.
29. Research and Marketing Wales and the West Limited, 'Gwylio a Gwrando yng Nghymru – A survey with particular emphasis both on the appreciation of S4C (English and Welsh content) and on the use of the Welsh Language' (Caerdydd, Mehefin 1984), Adran I.
30. Yr oedd BBC Cymru a HTV Cymru yn gydradd gyntaf, ill dau yn llwyddo i ddenu sylw 94 y cant o'r Cymry Cymraeg, tra llwyddai BBC2 i ddenu sylw 88 y cant o'r garfan mewn wythnos arferol.
31. 'Gwylio a Gwrando yng Nghymru', Adran IID3. Llwyddai BBC2 i ddenu 84 y cant; HTV Cymru 79 y cant a BBC Cymru 73 y cant. Mae'r ffigurau hyn yn ymddangos yn hynod gan eu bod yn dangos mai BBC2 oedd hoff sianel y Cymry di-Gymraeg. Diau y ceir y darlun hwn gan i'r arolwg holi yn benodol pwy a wyliai HTV Cymru a BBC Cymru, yn hytrach na phwy a wyliai'r BBC neu ITV. O ganlyniad mae'r ffigurau hyn yn hepgor y gwylwyr hynny a oedd yn byw yn agos at y ffin â Lloegr a oedd yn gwylio'r rhaglenni hynny a ddarlledid ar BBC1 West, BBC1 North, HTV West a Granada.
32. 'Gwylio a Gwrando yng Nghymru', Adran IID.10.
33. 'Gwylio a Gwrando yng Nghymru', Adran IID.7.
34. 'Gwylio a Gwrando yng Nghymru', Adran IID.7. Y ffigurau cyfatebol wythnosol oedd siaradwyr rhugl, 89 y cant; siaradwyr lled dda, 64 y cant; a siaradwyr a feddai ar ychydig o Gymraeg, 47 y cant. Pe cymharid yr arolwg hwn gydag arolwg HTV flwyddyn ynghynt, yna mae'r canran o siaradwyr rhugl a oedd yn gwylio'r sianel yn wythnosol wedi codi o 65 y cant i 89 y cant. Mae'r cynnydd hwn yn mynd yn groes i'r patrwm a welwyd yn ffigurau gwylio'r sianel, gan fod y rheiny ar eu hanterth ym misoedd cyntaf 1983, ac yr oeddent wedi disgyn yn sylweddol erbyn 1984. Mae'r arolwg yn darlunio patrwm gwahanol i'r argraff a gaed o ffigurau gwylio BARB felly, gan brofi'r angen am arolwg manylach ac nad oedd ffigurau gwylio yn ddarlun cwbl deg o boblogrwydd y sianel gyda'i chynulleidfa darged.
35. CS4C, *Croeso i S4C* (cynhyrchiad mewnol, S4C, 1 Tachwedd 1982).
36. 'Gwylio a Gwrando yng Nghymru', Adran IID.14.
37. 'Gwylio a Gwrando yng Nghymru', Adran IID.15. Ynghyd â'r 34 y cant a oedd yn gwylio mwy o raglenni Cymraeg, yr oedd 10 y cant o'r siaradwyr Cymraeg yn honni eu bod yn gwylio llai o raglenni Cymraeg ar ddechrau 1984 na'r un cyfnod yn 1983. Yr oedd eu rhesymau dros

wylio llai o raglenni i'r gwrthwyneb yn llwyr i'r gwellhad mewn safon a nodwyd gan y rheiny a oedd yn gwylio rhagor o raglenni, wrth i 22 y cant o'r 10 nodi bod safonau wedi dirywio a 20 y cant pellach nodi eu bod yn credu bod y rhaglenni yn wael. Yn anffodus nid yw'r arolwg yn datgan i ba ddosbarth cymdeithasol yr oedd y 10 y cant hwn yn perthyn, na'u hoedran.

38. 'Gwylio a Gwrando yng Nghymru', Adran IID.9.
39. 'Gwylio a Gwrando yng Nghymru', Adran IIE.1.
40. Nid oedd pob carfan o'r gwylwyr Cymraeg yn cytuno, gydag unigolion dros 55 oed yn llawer llai tebygol o gredu bod y cyflwyno yn dderbyniol, gan ddangos nad oedd y natur anffurfiol a phoblogaidd yn apelio at bawb.
41. 'Gwylio a Gwrando yng Nghymru', Adran IIE.1.
42. 'Gwylio a Gwrando yng Nghymru', Adran IIE.3.
43. 'Gwylio a Gwrando yng Nghymru', Adran IIE.3.
44. O edrych ar y ffigurau cyfansawdd a ddangosai faint o'r ymatebwyr a oedd yn gwylio unwaith neu fwy yn ystod yr wythnos ceir ffigwr llawer mwy addawol, sef 64 y cant o'r siaradwyr Cymraeg.
45. 'Gwylio a Gwrando yng Nghymru', Adran IIE.6.1.
46. 'Gwylio a Gwrando yng Nghymru', Adran IIE.6.1. Pe cynhwysid 'lled ddiddorol' hefyd yn y dadansoddiad hwn, byddai'r ffigwr yma'n neidio i 93 y cant.
47. *Hel Straeon* (1987–93); *Heno* (1993–2003; 2012–presennol), *Prynhawn Da* (2003–5; 2012–presennol), *Wedi 7* (2003–12) ac *Wedi 3* (2005–12).
48. 'Gwylio a Gwrando yng Nghymru', Adran IIE.6.2. Megis yn achos y ffigurau ar gyfer *Newyddion Saith*, neidiai'r ffigwr hwn i 96 y cant pe cynhwysid y categori 'lled ddifyr' yn y dadansoddiad.
49. 'Gwylio a Gwrando yng Nghymru', Adran IIE.7.1.
50. 'Gwylio a Gwrando yng Nghymru', Adran IIE.9. Derbyniodd dramâu cyfres 36 y cant, ac roedd dramâu unigol, comedi a rhaglenni dogfen yn gydradd ail gyda 26 y cant yr un. Nododd 16 y cant o'r ymatebwyr eu bod yn dymuno gweld rhagor o ffilmiau ar y sianel. Yr oedd hyn yn dangos patrwm ychydig yn wahanol i arolwg Cymdeithas yr Iaith, a ddangosodd nad oedd consenswg barn ynglŷn â thwf mewn darpariaeth dramâu cyfres.
51. CS4C, *Cofnodion nawfed cyfarfod a deugain Awdurdod Sianel Pedwar Cymru*, 7–8 Mehefin 1984, t. 3.
52. 'Gwylio a Gwrando yng Nghymru', Adrannau IIF ac IIC.4.
53. 'Gwylio a Gwrando yng Nghymru', Adran IIE.10.
54. 'Gwylio a Gwrando yng Nghymru', Adran IIE.10. Nododd 21 y cant o'r ymatebwyr yr hoffent weld mwy o raglenni Cymraeg na rhaglenni Saesneg, ac 20 y cant eu bod am weld rhagor o amrywiaeth.
55. 'Gwylio a Gwrando yng Nghymru', Adran IIE.10, Tabl 10.
56. 'Gwylio a Gwrando yng Nghymru', Adran IIC.1, Tabl 6.
57. 'Gwylio a Gwrando yng Nghymru', Adran IID.8. Anghytunodd 18 y cant o'r Cymry Cymraeg, gan eu bod yn dymuno gweld y Gymraeg ar fwy nag

un sianel, a dim ond 9 y cant o'r di-Gymraeg a oedd yn dymuno gweld hynny.
58. CS4C, *Cofnodion cyfarfod hanner cant a phedwar Awdurdod Sianel Pedwar Cymru*, 9 Tachwedd 1984, t. 2.
59. CS4C, *Cofnodion cyfarfod hanner cant a phump Awdurdod Sianel Pedwar Cymru*, 6–7 Rhagfyr 1984, t. 3; clywyd sylwadau yr un mor galonogol gan yr Ysgrifennydd Cartref, Leon Brittan, A.S., yn ei anerchiad i Glwb Busnes Caerdydd ar 7 Ionawr 1985, lle nododd bod y wybodaeth am S4C a ddeuai ato'n ffafriol a bod gwerthiannau'r sianel dramor 'yn galondid iddo'. CS4C, *Cofnodion cyfarfod hanner cant a chwech Awdurdod Sianel Pedwar Cymru*, 10 Ionawr 1985, t. 2.
60. CS4C, *Cofnodion cyfarfod hanner cant a chwech Awdurdod Sianel Pedwar Cymru*, t. 2.
61. CS4C, llythyr oddi wrth Quentin Thomas o'r Swyddfa Gartref at Owen Edwards, 26 Mawrth 1985 – *Papur atodol i Agenda cyfarfod hanner cant a naw Awdurdod Sianel Pedwar Cymru*, 12 Ebrill 1985.
62. CS4C, llythyr oddi wrth Quentin Thomas o'r Swyddfa Gartref at Owen Edwards. Dyma'r cynllun a ffafriwyd gan y Cyngor Darlledu gan ei fod yn pryderu y gallai cynnal adolygiad agored arwain at drafodaethau a allai droi'n chwerw. BBC Written Archive Centre, *Minutes of the 363rd meeting of the Council held at the University College of Wales, Aberystwyth on Friday 19th April 1985*, tt. 6–7.
63. CS4C, *Draft reply to the Home Office letter of 26 March 1985 – Papur atodol i Agenda cyfarfod hanner cant a naw Awdurdod Sianel Pedwar Cymru*, 12 Ebrill 1985, t. 1.
64. CS4C, *Cofnodion trigeinfed cyfarfod Awdurdod Sianel Pedwar Cymru*, 10 Mai 1985, t. 1.
65. ITA/IBA/Cable Authority archive, Bournemouth University, 3997019, RK/6/53, dienw, *News Release – Review of the Fourth Channel in Wales*, 23 Awst 1985.
66. CS4C, *Cofnodion cyfarfod hanner cant a wyth Awdurdod Sianel Pedwar Cymru*, 8 Mawrth 1985, t. 2. Caed adroddiad ar fwriad y CDC yn y cyfarfod hwn o'r awdurdod.
67. Welsh Consumer Council, *Watching S4C: the case for consumer representation for the Fourth Channel in Wales – The Welsh Consumer Council's Evidence to the Home Office Review of the Fourth Channel in Wales*, Hydref 1985.
68. *Watching S4C*, t. 1.
69. Rhaid cofio nad oedd y Ddeddf Darlledu yn mynnu bod y sianel yn ffurfio cyfundrefn ymgynghorol annibynnol, er y rhoddwyd pwyslais arbennig ar feysydd addysg a chrefydd. I'r perwyl hwnnw felly yr oedd i'r sianel ei phwyllgorau cynghori annibynnol yn y meysydd hyn ynghyd â phwyllgor ychwanegol ar apeliadau elusennol.
70. *Watching S4C*, t. 2.
71. *Watching S4C*, tt. 6–14.
72. *Watching S4C*, t. 6.

73. *Watching S4C*, t. 6.
74. *Watching S4C*, t. 7.
75. *Watching S4C*, t. 9.
76. *Watching S4C*, t.10.
77. *Watching S4C*, t. 10.
78. *Watching S4C*, t. 12.
79. *Watching S4C*, t. 10.
80. CS4C, *Minutes of the joint meeting of the Broadcasting Council of Wales and S4C*, 15 Mawrth 1985, t. 3.
81. CS4C, *Minutes of the joint meeting of the Broadcasting Council of Wales and S4C*, t. 3.
82. CS4C, *Minutes of the joint meeting of the Broadcasting Council of Wales and S4C*, t. 3.
83. CS4C, *Minutes of the joint meeting of the Broadcasting Council of Wales and S4C*, tt. 3–4.
84. Casgliad Personol Dr Jamie Medhurst (CPJM), Papurau ADA, *Minutes of the 175th Meeting of the Advisory Committee for Wales*, 27 Medi 1985, t. 5.
85. Papurau ADA, *Minutes of the 175th Meeting of the Advisory Committee for Wales*, t. 5.
86. Papurau ADA, *Minutes of the 175th Meeting of the Advisory Committee for Wales*, t. 5.
87. CS4C, llythyr oddi wrth Christopher Scoble at Owen Edwards, 20 Rhagfyr 1985 – *Papur atodol i Agenda degfed cyfarfod a thrigain Awdurdod Sianel Pedwar Cymru*, 10 Ionawr 1986.
88. CS4C, llythyr oddi wrth Christopher Scoble at Owen Edwards.
89. CS4C, *A Consultative Committee for the WFCA (Draft for Discussion) – Papur atodol i Agenda degfed cyfarfod a thrigain Awdurdod Sianel Pedwar Cymru*, 10 Ionawr 1986, t. 1.
90. CS4C, *Cofnodion degfed cyfarfod a thrigain Awdurdod Sianel Pedwar Cymru*, 10 Ionawr 1986, t. 3.
91. CS4C, *A Consultative Committee for the WFCA (Draft for Discussion)*, t. 3.
92. CS4C, *Adolygiad S4C, Tystiolaeth i'r Swyddfa Gartref (Drafft – Papur 11.85(2)) – Papur atodol i Agenda seithfed cyfarfod a thrigain Awdurdod Sianel Pedwar Cymru*, 7–8 Tachwedd 1985.
93. CS4C, *Adolygiad S4C, Tystiolaeth i'r Swyddfa Gartref*, tt. 3–4.
94. CS4C, *Adolygiad S4C, Tystiolaeth i'r Swyddfa Gartref*, t. 1.
95. CS4C, *Adolygiad S4C, Tystiolaeth i'r Swyddfa Gartref*, tt. 1–2.
96. CS4C, *Adolygiad S4C, Tystiolaeth i'r Swyddfa Gartref*, t. 2.
97. CS4C, *Adolygiad S4C, Tystiolaeth i'r Swyddfa Gartref*, t. 5.
98. CS4C, *Adolygiad S4C, Tystiolaeth i'r Swyddfa Gartref*, t. 6.
99. CS4C, *BBC Response to the Home Office request for views on the continuation of S4C – Papur atodol i Agenda seithfed cyfarfod a thrigain Awdurdod Sianel Pedwar Cymru*, 7–8 Tachwedd 1985, t. 1.
100. CS4C, *BBC Response to the Home Office request for views on the continuation of S4C*, t. 2.

101. CS4C, *BBC Response to the Home Office request for views on the continuation of S4C*, t. 3; CS4C, llythyr Glyn Tegai Hughes at Tom Hooson, 15 Mai 1985.
102. CS4C, *Summary of Broadcasters' Comments (Annex C)* – Papurau atodol i Agenda degfed cyfarfod a thrigain Awdurdod Sianel Pedwar Cymru, 10 Ionawr 1986.
103. ITA/IBA/Cable Authority archive, Bournemouth University, 3997019, RK/6/28, *IBA Submission to the Home Office on the Fourth Channel in Wales*, t. 1.
104. *IBA Submission to the Home Office on the Fourth Channel in Wales*, t. 1.
105. *IBA Submission to the Home Office on the Fourth Channel in Wales*, t. 5.
106. *IBA Submission to the Home Office on the Fourth Channel in Wales*, t. 2.
107. Nodwyd gan Yorkshire Television yn ei dystiolaeth nad oedd y cwmni wedi derbyn unrhyw iawndal yn dilyn ei gyfraniad o £1.5 miliwn tuag at gostau S4C gan nad oedd y cwmni wedi gwneud digon o elw i sicrhau ad-daliad. CS4C, *Summary of Broadcasters' Comments (Annex C)*, t. 2.
108. *IBA Submission to the Home Office on the Fourth Channel in Wales*, t. 2.
109. CS4C, *Summary of Broadcasters' Comments (Annex C)*, t. 1.
110. Yr oedd hwn yn bryder a rannai S4C a C4 fel y dengys eu tystiolaeth i Bwyllgor Peacock. Yr oedd S4C yn argyhoeddedig y byddai newidiadau radical i systemau ariannu'r cyfundrefnau darlledu yn y DU yn cael effaith andwyol ar wasanaeth lleiafrifol fel S4C a oedd yn gweithredu ar ymylon ariannol dwy gyfundrefn, hynny yw, mai canran fechan o arian cwmnïau ITV a gyflwynid i S4C ac mai canran fechan o arian y BBC a ddefnyddid er mwyn cynhyrchu rhaglenni Cymraeg. Credai'r sianel hefyd, oherwydd ei phrofiadau gyda *Sbec*, nad oedd llawer o arian hysbysebu ychwanegol ar gael yn y system, ac felly yn hytrach na chynyddu'r gwariant hysbysebu, credid mai symud eu teyrngarwch o un sianel i un arall y byddai hysbysebwyr, ac, o ganlyniad, byddai'r arian hwnnw'n cael ei daenu'n denau. Byddai sefyllfa o'r fath yn anffafriol iawn i S4C gan y byddai dwy o ffynonellau ariannol y sianel, sef y 10 awr 'am ddim' a ddeuai gan y BBC a'r arian o gyfundrefn ITV a ddeuai trwy'r ADA, o dan fygythiad. CS4C, *Committee on Financing the BBC, WFCA Response to an invitation to submit evidence (draft)* – Papur atodol i Agenda trydydd cyfarfod a thrigain Awdurdod Sianel Pedwar Cymru, 11–12 Gorffennaf 1985.
111. CS4C, *Summary of Broadcasters' Comments (Annex C)*, t. 1.
112. ITA/IBA/Cable Authority archive, Bournemouth University, 3997019, RK/6/32, dienw, *Review of the Fourth Television Channel in Wales – The Views of the IBA's Advisory Committee for Wales*, t. 2 (Hawlfraint OFCOM).
113. Dienw, *Review of the Fourth Television Channel in Wales – The Views of the IBA's Advisory Committee for Wales*, t. 3 (Hawlfraint OFCOM).
114. ITA/IBA/Cable Authority archive, Bournemouth University, 3997016, RK/6/38, Ron Wordley, *The Fourth Channel in Wales, Comments to the Home Office by HTV Limited*, t. 2.
115. Wordley, *The Fourth Channel in Wales, Comments to the Home Office by HTV*

Limited, t. 2. Dengys bod adroddiad blynyddol 1984-5 S4C yn cefnogi datganiad HTV gan y nodir yno bod cyfartaledd cost yr awr rhaglenni HTV am y flwyddyn honno yn £38,459 a chyfartaledd rhaglenni y cynhyrchwyr annibynnol yn £38,108 yr awr. Er hynny, ni cheir dadansoddiad o'r *genres* gwahanol a gynhyrchid oddi mewn i'r cyfartaledd hwnnw yn yr adroddiad hwn. Awdurdod Sianel Pedwar Cymru, *Adroddiad Blynyddol a Chyfrifon, 1984-85* (Caerdydd, 1985), t. 6.

116. Wordley, *The Fourth Channel in Wales, Comments to the Home Office by HTV Limited*, t. 2.
117. Wordley, *The Fourth Channel in Wales, Comments to the Home Office by HTV Limited*, tt. 2-3.
118. Bu ymateb chwyrn i'r datganiad hwn ymysg staff S4C, a phryder y byddai sylw o'r fath yn gwneud drwg i enw da'r sianel. CS4C, *Cofnodion degfed cyfarfod a thrigain Awdurdod Sianel Pedwar Cymru*, 10 Ionawr 1986, t. 2.
119. Wordley, *The Fourth Channel in Wales, Comments to the Home Office by HTV Limited*, t. 3. Nid gwerthu rhyngwladol yn unig y cyfeirir ato yma ond y rhaglenni a werthwyd i weddill rhwydwaith ITV hefyd.
120. Wordley, *The Fourth Channel in Wales, Comments to the Home Office by HTV Limited*, t. 4.
121. Wordley, *The Fourth Channel in Wales, Comments to the Home Office by HTV Limited*, t. 4. Ceir datganiad tebyg yn nhystiolaeth S4C i'r Swyddfa Gartref hefyd, ond yn un o'r drafftiau o'r ddogfen fe nodir bod y gost y pen, pe cyfrifir siaradwyr Cymraeg yn unig, yn fwy na £300 y pen.
122. Wordley, *The Fourth Channel in Wales, Comments to the Home Office by HTV Limited*, t. 4.
123. ITA/IBA/Cable Authority archive, Bournemouth University, 3997016, RK/6/28, William Brown ac Alex Mair, *Memorandum from Scottish Television plc and Grampian Television plc – The Fourth Channel in Wales*.
124. *Memorandum from Scottish Television plc and Grampian Television plc*.
125. Y sefydliadau eraill oedd: Ymddiriedolwyr Capel yr Annibynnwyr Bethesda; yr Eisteddfod Genedlaethol; Cyngor Cymreig y CBI; Rhieni Dros Addysg Gymraeg; Cymdeithas Gelfyddydol Dyffryn Ogwen; Cyngor Eglwys Rydd Ystalyfera; Mudiad Ysgolion Meithrin; Cangen Gorllewin Morgannwg o Fudiad Ysgolion Meithrin; Cyngor Celfyddydau Cymru; Cyd-Bwyllgor Addysg Cymru; Cangen Caerfyrddin Plaid Cymru; Bwrdd Ffilmiau Cymraeg; Cyngor Defnyddwyr Cymru; Cymdeithas Bro Colwyn; Welsh Institute of Public Relations; The Association for Film and Television in the Celtic Countries; Jerusalem Welsh Presbyterian Church; National Foundation for Educational Research in England and Wales; Eglwys Annibynnol y Wern; Interdenominational Welsh-language committee (Arfon Division); canghennau Pwllheli, Bethesda, Abersoch, Ystalyfera, Bae Colwyn, Blaenau Ffestiniog, Chwilog, Llanfyllin, Cricieth, Waunfawr, Mynytho, Trefor a Golan o Ferched y Wawr; Pontypool Retired Men's Society; a'r Swyddfa Gymreig.

126. CS4C, *Review of S4C – Table of Comments Received (Annex B) – Papurau atodol i Agenda degfed cyfarfod a thrigain Awdurdod Sianel Pedwar Cymru*, 10 Ionawr 1986.
127. CS4C, *Review of arrangements for the Fourth Channel in Wales – Papurau atodol i Agenda degfed cyfarfod a thrigain Awdurdod Sianel Pedwar Cymru*, 10 Ionawr 1986, t. 2.
128. CS4C, *Summary of comments from those against present arrangements (Annex D) – Papurau atodol i Agenda degfed cyfarfod a thrigain Awdurdod Sianel Pedwar Cymru*, 10 Ionawr 1986.
129. CS4C, *Summary of comments from those against present arrangements*.
130. CS4C, *Review of arrangements for the Fourth Channel in Wales*, t. 3.
131. CS4C, *Review of arrangements for the Fourth Channel in Wales*, t. 4.
132. CS4C, *Review of arrangements for the Fourth Channel in Wales*, t. 4.
133. *Hansard*, House of Commons, 13 December 1985, col. 796–7.
134. Archif BBC Cymru, Caerdydd, *Mr John Howard Davies – biog*, ffeil S4C (3835).

Cloriannu

Wedi tafoli blynyddoedd ffurfiannol S4C, cesglir mai gorchest fwyaf Awdurdod Sianel Pedwar Cymru a'i gyfraniad mwyaf yn ystod y cyfnod prawf oedd ei fod yn fodd i newid y tirlun darlledu yng Nghymru yn gyfan gwbl. Yn ddiamau, llwyddwyd i ennill llawer mwy i'r gynulleidfa Gymraeg na'r disgwyl yn dilyn ail dro pedol William Whitelaw, er na lwyddwyd i wireddu holl ddyheadau a galwadau'r gwrthdystwyr yn ystod yr 1960au a'r 1970au. Sefydlwyd gwasanaeth a oedd yn cynnig mwy o reolaeth i Gymru dros ddarlledu yn Neddf Darlledu 1981 trwy ffurfio awdurdod darlledu cwbl newydd, annibynnol a feddai ar yr holl hawliau statudol angenrheidiol i reoli ac arolygu ei faes gorchwyl. Golygai'r statws hwnnw nad oedd yn rhaid i awdurdod y bedwaredd sianel yng Nghymru fod yn ddarostyngedig nac ymddwyn yn wasaidd tuag at unrhyw bŵer arall yn y byd darlledu; gallai yn hytrach ymdrin â hwy, mewn egwyddor, ar delerau cyfartal. Yr oedd y statws hwn yn llawer mwy na'r un a gyflwynwyd i Channel 4 (C4), gan y rhoddwyd i C4, yn hytrach, statws is-gwmni i'r Awdurdod Darlledu Annibynnol (ADA) ac, o ganlyniad, yr oedd bwrdd y sianel honno yn atebol i'r awdurdod darlledu ac ar drugaredd mympwyon ei brif swyddogion.[1] Bu'r berthynas honno yn un lawn tensiwn, yn enwedig gan y coleddai swyddogion C4 y gred fod yr ADA, ar rai achlysuron, yn ystyried buddiannau cwmnïau rhwydwaith ITV ar draul yr hyn a oedd orau ar gyfer C4. Arbedwyd Awdurdod S4C rhag y tensiynau hynny trwy gyflwyno iddo reolaeth dros ei weithgareddau ei hun, ac annibyniaeth a olygai y gallai fynd ati i wneud penderfyniadau golygyddol a llunio a gweithredu ei flaenoriaethau ei hun ar gyfer arlwy a darpariaeth y sianel.[2] Yr oedd yr annibyniaeth hon yn cydnabod mai sefydliad Cymreig gydag aelodau a oedd wedi eu trwytho yn niwylliant a chymhlethdodau gwleidyddol Cymru oedd yr unig sefydliad a allai wneud penderfyniadau doeth ynglŷn â ffurf a blaenoriaethau sianel Gymraeg. Trwy sefydlu Awdurdod S4C, cafwyd cydnabyddiaeth na fyddai gosod amodau a chanllawiau gan sefydliadau Llundeinig na Phrydeinig yn ateb y gofyn. Cyflwynwyd i dirlun darlledu Prydain, felly, drydydd awdurdod darlledu gan weddnewid patrwm rheoli'r diwydiant a oedd wedi bodoli yn ddigyfnewid ers 1955.

Yn ogystal â newid y tirlun darlledu Prydeinig, yr oedd S4C yn rhan o ddatblygiad chwyldroadol o fewn y diwydiant, a hynny gan ei bod yn cynnig patrwm gweithredu newydd i sianeli. Yr oedd y system darlledwr-gyhoeddwr a ddefnyddiwyd am y tro cyntaf gyda lansiad S4C a C4 yn sbardun i rym newydd dyfu, ffynnu a chystadlu â'r cyfundrefnau mawrion a oedd wedi tra-arglwyddiaethu ar y diwydiant teledu ym Mhrydain. Yr oedd dyfodiad y cynhyrchwyr annibynnol yn gweddnewid y sector ddarlledu yn llwyr, a bu'r twf yn y sector hon yng Nghymru yn allwedd i weddnewid darlledu trwy gyfrwng y Gymraeg. Prin iawn oedd y cynhyrchwyr annibynnol a gaed yng Nghymru ar ddechrau 1981 pan ffurfiwyd yr awdurdod newydd. Dim ond clwstwr bychan o unigolion a oedd â diddordeb mewn gweithredu fel cynhyrchwyr pe bai'r amgylchiadau'n ffafriol. Erbyn diwedd cyfnod prawf y sianel yn 1985 yr oedd y cynhyrchwyr annibynnol wedi tyfu'n sector fawr a chref ac wedi eu gwasgaru ar draws Cymru, ac nid wedi eu lleoli yng nghyffiniau Caerdydd yn unig. Yn y cyfnod rhwng 1981 a diwedd blwyddyn ariannol 1985–6, yr oedd y sianel wedi comisiynu rhaglenni gan 56 o gynhyrchwyr annibynnol gwahanol, gyda chyfartaledd o 36 o gwmnïau yn cynhyrchu rhaglenni iddynt bob blwyddyn.[3] Sefydlwyd uned ddarlledu allanol Barcud er mwyn gwasanaethu nifer o'r cwmnïau hynny, a'u galluogi i gystadlu â'r BBC a HTV trwy ddefnyddio canolfannau ledled Cymru i ffilmio a chynhyrchu rhaglenni a fyddai gan amlaf yn cael eu cynhyrchu mewn stiwdio yng Nghaerdydd. Ynghyd â thwf aruthrol yn nifer y cynhyrchwyr annibynnol, erbyn 1984 yr oeddent fel sector wedi ffurfio cymdeithas fasnach er mwyn gofalu am eu buddiannau, sef Teledwyr Annibynnol Cymru (TAC) ac, yn 1985, dechreuwyd trafodaethau i ystyried anghenion hyfforddiant y diwydiant a fyddai'n arwain ymhen blwyddyn at sefydlu Cyfle yn 1986. Mewn pedair blynedd felly yr oedd y cynhyrchwyr annibynnol wedi tyfu o fod yn glwstwr annelwig ac amhendant o unigolion y bu S4C yn eu meithrin a'u hannog i fod yn sector lwyddiannus a oedd yn gofalu am ei buddiannau ei hun, yn cynllunio tuag at ddyfodol ffyniannus ac yn darparu arlwy ddeniadol a safonol ar gyfer S4C.

Cafwyd nifer o sgileffeithiau dylanwadol a sbardunwyd gan ddatblygiad y berthynas rhwng S4C a'r cynhyrchwyr annibynnol, ac un o'r amlycaf ohonynt oedd i nifer o'r cynhyrchwyr ymsefydlu mewn ardaloedd lle yr oedd diweithdra yn uchel, megis ardaloedd o ogledd-orllewin Cymru a Bae Caerdydd, gan gyfrannu at economïau'r ardaloedd bregus hyn. Darparwyd gwaith yn sgil hynny mewn ardaloedd Cymreig, ac er nad ataliwyd llif yr allfudo o ardaloedd gwledig i ddinasoedd de Cymru a Lloegr, fe ddangoswyd bod modd sefydlu busnesau llwyddiannus, cynhyrchu rhaglenni teledu deniadol a difyr a bod cyfleoedd cyffrous i weithio mewn diwydiant newydd atyniadol, a hynny yng nghefn gwlad Cymru. Yr oedd dyfodiad y cynhyrchwyr annibynnol hefyd yn allweddol i sicrhau bod lle i newydd-ddyfodiaid fentro i fyd darlledu. Bu S4C yn sbardun i nifer o unigolion adael y darlledwyr mawrion a sefydlu eu cwmnïau cynhyrchu eu hunain. Anogwyd nifer o gynhyrchwyr a chyfarwyddwyr i gefnu ar eu swyddi diogel gan swyddogion S4C er mwyn cryfhau'r sector. Cafwyd dau ganlyniad arwyddocaol. Yn gyntaf, galluogwyd yr unigolion hynny i ymwneud â datblygu eu syniadau creadigol eu hunain, yn hytrach na gwireddu syniadau eraill a gweithredu yn ôl blaenoriaethau sefydliadol. Yn ail, yr oedd yn creu cyfleoedd oddi mewn i'r ddau brif ddarlledwr, y BBC a HTV, i bobl ifanc dibrofiad gael mynediad i'r diwydiant a chael hyfforddiant angenrheidiol. Oherwydd y cynnydd sylweddol a'r amrywiaeth gryfach a nodweddai'r ddarpariaeth Gymraeg a gynhyrchid gan y BBC a HTV ar gyfer S4C, bu recriwtio sylweddol o fewn y ddau ddarlledwr a chafwyd chwistrelliad o waed newydd ac egni i'r diwydiant teledu yng Nghymru ac i'r arlwy teledu Cymraeg a oedd yn gwbl allweddol i lwyddiant y sianel a'i hapêl i'r gynulleidfa.

Cyflwynwyd bwrlwm newydd i'r diwydiant a'r arlwy nid yn unig oherwydd y gwaed newydd ymhlith staff y darlledwyr ond oherwydd yr amrywiaeth ehangach o syniadau a gynhyrchid trwy gyfrwng y Gymraeg. Yn sicr yr oedd dyfodiad y cynhyrchwyr annibynnol yn sbardun i'r datblygiad hwnnw, gan eu bod yn dyfeisio ac yn cynnig syniadau a oedd yn wahanol i'r rhai a gynhyrchid gan y BBC a HTV. Y gwahaniaeth pennaf oedd nad oedd eu syniadau yn cael eu llyffetheirio gan gyfyngiadau stiwdio: yr oedd y cynhyrchwyr annibynnol felly yn mynd ati i leoli eu rhaglenni mewn ardaloedd ledled Cymru. Yr oedd y cynhyrchwyr annibynnol, nid yn unig yn nes at eu cynulleidfa a'r gymuned Gymreig o ran lleoliadau eu hamryfal swyddfeydd, ond roeddent hefyd yn darlunio y cymunedau hynny, yn gymeriadau ac yn lleoliadau yn eu cynyrchiadau. Yr oedd gweithgareddau'r cynhyrchwyr annibynnol hefyd yn cyfrannu yn economaidd at yr ardaloedd hynny wrth i'r cynhyrchwyr gyflogi staff a defnyddio nifer o wasanaethau lleol atodol. Yr oedd sgileffeithiau economaidd nid ansylweddol felly i'r newydd-ddyfodiaid i ddarlledu Cymraeg, a bu'r buddiannau ychwanegol hyn yn allweddol wrth ennill enw da i'r sianel gan fod S4C nid yn unig yn darparu arlwy estynedig trwy gyfrwng y Gymraeg, ond hefyd yn buddsoddi yn economaidd mewn ardaloedd ac mewn cymunedau. Yr oedd y sgileffeithiau economaidd hyn yn strategaeth fwriadol gan Awdurdod S4C er mwyn sicrhau bod y sianel a'i gweithgareddau wedi eu gweu i mewn i fuddiannau y tu hwnt i'r byd darlledu. Rhwymwyd gweithgareddau'r sianel wrth fuddiannau eraill i'r fath raddau nes gwarantu y byddai'n gymaint â hynny'n anos ei diddymu, heb effeithio'n andwyol ar nifer o sectorau a diwydiannau eraill yn y broses. Yr oedd y strategaeth fwriadol hon yn un hynod graff ar ran y sianel, gan ei bod yn cydnabod bod angen sicrhau gwerth ychwanegol er mwyn cyfiawnhau a chadarnhau ei bodolaeth. Byddai dibynnu'n llwyr ar ffigurau gwylio yn gynllun anghyfrifol, gan nad oedd modd ffurfio cymhariaeth deg ag ystadegau sianeli eraill, ac y gellid eu defnyddio gan wrthwynebwyr y sianel er mwyn cyflwyno beirniadaeth hallt ar gost y gwasanaeth.

Oherwydd y cyfuniad unigryw o ffynonellau rhaglenni gan y BBC, HTV a'r cynhyrchwyr annibynnol, a'r telerau gwahanol a fodolai rhwng y sianel a'i darparwyr, yr oedd S4C yn anad dim yn bartneriaeth yn ei blynyddoedd cynnar. Yr oedd hyn yn glir o'r dechrau a hynny oherwydd cyfansoddiad yr awdurdod, gan y penodwyd cynrychiolydd o'r BBC, yr ADA a C4, a dau aelod annibynnol iddo. Er nad oedd y ddeddf yn mynnu cynrychiolwyr o'r carfanau gwahanol ar yr awdurdod, yr oedd presenoldeb yr aelodau hyn wedi sicrhau bod i'r awdurdod aelodau a oedd wedi eu trwytho yn y tirlun darlledu Cymreig. Yr oedd y wybodaeth a feddai Alwyn Roberts, Glyn Tegai Hughes, yr Athro Huw Morris-Jones a Gwilym Peregrine, ynghyd â'u cysylltiadau sefydliadol, yn sicrhau y gellid gwneud penderfyniadau allweddol yn gyflym. Bu William Whitelaw yn hirben, felly, wrth lynu wrth yr egwyddor hon yn wyneb gwrthwynebiad cryf o sawl carfan, gan fod y cysylltiadau sefydliadol yn arf anhepgor yn y cyfnod byr o baratoi a gafodd yr awdurdod cyn lansio'r sianel. Ynghyd â'r wybodaeth hollbwysig a feddai'r aelodau yr oedd eu presenoldeb ar yr awdurdod yn sicrhau bod ewyllys da ac ymrwymiad wrth lwyddiant y sianel o bwys i'r amryfal sefydliadau darlledu eraill. Bu'r sianel hefyd yn ddibynnol iawn ar bob sefydliad yn ei dro wrth ymdrin â materion amrywiol, er enghraifft, dibynnwyd ar yr ADA i sicrhau bod ei darllediadau cyntaf ar gael i'r nifer fwyaf posibl o wylwyr Cymreig ar ei noson agoriadol trwy ei rwydwaith trosglwyddyddion, gan gynnig y cyfle gorau posibl i'r sianel lwyddo a denu gwylwyr. Yr oedd S4C yn ddibynnol ar ewyllys da o fewn y BBC tuag at y sianel Gymraeg a hynny gan fod y gorfforaeth, oherwydd y trefniant ariannol, yn cadw rheolaeth olygyddol dros ei rhaglenni a ddarlledid gan y sianel Gymraeg. Yr oedd hi felly yn angenrheidiol i swyddogion S4C ymddiried yn y BBC a'i staff i ddarparu rhaglenni safonol a difyr o fewn y 10 awr a ddarperid yn rhad ac am ddim, a heb yr ymddiriedaeth honno, yr oedd potensial i'r berthynas rhwng y ddwy garfan suro gan gael effaith andwyol ar y ddarpariaeth. Dibynnwyd hefyd ar hwylustod y berthynas gyda C4 oherwydd y cytundeb i ddarparu'r rhaglenni Saesneg yn rhad ac am ddim a chan na fu unrhyw wrthwynebiad i'r egwyddor y gallai swyddogion S4C amserlennu a dethol y rhaglenni hynny yn ôl eu dymuniad. Gellir priodoli hynny i'r berthynas a gaed rhwng y ddau brif weithredwr, ond gellid hefyd ystyried i bresenoldeb Glyn Tegai Hughes ar fwrdd rheoli C4 ac Awdurdod S4C gyfrannu at y rhwyddineb hwnnw. Er y bu tensiynau sylweddol yn y berthynas rhwng S4C a HTV, ac er i'r cwmni masnachol frwydro ar y cyd â gweddill rhwydwaith ITV i sicrhau'r bedwaredd sianel at eu defnydd hwy gan rannu'r Gymraeg rhwng dwy sianel, ar ôl i'r penderfyniad i sefydlu S4C gael ei gyhoeddi bu HTV yn allweddol wrth sicrhau telerau teg i'r sianel. Ymwrthododd HTV â'r pwysau i gydsynio â'r cwmnïau rhwydwaith ITV eraill na ddylid talu am S4C o'u coffrau hwy. Yn hytrach nag ymwrthod â'r drafodaeth, aeth HTV ati i hyrwyddo'r ffaith fod angen sicrhau arian teilwng gan nad oedd cynhyrchu rhaglenni Cymraeg safonol yn rhatach na chynhyrchu rhaglenni Saesneg ar gyfer cynulleidfaoedd mwy. Ar ôl yr holl ymgecru dros arian a gaed rhwng HTV a S4C, llwyddodd swyddogion y cwmni i gladdu unrhyw ddrwgdeimlad a grëwyd gan ymrwymo i gynhyrchu rhai o raglenni mwyaf apelgar a hirhoedlog y sianel.

Nid cefnogaeth y sefydliadau darlledu yn unig a oedd yn allweddol i lwyddiant a pharhad y sianel: bu ewyllys da y llywodraeth Geidwadol a'r gwasanaeth sifil yn dyngedfennol hefyd. Gorfodwyd y llywodraeth i wneud tro pedol a godod gywilydd arni, ond, er hynny, ni fu'r gweinidogion na'r swyddogion yn ddialgar tuag at y sianel wedi'r embaras hwnnw. Yn dilyn y penderfyniad i osod rhaglenni Cymraeg ar un sianel, rhoddwyd pob chwarae teg i'r sianel lwyddo ac fe sicrhawyd telerau ariannol teilwng iddi mewn cyfnod o gyni ariannol, a bu'r llywodraeth yn gadarn ar y mater hwnnw yn wyneb gwrthwynebiad chwyrn gan gwmnïau rhwydwaith ITV. Yn wir, ar noson agoriadol y sianel cyhoeddodd Gwynfor Evans:

> maen nhw wedi ymddwyn yn gwbl anrhydeddus mae'n rhaid i mi ddweud hyn, y llywodraeth, byth ers i ni gael y fuddugoliaeth hon, maen nhw wedi bod yn hael ac yn barod i fynd bob cam o'r ffordd y gallen nhw i sicrhau bod yna lwyddiant i'r sianel Gymraeg.[4]

Parhaodd ymrwymiad y llywodraeth i lwyddiant y sianel gydol y cyfnod prawf. Wrth i'r sianel wynebu adolygiad i'w gweithgareddau, yr oedd y gweision sifil wedi eu hargyhoeddi mai parhad y sianel oedd yr ateb gorau ar gyfer dyfodol darlledu yn yr iaith Gymraeg. Ceir tystiolaeth o'r agwedd honno ym mhenderfyniad swyddogion Whitehall i ymgynghori â'r awdurdod a'r swyddogion ynglŷn â'r ffurf fwyaf addas ar gyfer yr adolygiad, er mwyn sicrhau ei fod yn gynhwysfawr ei natur ond eto yn cael ei weithredu mewn modd hwylus na fyddai'n arwain at ansicrwydd andwyol i'r sianel na'r sector ddarlledu. Yr oedd ewyllys da ac ymrwymiad i'r sianel o bob cyfeiriad yn allweddol felly, a bu'n ffactor hollbwysig i'w llwyddiant yn ystod ei chyfnod prawf wrth iddi brofi'n ddiamheuol mai darlledu rhaglenni Cymraeg ar un sianel oedd yr unig ateb a lwyddai i ddiwallu anghenion y gynulleidfa Gymraeg am wasanaeth cyflawn ac a lwyddai i leihau yn sylweddol y tensiynau a geid rhwng y carfanau ieithyddol yng Nghymru.

Yr oedd gweledigaeth unigolion yr un mor dyngedfennol i barhad y sianel. Er i bob aelod o'r awdurdod a phob aelod o staff wneud cyfraniad allweddol ac unigryw i lwyddiant y sianel, yr oedd cyfraniadau, syniadau a phrofiad rhai unigolion wrth lunio patrwm gweithredu'r sianel yn dyngedfennol i'w llwyddiant. Bu penodiad Owen Edwards yn arwyddocaol i'r fenter a hynny gan ei fod yn dod â phrofiad helaeth o reoli gwasanaeth darlledu yng Nghymru, ac yr oedd wedi goruchwylio datblygiad a thwf y gwasanaeth teledu Cymraeg i blant a lansiad BBC Radio Cymru a BBC Radio Wales yn ystod yr 1970au. Rhoddodd yr enw da a enillodd oherwydd y gweithgareddau hynny yn y BBC hygrededd newydd i fenter y sianel Gymraeg a gallai'r sylwebyddion a'r gymuned Gymreig gredu y gellid gwireddu'r freuddwyd mewn modd effeithiol a pharhaol. Deuai'r hygrededd hwnnw nid yn unig o'i brofiad proffesiynol ond hefyd o'i linach gan ei fod yn aelod o deulu a oedd wedi cyfrannu'n helaeth i ffyniant y Gymraeg, gan sicrhau ei bod yn parhau'n iaith fyw. Ynghyd â'r credadwyedd hwnnw, yr oedd perthynas Owen Edwards â'r BBC yn Llundain a swyddogion yr adran ddarlledu yn y Swyddfa Gartref yn arwyddocaol er mwyn ymdrin â'r sianel gyda pharch.

Yr oedd penodiad Syr Goronwy Daniel yn ogystal yn cynnig hygrededd i'r sianel, ac yntau yn enw cyfarwydd i'r gymuned Gymreig ac yn feistr ar ddiplomydda gan iddo dreulio'i yrfa yn ymdrin â gwleidyddion ac yn trin a thrafod polisi. Yr oedd ymwybyddiaeth a phrofiad Syr Goronwy Daniel ym maes ystadegau ac economeg hefyd yn allweddol i'r sianel, gan mai ei weledigaeth graff ef a esgorodd ar strategaeth a wreiddiodd y sianel yn ddwfn yn ffyniant economaidd Cymru. Er mai Syr Goronwy Daniel oedd ysgogwr y strategaeth hon, yr oedd brwdfrydedd aelodau o staff y sianel i weithredu'r cynlluniau, a Chris Grace yn benodol trwy sefydlu cytundebau creu nwyddau yn seiliedig ar raglenni S4C, yn allweddol i sicrhau llwyddiant aruthrol y strategaeth yn ystod y cyfnod prawf. Aethpwyd ati i greu ymateb, creu sgileffeithiau, creu enw da a gwneud y sianel yn berthnasol i'r Gymru fodern. Yr oedd holl weithgareddau atodol y sianel trwy'r cwmni Mentrau yn cyfrannu tuag at yr ethos honno o wneud y sianel yn anhepgor i economi Cymru ac yn rhan hanfodol o'r ddelwedd o Gymru dramor. Yr oedd strategaeth o'r fath yn rhwymo ffyniant sectorau ac ardaloedd penodol i lwyddiant y sianel gan ei gwneud hi'n anos os nad yn amhosibl ei diddymu heb gael effaith bellgyrhaeddol ar economi ehangach y wlad.

Unigolyn arall y gellir gweld ôl ei weledigaeth yn glir ar y sianel oedd y golygydd rhaglenni cyntaf, Euryn Ogwen Williams. Cyn unrhyw un arall yr oedd Euryn Ogwen Williams wedi gweld potensial y cyfraniad y gellid ei wneud gan gynhyrchwyr annibynnol i ddarpariaeth Gymraeg ehangach. Ef yn anad neb a fu'n gyfrifol am hyrwyddo achos y cynhyrchwyr annibynnol gerbron yr awdurdodau perthnasol wrth iddynt ystyried sut i ddiwallu'r gofyn am ragor o oriau o raglenni Cymraeg. Yn dilyn ei benodiad i swydd golygydd rhaglenni'r sianel, mae'n amlwg iddo hyrwyddo'r weledigaeth honno'n fewnol wrth annog a chymell y sector annibynnol i dyfu a datblygu fel bod modd iddi gystadlu â darpariaeth y BBC a HTV, a chynnig arlwy safonol i'r sianel. Bu llwyddiant S4C felly yn ganlyniad i gyfuniad o ffactorau, yn bartneriaethau, ewyllys da a gweledigaethau unigolion allweddol ac yr oedd y cyfraniadau hyn o'r pwys mwyaf wrth i'r sianel fentro i'w chyfnod prawf.

Yr hyn sy'n anodd ei amgyffred wrth edrych yn ôl ar ddyddiau cynnar y sianel yw mai arbrawf tair blynedd yn unig oedd S4C i ddechrau. Nid oedd S4C yn arbrofol yn yr un ystyr â C4, a oedd â'r dasg o geisio darparu gwasanaeth a oedd yn cynnig rhagor o amrywiaeth a rhaglenni arbenigol i'r gynulleidfa Brydeinig. Yr oedd disgwyl yn hytrach i S4C fynd ati i sefydlu sianel nad oedd rheidrwydd y byddai'n bodoli ar ôl i'r cyfnod o dair blynedd ddod i ben. Yn hytrach na mynd ati i sefydlu sianel fechan, hyblyg y byddai'n hawdd ei datgymalu neu ei haddasu ar ddiwedd y cyfnod hwnnw, aeth yr awdurdod ati i sefydlu sianel y byddai'n gynyddol anodd i'r llywodraeth ei difodi. Yr oedd y cysyniad o arbrawf, er hynny, yn dylanwadu ar benderfyniadau a'r modd yr oedd swyddogion y sianel yn ymateb i wahanol sialensiau. Ym marn Chris Grace yr oedd y cyfnod o baratoi cyn i'r sianel ddechrau darlledu yn un anodd oherwydd y pwysau aruthrol a oedd arni i lwyddo, ond hefyd oherwydd y diffyg hyder, ymysg darlledwyr yn benodol, y byddai'r fenter yn llwyddo. Bu'n gyfnod y teimlodd swyddogion S4C fagl methiant o amgylch eu gyddfau wrth iddynt ymdrechu hyd eithaf eu gallu i sicrhau ei llwyddiant.[5]

Ceir tystiolaeth bellach o'r pryder cefndirol hwnnw yn y modd y bu'r awdurdod a'r swyddogion yn ymdrin â ffigurau gwylio. Yr oedd angen i'r sianel ddenu cynulleidfaoedd parchus, ac er ei bod hi'n wybyddus na fyddai'r sianel fyth yn sicrhau ffigurau gwylio a oedd yn cyfateb i'r hyn a geid gan sianeli eraill, yr oedd rheidrwydd ar y sianel i ddenu canran rhesymol o'r gynulleidfa Gymraeg. Roedd yr ystyriaethau hyn yn dylanwadu ar y polisi o gynhyrchu rhaglenni poblogaidd a fyddai'n apelio at y gynulleidfa ehangaf posibl er mwyn sicrhau ffigurau gwylio iach. Bu'r polisi hwn yn llwyddiant yn ystod misoedd cyntaf y darlledu. Ond wedi'r ffigurau gwylio uchel (nad oedd yn ddarlun realistig o gynulleidfa'r sianel), cafwyd y cwymp anochel, a gwelwyd pryder am yr adolygiad a thynged y sianel yn y modd yr ymatebodd yr awdurdod i'r ffigurau gwylio negyddol trwy lunio adroddiadau swmpus yn dadansoddi'r ffigurau a gofyn i BARB adolygu ac ailystyried ei ddulliau. Nid oedd yr ymateb y tu hwnt i bob rheswm, ond yr oedd y sianel yn awyddus i sicrhau y gellid llunio'r darlun gorau posibl ohoni gan y cyhoeddid y ffigurau gwylio yn y wasg, ac y defnyddid y ffigurau er mwyn mesur llwyddiant neu aflwyddiant y sianel. Gwyddai'r awdurdod yn iawn y gallai'r straeon negyddol hyn gael effaith ar y farn gyhoeddus ac, yn ei dro, ar ganlyniad yr adolygiad.

Ynghyd â'r angen i apelio at y gynulleidfa ehangaf posibl yr oedd angen gwrthbrofi'r holl broffwydi gwae a dangos yn ddiamheuaeth y gellid cynnal gwasanaeth cyflawn a safonol yn y Gymraeg. Aeth y sianel ati felly i sicrhau bod amrywiaeth eang o raglenni yn cael eu comisiynu a bod y sianel a'i darparwyr yn dyfeisio rhaglenni a chyfresi a oedd yn uchelgeisiol. Mynnid nad rhaglenni plwyfol yn unig y gallai sianel Gymraeg eu hariannu a'u darparu ar gyfer ei chynulleidfa. Yr oedd y strategaeth newyddion o drin a thrafod digwyddiadau o bwys y tu hwnt i ffiniau Cymru ynghyd â newyddion lleol, a'r patrwm a ddatblygwyd gyda'r rhaglen materion cyfoes *Y Byd ar Bedwar* o ymdrin yn fanwl â materion rhyngwladol, o Giwba i Ethiopia ac o Gymru i'r Ariannin, yn destament o'r uchelgais hwnnw. Yr oedd amheuaeth wirioneddol fod digon o dalent perfformio ar gael yng Nghymru i ddiwallu'r cynnydd yn y ddarpariaeth, a bu'r sianel yn ymwybodol iawn o'r angen i ddangos yn glir nad oedd prinder. Yn sicr ni lwyddodd y sianel i ddileu'r gŵyn am 'yr un hen wynebau' yn llwyr, ond bu'n ysgogiad i nifer o bobl ifanc i fentro i'r maes. Yr oedd y gweithgareddau hyn yn dangos yn ddiamheuol nad oedd sail i'r pryderon hynny nad oedd digon o dalent yng Nghymru i gynnal gwasanaeth Cymraeg.

Yr oedd rheidrwydd ar y sianel hefyd i beidio ag amddifadu'r gynulleidfa ddi-Gymraeg o ormod o gynnwys C4 er mwyn lleihau'r cwynion a fu'n bla yn ystod yr 1960au a'r 1970au. Gan mai dim ond diwrnod yn unig a oedd rhwng lansiad S4C a C4, nid oedd amser i S4C ymsefydlu yn y tirlun darlledu ac ym mhatrymau gwylio'r gynulleidfa cyn i C4 ddechrau darlledu. O'r herwydd yr oedd pryder y gallai cyhoeddusrwydd ynghylch y sianel Saesneg roi camargraff i'r gynulleidfa ddi-Gymraeg ei bod yn colli darpariaeth Saesneg deniadol a hynny oherwydd gofynion y gynulleidfa leiafrifol Gymraeg. Yr oedd hi'n angenrheidiol i'r sianel Gymraeg, er mwyn diwallu prif ofyn y Swyddfa Gartref, ddangos nad oedd unrhyw alwadau sylweddol i ddychwelyd at y patrwm dwy sianel, ac aethpwyd ati i wireddu hynny trwy sicrhau nad oedd hi'n cynddeiriogi'r gynulleidfa ddi-Gymraeg. Yr oedd y berthynas hwylus a fodolai rhwng S4C a C4 wedi sicrhau bod gan swyddogion y sianel Gymraeg rwydd hynt i amserlennu'r rhaglenni Saesneg mewn modd a oedd yn eu galluogi i ddarlledu y rhan helaethaf o'r rhaglenni a ddangosid ar C4 ar S4C hefyd. Bu'r hyblygrwydd hwnnw yn allweddol i sicrhau bod modd i'r gynulleidfa yng Nghymru wylio rhaglenni C4, er nad ar yr amser yr hysbysebid hwy yn Lloegr. Parheid i dderbyn llythyrau yn cwyno am amseru'r rhaglenni Saesneg, a phan ddarlledid rhaglenni Cymraeg gydag is-deitlau Saesneg ar y BBC yn enwedig atgyfodwyd yr hen deimladau cas.

Dengys yr enghreifftiau hyn yn glir fel y bu S4C yn falm i'r poenau hynny ac i fynegiant cyhoeddus o sylwadau gwrthwynebus i raglenni Cymraeg, ond ni fu'r sianel yn wellhad llwyr. Dadleuir felly nad diddymu'r trafferthion yn llwyr a wnaed gyda sefydlu S4C ond yn hytrach eu trosglwyddo o ddwy sianel boblogaidd i un sianel leiafrifol. Nid oedd S4C felly yn ateb perffaith i ddarlledu yng Nghymru, ond ar ddechrau yr 1980au nid oedd gorlawnder o sianeli i'w dosbarthu, ac felly rhannu'r bedwaredd sianel rhwng cynnwys Cymraeg a Saesneg oedd yr unig ateb posibl i drafferthion darlledu Cymru. Dadleuir hefyd yr ystyriai swyddogion ac Awdurdod S4C ganlyniad yr arolwg a pharhad y sianel yn bwysicach na dilyn canllaw y Ddeddf Darlledu a syniadau gwreiddiol y llywodraeth yn slafaidd. Anwybyddwyd geiriad y ddeddf a fynnai ddarlledu rhaglenni Saesneg C4 yn unol ag amserlen y sianel honno y tu hwnt i'r oriau brig, a hynny er mwyn osgoi creu sianel a gwasanaeth Cymraeg a deimlai fel eithriad rhanbarthol o wasanaeth Prydeinig. Sylweddolwyd yn gynnar iawn yn hanes y sianel nad oedd hwnnw'n batrwm a fyddai'n tawelu'r dyfroedd, felly aethpwyd ati i weithredu patrwm a oedd yn llawer tebycach o leihau'r tensiynau a darparu'r gwasanaeth gorau i'r gynulleidfa yng Nghymru. Dengys y weithred hon fod yr arolwg, ynghyd â disgwyliadau'r gynulleidfa, yn flaenllaw ym meddyliau'r swyddogion a'r awdurdod wrth iddynt ddehongli ysbryd y ddeddf yn hytrach na dilyn ei chanllawiau yn llythrennol.

Oherwydd yr ymdrech aruthrol a fu i sicrhau bod y sianel yn llwyddo gyda'r gweithgareddau hyn, bu adolygiad y Swyddfa Gartref yn fater o ffurfioldeb yn unig yn hytrach nag adolygiad hynod fanwl o holl weithgareddau'r sianel. I'r perwyl hwnnw, ac yn unol â'r addewid a gaed gan y Swyddfa Gartref, aethpwyd ati i asesu a oedd yna unrhyw dystiolaeth y dymunai y mwyafrif o aelodau'r gynulleidfa yng Nghymru ddychwelyd i'r egwyddor o ddarlledu rhaglenni Cymraeg ar draws sawl sianel. Gellid dadlau y golygai'r penderfyniad hwnnw mai *fait accompli* oedd canlyniad yr adolygiad a hynny gan fod y sianel wedi llwyr ymsefydlu ym mhatrymau gwylio nifer fawr o gartrefi ac aelwydydd Cymraeg a chymysg, ac wedi tawelu'r dyfroedd o ran cwynion o'u cymharu â'r teimladau tymhestlog a welwyd yn y dyddiau cyn i'r sianel gael ei sefydlu. Yr oedd hwn yn benderfyniad teg yn y cyfnod, ond yr oedd y diffyg golwg feirniadol a roddwyd i weithgaredd ehangach y sianel yn 1985 yn gosod cynsail i'r ffordd yr ymdriniwyd â'r sianel ers hynny, tawedogrwydd sydd wedi arwain, yn ôl nifer o sylwebyddion, at rai o drafferthion diweddar y sianel.

Ar ddiwedd 1985, wedi cyhoeddi canlyniad arolwg y Swyddfa Gartref, yr oedd y sianel yn cychwyn ar bennod newydd yn ei hanes yn llawn sicrwydd ynghylch ei dyfodol. Bu sialensiau diamheuol yn ystod y cyfnod prawf, ond wrth i'r degawd fynd rhagddo byddai heriau cwbl newydd yn wynebu'r sianel wrth iddi geisio adeiladu ar lwyddiant y blynyddoedd cynnar. Byddai argymhellion Pwyllgor Peacock a'u heffaith ar agwedd C4 tuag at werthu ei hysbysebion ei hun yn arwain at newid chwyldroadol ym mhatrwm ariannu'r sianel. Byddai datblygiadau technolegol a thwf teledu lloeren ac aml-sianel yn arwain at ragor o gystadleuaeth i arlwy'r sianel, a brwydrau pellach i sicrhau bod y sianel a'i rhaglenni yn parhau yn gyfoes ac yn apelgar ar gyfer y gynulleidfa Gymraeg. Byddai gweddill y degawd hefyd yn gweld newidiadau sylweddol ym mhatrwm comisiynu'r sianel wrth i HTV golli rhagor o dir i'r cynhyrchwyr annibynnol wrth i ddeinameg a phŵer y sector gynhyrchu yng Nghymru newid. Ymddengys felly fod hanes cyfoethog a throellog i ddatblygiadau'r sianel ar ôl 1985, cyfnodau sydd yn haeddu sylw ac astudiaeth bellach er mwyn deall yn llwyr ddatblygiad y sianel.

Dengys y gyfrol hon gyn lleied o ymchwil academaidd, ddadansoddol a wnaed ar S4C dros y tri degawd diwethaf. Ymddengys y bu tawelwch llethol ynglŷn â nifer o weithgareddau'r sianel oherwydd ofn cynhenid y gallai beirniadaeth hallt neu ddadansoddiad anffafriol arwain at beryglu ei bodolaeth. Caed tawelwch hefyd ymysg y sector ddarlledu ac ymysg y cynhyrchwyr, a hynny oherwydd y pryder y byddai beirniadu'n gyhoeddus unrhyw agwedd ar y sianel yn arwain at beryglu bywoliaeth a diddymu cyfleoedd am gomisiynau yn y dyfodol.[6] Dengys yr astudiaeth hon fod modd dysgu gwersi o hanes cyfoethog y sianel, a gobeithir y bydd hynny'n ysgogiad pellach i ragor o astudiaethau trylwyr o gryfderau a gwendidau cyfredol a hanesyddol y sianel gan ddarparu dealltwriaeth lawn o'r gwasanaeth a gaed gyda sefydlu Sianel Pedwar Cymru yn 1981 a'r ddarpariaeth sydd bellach o dan fygythiad.

Nodiadau

1. Gweler cofnod huawdl Edmund Dell, cadeirydd C4, o berthynas drafferthus y sianel â'r ADA ac amddiffyniad yr Arglwydd Thomson, cadeirydd yr ADA, o weithgareddau'r awdurdod yn y gyfrol Peter Catterall (gol.), *The Making of Channel 4* (London, 1999), tt. 1–52.
2. Yr oedd hyn unwaith yn rhagor yn groes i brofiad C4, gan mai'r ADA a benderfynodd ar hyd a lled cylch gwaith gwreiddiol y sianel gan lunio a chyhoeddi ei ddatganiad polisi rhaglenni yn 1980.
3. Comisiynwyd fel a ganlyn: 1982–3 (33); 1983–4 (37); 1984–5 (38); 1985–6 (36).
4. AGSSC, *Newyddion Saith*, cynhyrchiad BBC Cymru, darlledwyd ar S4C, 1 Tachwedd 1982.
5. Cyfweliad yr awdur gyda Chris Grace, Caerdydd, 29 Tachwedd 2010.
6. Mae sylwebyddion eraill hefyd wedi beirniadu'r diffyg trafodaeth a gaed am S4C yn y blynyddoedd diweddar. Dienw, '"Bloated" S4C "must think small" says leading producer', 23 Tachwedd 2010, *www.bbc.co.uk/news/uk-wales-11821971* (cyrchwyd Tachwedd 2010); Geraint Talfan Davies, 'Skewering of S4C carries wider lessons (part 1)', 4 Tachwedd 2010, *www.clickonwales.org/2010/ 11/skewering-of-s4c-carries-wider-lessons/* (cyrchwyd Tachwedd 2010); Gwion Owain, 'S4C's "too big to fail" problem', 13 Gorffennaf 2010, *www.clickonwales.org/2010/07/s4c's-'too-big-to-fail'-problem/* (cyrchwyd Tachwedd 2010).

Atodiad

Aelodau Awdurdod Sianel Pedwar Cymru (1981–1985)

Syr Goronwy Daniel *Cadeirydd*	Ionawr 1981–Mawrth 1986
Dr Glyn Tegai Hughes	Ionawr 1981–Ionawr 1987
Eleri Wynne Jones	Chwefror 1984–Tachwedd 1990
Yr Athro Huw Morris-Jones	Ionawr 1981–Mawrth 1982
D. Ken Jones	Ionawr 1981–Ionawr 1984
Gwilym Peregrine	Awst 1982–Rhagfyr 1989
Y Parch. Ddr Alwyn Roberts	Ionawr 1981–Rhagfyr 1986

Llyfryddiaeth

Llawysgrifau a chasgliadau

Archif yr ADA, ATA a'r Awdurdod Cebl (Hawlfraint OFCOM), Prifysgol Bournemouth
Advisory Committee for Wales – S4C Minutes/Agenda (Blwch 3997016)
S4C – Home Office Review (Blwch 3997019)
The Welsh Fourth Channel Authority: Finance (Blwch 3997098)
Welsh Fourth Channel Finances and the Question of Levy Relief (Blwch 3997098)

Archif BBC Cymru (BBC Wales Record Centre), Caerdydd
Fourth Channel (Ffeil 3666)
S4C (Ffeil 3835)
S4C, 1981–7 (Ffeil 3573)
Working Papers – The setting up of S4C (Ffeil 3365)

Archif Sianel Pedwar Cymru
Anerchiadau Owen Edwards
Cofnodion a Phapurau Awdurdod Sianel Pedwar Cymru (Mehefin 1981– Ionawr 1987)
Gohebiaeth Syr Goronwy Daniel
Gohebiaeth Owen Edwards
HTV Limited and The Welsh Fourth Channel Authority – Sianel 4 Cymru – Programme Sales Agreement, 27 Mai 1982

Archifau Cenedlaethol, Kew
Conclusions of a Meeting of the Cabinet, 11 Mehefin 1980 (CAB/128/68/9)
Conclusions of a Meeting of the Cabinet, 7 Awst 1980 (CAB/128/67/23)

Archifau Seneddol, San Steffan
Broadcasting Bill, 2961 (London, 1980)
Hansard, House of Commons (1979–85)
Hansard, House of Lords (1979–85)
Independent Broadcasting Authority Act 1979, Chapter 35 (London, 1979)

Canolfan Archifau Ysgrifenedig y BBC, Caversham
Cofnodion Cyngor Darlledu Cymru (1979–85)

Casgliad Personol Dr Glyn Tegai Hughes (copïau a anfonwyd at yr awdur)
Cofnodion Awdurdod Sianel Pedwar Cymru, Ionawr–Mehefin 1981

Casgliad Personol Dr Jamie Medhurst (ar fenthyg gan yr awdur)
Cofnodion Pwyllgor Cymreig yr Awdurdod Darlledu Annibynnol (1972–90)
Cofnodion Pwyllgor Cymreig yr Awdurdod Teledu Annibynnol (1969–72)

Llyfrgell Genedlaethol Cymru
Casgliad Angharad Tomos – Areithiau ac Erthyglau 1979–83 (A/1)
Casgliad Syr Goronwy Daniel – Broadcasting in Wales, 1970–85 (Blwch 3)
Casgliad Gwynfor Evans – Gohebiaeth Gyffredinol (G1/134); Brwydr y Sianel Gymraeg (M1/5); Pwyllgor Darlledu Prifysgol Cymru 1970–2 (M1/7); S4C (M2/10); Teledu a Radio (P1/80); Y Wasg a Darlledu (P1/88); Ymgyrch deledu Gwynfor Evans dros S4C (P1/89)

Cyfweliadau a gohebiaeth

Cyfweliad â Wil Aaron, Llandwrog, 1 Hydref 2010. Recordiad ym meddiant yr awdur
Cyfweliad â Huw Davies, Penarth, 21 Gorffennaf 2008. Recordiad ym meddiant yr awdur
Cyfweliad ag Owen Edwards, Caerdydd, 22 Rhagfyr 2006; 12 Ionawr 2007. Recordiadau ym meddiant yr awdur
Cyfweliad â Chris Grace, Caerdydd, 29 Tachwedd 2010. Recordiad ym meddiant yr awdur
Cyfweliad â Dr Glyn Tegai Hughes, Tregynon, 31 Ionawr 2007. Recordiad ym meddiant yr awdur
Cyfweliad â Jeremy Isaacs, Llundain, 3 Rhagfyr 2014. Recordiad ym meddiant yr awdur
Cyfweliad ag Eleri Wynne Jones, Caerdydd, 15 Rhagfyr 2014. Recordiad ym meddiant yr awdur
Cyfweliad â Geraint Stanley Jones, Caerdydd, 10 Tachwedd 2008. Recordiad ym meddiant yr awdur
Cyfweliad â Huw Jones, Llandwrog, 2 Tachwedd 2010. Recordiad ym meddiant yr awdur
Cyfweliad â Robin Lyons, Caerdydd, 15 Hydref 2010. Recordiad ym meddiant yr awdur
Cyfweliad â Mair Owen, Caerdydd, 19 Ionawr 2007. Recordiad ym meddiant yr awdur
Cyfweliad â'r Parch. Ddr Alwyn Roberts, Tregarth, 24 Mai 2007. Recordiad ym meddiant yr awdur
Cyfweliad ag Euryn Ogwen Williams, Caerdydd, 26 Ionawr 2007; 23 Chwefror 2007; 24 Ebrill 2007. Recordiadau ym meddiant yr awdur
Gohebiaeth ag Euryn Ogwen Williams, Caerdydd, 9 Tachwedd 2010; 3 Rhagfyr 2010. Copïau ym meddiant yr awdur

Cyhoeddiadau llywodraethol

Broadcasting Act 1980 (London, 1980)
Broadcasting Act 1981 (London, 1981)
Broadcasting Act 1990, Chapter 42 (London, 1990)
Broadcasting White Paper 1978, Cmnd.7294 (London, 1978)
Report of the Committee on Broadcasting 1960. Cmnd.1753 (London, 1962)
Report on the Committee on Broadcasting, 1960. Cmnd.1819–1. Volume II, Appendix E, Memoranda submitted to the Committee (Papers 103–275) (London, 1962)
Report of the Committee on Broadcasting Coverage. Cmnd.5774 (London, 1974)
Report of the Committee on the Future of Broadcasting – Appendices E–I: Research Papers Commissioned by the Committee, Cmnd.6753–I (London, 1977)
Report of the Committee on the Future of Broadcasting. Cmnd.6753 (London,1977)
Report of the Working Party on the Welsh Fourth Channel Project (London, 1978)
Second Report from the Committee on Welsh Affairs – Broadcasting in the Welsh Language and the Implications for Welsh and Non-Welsh Speaking Viewers and Listeners, Volume I – Report and Proceedings (London, 1981)
Second Report from the Committee on Welsh Affairs – Broadcasting in the Welsh Language and the Implications for Welsh and Non-Welsh Speaking Viewers and Listeners, Volume II – Minutes of Evidence and Appendices (London, 1981)
Second Report from the Committee on Welsh Affairs – Broadcasting in the Welsh Language and the Implications for Welsh and Non-Welsh Speaking Viewers and Listeners. Observations by the Secretary of State for the Home Department and the Secretary of State for Wales, the British Broadcasting Corporation, the Independent Broadcasting Authority and the Welsh Fourth Channel Authority. Cmnd.8469 (London, 1981)
The Welsh Fourth Channel Authority, Minutes of Evidence Wednesday 6 May 1981, Committee on Welsh Affairs (London, 1981)

Cyhoeddiadau swyddogol ac adroddiadau

Awdurdod Sianel Pedwar Cymru, *Adroddiad Blynyddol a Chyfrifon, 1981–82* (Caerdydd, 1982)
Awdurdod Sianel Pedwar Cymru, *Adroddiad Blynyddol a Chyfrifon, 1982–83* (Caerdydd, 1983)
Awdurdod Sianel Pedwar Cymru, *Adroddiad Blynyddol a Chyfrifon, 1983–84* (Caerdydd, 1984)
Awdurdod Sianel Pedwar Cymru, *Adroddiad Blynyddol a Chyfrifon, 1984–85* (Caerdydd, 1985)
Awdurdod Sianel Pedwar Cymru, *Adroddiad Blynyddol a Chyfrifon, 1985–86* (Caerdydd, 1986)
Awdurdod Sianel Pedwar Cymru, *Adroddiad a Chyfrifon Blynyddol, 1986–87* (Caerdydd, 1987)
BBC/S4C, *Cytundeb Gweithredu S4C* (Caerdydd, Ionawr 2013)

Butler, A., Bryan, J., ac Roberts, A., *Effaith Economaidd S4C 2007–2010* (Caerdydd, 2010)
Fuller-Love, N., *The Impact of S4C on Small Businesses in Wales* (Aberystwyth, 2001)
HTV Group, *Annual Report and Accounts 1981* (Cardiff, 1982)
HTV Group, *Annual Report and Accounts 1982* (Cardiff, 1983)
HTV Group, *Annual Report and Accounts 1983* (Cardiff, 1984)
HTV Group, *Annual Report and Accounts 1984* (Cardiff, 1985)
HTV Group, *Annual Report and Accounts 1985* (Cardiff, 1986)
Research and Marketing Wales and the West Limited, 'Gwylio a Gwrando yng Nghymru – A survey with particular emphasis both on the appreciation of S4C (English and Welsh content) and on the use of the Welsh Language' (Caerdydd, Mehefin 1984)
S4C, *Adroddiad Blynyddol a Datganiad Ariannol ar gyfer y cyfnod 12 mis hyd 31 Mawrth 2015* (Caerdydd, 2015)
Sianel Pedwar Cymru, *Sianel Pedwar Cymru: byd eang – international* (Caerdydd, 1982)
Sianel Pedwar Cymru, *Memorandwm i'r Swyddfa Gartref gan Sianel Pedwar Cymru: Hydref 1985* (Caerdydd, 1985)
Sianel Pedwar Cymru, *1982–87 teledu yng Nghymru – y diwydiant newydd* (Caerdydd, 1987)
Sianel Pedwar Cymru, *Effaith Economaidd S4C ar Economi Cymru, 2002–2006* (Caerdydd, 2007)
Uned Ymchwil Economaidd Cymru, Prifysgol Caerdydd, *Economi a Diwylliant: S4C yng Nghymru, Effeithiau Economaidd Presennol a Phosib* (Caerdydd, 2001)
Welsh Consumer Council, *Watching S4C: the case for consumer representation for the fourth channel in Wales: the Welsh Consumer Council's evidence to the Home Office review of the fourth channel in Wales* (Cardiff, 1985)
Welsh Council of Labour, *Television in Wales – Report of a Labour Party Study Group* (Ionawr 1973)
Williams, G., a Thomas, A. R., *A Feasibility Study aimed to develop techniques to study the relationship between the Welsh Language output of S4C, and any changes to the extended pattern of use, and in the linguistic characteristics of the language over time* (Bangor, 1985)

Pamffledi a darlithoedd

Bryant, C., *Darlledu Cymru – Dyfodol Darlledu yng Nghymru* (Hydref 2007)
Curran, Sir Charles, *The fourth television network: a question of priorities* (London, 1974)
Cymdeithas yr Iaith, *Teledu Cymru i Bobl Cymru* (Aberystwyth, 1977)
Cymdeithas yr Iaith, *S4C Pwy Dalodd Amdani? Hanes Ymgyrch Ddarlledu Cymdeithas yr Iaith – Argraffiad Cyntaf* (Aberystwyth, 1985)

Cymdeithas yr Iaith, *S4C Pwy Dalodd Amdani? Hanes Ymgyrch Ddarlledu Cymdeithas yr Iaith – Ail Argraffiad* (Aberystwyth, 2010)
Davies, A. T., *Darlledu a'r Genedl* (Darlith Flynyddol BBC Cymru, 1972)
Evans, G., *Byw neu Farw? – Life or Death? The Struggle for the language and a Welsh T.V. Channel* (Plaid Cymru, 1980)
Evans, M., *Cloffi Rhwng Dau Feddwl; Darlledu Cymraeg Heddiw* (Cylch yr Iaith, 2004)
Evans, R., '"Softly Spoken Fanatics"? Teledu, Iaith a'r Wladwriaeth Brydeinig, 1949–1979', *Cynhadledd S4C: 25*, Aberystwyth (Tachwedd 2007)
HTV Cymru, *Y Bedwaredd Sianel yng Nghymru: Datganiad gan HTV Cymru* (Llandysul, 1979)
Humphreys, E., *Diwylliant Cymru a'r Cyfryngau Torfol* (Aberystwyth, 1977)
Humphreys, E., *Bwrdd Datblygu Teledu Cymraeg* (Aberystwyth, 1979)
Isaacs, J., *Cheerio chaps, I'm off...* (Speech to Edinburgh Television Festival, 1987)
Lewis, S., *Tynged yr Iaith* (Darlith Flynyddol y BBC yng Nghymru, 1962)
Roberts, W., 'Teledu yng Nghymru', yn *Y Chwedegau, Cyfres o Ddarlithoedd a draddodwyd ar Deledu Harlech* (Caerdydd, 1970)
Williams, E. O., *Byw ynghanol chwyldro* (Darlith Cymru Heddiw, Eisteddfod Genedlaethol Bro Ogwr, 1998)

Llyfrau

Barlow, D., Mitchell, P., a O'Malley, T., *The Media in Wales – Voices of a Small Nation* (Cardiff, 2005)
Bevan, T., *Years on Air – Living with the BBC* (Talybont, 2004)
Blanchard, S., a Morley, D. (goln), *What's this Channel Four? An alternative report* (London, 1982)
Bonner, P., gyda Aston, L., *Independent Television in Britain – Vol.5, ITV and the IBA, 1981–92: The Old Relationship Changes* (Basingstoke, 1998)
Bonner, P., gyda Aston, L., *Independent Television in Britain – Volume 6 – New Developments in Independent Television, 1981–92: Channel 4, TV-am, Cable and Satellite* (Basingstoke, 2003)
Brown, M., *A Licence to be Different: The Story of Channel 4* (London, 2007)
Catterall, P. (gol.), *The Making of Channel 4* (London, 1999)
Crickhowell, N., *Westminster, Wales and Water* (Cardiff, 1999)
Crisell, A., *An Introductory History of British Broadcasting* (2il arg.; London, 1997)
Curran, J., a Seaton, J., *Power Without Responsibility: The Press and Broadcasting in Britain* (6ed arg.; London, 2003)
Davies, G. T., *At Arm's Length* (Bridgend, 2008)
Davies, J., *Broadcasting and the BBC in Wales* (Cardiff, 1994)
Davies, J., *Hanes Cymru* (Llundain, 2007)
Docherty, D., Morrison, D. E., a Tracey, M., *Keeping Faith? Channel 4 and its audience* (London, 1988)
Dunkerley, D., a Thompson, A., *Wales Today* (Cardiff, 1999)

Evans, D. G., *A history of Wales 1906–2000* (Cardiff, 2000)
Evans, G., *Bywyd Cymro* (Caernarfon, 1982)
Evans, G., *Fighting for Wales* (Talybont, 1991)
Evans, G., a Stephens, M., *For the Sake of Wales – The Memoirs of Gwynfor Evans* (Caernarfon, 1996)
Evans, G., *The Fight for Welsh Freedom* (Talybont, 2000)
Evans, J. G., *Devolution in Wales: claims and responses, 1937–1979* (Cardiff, 2006)
Evans, Rh., *Gwynfor – Rhag Pob Brad* (Talybont, 2005)
Goodwin, P., *Television under the Tories: Broadcasting Policy 1979–1997* (London, 1997)
Hilmes, M. (gol.), *The Television History Book* (London, 2003)
Hannan, P., *Wales in Vision: the people and politics of television* (Llandysul, 1990)
Hobson, D., *Channel 4 – The early years and the Jeremy Isaacs Legacy* (London, 2008)
Hume, I., a Pryce, W. T. R. (goln), *The Welsh and their Country* (Llandysul, 1986)
Isaacs, J., *Storm over Four: A Personal Account* (London, 1989)
Isaacs, J., *Look Me in the Eye* (London, 2006)
Jenkins, G., *Prif Weinidog Answyddogol Cymru – Cofiant Huw T. Edwards* (Talybont, 2007)
Jenkins, G. H., *A Concise History of Wales* (Cambridge, 2007)
Jenkins, G. H., a Williams, M. A. (goln), *'Eu Hiaith a Gadwant'? Y Gymraeg yn yr Ugeinfed Ganrif* (Caerdydd, 2000)
Jones, A. G., *Press, Politics and Society – A History of Journalism in Wales* (Cardiff, 1993)
Jones, J. B., a Balsom, D. (goln), *The Road to the National Assembly for Wales* (Cardiff, 2000)
Jones, W. M., *Wyn Mel – Y Fi a Mistar Urdd a'r Cwmni Da* (Talybont, 2010)
Lambert, S., *Channel Four: Television with a Difference?* (London, 1982)
Lambie-Nairn, M., Myerson, J., *Brand identity for television: with knobs on* (London, 1997)
Lucas, R., *The Voice of a Nation? A concise account of the BBC in Wales, 1923–1973* (Llandysul, 1981)
Medhurst, J., *A History of Independent Television in Wales* (Cardiff, 2010)
Meredith, D., *Pwy Fase'n Meddwl* (Llandysul, 2002)
Morgan, K. O., *Wales – Rebirth of a Nation, 1880–1980* (Oxford, 1981)
O'Malley, T., a Jones, J. (goln), *The Peacock Committee and UK Broadcasting Policy* (Basingstoke, 2009)
Owen, G., *Crych Dros Dro* (Caernarfon, 2003)
Phillips, D., *Trwy ddulliau chwyldro...? Hanes Cymdeithas yr Iaith Gymraeg 1962–1992* (Llandysul, 1998)
Potter, J., *Independent Television in Britain: Vol.3, Politics and Control, 1968–1980* (Basingstoke, 1989)
Potter, J., *Independent Television in Britain: Vol.4, Companies and Programmes, 1968–1980* (Basingstoke, 1990)
Roberts of Conwy, Rt. Hon. Lord, *Right from the Start – The Memoirs of Sir Wyn Roberts* (Cardiff, 2006)

Scannell, P., a Cardiff, D., *A Social History of British Broadcasting – Volume One 1922–1939, Serving the Nation* (Oxford, 1991)
Sendall, B., *Independent Television in Britain – Vol. 2, Expansion and Change, 1958–68* (Basingstoke, 1983)
Smith, A., *Television: an international history* (2il arg.; Oxford, 1998)
Smith, D., a Jones, G. E. (goln), *The People of Wales* (Llandysul, 1999)
Smith, D., *Wales: a question for history?* (Bridgend, 1999)
Stephens, M. (gol.), *The Welsh Language Today – A New Revised Edition* (Llandysul, 1979)
Thomas, N., *The Welsh Extremist* (Talybont, 1971)
Thomas, S., *Dwy Genhedlaeth, Owen Edwards a Mari Emlyn* (Llandysul, 2003)
Tudur, G. (gol.), *Wyt Ti'n Cofio? Chwarter Canrif o Frwydr yr Iaith* (Talybont, 1989)
Whitelaw, W., *The Whitelaw Memoirs* (London, 1989)
Wigley, D., *O ddifri* (Caernarfon, 1992)
Williams, J. R., *Yr eiddoch yn gywir: atgofion* (Penygroes, 1990)
Williams, K., *Shadows and Substance: The Development of a Media Policy for Wales* (Llandysul, 1997)
Williams, K., *Get me a Murder a Day! A History of Mass Communication in Britain* (London, 1998)
Woodward, K., *Cleddyf ym Mrwydr yr Iaith? Y Bwrdd Ffilmiau Cymraeg* (Caerdydd, 2014)

Erthyglau ac ysgrifau

Bayly, S., 'The Welsh Perspective', *Sight and Sound*, 52, 4 (autumn 1983), 244–7
Berry, D., 'Unearthing the Present: Television Drama in Wales', yn S. Blandford (gol.), *Wales on Screen* (Bridegend, 2000), tt. 128–51
Bevan, D., 'The Mobilisation of cultural minorities: the case of Sianel Pedwar Cymru', *Media, Culture and Society*, 6 (1984), 103–17
Beynon, A., 'S4C – y misoedd cyntaf', yn C. Ò Luain (gol.), *For a Celtic Future: a tribute to Alan Heusaff* (Dublin, 1983)
Briggs, Asa, 'Problems and Possibilities in the Writing of Broadcasting History', *Media, Culture and Society*, 2 (1980), 5–13
Bromley, M., a Williams, K., 'Owning the Welsh Voice', *Planet*, 135 (1999), 118–20
Comley, B., 'Heart of the Welsh Dragon', *Broadcast* (1987)
Davies, E., 'S4C – Sianel yr Iaith ar Waith', *Barn* (Mehefin 1984), 201–7
Davies, G. T., 'Broadcasting and the nation', *Planet*, 92 (1992), 16–25
Delamont, S., 'S4C and the grass roots? A review of past and future research on the mass media and the Welsh language', *Contemporary Wales*, 1 (1987)
Dienw, 'Gŵr o'r India yw Cadeirydd Newydd S4C!', *Barn* (Awst 1986), 281–6
Evans, G., 'Campaigning for Wales', *Radical Wales*, 18 (1988), 25–7
Evans, G., 'Hanes Twf Plaid Cymru 1925–1995', *Cof Cenedl 10: Ysgrifau ar Hanes Cymru* (Llandysul, 1995), tt. 153–84

Evans, I. G., '"Drunk on Hopes and Ideals": The Failure of Welsh Television, 1959–1963', *Llafur*, 7, 2 (1997), 81–93

Evans, R., 'Sefydlu'r Sianel', *Barn*, 478 (2002), 21–5

Evans, R. A., 'Brwydrau Darlledu'r Gorffennol', *Y Faner Newydd* (1999)

Howell, W. J., 'Britain's Fourth Television Channel and the Welsh Language Controversy', *Journal of Broadcasting and Electronic Media*, 25, 2 (spring 1981), 123–37

Hudson, C., 'TV Film World Turned Upside Down', *Planet*, 63 (1987), 111–16

James, W., 'Frustrated Hopes', *Radical Wales*, 11 (1986), 11

Jones, E. Ll., 'Er Cof am S4C: 1982–2012', *Barn*, 503/504 (2004–5), 18–20

Jones, H., 'Cultural Enterprise in Wales: the S4C experience', *Welsh Economic Review*, 12, 2 (2000)

Lewis, E., 'Serving two cultures: Sianel Pedwar Cymru', *Airwaves* (1987–8), 20–1

Medhurst, J., 'Teledu Cymru: menter gyffrous neu breuddwyd ffôl?', *Cof Cenedl 17: Ysgrifau ar Hanes Cymru* (Llandysul, 2002), tt. 167–93

Medhurst, J., 'You say Minority, Sir, we say a Nation', *Welsh History Review*, 22, 2 (2004), 302–32

Morgan, D. Ll., 'Y Teledu a'i Ddiwylliant', *Barn* (Hydref 1984), 369–73

Morgan, J., 'Welsh Language Television: a flowering of new talent', *The Listener* (1985)

Morris, N., 'Film and Broadcasting in Wales', *Books in Wales*, 1 (1995), 5–8

Osmond, J., 'Fight for the Future of Televsion in Wales', *Arcade*, 33, 5 March 1982, 4–6

Price, G., 'Cadw'r Ddysgl yn Wastad, *Barn* (Mawrth 1985), 101–6

Roberts, A., 'From a beleaguered city', *Planet*, 63 (1987), 9–13

Roberts, A., 'Some political implications of S4C', *Transactions of the Honourable Society of Cymmrodorion* (1989), 211–28

Roberts, B. M., 'Atgofion am ddyddiau cynnar teledu Cymraeg', *Y Faner Newydd*, 27 (2004)

Ryan, M., 'Blocking the Channels: TV and Film in Wales', yn T. Curtis, *Wales: the imagined nation, studies in cultural and national identity* (Bridgend, 1986), tt. 183–96

Ryan, M., 'Channel No. Five?', *Radical Wales*, 11 (1986), 10–11

Smith, R., 'A mirror of Wales? Sound Broadcasting by the BBC's Welsh region 1937–1964', *Llafur*, 8, 1 (2000), 131–43

Thomas, J., a Lewis, J., '"Coming out of a mid-life crisis"? The past, present and future audiences for Welsh Language Broadcasting', *Cyfrwng: Media Wales Journal*, 3 (2006), 7–40

Thomas, N., 'S4C and Europe', *Planet* 66 (1987–8), 3–8

Thomas, N., 'Iaith y Sianel – Gweithredwch – angen am bolisi', *Golwg*, 3, 21 (1991)

Thomas, N., 'Ten Years On: Sianel Pedwar Cymru in a comparative perspective', *Planet*, 96 (1992–3), 7–10

Thomas, N., 'Sianel Pedwar Cymru; the first years of Television in Welsh', *Briezh na Pobloù Europa* (1999), 627–34

Thomas, N., 'Tynged yr Iaith – forty years on', *Planet*, 152 (2002), 58–62
Williams, E. O., 'Ymlaen i'r drydedd flwyddyn', *Barn*, 264 (1985), 21–7
Williams, K., 'Crisis in Welsh Television', *Planet*, 96 (1992–3), 112–14
Williams, K., 'Misrepresenting Wales today: the broadcast media and the identity debate', *Planet*, 100 (1993), 40–3
Williams, K., 'Serving the nation? Deterioration in TV programming', *Planet*, 89 (1993), 111–12
Williams, K., 'And even the Welsh? The stereotyping of Wales in the Media', *Planet*, 104 (1994), 16–19
Williams, K., 'Whose life is it anyway? Representation and Welsh Television', *Planet*, 108/109 (1994–5), 16–19
Williams, K., 'Creating Myths and Writing Media History', *Planet*, 109 (1995), 12–15
Williams, K., 'Mind your language: minority language broadcasting', *Planet*, 112 (1995), 21–4
Williams, K., 'What is this Channel for? Kevin Williams discusses calls for an English-language Channel for Wales', *Planet*, 114 (1995–6), 22–5
Williams, K., 'Is there anybody out there? The audience for Welsh broadcasting', *Planet*, 118 (1996), 18–21
Williams, K., 'Sianel Pedwar Cymru – Corporate behemoth or cultural redeemer', *Planet*, 122 (1997), 59–62
Williams, K., 'An uncertain era: Welsh television, Broadcasting Policy and the National Assembly in a Multimedia world', *Contemporary Wales*, 18, 1 (2006)
Williams, P., 'How green is the Sianel?', *Broadcast*, 1 March 1982, 16–20
Williams, Rh., 'Sianel 4 Cymru', *Barn* (Mawrth 1982), 57–60
Wright, T., a Hartley, J., 'Representations for the People? Television News, Plaid Cymru and Wales', yn T. Curtis, *Wales: the imagined nation, studies in cultural and national identity* (Bridgend, 1986), tt. 201–23

Traethodau ymchwil

Black, C. E. S., 'The development of independent production in Wales and the role of S4C' (traethawd MSc Econ anghyhoeddedig, Prifysgol Cymru, Caerdydd, 1988)
Hopkin, D. O., 'The Expectations of a Nation – Sianel Pedwar Cymru and Broadcasting in Wales' (traethawd BA anghyhoeddedig, Prifysgol Cymru, Caerdydd, 1996)
Johnson, V. I., 'Dying for Television: the demands for and of Sianel Pedwar Cymru' (traethawd MSc Econ anghyhoeddedig, Prifysgol Cymru, Caerdydd, 1988)
Jones, E. M., 'Astudiaeth o adwaith pobl Cymru i S4C yn ystod y cyfnod 1982–1990' (traethawd Mphil anghyhoeddedig, Prifysgol Cymru, Llanbedr Pont Steffan, 1995)

Jones, H. E., 'S4C: y gynulleidfa a cherddoriaeth. Astudiaeth o ddarpariaeth rhaglenni cerddorol ar gyfer cynulleidfa S4C, 1982–1996' (traethawd MA anghyhoeddedig, Prifysgol Cymru, Bangor, 1998)

Medhurst, J. L., 'Teledu Cymru – Teledu Mamon? Independent Television in Wales 1953 – 1963' (traethawd PhD anghyhoeddedig, Prifysgol Cymru, Aberystwyth, 2004)

Smith, S. A., 'Agweddau ar S4C: i ba raddau y bu S4C gyflawni'r disgwyliadau o safbwynt gwylwyr' (traethawd MA anghyhoeddedig, Prifysgol Cymru, Abertawe, 1999)

Williams, E. M., 'S4C: Hoff Sianel Plant Ysgol Brynhyfryd?' (traethawd MA anghyhoeddedig, Prifysgol Cymru, Caerdydd, 1987)

Woodward, K. E., 'Y cleddyf ym mrwydr yr iaith: Y Bwrdd Ffilmiau Cymraeg, 1970–1986' (traethawd PhD anghyhoeddedig, Prifysgol Cymru, Aberystwyth, 2009)

Papurau newydd a cylchgronau

Arcade
Ariel
Barn
Brecon and Radnor Express
Broadcast
Caernarvon and Denbigh Herald
Cambrian News
Campaign
Carmarthen Journal
Carmarthen Times
Contact Cardiff
The County Times
Curiad
Y Cymro
Daily Express
Daily Mail
Daily Mirror
Daily Post
Daily Star
The Daily Telegraph
Eastern Daily Press
The Economist
Eco'r Wyddfa
Exeter Express and Echo
Y Faner
Film and TV Technician

The Financial Times
The Free Press
Glasgow Evening Times
Golwg
Greenock Telegraph
The Guardian
Gwent Gazette
Yr Herald Cymraeg
Herald Môn
Hereford Evening News
The Independent
The Irish Times
Kent Evening Post
Lol
The Listener
Llanelli Star
Llanw Llŷn
Lleu
Manchester Evening News
Media Week
Merthyr Express
The New York Times
North Wales Chronicle
North Wales Weekly News
The Observer
Oldham Evening Chronicle

Y Pentan
Radio Times
Rebecca
Sbec
The Scotsman
Screen International
Sheffield Morning Telegraph
Shropshire Star
Sight and Sound
South Wales Argus
South Wales Echo
South Wales Evening Post
The Stage and Television Today
Sulyn
The Sun
Sunday Mirror
The Sunday Telegraph
The Sunday Times
Television – Journal of the Television Society
Television Today
Television Weekly
Televisual
The Times
TV Times
TV World
Y Tyst
UK Press Gazettte
Video
Y Wawr
Welsh Nation
Western Daily Press
Western Mail
Wolverhampton Express and Star
Worcester Evening News
Yr Ysgub

Deunyddiau clyweledol

A Fo Ben (Cynhyrchiad Uned Hel Straeon, darlledwyd ar S4C 1989)
Articles (BBC Radio Wales, 30 Ionawr 1981)
Y Byd ar Bedwar (Cynhyrchiad ITV Wales, darlledwyd ar S4C, 8 Tachwedd 2010)
Croeso i S4C (Cynhyrchiad mewnol, S4C, 1 Tachwedd 1982)
The Media Show (BBC Radio Four, 18 Awst 2010)
Newyddion Saith (Cynhyrchiad BBC Cymru, darlledwyd ar S4C, 1 Tachwedd 2010)
Noson Gwylwyr S4C (Cynhyrchiad Tinopolis, darlledwyd ar S4C, 25 Hydref 2010)
Pethe – Rhaglen Goffa Owen Edwards (Cynhyrchiad Cwmni Da, darlledwyd ar S4C 28 Medi 2010)
Post Cyntaf (BBC Radio Cymru, 24 Tachwedd 2010)
S4C yn 20 Mlwydd Oed (Cynhyrchiad Vaughan Hughes, Ffilmiau'r Bont, 31 Hydref 2002)
Teledu'r Cymry (Cynhyrchiad BBC Cymru, darlledwyd ar S4C, 30 Hydref 2007 a 6 Tachwedd 2007)
Wedi 7 – Rhaglen Goffa Owen Edwards (Cynhyrchiad Tinopolis, darlledwyd ar S4C, 31 Awst 2010)
Week in Week Out (BBC Wales, 26 Hydref 2010)
Week in Week Out (BBC Wales, 30 Hydref 2007)
Wythnos Gwilym Owen (BBC Radio Cymru, 15 Mawrth 2010)
Wythnos Gwilym Owen (BBC Radio Cymru, 25 Hydref 2010)

Gwefannau

www.bbc.co.uk
www.clickonwales.org
www.cymdeithas.org
www.golwg360.com
www.guardian.co.uk
www.ofcom.org.uk
www.independent.co.uk
www.s4c.co.uk
www.telegraph.co.uk
www.walesoffice.gov.uk
www.walesonline.co.uk

Mynegai

Aaron, Wil 73, 82, 84, 86
Aberaeron 125
Abergwynfi 109
Abertawe 17, 41
Aberystwyth 17, 41, 48, 89
Abse, Leo 4, 38, 49, 50, 51–2, 66, 95
Aderyn Papur 180
Adran Diwylliant, Chwaraeon a Chyfryngau xv, xvi, xix
Aethwy, Janet 61
ailddangosiadau xvii, 162, 163
Alban, Yr 48, 49, 197, 220–1
Alcoholig Llon, Yr 180
Almanac 125, 175
America Ladin 178
American Greetings 178
Annan, Yr Arglwydd Noel 6
Antur 131, 170
Anturiaethau Syr Wynff a Plwmsan 122
Arcade 116
Ariannin 240
Ar Log 125
Ar Log, Ar Log 89, 122, 187
Arolygwyr, Prifathrawon a Phenaethiaid Adrannau Ysgolion Uwchradd Cymraeg 94
Arolwg 99, 113, 211
arolygon barn 198–208
Articles 105
Arwisgiad 17
Association of Broadcasting Staffs (ABS) 28
Association of Cinematograph, Television and Allied Technicians (ACTT) 28
Association of Directors and Broadcasters 107
Audits of Great Britain (AGB) 136, 202
Awdurdod Darlledu Annibynnol (ADA) xv, xvi, xix, 9, 10, 13, 14, 15, 16, 17, 18, 23, 24, 25, 30, 36, 37, 38, 40, 42, 44–9, 51, 53, 55, 57, 65–6, 69, 75, 79, 94, 95, 97, 98, 106, 109, 122, 148, 157–63, 164, 167–9, 174, 181, 182, 210, 211, 212, 213, 215, 216–17, 230, 233, 236, 243; Aelod Cymreig yr ADA 24, 38, 40; hysbysebion 24, 44–7, 217; Pwyllgor Cymreig yr ADA xiv, 12, 30–1, 39, 47–8, 84, 97–8, 99, 140, 145, 210, 211, 212, 213, 214, 216, 217–18; trosglwyddyddion 24, 47–9, 106, 109, 217, 236
Awdurdod Datblygu Cymru 115, 173, 174
Awdurdod Lleol Arfon 221
Awdurdod Lleol Dwyfor 221
Awr Fawr, Yr 131
Awstralia 173, 180, 188

Bala, Y 195
Balsom, Denis 225
Banc y Midland 126
Bangor 41
Barcud 83–5, 115, 159, 172, 234
Barn 5, 101, 141

Battlestar Gallactica 137
Bayly, Stephen 59, 183
Bêl Hirgron, Y 170
Belstead, yr Arglwydd 55
Bethesda 109
Best, Keith 224
Beynon, Ann 103
Blaenplwyf 48
Blaid Lafur, Y 4, 10, 15, 141, 191
Blas o'r Gorffennol 159
Bord Scannán na hEireann 91
Borg, Bjorn 124, 146, 148
Bowen a'i Bartner 146, 175
Boyce, Max 86, 126, 159
Breakfast (BBC) 141
Brifysgol Agored, Y 6
British Broadcasting Corporation (BBC) xiv, xvii, xviii, 1, 2, 5, 6, 9–10, 11, 13, 14, 15, 16, 17, 18, 20, 23, 24, 25, 28, 30, 36, 38, 40, 41, 42, 43, 44, 52, 57–9, 61–4, 70, 73, 75, 82, 87, 92, 97, 98, 100, 101, 106, 107, 116, 125, 127, 129, 131, 134, 141, 142, 143, 144, 145, 146, 149, 155, 167, 176, 192, 230, 234, 235, 236, 238, 239, 241; BBC1 10, 48, 152; BBC1 North 226; BBC1 West 226; BBC2 20–1, 48, 108, 127, 131, 136, 150, 180, 204, 210, 211, 212, 215–16, 226; BBC Cymru Wales xvii, 4, 7, 9, 16, 30, 40, 43, 57–9, 61–4, 77–81, 149, 214, 216, 219, 226; Cyngor Darlledu Cymru'r BBC xiv, 140, 143, 145, 210, 211, 212, 215–16, 228; Llywodraethwr Cymru 24; Siarter xviii, 61
British Film Institute 28
British Telecom (BT) 41–2, 68, 105
Brittan, Leon 17, 24, 55, 162, 208–9, 228
Bro 125
Broadcast 80, 95
Broadcasters' Audience Measurement Board (BARB) 96, 127, 130, 133–4, 136, 168, 198, 202, 226, 240

Broadcasting Complaints Commission 211
Broadhaven 109
Brooke, Michael 97–8
Brookside 123, 128, 137, 197
Brown, Maggie 1
Bryste 48, 159
Bumper Films 159, 190
Bwrdd Addysg Cymru 44
Bwrdd Croeso Cymru 174, 221
Bwrdd Datblygu Cymru Wledig 173
Bwrdd Ffilmiau Cymraeg 83, 84, 90–1, 159
Bwrdd Glo, Y 176
Byd ar Bedwar, Y 81, 205, 240

Caerdydd xvii, 37, 40, 41, 42, 43, 68, 72, 79, 84, 85, 106, 122, 125, 172, 178, 234
Caeredin 48
Caerfaddon 48
Caerfyrddin 16, 65, 98, 141, 146
Caernarfon 85, 98
Caint 173
Cannes 170, 172, 179
Carchar Crumlin Road 20
Carmel 48
Castell Newydd Emlyn 173
cebl 127–9, 149, 196, 221
Cefn Gwlad 151
Ceidiog, Nia 154
Ceidwadwyr xvi, 13, 14, 22, 27, 30, 191
Central Television 180
Cerddwn Ymlaen 125
CIN Industrial Investments 176–7, 190
Ciwba 240
Clwb Busnes Caerdydd 228
Cook, G. D. 7
Channel 4 (C4) xiv, xv, xvi, xix, 1, 18, 24–5, 27, 36, 37, 38, 41, 45, 47–9, 52–7, 65–6, 82, 85, 87, 92, 100, 102, 103, 110, 117, 121, 123, 124, 126, 128, 129, 130, 131, 134, 138, 149, 152, 157, 158–9, 162, 167, 168, 169, 180–1, 182, 192, 195–7,

202–3, 208, 210, 212, 217, 218, 220, 221, 222, 230, 233, 234, 236, 237, 239, 240–1, 242, 243
Chariots of Fire (1981) 176
Cheers 197
Children's Channel 192
Clayton, Alan 84
Clevendon 159
Clic xvii
Clos Sophia 42, 122
Clwb 137
Coleg 60, 127, 147, 215
Coleg Magdalen, Rhydychen 28
Coleg Prifysgol Cymru, Aberystwyth 18, 19, 225
Coleg Prifysgol Cymru, Bangor 104
Confederation of British Industry (CBI) 125
Consortiwm Hafren 104
Corea 178
Countdown 123, 137
Crawford, Syr Stewart 4, 29
Croes Cwrlwys 66, 67, 68, 71, 72, 74, 75, 76, 83, 160, 161, 162
Crossroads 99
Cucorney 109
Curiad 101
Cwmaman 109
Cwmbrân 125
Cwmni Theatr Cymru 83
Cwmni Theatr Ieuenctid Maldwyn 84
Cwmni'r Castell 89
Cyd-Bwyllgor Addysg Cymru 99, 145
Cydweli 124
Cyfle 234
Cyngor Darlledu Cymraeg (*hefyd* Cyngor Teledu Cymraeg) 18, 23, 28
Cyngor Defnyddwyr Cymru 194, 201, 209–14, 215
Cyngor Eglwysi Cymru 33, 99
Cyngor Llyfrau Cymru 175
Cymdeithas Cyhoeddusrwydd De Cymru 94
Cymdeithas Gelfyddydau Gogledd Cymru 223

Cymdeithas yr Iaith 2–3, 5, 7, 14–15, 17, 29, 31, 36, 93, 94–5, 96–7, 146, 194, 200–2, 225
Cymmrodorion 17
Cymro, Y 78–9, 101
Cynhadledd Ddarlledu 1973 37
Cynhyrchwyr annibynnol xiv, 6, 24, 26, 36, 39, 58, 65, 70, 73–4, 75, 76, 80, 82–92, 100, 116–17, 159–62, 163–8, 169, 171–2, 181, 184, 214, 218, 221, 234–6, 239, 242
cynhyrchu nwyddau 172–4
Cynllun Fideo Cymunedol Blaenau Ffestiniog 83
Cytundeb Gweithredu BBC a S4C (2013) xvii

Daily Post 101
Dakin 177–8
Daniel, Emyr 82
Daniel, Syr Goronwy xiv, 18–19, 33, 37, 38, 39, 40, 42–3, 46, 50, 52, 76, 94, 104, 105, 122, 129, 131, 147, 160, 161, 173, 209, 214, 233, 238
datganoli 10
Davies, Syr Alun Talfan 3, 12, 40, 57
Davies, Aneirin Talfan 4
Davies, Christopher Talfan 175
Davies, Emlyn 107, 184
Davies, Geraint Talfan 12, 114, 115
Davies, Huw 59, 78
Davies, Jennie Eirian 3, 11, 15
Davies, John 6, 8
Davies, John Howard 223
Davies, Noel A. 33
Davies, Pennar 31
Dawnsionara 170
DC Comics 88
De Affrica 175, 188
Deddf Darlledu 1981 xv, 1, 23–7, 36, 41, 45, 46, 50, 54, 55, 57–8, 61, 64, 73, 82, 97, 99, 108, 138, 163, 168, 174, 196, 208, 211, 223, 228, 233, 241
Deddf yr Awdurdod Darlledu Annibynnol (1979) 47–8

Mynegai 259

Dell, Edmund 243
Democratiaid Rhyddfrydol xvi
Deryn 175
Dewch i Mewn 107
Disney (sianel cêbl) 177–8, 180, 190
Dolybont 48–9
Drenewydd, Y 83
Dubai 178
Dunnaway, Faye 126
Dydd, Y 77, 142–3
Dyffryn Tanat 48
dysgwyr 144–6, 155, 206, 215, 216

Eastbourne 125
Eco 159, 171
Edwards, Alun R. 3, 15
Edwards, Cenwyn 82
Edwards, Dave 88, 116
Edwards, Syr Ifan ab Owen 44
Edwards, Nicholas 17, 19, 21, 32, 148
Edwards, O. M. 44
Edwards, Owen xiv, 7, 40, 43–4, 46, 54, 56, 57, 58, 60, 69, 85, 93, 94, 100, 107, 122, 136, 142–3, 133, 147, 159, 174, 186, 197, 202, 208, 215, 237, 238
Edwards, Trebor 60
Educating Rita (1983) 176
Efail Fach 109
Eidal, Yr 180
Eisteddfod Genedlaethol 64, 125; Eisteddfod Genedlaethol Dyffryn Lliw (1980) 12, 18, 94; Eisteddfod Genedlaethol Machynlleth (1981) 60, 92, 94; Eisteddfod Genedlaethol Ynys Môn (1983) 126, 168; Llys yr Eisteddfod 18, 33
Elinor 151
Elinor yn Ewrob 146
Elis-Thomas, Dafydd 15–16, 18, 23–4, 39, 55
Ellis, Tom 15
Emmerdale Farm 127
EOS 44
Equity 59–60, 111, 126, 140
Essex 173

Ethiopia 240
Etholiad Cyffredinol (1979) 13, 22
Evans, Gwynfor 16–20, 22, 26, 32, 33, 36, 37, 50, 207, 237
Evans, Meredydd 31
Evans, Rhys 16, 17, 20, 31, 37

Faner, Y 37, 101
Fiction Factory xvii
Film on Four 137
Fickling, Roger 116
Finch, Peter 126
Forward Trust 178
Fox, Paul 183
Francis, Richard 78
Freeman, Toby 83
Free Wales Army 17

Ffalabalam 137
Ffederasiwn Cenedlaethol Sefydliad y Merched 94
Ffenestri 137
ffigurau gwylio xvii, 37, 53, 121, 126–8, 130–7, 139, 144, 147, 150, 154, 161, 179, 198, 214, 226, 236, 240
Ffilmiau Eryri 115
Ffilmiau'r Nant 84
Ffrainc 178

Gair yn ei Bryd 137, 144–5, 155
Ghandi (1982) 176
Ghandi, Mohandas K. 16
Gibson-Watt, yr Arglwydd David 22
Give us a Clue 127
Gogledd Iwerddon 17, 20, 49
gohebiaeth gwylwyr xiii, 10, 30, 168, 194–8, 223, 241
Goodstat, Leo 124
Granada 11, 54, 103, 107, 226
Grace, Chris 88, 90, 106, 107, 132, 169–71, 174, 186, 187, 238, 239
Grampian Television 216, 220
Grew, James 29
Griffiths, Tweli 115
Groeg 180
Guardian, The 2, 125

Guild Home Video 192
gwasanaeth cyflwyno 140–1, 147, 153–4, 204, 218
Gwasanaeth Ymateb Cynulliedfa 134, 198
Gwasg Gomer 189
Gwasg Gregynog 92
Gwersfa Cyf. 173
Gwydion 122
Gŵyl Ffilm a Theledu Efrog Newydd 178
Gŵyl Ffilm a Theledu Geltaidd, Harlech (1981) 53, 85, 94
Gwyll, Y xvii
Gyfnewidfa Lo, Y 172
Gymdeithas Darlledwyr Cymraeg, Y 55, 82, 87
Gymdeithas Deledu Frenhinol, Y 13

Hallmark 178
Hanner Dwsin 170, 180
Hapnod 122
Harlech, Yr Arglwydd 11–12, 71
Harpur, Bob 188
Harvey, Robert 223
Hearst, William Randolph 125
Heath, Edward 2, 22
Heddiw 77, 107, 142–3
Hel Straeon 116, 205
Heno 205
Hill Street Blues 197
Hoff Straeon SuperTed 175
Hollywood 124
Hong Kong 124, 171
Hooson, yr Arglwydd Emlyn 22, 37, 104
Hooson, Tom 198, 224
Howell, Geraint 177
HTV xvi, xviii, 1, 2, 3, 4, 5, 6, 9, 10–13, 15, 16, 18, 25–6, 31, 36, 41, 42, 44, 46, 48, 51, 52, 53, 57–8, 59, 62, 64–76, 77–81, 83, 85, 86, 87, 88, 89, 92, 95, 98, 99, 100, 101, 104, 106, 107, 108, 114, 116, 126, 127, 129, 132, 142, 144, 145, 154, 159–62, 167, 194, 199–200, 204, 214, 215, 216, 217, 218–20, 226, 231, 234, 235, 236, 237, 239, 242; Bwrdd Cymreig HTV 11, 12, 13, 40, 97–8, 99; HTV West 226
Hughes a'i Fab 175, 189
Hughes, yr Arglwydd Cledwyn (yr Arglwydd Cledwyn o Benrhos) 18–19, 22, 54
Hughes, Emyr Byron 107
Hughes, Dr Glyn Tegai 7, 17, 38, 42, 50, 54, 92, 105, 236, 237
Humphreys, Emyr 3
Humphreys, Judith 61
Hwnt ac Yma 137
Hypervalue 126

iaith 124; bratiaith, 147; Saesneg mewn rhaglenni Cymraeg 146–7; safon iaith 203–4; tafodiaith 222
Iesu Ddoe a Heddiw 175
Imago Films 159
Independent Television Companies Association (ITCA) 45–6, 108, 169, 183, 216, 217–18
Independent Television News (ITN) 77, 79–80, 114
Independent Television Publications (ITP) 100–3
India 178
Institute of Practitioners in Advertising 126
International Management Group 148, 170
iPlayer xvii
IRA 20
Isaacs, Jeremy 54–6, 107, 123, 237
is-deitlau 144, 170, 215, 216, 241
ITV (rhwydwaith) xvi, xix 1, 2, 6, 9, 10–11, 12, 13, 14, 15, 16, 17, 18, 20, 23, 24, 25, 36, 38, 45, 46, 47, 55, 65, 66, 67, 79–80, 99, 104, 106, 108, 110, 120, 126, 131, 134, 152, 157, 158, 160, 162, 174, 179, 180, 182, 183, 196, 197, 210, 215, 216, 217, 218, 219, 230, 233, 237; ITV2 2, 12, 21
Iwan, Dafydd 4, 125

Jack Bellamy Productions 159, 183
Jackson, Chris 213, 214
James, Dr Terry 124
James, Wynfford 146
Jones, Alun Ffred 115
Jones, D. E. Alun 213
Jones, D. Ken 38, 39, 105
Jones, Dennis 115
Jones, Dilwyn 184
Jones, Eleri Wynne 105
Jones, Elinor 115
Jones, yr Arglwydd Elwyn 22
Jones, Geraint Stanley 20–1, 61, 62, 76, 78, 120, 144, 212, 215
Jones, Huw 83, 84, 115
Jones, Ieuan, S. 33
Jones, y Parch. John Gwilym 96
Jones, R. Gerallt 89
Jones, Richard Morris 124
Jones, Robin 122, 154
Jones, Tim 133
Jones, W. John 212–13
Jones, Wynne Melville 173
Jones-Thomas, Rowena 122, 140, 154
Jones-Williams, Dafydd 19, 34
Joni Jones 59, 122, 175, 180

Kerry 109
Kleinwort Benson 178
Kohr, Leopold 19

Lambie-Nairn, Martin 88
Lewis, Eirion 40, 43, 49, 57, 97–8
Littler, y Fonesig Shirley 29, 30
Lloyd, Siân 154
logo 55, 92–4, 96, 122
Lumet, Sidney 126
Lyons, Robin 88, 116, 187

Llafur 191; *gw. hefyd* Blaid Lafur, Y
Llanddona 109
Llandre 48
Llanrhaeadr-ym-Mochnant 48–9
Llewelyn, Tony 61
Llundain 114, 122, 159, 171, 173
Llwyd, Dewi 142, 201
Llyfr Cwis Clwb S4C 175

Llyfr Mawr Wil Cwac Cwac 175
Llyfr Mawr y Plant 175
Llyfrgell Genedlaethol 107, 223
Llywelyn-Williams, Alun 12
Llywodraeth y Ceidwadwyr a'r Democratiaid Rhyddfrydol (2010–15) xvi
Llywodraeth Geidwadol (2015–) xvii
Llywodraeth Geidwadol Edward Heath 22
Llywodraeth Geidwadol Margaret Thatcher 14–21, 22, 26–7, 36, 37, 38, 45, 47, 50, 52, 55, 57, 76, 105, 106, 108, 109, 136, 161, 194, 197, 195, 207, 210, 217, 237–8

Mab Darogan, Y 84, 89, 122, 133
MacConghail, Muiris 91
McCormack, Mark 148, 170
Madam Sera 131
Madam Wen 90–1, 158, 159, 175
Marathon 215
Max Boyce and the Dallas Cowboys 126
Mentrau xv, 169–81, 188, 190, 239
Mentro! Mentro! 122, 180
Merched y Wawr 138, 221
Mesur Darlledu (1980) 15–16, 20, 22–4, 27
Mighty Mouse 99
Miss World (Miss Venezuela) 124, 148
Mistar Urdd 172, 173
Molinaire 84
Morgan, John 105
Morgan, Moc 189
Morten, Ivor 29
Morris-Jones, yr Athro Huw 17, 38, 104–5, 148, 236
Mr. Men 172
Mudiad Ysgolion Meithrin 43, 176
Munsters, The 137
Muppets, The 172

Na-Nog 89, 159
National Association of Theatrical and Kine Employees 59

262 *Mynegai*

National Television Foundation 2
Nationwide 127
Network 126, 128
Newydd Bob Nos 125
Newyddion Saith 125, 127, 134, 137, 138, 141–4, 147, 201, 204–5, 227, 240
Nicholas, Gary 154
Nicholas Nickelby 123
Nid ar Redeg 180
Nigeria 171, 223
Norwy 178
noson agoriadol xv, 121–9, 203
Noson Lawen 103
Now a Fi yn Nashville 146

Open Broadcasting Association (OBA) 6, 7, 8, 9, 13, 23, 30
Opix Films 86, 159
Oriel 59
Osmond, John 116
Owain Glyndŵr 159, 175
Owen, Gwilym 84, 115
Owen, Mair 43

Parri, Stifyn 61
Parry-Jones, David 89
Parry-Williams, Y Fonesig Amy 12
Papur Gwyn Darlledu (1978) 8, 13, 23
Peat, Marwick and Mitchell (PMM) 70–1
Penyberth 215
Peregrine, Gwilym 105, 122, 161, 236
Pike, Gabrielle 29
Plaid Cymru 14–15, 16, 17, 31, 191, 221
Platypus 89
Plowden, y Fonesig Bridget 17, 24
Pobol y Cwm 133, 134, 151, 175, 205
Pont-y-pŵl 173
Popeye 99
Porthmadog 89
Pragnell, Anthony 7
Preseli 48
Prestatyn 125
Price, Gareth 30, 59, 78, 212

Prifysgol Cymru 221
Pwyllgor Annan xv, 1, 6–7, 8, 12, 13, 30, 107
Pwyllgor Crawford xv, 1, 4–5, 6, 7, 12, 30
Pwyllgor Dethol ar Faterion Cymreig (PDFC) 36, 39, 40, 49–52, 55, 58, 59, 65, 66–7, 68, 69, 71–2, 75, 82, 83, 105, 220
Pwyllgor Peacock 217–18, 230, 242
Pwyllgor Pilkington 1, 11
Pwyllgor Siberry xv, 1, 5–6, 7, 8, 12
Pwyllgor Trevelyan/Littler xv, 1, 7–8, 9

Radio Cymru 43, 79, 200, 238
Radio Times 99–100, 120, 168, 204
Radio Wales 43, 238
Random House 177
rasio ceffylau 196–7
Reay, David 84
Rediffusion 127–9, 196, 221
Red Rooster Films 159
Rees, Alwyn D. 5
Rees, Gwenda 124
Rennie, Ethel M. 29
Research and Marketing Wales and West Limited 133, 201–8, 214
Roberts, Alwyn 9–10, 14, 17, 20, 31, 38, 52, 104, 105, 236
Roberts, Eifion 29
Roberts, yr Arglwydd Goronwy 22
Roberts, Wilbert Lloyd 83, 84
Roberts, Syr Wyn 14, 17, 22
Robinson Lambie-Nairn 88, 92
RTÉ 174–5, 188
Rwsia 179

Rhaglen Hywel Gwynfryn 151
Rhyddfrydwyr 191

Sain 83
Sain Dunwyd 125
Sam Tân 190
San Steffan 18, 33, 37, 142, 157, 201
Say No to a Stranger 179
Sbec 103, 155, 168, 206, 230

Sbec ar S4C 137
Scoble, Christopher 208
Scottish National Party 191
Scottish Telelvision 216, 220
Sebastiane (1976) 196
Sefydliad y Bancwyr 94
Seland Newydd 171, 178
Sgrech 103
Sgrin '82 (cwmni) 89
Shaw, Giles 209, 224
Sheffield 48
Siberry, J. W. M. 5
Sight and Sound 59
Sioe Frenhinol, Y 64
Sioe Siarad 145–6, 155
Sion a Siân 69
Sion Blewyn Coch 175
Siriol 88, 90, 170–1, 221
Smith, Anthony 2, 6, 28
Spinetti, Victor 178
Stay Safe with SuperTed 179
Stephens, yr Athro Elan Closs xvi, 105
Stephens, Meic 37, 42
Strata 173
Sun, The 195
SuperTed 88, 90, 91, 95, 103, 122–3, 131, 148, 158, 170–1, 173–9, 190
SuperTed and the Comet of the Spooks 178
Superman 88
Swann, Syr Michael 17, 20
Sweden 171
Swindon 159
Swydd Buckingham 173
Swydd Hertford 173
Swyddfa Gartref 17, 18, 20, 22, 24, 31, 33, 38, 41, 46–7, 49, 55, 94, 105, 128, 224, 231, 241; Adran Ddarlledu 7, 19, 208, 238; Adolygiad o S4C (1985) xiii, xv, 124, 147, 194, 202, 208–23, 240, 242
Swyddfa Gymreig, Y 22, 31, 32, 37, 179, 224

Tegset 159, 172
Taliesin (ger Aberystwyth) 48

Takiron UK 38
'Teledu Cymru i Bobl Cymru' 7
Teledu Cymru 1
Teledu Tir Glas 84, 89
Teledwyr Annibynnol Cymru (TAC) 221, 234
Television Wales and West (TWW) 1, 44, 64, 114
Telin 176–8, 189, 190
Thames Television 216
Thatcher, Margaret 13, 17, 19, 161
Thomas, Colin 83
Thomas, George 4
Thomas, Ned 31, 104
Thomas, Quentin 208
Thomas, Siân 122, 140, 154
Thomas, Dr Roger 59, 65, 83, 141, 143
Thomson, yr Arglwydd George 44, 160, 161, 243
Times, The 19, 133
Tomos, Angharad 93
Torth o Fara 175
Traherne, Cennydd 33
Transworld International 170, 186
Treasure Hunt 195, 197
Trefin 48–9
Trefynwy 109
Trethowan, Ian 17
Trevelyan, Dennis 7, 29
'tri gŵr doeth' 18–19, 27, 37
Tsiecoslofacia 180
Tucker, Michael 107, 174
Twyllo'r Teulu 131
TV-am 141
TVS 192
TV Times 99–101, 102, 195, 204
Tywysoges Anne 197

Theatr Ardudwy 84
Theatr Genedlaethol (Llundain) 123

Ulster Television 220
Undeb Cenedlaethol y Newyddiadurwyr 77, 125, 126
Undeb y Cerddorion 56

Undeb y Gweithwyr Cludiant 33
unwaith o amgylch y trosglwyddyddion 41, 55–6, 106
Urdd Gobaith Cymru 44, 49, 172
US Cable 179

Vaughan, Aled 7

Wales Today 127, 143
Ward, Laurie 186
Wedi 7 205
Welsh Language Television Council (*neu* Committee) 9, 21
West, yr Athro John C. 29
Western Mail 101, 125, 171
Western-Super-Mare 159
Whitelaw, William xv, 13–14, 16–20, 22, 23, 31, 32, 37, 38, 46–7, 50, 108, 127–9, 221, 233, 236
Whiteley, Richard 124
Whitingdale, John xviii
Whitney, John 159
Wigley, Dafydd 15, 55, 142–3,
Wil Cwac Cwac 131, 170, 174, 175, 176, 179, 190, 192
Wil Six 180–1
Williams, Dafydd 16

Williams, Euryn Ogwen 15, 44, 58, 63, 69–70, 82, 84, 86, 87, 89, 131, 156, 169–70, 171, 173, 174, 184, 186, 239
Williams, Archesgob G. O. 18–19, 37
Williams, Gareth Wyn 82–3, 84
Williams, Gari 89
Williams, Dr Jac L. 3, 7, 15, 53
Williams, Norman 83
Wilson, Harold 2
Wordley, Ron 40, 57, 65, 67–8, 72, 75, 79–80, 83, 114, 215
Wright, George 33
Wyddgrug, Yr 41, 98
Wyverne Television 159

Yng Nghwmni 84, 151
ymgynghori 96–9, 200, 202, 210–12, 228
Ymgyrch TV4 (TV4 Campaign) 2
Yorkshire Television 192, 216, 217
Young, Syr Brian 17, 44
Young, Mike 88, 116, 187
Yr Euog a Ffy 170
Ysgol Gynradd Llangadog 125
Ysgrifennydd Cartref 13, 14, 15, 16, 17, 18, 20, 22, 23, 38, 46, 108, 128, 129, 162, 181, 198, 208–9